아동상담의 실제

| 김춘경 · 배선윤 · 성다겸 · 유지영 · 장효은 공저 |

THE PRACTICE OF
CHILD COUNSELING

학지사

머리말

『아동상담: 이론과 실제』가 출간된 지 16년의 세월이 흘렀다. 그사이 여러 차례 개정판을 집필하려고 했으나, 이런저런 일에 떠밀려 차일피일 미루다가 이제야 집필하게 되었다. 초판을 집필할 때와 비교해 보면 현재의 상황은 여러 가지로 많은 변화가 있었다.

가장 큰 변화는 무엇보다 상담의 필요성이 16년 전보다 훨씬 더 커졌다는 슬프고도 안타까운 현실이다. 안정된 환경에서 보호를 받으며 성장해야 할 아동에게 현재 우리 사회는 너무 복잡하고 위험하다. 가정과 보육기관에서 지속적으로 일어나는 아동학대 사건, 최근에는 학대가 심각해지면서 아이가 트라우마로 고통받는 수준을 넘어 죽음에까지 이르는 지경이 되었다. 예전에는 청소년기에 나타났던 학교폭력과 또래괴롭힘 문제가 이제는 유아기에도 나타나 문제행동의 저연령화 현상이 심화되고 있다. 그뿐만 아니라 스마트폰, 인터넷, 게임의 과다사용 문제가 유아동기부터 나타나기 시작한다. 10년 전만 해도 유아나 아동이 이러한 매체를 사용하는 것이 그리 심각하게 여겨지지 않았다. 그러나 최근에는 유아의 스마트폰과 게임 등의 과몰입, 과의존, 중독의 경향성을 걱정하며 상담을 의뢰하는 경우가 늘어나고 있다.

문제행동을 보이는 유아의 60% 이상이 성인이 되어도 문제행동을 지속한다는 연구와 유아기의 문제행동이 청소년기 이후에 폭력이나 범죄문제로 발전할 가능성이 많다는 연구 등이 있다. 이러한 연구를 통해 유아동기에 나타나는 문제행동을 초기에 적절히 개입하지 않으면 이후 성인기를 거쳐 전 생애 동안 더 심각해진 형태의 역기능적 문제행동이나 정신장애를 유발할 가능성이 높다는 것을 짐작할 수 있다.

아동기 문제의 다양화, 저연령화, 심각화, 초기개입의 중요성 등은 아동상담의 필요성과 중요성을 말해 주고 있다. 이런 시대적 · 사회적 문제를 반영하듯 방송 매체에서도 문제아동 관련 프로그램들이 많은 인기를 끌면서 지속적으로 방송되고 있고, 문제아동은 상담을 통해 빠르게 문제를 해결해 주어야 한다는 인식이 높아지고 있다. 시대적 필요성을 인식해서인지 10여 년간 상담학과 상담현장도 크게 발전하였다. 상담학이라는 학문이 이론과 실제 면에서 급성장하였으며, 무엇보다 상담자 양성기관이 많아졌다. 상담 관련 학과와 대학원, 전문대학원 그리고 학회가 많아지면서 활발한 학문적 연구와 교류가 이루어지고 있다. 학회와 학과 차원의 자격증뿐 아니라 정부 차원에서도 국가에서 승인한 청소년상담사와 전문상담교사 제도를 만들어 상담 관련 전문가 양성과 배출이 체계를 갖추게 되었다.

아동상담 분야에서도 아동상담전문가 양성기관이 많이 생겼고, 아동상담 이론과 실제적 측면, 특히 상담 매체로 소개했던 놀이치료, 미술치료, 음악치료, 문학치료, 독서치료, 모래놀이치료, 이야기치료 등이 엄청난 발전을 하였다. 초판을 집필할 때만 해도 상담 이론 분야에 구성주의상담 이론까지 소개할 필요는 없다고들 하였는데, 이제는 구성주의상담의 해결중심치료와 이야기치료는 그 이론과 실제가 이미 널리 활용되고 있다. 더 나아가 마음챙김 기반 상담의 MBSR, MBCT, 수용전념치료에 이르기까지 새로운 상담 이론과 실제가 아동상담 분야에 적용되고 있다.

시대적 · 사회적 · 학문적 변화에 맞추어 아동상담 현장도 많이 변화하였다. 예전에는 찾아보기 어려웠던 아동상담전문가들이 많이 배출되어 학교에 전문상담자가 배치되었고, 예전에는 몇몇 소아정신전문병원에나 있었던 아동상담자들이 최근에는 대부분의 소아정신전문병원에 배치되어 협업을 하면서 아동의 심리정서 행동문제를 사전에 예방하고 적절하게 치료하려는 노력을 기울이고 있다. 지금 생각해 보면 정말 짧은 기간 안에 이루어진 커다란 발전이라 할 수 있다. 이러한 노력으로 다음 세대의 주인공인 우리 아이들이 더욱 건강하고 행복하게 자라날 수 있기를 바란다.

사회적 · 학문적 변화가 빠르다 보니, 애초에 『아동상담: 이론과 실제』(2004)의 내용을 조금 수정 · 보완하려던 계획을 포기하고 대폭적인 개정을 하게 되었다. 책의 내용이 많아지면서 『아동상담의 이해』와 『아동상담의 실제』로 분리하게 되었다. 또한 단독으로 집필하려던 계획도 포기하고 여덟 분의 상담전문가와 함께 집필하게 되었다. 아동가족상담 및 문학치료 분야에서 임상경험이 풍부하고 오랜 기간 연구해 온 전문가들과 함께 집필하는 것이 책의 내용을 더 전문적이고 풍부하게 할 것이라 생각하였는데, 이러한 판단이 신의 한 수였다는 생각이 든다. 현장에서 오랜 경험과 실력을 갖춘 상담전문가들과 함께 작업을 할 수 있어서 매우 기쁘고 감사하다.

이 책 『아동상담의 실제』는 총 3부로 구성하였다. 제1부에서는 아동상담의 기초에 해당되는 내용으로 아동상담의 이해(제1장), 아동상담의 이론적 모델(제2장), 아동상담 과정(제3장), 아동상담의 주요 기법 및 유형(제4장) 등을 다루었다. '제2장 아동상담의 이론적 모델'은 『아동상담의 이해』를 공부하지 않고 『아동상담의 실제』만을 공부하는 독자를 위해 아동상담의 이론을 간략히 요약 · 정리한 것이다. 제2부에서는 아동상담의 주요 매체, 즉 놀이치료(제5장), 모래놀이치료(제6장), 미술치료(제7장), 음악치료(제8장), 독서치료(제9장), 글쓰기치료(제10장), 이야기치료(제11장), 무용 · 동작치료(제12장)를 다루었다. 각 장은 치료 매체의 발달배경, 치료적 가치, 기본적 개념, 치료와 관련된 실제 기법과 전략, 아동상담 사례, 활동 등의 내용을 다루었다. 제3부에서는 문제 유형에 따른 아동상담으로 내재화 문제 아동상담의 실제(제13장), 외현화 문제 아동상담의 실제(제14장)를 다루었다. 제1부의 제1장과 제2장은 김춘경 교수가 집필하였고, 제1부의 제3장과 제2부의 제5장, 제12장은 장효은 박사, 제1부의 제4장과 제3부의 제13장, 제14장은 유지영 박사, 제2부의 제6장, 제7장, 제8장은 성다겸 박사, 제2부의 제9장, 제10장, 제11장은 배선윤 박사가 집필하였다.

앞서 언급했듯이 수정 · 보완하는 방향으로 개정하려던 작업이 새로운 내용으로 대폭 수정되면서 새 책으로 탄생하였다. 교정 마지막 순간에 '개정판'이라기보다는 새 책으로 출판하는 것이 좋겠다는 출판사의 결정에 조금은 당황하였으나 출판사의 의견을 따르기로 하였다. 이 내막을 밝히는 이유는 혹시나 내용 중에 원저인 『아동상담: 이론과 실제』(2004)의 내용이 출처 표시 없이 그대로 인용된 면이 있을 수도 있겠다는 생각에서이다.

바라건대 이 책이 아동상담을 전공하는 대학생과 대학원생 그리고 일선에서 아동을 상담하고 계신 상담사와 교사, 복지사, 임상심리사분들에게 도움이 되었으면 한다. 또한 상담학 발달에 크게 기여해 주신 학지사 김진환 사장님께 감사드리고, 이 책이 나오기까지 교정과 편집에 애써 주신 편집부 여러분, 특히 김진영 차장님께 진심으로 감사드린다.

2021년 6월

저자 대표 김춘경

차례

제3부 문제 유형에 따른 아동상담

제1부

아동상담의 기초

제1장 아동상담의 이해

아동기는 심리적 안정감과 자아존중감을 키워 나가고 긍정적인 자아개념을 형성하며, 정상적인 사회인으로서 살아가는 데 필요한 사회적 기술을 익혀 가는 중요한 시기이다. 이 시기에 아동이 물리적, 사회적, 심리적으로 부적절한 환경에서 지내게 되면 아동기는 물론이고, 그 이후 청소년기와 성인기, 노년기 전 생애에 걸쳐 사회적응이나 성격발달, 정신건강 등에서 어려움을 겪게 된다. 이에 아동상담에 대한 사회적 요구는 갈수록 늘어나고, 아동상담과 관련된 전문직에 대한 선호도가 계속 증가하고 있다. 아동기의 심리, 사회, 정서, 행동 등의 문제는 조기에 적절한 상담을 통해 치료해야 된다. 이 장에서는 아동상담의 필요성과 의의, 아동상담의 정의 및 특성, 아동상담에서 다루는 문제, 아동상담자가 갖추어야 할 자질과 아동상담의 윤리 등에 대해 알아보고자 한다.

1. 아동상담의 필요성 및 의의

하루가 다르게 변하는 현대사회는 다양한 외래문화의 범람, 그로 인한 정체감의 혼란과 상실, 애정이 결핍된 인간관계, 학교에서의 왕따현상과 폭력 등 다양한 사회

문제와 병리현상이 급증하고 있다. 가정적 요인에서도 잦은 지리적 이동, 부모의 이혼으로 인한 가정파괴, 아동학대와 방임, 보다 빨리 보다 많이 성취해야 한다고 재촉하는 부모의 과도하고 성급한 성취압력 등이 아동을 위기로 몰아넣는다. 빠르게 변화하는 갈등과 격동의 현대사회에서 아동들은 알게 모르게 성적, 신체적, 정서적, 교육적으로 상처와 학대를 받으며, 자신들이 누릴 행복한 권리를 박탈당하면서도 어디에 호소하지도 못하고 희생된 채 병들어 가고 있다. 변화하는 사회에 적응하지 못하고 정신적, 심리적으로 방황하고 갈등하며 상처받고 병들어 가는 아동의 수가 급증하면서 아동상담에 관한 사회적 요구와 관심이 커지고 있다.

베네트(Bennett, 1993)는 "가장 빨리 증가하는 범죄 인구는 아동이다."라고 지적하면서 1940년에 교사들이 지적한 미국 학교에서의 주요 문제는 잡담하기, 껌 씹기, 떠들기, 복도에서 뛰기, 새치기하기, 복장 위반, 어지럽히기였으나 1990년에는 약물남용, 알코올 섭취, 임신, 자살, 강간, 강도, 폭행이라고 지적하였다. 불안과 좌절, 끊임없는 긴장상태 속에 있는 아동들은 정신과 심리기능에 여러 가지 장애를 보이고, 10대가 되면 알코올 및 약물 사용, 가출 및 중퇴, 청소년의 성매매와 그로 인한 임신과 성병, 자살과 우울증, 인터넷 중독, 학교 내외의 폭력 및 범죄, 심각한 정서장애 등의 문제를 나타낸다. 이미 오래전부터 이런 문제들에 직면해 왔던 미국은 전체 아동 중 5~15%가 이러한 문제들로 상담 및 심리치료가 필요하다고 하였다(Martin, 1992). 베네트의 지적대로 아동 문제의 빈도가 증가하고 그 심각성이 위험 수위를 넘어서서 이제 아동 문제는 아동 자신과 가족뿐만 아니라 학교, 지역사회, 국가에서 함께 고민하고 해결해 나가야 할 문제가 되고 있다.

아동기는 안정된 가정환경에서 양육자의 충분한 돌봄과 보호를 받으면서 신체적, 인지적, 정서적, 사회적으로 성장 및 발달해 가야 하는 시기이다. 하지만 현대사회에서 많은 아동은 다양한 사회적 압력과 스트레스로부터 자유롭지 못한 상황에서 살아간다. 아동의 건강한 성장과 발달을 위협하는 가족 · 학교 · 사회환경의 변화를 구체적으로 살펴보면 다음과 같다(강문희 외, 2007; 이향숙 외, 2011; 고인숙, 이숙희, 2013).

첫째, 가족구조의 변화에 따른 아동 문제의 다양화이다. 최근 들어 맞벌이 가족, 한부모가족, 재혼가족, 조손가족, 다문화가족 등으로 가족의 구조가 다양해짐에 따라 아동이 경험하는 어려움도 다양해지고 있다. 늘어나고 있는 부모의 이혼은 아동의 삶에 크게 부정적인 영향을 미친다. 아동의 연령에 따라 부모의 이혼이 미치는 영향이 다른데, 6~8세 아동들은 종종 부모의 이혼이 자신의 잘못 때문이라고 생각하거나 가족의 재결합에 대해서 비현실적인 희망을 갖고, 9~12세 아동들은 분노감을 느끼면서 부모를 비난하거나 혹은 불안으로 인한 신체적 증상이나 문제행동을 경험할 가능성이 높다(Francke, 1983). 한부모가족의 부/모는 과중한 역할부담과 경제적 · 심리적 어려움을 겪을 가능성이 높고, 자녀는 혼자 남겨질까 봐 두려워하거나 과도한 책임감을 느낄 수 있다. 경제 불황과 가장의 실직 등으로 인한 가족의 빈곤문제 역시 아동에게 심각한 스트레스원으로 작용한다. 빈곤가정의 경우에 부모의 자녀양육의 질이 떨어질 수 있으며, 이는 아동의 낮은 학업성취와 문제행동을 높일 수 있다.

둘째, 아동의 양육환경의 변화이다. 어린이집이나 유치원 등 기관양육의 비율이 증가하면서 어린 시기에 안정적인 양육경험을 제공받지 못하는 아동이 증가하고 있다. 기관양육을 오래 받은 영아들이 발달적 위기를 경험하는 비율이 높다는 연구결과는 장시간의 기관양육에 따른 영유아기 정신건강의 위험성을 시사한다. 또한 방과 후에 적절한 돌봄을 받지 못하거나 사교육 기관을 전전하는 아동의 수가 급증하면서 아동의 정서적 불안정성과 스트레스가 증가하고 있다.

셋째, 아동기 성장환경의 변화이다. 최근 들어 저출산율이 높아지면서 형제자매의 감소와 외동아가 증가하고 있다. 외동아의 경우에 자녀에 대한 부모의 과잉 기대를 가져올 수 있고, 형제아에 비해 가정 내에서 협동과 갈등, 경쟁, 방어 등 사회적 기술을 습득할 수 있는 상호작용의 기회가 제한적일 수 있다. 적은 수의 형제자매나 외동아로 성장하는 아동기의 성장환경은 아동의 심리사회적 발달에 영향을 미친다.

넷째, 아동의 놀이공간 및 놀이문화의 변화로 컴퓨터와 인터넷, 스마트폰 등에 대한 의존성이 증가하면서 아동기 정신건강에 대한 우려가 높아지고 있다. 영유아 스마트폰 이용률이 엄청나게 높고, 이로 인해 소아정신과나 아동상담실을 찾는 유아도 많아지고 있는데, 이들은 감정표현이 미숙하고 의사소통과 또래관계에 어려움을 보이며 공격성이나 분노발작 등의 특성을 보이는 것으로 나타났다(이정림, 도남희, 오유정, 2014). 아동들의 경우에도 인터넷이나 스마트폰 매체의 과몰입/중독수준이 높을수록 분노 폭발이나 우울 · 불안, 충동성 · 공격성 등 정신건강 문제의 증가 경향을 보여 준다. 폭력적인 게임이나 가상현실에의 지나친 몰입은 비현실적 사고와 행동을 높이고 심리적 · 사회적 발달에 부정적인 영향을 미치고 있다.

다섯째, 경쟁적인 학교문화와 학업성취의 중시 등 교육환경의 문제이다. 자녀 수가 적어지면서 자녀에 대한 부모의 높은 기대수준이 경쟁 위주의 사회적 분위기와 맞물려 자녀를 과잉 사교육, 학습으로 내몰면서 아동의 스트레스가 높아지고 있으며, 이에 따른 학교 부적응과 문제행동 등 상담을 요하는 아동의 비율이 높아지고 있다.

여섯째, 또래 괴롭힘과 폭력 등 학교환경의 문제이다. 아동은 학교에서 또래친구와의 수평적 상호작용을 통해 사회성과 자아존중감, 우정을 발달시킨다. 또래집단의 인정과 승인은 아동의 자존감과 가치관 형성에 영향을 미치는 주요 요인이라고 할 수 있다. 또래집단에서의 거부와 소외시키기, 소문 내기 등 또래 괴롭힘과 학교폭력의 문제가 끊임없이 지속되고 있는데, 이러한 부정적인 학교문화는 아동의 삶에 영향을 미치는 심각한 문제로 부각되고 있다.

이상에서 살펴보았듯이 가족 · 학교 · 사회환경의 변화는 아동에게 다양한 종류의 압력과 긴장, 스트레스를 증가시키고 있으며, 이에 심리 · 정서적 혼란과 불안, 부적응을 경험하는 아동을 위한 아동상담의 필요성이 증가하고 있다.

아동상담의 필요성은 아동의 기본적 권리, 예방적 관점, 사회 전체의 복지 차원에서 그 의의를 찾을 수 있다(이순형 외, 2003).

첫째, 아동의 기본적 권리 측면에서 아동상담은 아동의 특성에 대한 이해 및 건강한 삶의 보장이라는 아동의 권력 차원에 대한 인식에 근거해야 한다. 오늘날 대다수 국가는 아동에 대한 특별한 보호와 도움에 주의를 기울이고 있다. 아동이 건강하게 성장하려면 아동은 독립적 인격체로서 존중되어야 하며, 부모 및 보호자의 돌봄과 사랑, 따뜻하고 지지적이며 안정된 가정환경이 필요하다. 부적절한 양육환경, 빈곤, 학대와 방임 등은 아동의 생존과 성장 및 발달을 제한하는 요인들이다. 아동상담은 아동의 생존권, 보호권, 발달권, 참여권 등의 기본적 권리를 보장하는 관점에서 제공될 필요가 있다.

둘째, 예방과 조기 개입 측면에서 유아기와 아동기는 신체 · 인지언어 · 사회정서 발달 등 발달의 제반 측면에서 변화과정에 있기 때문에 발달 과정에서 갈등이나 긴장, 어려움이 수반될 수 있다. 또한 초기 발달과정에서 양육자로부터 충분한 양육경험을 받지 못하거나 학대와 방임 등 부정적인 경험에 노출될 경우, 이후 발달과정에서 정서적 혼란이나 부적응, 비행 등 문제가 심각해질 수 있다. 그러나 아동기는 그 어느 시기보다 교정효과가 높고, 발달적, 환경적으로 취약한 아동일지라도 보호요인과의 상호작용에 따라 달라질 수 있기 때문에(정문자, 제경숙, 이혜란, 신숙재, 박진아, 2011) 아동 문제를 조기에 발견하여 적절한 도움을 제공한다면 문제가 심각해지는 것을 예방할 수 있다. 따라서 아동 문제에 대한 예방적 관점의 조기 개입과 중재의 필요성이 더욱 설득력을 얻고 있다.

셋째, 가족과 사회 전체의 복지 측면에서 아동상담은 아동의 건강한 성장 및 발달뿐만 아니라 가족과 사회 전체의 복지에 중요하다. 최근 아동·청소년의 집단따돌림과 학교폭력, 약물남용, 중독, 가출, 자살 등의 출현 빈도와 강도의 증가, 아동 문제의 연령 하향화 문제 등은 아동기 문제에 대한 국가 차원의 개입과 중재의 필요성을 역설하고 있다. 아동기의 문제행동이나 부적응에 대한 조기 중재가 이루어지지 않을 경우에 이는 아동과 가족의 고통뿐만 아니라 향후 사회적으로도 엄청난 비용을 초래할 것이다. 따라서 아동상담은 아동의 어려움에 대한 조기 중재와 개입을 통해 아동의 건강한 성장 및 발달을 돕고, 나아가 우리 사회의 건강성을 유지 및 발전시키는 데 기여한다고 볼 수 있다.

2. 아동상담의 정의 및 특성

1) 아동상담의 정의

상담(counseling)이란 라틴어의 'counsulere'에서 유래한 것으로, '고려하다' '반성하다' '깊이 생각하다' 등의 의미를 가진다. 상담이란 용어는 1939년 학교상담의 창시자라고 불리는 윌리엄슨(Williamson)에 의해서 "훈련과 기술, 신용으로서 상담자가 내담자의 적응문제를 해결하는 면 대 면의 관계"라고 정의되었다. 미국 상담학회(1990)에서는 상담을 "훈련을 받은 전문가가 도움이 필요한 사람과 신뢰관계를 형성하는 과정"으로 정의하였다(Thompson & Rudolph, 1992 재인용). 이장호(1995)는 상담을 "도움이 필요한 사람이 전문적인 훈련을 받은 사람과의 관계에서 자신의 생활 과정상의 문제를 해결하고, 생각 · 감정 · 행동 측면의 인간적 성장을 위해 노력하는 학습 과정"으로 정의하였다. 박성수(1986)는 "상담이란 내담자와 상담자 간에 수용적이고 구조화된 관계를 형성하고, 이 관계 속에서 내담자가 자기 자신과 환경에 대해 의미 있는 이해를 증진하도록 한다. 그리하여 내담자 스스로 효율적인 의사결정을 하고, 여러 심리적인 특성을 긍정적인 방향으로 변화시키도록 원조함으로써 결과적으로 내담자의 성장과 발전을 촉진하는 심리적인 조력 과정이다."라고 정의함으로써 상담을 보다 자세히 설명했다.

상담은 사고, 정서 및 행동에 관련된 문제를 제거하거나 감소시킬 뿐 아니라 심리적으로 건전하고 사회적으로 효율적인 특성을 학습하도록 돕는 심리적인 조력의 과정이다. 다른 분야의 조력 과정과 차별되는 상담심리적 조력 과정이 지닌 특징은 다음과 같다.

첫째, 상담관계에서는 의미 있고 가치 있는 관계를 지향한다. 상담이란 상담자와 내담자인 아동과의 관계를 중심으로 교육적인 도움을 주는 전문적인 관계로 볼 수 있다. 상담에 참여하는 상담자나 아동은 다 같이 상담에서의 만남을 의미 있게 생각하고 헌신적인 태도를 지닌다.

둘째, 상담관계에서는 감정과 정서가 명백하게 나타난다. 상담자는 상담과정에서 자기 자신을 개방하고 내담자의 정서와 심리적 동기에 예민하게 반응한다. 상담에서는 개인의 주관적인 감정이 어떠한 것일지라도 개방하도록 하며 수용한다.

셋째, 상담관계에서는 인간의 전체성과 통합성을 강조한다. 상담에서는 인간의 지적 · 정서적 · 행동적 요인 중 어느 한 요인만을 강조하지 않으며, 모든 것을 하나의 전체 속에서 균형 있게 다룬다.

넷째, 상담관계는 관련된 사람 간의 상호 동의에 의해 형성 및 유지된다. 상담이란 자발성을 기초로 하는 만큼 외부의 강요나 강제에 의한 상담은 곤란하다. 그리고 상담에 대한 동의는 문화나 전통, 그리고 관행이나 필요에 따라 묵시적 혹은 명백하게 언급될 수 있다.

다섯째, 상담관계는 내담자가 상담자로부터 정보, 조언, 충고, 이해, 치료 등을 받기를 요청할 때 성립하는 것이다. 내담자는 도움을 요청할 때 지식이나 기능이 부족하다고 생각하거나 또는 불안, 무능감, 부적합함, 갈등을 느끼고 있다. 따라서 상담자는 내담자의 문제나 필요를 명백하게 지각하여 문제 해결을 도우며, 또한 내담자의 전인적인 성장과 발달을 촉진하여야 한다. 이를 위해 상담자는 전문적인 훈련을 받아야 하는 것은 물론이고 동시에 인격적으로 성숙해야 하며, 인간적인 힘과 매력도 지녀야 한다.

여섯째, 상담관계는 의사소통과 상호작용을 통해 이루어진다. 모든 인간관계는 언어적 · 비언어적 의사소통을 통해 서로 영향을 주고받는다. 특히 상담에서는 언어로 표현된 내용뿐만 아니라 표정이나 몸짓 같은 비언어적 표현을 더 중시하며, 그에 함축된 정서나 무의식적 동기에 관심을 기울인다.

일곱째, 상담관계에는 분명한 구조가 있다. 상담자는 내담자에게 앞으로 어떤 일이 일어날 수 있으며, 상담자와 내담자의 역할과 한계에 대해 분명히 언급해 주어야 한다. 내담자로 하여금 심리적 조력이 어떤 구조 속에서 이루어질 것인지 명백하게 알도록 하는 것을 구조화라고 한다.

여덟째, 협동적인 조력관계가 특징이다. 내담자와 상담자가 합의한 목표를 달성하기 위해 함께 노력하는 것이 상담이다. 상담자에 의해 일방적으로 결정된 목표는 내담자의 능력 수준에 맞는지 의문일 뿐 아니라 내담자의 협조를 이끌어 내기가 어렵다.

아홉째, 상담자는 한 사람의 인간으로서 안정되어 있어야 하며, 다른 생각이나 가치에 수용적이어야 한다. 상담자는 다른 사람의 제안이나 생각에 대하여 수용적이어야 하며, 비합리적인 공포나 의심 및 불안 등이 없어야 한다. 상담자는 또한 일관성과 항상성을 지녀야 한다.

열째, 상담의 목표는 내담자의 변화이다. 변화의 내용은 사고나 신념의 변화, 증오심의 감소, 불안의 감소일 수 있으며, 손톱을 깨무는 버릇의 교정 같은 구체적인 것일 수도 있다. 상담은 내담자의 행동을 긍정적으로 변화할 수 있도록 촉진하는 것을 목표로 한다.

상담관계가 갖는 10가지 특징은 모두 상호관련성을 가지기 때문에 엄격하게 구분하기가 곤란하다. 결국 상담이란 도움을 필요로 하는 사람과 도움을 줄 수 있는 사람 사이의 개별적인 관계를 통하여 내담자의 문제 해결과 성장 발달을 위한 새로운 학습이 이루어지는 과정이라고 할 수 있다. 특히 상담은 '개별적인 관계'를 통한 학습과정이라는 점이 중요하다. 왜냐하면 상담의 전체 과정은 진정한 인간관계의 과정이며, 이 관계의 과정을 통해 새로운 세계를 통찰하고 삶의 의미를 발견하며 앞으로 가져야 할 방향의식을 학습하게 되기 때문이다. 이러한 개별적인 관계는 몇 가지 점에서 다른 인간관계와 다르다. 상담에서의 인간관계의 특수성을 이형득(1984)은 다음과 같이 설명하였다.

- 상담이란 내담자를 위하여 설정되는 특수한 조력관계이다.
- 상담관계란 하나의 역동적인 상호작용 관계이다.
- 상담은 도움을 필요로 하는 내담자와 전문적인 자질을 갖춘 전문가의 상호작용에 의한 조력관계이다.
- 상담은 일상적인 대인관계에 비해 사적이고 비밀이 보장되는 관계이다.
- 상담관계는 상식적인 범주의 틀을 벗어난 초상식적인 부딪힘(encounter)의 관계이다.

상담은 상담관계가 지닌 특수한 인간관계를 통해 내담자가 당면한 문제의 해결, 현실에의 적응, 심리치료, 인간성장, 깊은 차원의 의미 있는 인간관계, 성격 개조, 인간성의 회복을 이룰 수 있게 돕는다. 이러한 목적을 이루기 위해 상담학에서는 인간관, 성격의 구조와 발달, 바람직한 행동과 바람직하지 못한 행동, 그러한 발달 과정과 그렇게 되는 원인, 바람직하지 못한 것을 바람직하게 변화시키는 방법과 기술, 개인 간의 발달과 복지를 위한 방법과 상황을 생산적인 방향으로 개선하는 방안 등을 연구한다.

2) 아동상담의 특성

아동상담은 내담아동의 문제 해결을 돕고 대처 능력을 길러 건강한 성장 및 발달을 돕는 과정이라는 점에서 성인상담과 동일하나 아동을 대상으로 한다는 점에서 몇 가지 차이가 있다. 즉, 아동상담은 성인상담과 달리 이론과 기법의 적용 면에서 아동의 발달적 측면을 고려할 필요가 있으며, 좀 더 효과적인 소통기법을 활용해야 한다. 또한 부모에 대한 아동의 의존성 등 다양한 측면을 고려할 필요가 있다. 아동상담을 효과적으로 진행하기 위해서 상담자가 알아야 할 아동상담의 특성은 다음과 같다(김순혜, 2004; 이숙, 정미자, 최진아, 유우영, 김미란, 2004; 최영희, 김영희, 심희옥, 심미경, 2009).

첫째, 아동은 성인에 비해 변화 가능성이 높다. 아동은 성장 및 발달하는 과정에 있기 때문에 그 특성이 고정되지 않고 변화 가능성이 높다. 따라서 아동기의 문제를 다룰 때에는 '장애'보다는 '성향' 또는 '어려움'에 초점을 두고 현재의 상태를 기초로 앞으로의 성장 정도를 판단하고, 장애로 발전하는 것을 예방한다는 입장에서 접근하는 것이 바람직하다. 아동은 발달 과정에 있기 때문에 특정 증상을 장애로 진단하거나 규정하는 데 더욱 신중해야 한다. 변화가능성이 매우 높다는 점 때문에 아동상담은 성인상담에 비해 그 효과가 빨리 나타나고 오래 지속될 수 있다.

둘째, 아동의 발달 특성을 고려한 개입방법이나 기법을 활용해야 한다. 상담의 이론과 방법을 적용할 때 아동과 성인의 적용 방법에 차이가 있으므로 아동상담의 경우에는 아동의 발달 수준에 맞게 상담기법을 변형할 필요가 있다. 특히 어린 아동일수록 논리적 사고에 한계가 있으며 정서와 행동을 언어화하는 데 어려움이 있으므로 아동의 발달 특성을 고려한 상담기법과 매체를 도입해야 한다. 아동상담 현장에서는 일반적으로 아동에게 자연스러운 소통의 매체인 놀이, 미술, 모래놀이, 게임, 음악 등을 활용하고 있다. 이러한 치료적 매체들은 아동과의 치료적 관계를 촉진하고, 아동이 내적 감정을 안전하게 표현하며, 스스로 자신의 문제를 해결해 갈 수 있도록 돕는다.

셋째, 아동의 상담동기에 대한 고려가 필요하다. 상담실에 오는 대다수의 아동은 스스로 내원하기보다는 부모나 교사, 사회복지사 등 성인의 의뢰를 받아서 오게 된다. 이와 같은 상황에서 아동은 스스로 자신의 문제가 무엇인지 모를 수도 있고, 원치 않는 변화를 강요당한다고 느껴 상담에 저항하거나 수동적인 태도를 취할 수 있다. 따라서 아동상담자는 아동의 자발적 협조가 이루어지지 않을 수 있음을 이해하고, 상담 초기에 문제에 대한 아동의 인식과 상담동기를 파악하고 아동과의 치료적 관계 형성에 중점을 두어야 한다.

넷째, 부모나 가족, 이웃 등 환경맥락에 대한 고려가 필요하다. 아동은 부모나 가족, 이웃 등 주위환경의 영향을 많이 받기 때문에 아동 자신의 변화 못지않게 환경맥락에 대한 고려가 필요하다. 특히 부모와의 관계 변화가 중요하므로 부모상담과 부모교육을 병행하는 것이 꼭 필요하다. 즉, 문제의 원인이 부모의 잘못된 양육방식이나 태도, 부부 갈등이나 부모의 성격문제 등 불안정한 가정환경에 있을 경우에는 부모상담 및 교육을 통해서 그러한 문제를 다룰 수 있어야 한다. 빈곤한 가정 · 이웃 환경은 아동에게 심한 스트레스원이 될 수 있는데, 이러한 구조적 문제가 원인일 경우에는 생태학적 맥락에서 아동에게 도움을 제공할 수 있는 환경적 자원을 고려해야 한다.

3. 아동상담에서 다루는 문제

1) 상담의 범위

상담이 '도움을 필요로 하는 사람'을 대상으로 할 때 도움을 필요로 하는 문제 범위로 상담의 범위를 가늠할 수 있다. 내담자가 도움을 필요로 하는 문제에는 단순한 정보를 필요로 하는 문제에서부터 기술적인 정보를 필요로 하는 문제, 내담자의 태도상의 문제, 심리적 갈등 문제, 나아가 정신질환 문제까지 그 범위가 넓다.

문제의 범위와 관련하여 상담과 밀접하게 연관되어 사용되는 용어로는 생활지도(guidance)와 심리상담(counseling), 심리치료(psychotherapy)가 있다. 이 용어들은 상담의 범주에 함께 넣어 공용어로 사용되기도 하고 따로 구분하여 사용하기도 한다. 이장호(1995)는 생활지도는 주로 교육장면에서 정상적인 대다수 학생을 대상으로 한 교도 활동으로, 상담은 문제를 가진 보다 소수 사람들의 구체적인 생활과제 해결과 적응을 돕는 활동으로, 심리치료는 신경증이나 정신장애 같은 보다 심각한 문제를 다루는 활동으로 구분하였다([그림 1-1] 참조).

또한 대상을 정상인과 비정상인으로 나누어 분류하기도 한다. 즉, 상담이란 태도상의 문제와 심리적 갈등 문제에 대해 새로운 학습을 하도록 도와주는 과정으로서 정상적인 사람(normal person)은 상담에서, 비정상적인 사람(abnormal person)은 심리치료에서 다루게 된다. 뿐만 아니라 상담은 아동이나 내담자가 현실적으로 부딪히는 의식적인 수준의 문제를 주로 다루고, 심리치료는 성격적인 문제나 무의식적인 문제를 다루는 것이라는 관점도 있다. 그러나 인간의 문제란 복합적이고 상호관련성이 높기 때문에 비록 일시적이고 의식적이며 현실적인 문제라고 할지라도 대부분의 경우에 무의식적인 갈등이나 성격적인 특성이 깊이 관련되는 경우가 많아서 이러한 구분도 설득력이 약하다.

최근 들어 상담이 성장 지향적이고, 예방 지향적인 차원으로 나아감으로써 심리치료와 차별화되고 있다. 즉, 상담은 인간의 병리적인 측면보다는 건설적인 측면과 건강한 측면을 강조하면서 인간의 삶과 행동, 그리고 사회에 대한 철학적 · 교육학적 원칙을 중심 원리로 받아들이고 있다. 반면에 심리치료는 인간의 심리적인 문제를 의학적인 모형에 입각해서 살펴보고 이를 질병의 문제로 다루려고 한다(박성수, 1986).

홍경자(2001)도 같은 입장에서 심리치료와 상담을 구분하였다. 그는 심리치료는 의학에 근거를 두고 있고, 상담은 여러 분야의 학문이 통합되어 독자적인 학문의 형태를 갖춘 분야라고 보았다. 심리치료의 목적은 정신건강의 회복인 반면, 상담은 정신질환의 퇴치보다는 개인의 능력 향상을 목적으로 환경에의 적응 능력과 잠재적 능력의 최대화를 목적으로 한다고 보았다. 또한 심리치료가 질병이나 증상의 심층적인 원인 제거에 초점을 두는 경향이 있는 반면, 상담은 관계 형성과 의사소통을 통해 내담자의 힘을 북돋우는 방법에 주로 초점을 두는 점을 들어 차이를 설명했다.

김계현(1997)은 생활지도, 상담, 심리치료는 전혀 별개의 것이라기보다는 성격과 정도가 조금씩 다른 다양한 문제 안에서 서로 중첩되는 그러나 다소 다른 활동으로 보아야 한다는 결론을 내렸다. 이 세 가지를 임의로 혹은 억지로 구분하려는 시도를 무의미한 것으로 보고 그 활동을 누가, 어디에서 하느냐에 의해서도 일종의 획을 긋듯이 구분할 수 없는 중첩된 부분이 많지만, 다소의 구분이 가능한 활동이라고 하였

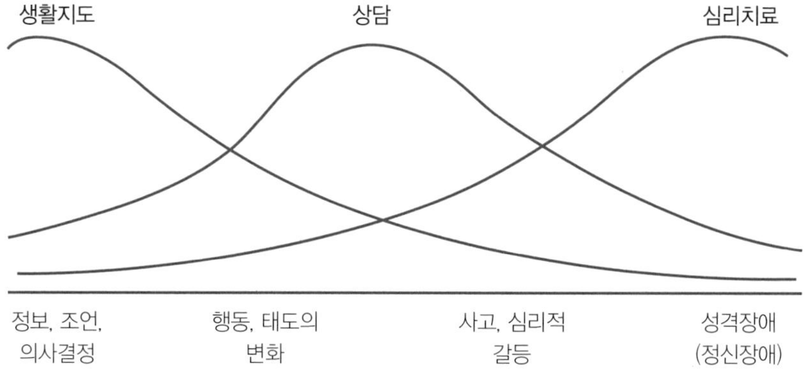

그림 1-1 상담, 생활지도, 심리치료 영역의 비교

출처: 이장호(1995).

다([그림 1-1] 참조). 다소 간의 구분이라고 했지만 이 점은 상담자의 주요한 윤리사항이기도 하다. 상담자가 자신이 교육받고 훈련받은 정도에 따라 스스로의 역량을 분명히 파악하여 자신이 다룰 수 있는 내담자의 문제만을 다루어야 하고, 자신이 다룰 수 있는 범위를 넘어선 문제는 다른 전문가에게 의뢰해야 한다.

2) 아동상담에서 다루는 문제

상담을 요청하는 내담아동의 문제는 매우 다양하다. 아동상담에서 다루어야 하는 문제를 크게 5가지로 분류하면 다음과 같다(김영숙, 이재연, 1993).

- 대인관계 갈등에 관련된 문제이다. 아동은 자신의 부모, 형제, 교사 및 또래와의 관계에서 어려움을 겪고 있으며 좀 더 좋은 관계를 원한다.
- 개인 내적인 갈등 혹은 자기 자신과의 갈등에 관련된 문제이다. 아동은 의사결정상의 문제를 가지고 있으며, 그 갈등의 결과와 대안을 명료하게 하는 데 도움을 필요로 한다.
- 자기 자신에 대한 정보에 관한 문제이다. 아동은 자신의 능력, 장점, 관심, 가치에 대해 학습할 필요가 있다.
- 환경에 대한 정보를 요구하는 문제이다. 아동은 성공적인 학교생활에 관한 정보나 직업교육에 관한 정보를 필요로 한다.
- 기술부족으로 인한 문제이다. 아동은 효율적인 학습 방법, 주장적인 행동, 경청기술이나 친구 사귀는 방법 같은 구체적인 기술에 대해 학습할 필요가 있다.

보통 임상에서 널리 사용하는 『정신질환의 진단 및 통계 편람 제5판(Diagnostic and Statistical Manual of Mental Disorders: DSM-5)』에서는 유아기, 아동기, 청소년기에 흔히 처음으로 진단되는 장애를 〈표 1-1〉과 같이 제시하고 있다. 이 책에서는 아동상담에서 다루는 문제 유형을 내재화 · 외현화 문제 유형으로 나누어 제3부 13장과 14장에서 사례와 함께 상세히 다루고 있다.

상담에서 자주 다루는 문제와 치료개입 및 전략을 체계화시키기 위해서 라자루스(Lazarus, 1992)는 BASIC ID 모델을 개발하였다. 이 모델은 상담에서 다루는 문제를 7가지로 구분하고 있다. 아동뿐 아니라 청소년 및 성인을 상담할 때에도 이 모델을 적용할 수 있다.

B : 행동(behavior)–싸움, 방해, 훔치기, 떠들기, 미루는 버릇 등
A : 정서(affect)–분노의 표현, 불안, 공포, 우울 등
S : 감각/학교(sensation/school)–두통, 요통과 복통, 학교에서의 부적응 등 지각–운동상의 문제 등
I : 심상(image)–악몽, 낮은 자아 개념, 거부에 대한 공포, 지나친 공상과 환상 등
C : 인지(cognition)–비합리적 사고, 의사결정에 대한 어려움, 문제 해결의 어려움, 목표 설정의 어려움 등
I : 대인관계(interpersonal relationship)–다른 사람 앞에서의 위축(수줍음), 성인과의 갈등, 또래와의 갈등, 가족 문제 등
D : 약물/체중조절(drug/diet)–체중조절, 약물남용, 담배, 술, 그 외의 약물 사용 등

키츠(Keat, 1990)는 라자루스의 BASIC ID 모델을 아동상담에 적용하여 아동의 문제를 분류하고, 실용적이며 절충적인 상담 전략을 제공하는 HELPING 모델을 개발하였다.

H : 건강(health) 문제–통증, 질병 등
E : 정서(emotion) 문제–불안, 분노, 의기소침 등
L : 학습(learning) 문제–결함, 실패, 얕은 감각 등
P : 대인관계(personal relationship) 문제–성인 및 또래관계 등
I : 심상(imagery) 문제–낮은 자존감, 대처기술 부족 등
N : 알고자 하는 욕구(need)–실망, 그릇된 사고, 정보 부족 등
G : 활동, 행동 및 결과에 대한 지도(guidance)–행동 결핍 및 동기 문제 등

이상에서 지적한 아동 문제들은 부정적인 감정의 감소 및 해소, 문제해결, 의사결정, 인격 교정, 전문 아동상담자와의 상호작용을 통해 긍정적인 행동변화 등의 상담목표를 통해 달성하게 된다.

〈표 1-1〉 아동 · 청소년기 연령대별 고려되어야 할 선택된 DSM-5 장애

학령기 전(만 2~5세)	학령기(만 6~12세)	청소년기(만 13~17세)
• 주의력결핍 과잉행동장애 (ADHD, 고도이면, 만 3세 이상) • 자폐스펙트럼장애 • 의사소통장애 • 유분증 • 지적장애(지적발달장애) • 적대적 반항장애 • 선택적 함묵증 • 분리불안장애 • 특정공포증	• ADHD • 적응장애 • 품행장애 • 유분증 • 지적장애(지적발달장애) • 불면장애 및 사건수면 • 특정학습장애 • 주요우울장애 • 강박장애 • 적대적 반항장애 • 외상 후 스트레스 장애 • 투렛장애(틱) • 발모광(털뽑기장애) • 사회불안장애 • 특정공포증 • 신체증상장애	• ADHD • 적응장애 • 신경성 식욕부진증 • 양극성장애 • 폭식증 • 품행장애 • 지속성우울장애(기분저하증) • 지적장애(지적발달장애) • 불면장애 • 범불안장애 • 특정학습장애 • 주요우울장애 • 폐쇄성 수면 무호흡-저호흡 • 강박장애 • 적대적 반항장애 • 공황장애 • 외상 후 스트레스 장애 • 투렛장애(틱) • 발모광(털뽑기장애) • 조현병 • 사회불안장애 • 특정공포증 • 신체증상장애 • 물질사용장애

출처: American Psychiatric Association (2013); Hilt & Nussbaum (2016) 재인용.

4. 아동상담자의 자질

상담자는 인간적 자질, 전문적 자질, 그리고 윤리적 자질을 갖추어야 한다. 이 중 어떤 자질이 더 중요하냐고 묻는 사람이 가끔씩 있는데, 이러한 자질들은 서로 연계되어 있기에 어떤 자질이 더 중요하다고 말하기는 어렵다. 그러나 상담자의 인간적 자질인 인격이 전문적 자질인 기술과 방법보다 더 영향을 많이 미친다는 연구결과

들이 보고되었다. 이는 상담의 전체 과정이 인간관계에 따른 과정이기 때문일 것이다. 각 자질에 대해 좀 더 상세히 살펴보도록 한다.

1) 인간적 자질

상담자에게 요구되는 인간적 자질로는 원만한 성품, 소신, 인간 문제에 대한 민감성, 모호한 것에 대한 인내심, 감수성, 이해력과 내담자와의 의사소통 능력 등이 거론된다. 모호한 것에 대한 인내심이란 내담자의 감정, 생각, 문제양상이 분명하지 않더라도 그것들이 드러날 때까지 기다리는 태도를 말한다. 브래머(Brammer, 1988)는 상담자가 지녀야 할 인격적 특성을 다음과 같이 제시하였다.

- 상담자는 자신의 가치관과 의식에 대해 자각하고 있어야 하며, 이것이 상담과 내담자에게 미치는 영향에 대해서도 자각하고 있어야 한다.
- 상담자는 자신의 욕구와 감정을 잘 인식함으로써 역(逆)전이가 일어날 수 있는 상황에 대비하며, 자신의 정서적 문제도 잘 처리할 수 있어야 한다. 비록 상담자에게 문제가 있다고 하더라도 자신의 문제를 잘 해결하면서 에너지를 재충전할 준비와 조건을 갖추고 있어야 한다.
- 내담자에게 모델이 된다는 것을 의식하여 개인적으로 만족스러운 사생활을 영위해야 한다.
- 상담자는 인간과 인간의 긍정적인 변화에 관심과 흥미를 느껴야 한다.

인간적 자질을 완벽하게 갖춘 자만이 상담을 할 수 있다고 한다면 아마도 상담을 할 수 있는 사람은 없을 것이다. 앞서 제시한 인간적 자질들을 완벽하게 구비하지는 못하더라도 상담자는 최소한 인간적 자질을 갖추려고 끊임없이 노력하는 자세와 자신의 문제를 해결하고 의식을 개발하려는 노력을 게을리하지 않는 자세를 가져야 한다.

2) 전문적 자질

인간적 자질이 매우 중요하지만 전문상담자가 되기 위해서는 전문적 자질을 잘 갖추어야 한다. 상담자의 전문적 자질은 상담이론에 대한 폭넓은 지식, 실습경험과 훈련, 자격을 갖춘 감독자(supervisor)의 지도감독을 받으면서 수행한 상담 경험에 의해 이루어진다.

상담자가 전문적 자질을 갖추기 위해서는 일련의 과정이 필요하다. 우선 상담자는 성격형성과정 모델이나 상담이론을 선택하기 위해 행동에 영향을 주는 사람과 요인에 대한 자신의 개인적 신념을 검토해야 한다. 자신의 신념체계에 적합한 이론과 실제를 찾기 위해 주요 상담이론을 폭넓게 탐구하여 자신의 개인적 신념에 일치하는 상담이론을 완전히 이해해야 한다. 그 후 개인적 이론을 완성시키기 위해 다른 상담이론에서 선택한 요인을 통합해야 한다. 마지막으로, 통합된 이론을 실제 상담 장면에서 꾸준히 적용하여 그 이론을 자신의 것으로 견고화하여 상담에 관한 자기 자신의 이론적 기반을 다져야 한다.

상담이론은 인지적 지도의 역할을 하기 때문에 상담자가 내담자와 그들의 동기, 그리고 그들이 어떻게 변하는가를 이해하는 데 도움을 준다. 이형득(1984)은 전문상담자가 습득해야 할 상담이론의 내용 영역을 다음과 같이 제시하였다.

- 인간의 본성과 그 속에 내재된 여러 가지 경향성
- 성격 구조와 발달 또는 바람직한 행동과 바람직하지 못한 행동 및 그 발달 과정
- 상담의 궁극적 목적, 이에 따른 여러 가지 구체적 목표
- 상담의 진행 과정과 효과적인 여러 전략 및 기술
- 바람직한 역할

3) 윤리적 자질

상담자는 여러 가지 윤리적 문제에 직면하게 된다. 상담자가 겪게 되는 윤리적 문제에 대한 명확하고 최종적인 대답이 있는 것은 아니지만, 다른 어떤 직업보다 높은 수준의 윤리적 기준이 요구되는 분야이기에 상담자는 윤리적 기준에 대한 이해가

충분히 있어야 한다. 이장호(1995)는 상담자가 숙지해야 할 윤리적 자질을 다음과 같이 제시하였다.

- 상담자는 자신이 어떠한 개인적 욕구를 가지고 있는지, 상담을 통해 자신이 얻는 바가 무엇인지, 그리고 자신의 욕구와 행동이 내담자에게 어떠한 영향을 미치는지를 분명히 자각하고 있어야 한다.
- 상담자는 자신이 소속한 기관이나 조직에서 채택하고 있는 윤리적 규준에 대해 알고 있어야 하지만, 그러한 규준들을 실제 상담에 적용시키는 것은 다름 아닌 자신이기 때문에, 따라서 상담자 자신의 독자적인 판단이 중요하다는 점을 인식하고 있어야 한다. 또한 상담자는 많은 문제에는 분명한 대답이 없을 수 있으며, 적절한 대답을 찾는 책임이 자신에게 있음을 알고 있어야 한다.
- 상담자에게는 내담자의 복지에 대한 책임이 있으며, 내담자를 자신의 욕구를 충족시키기 위해 이용하는 일이 있어서는 안 된다.
- 상담자는 치료적 관계를 명백히 해칠 수 있는 내담자와의 어떠한 다른 관계도 가져서는 안 된다.
- 상담자에게는 내담자의 비밀에 대한 보장과 상담관계에 부정적인 영향을 미칠 수 있는 다른 문제들에 대해서 내담자에게 알릴 책임이 있다.
- 상담자는 자신의 가치관과 태도 등을 자각하고 있어야 하며, 이러한 가치관과 태도가 상담관계 및 내담자에게 어떠한 영향을 미치는지를 인식하고 있어야 한다.
- 상담자는 상담의 목표, 기법 및 절차, 그리고 상담관계를 시작함으로써 내담자에게 닥칠지도 모를 위험과 내담자가 상담을 시작하려는 결정을 내리기 전에 고려해야 할 다른 요인들에 대해서도 미리 내담자에게 알려야 한다.
- 상담자는 자신이 제공할 수 있는 전문적인 도움의 한계를 잘 알고 있어야 하며, 내담자에게 적절한 도움을 주지 못하고 있다는 판단이 내려질 때에는 지도 감독자의 도움을 받거나 다른 상담자에게 상담을 받을 수 있도록 내담자를 의뢰해야 한다.
- 상담자는 상담과정에서 자신이 내담자에게 모델이 될 수도 있다는 점을 알아야 하며, 따라서 상담자 자신의 생활에서 내담자에게 영향을 미칠 수 있는 일이

나 행동을 인식하고 있어야 한다.

5. 아동상담의 윤리

아동을 치료하는 데에는 많은 윤리적 · 법적 문제가 발생할 수 있다. 상담의 윤리와 법적 조항을 미리 알고 있어야 법적 책임으로부터 상담자를 보호하고, 치료를 성공할 수 있다. 아동상담자가 알아야 할 몇 가지 기본적인 사항에 대해 살펴보고자 한다.

1) 동의서

동의서(informed consent)는 상담에 참가하겠다는 내담자의 의사결정을 문서화한 것이다. 이때 내담자의 자발적 동의가 매우 중요하다. 결코 강요에 의해 서명해서는 안 된다. 동의서에는 내담자가 치료 과정에 영향을 줄 수 있는 모든 정보를 미리 알고 이에 대해서 동의한다는 내용이 포함된다. 테이프 녹음, 관찰, 위험, 치료의 이점뿐만 아니라 비밀보장과 그 제한점에 대한 정보, 경고의 의무, 보호의 의무, 보고의 의무, 클리닉의 절차, 관찰 및 기록 방침, 요금에 대한 정보가 포함되어야 한다. 내담아동의 연령이 너무 어리거나 장애로 인해 동의할 자격에 문제가 있는 경우에는 부모 또는 법적 보호자가 대리로 서명할 수 있다(DeKraii & Sales, 1991). 일반적으로 내담아동이 11세 혹은 12세 이상이면 아동에게 직접 서명을 받는다.

2) 비밀보장

아동상담자는 내담자와 보호자의 사생활과 비밀보장(confidentiality)에 대한 권리를 지켜 줘야 한다. 비밀보장은 내담자의 문제를 보호하고, 신뢰와 라포 형성을 촉진시키는 것이다. 상담에서 비밀보장이 없다면 내담자는 상담을 시작하는 것을 주저하고, 불완전하게 상담을 종결하고, 치료에 필요한 모든 정보를 노출하지 못하게 된다(DeKraii & Sales, 1991). 모든 상담에서 비밀보장은 기본인데, 아동상담에서의 비밀보장은 복잡하고 어려운 주제이다. 특히 아동과의 상담내용을 부모에게 공개하는 것에 대해서는 의견이 분분하다.

일반적으로 부모에게 정보를 공개하는 것은 '아동에게 무엇이 최선인가'에 대한 상담자의 판단에 따라 결정된다. 그러나 법적으로 정보에 대한 부모의 권리는 존중되어야 하므로 동의서를 제시한 부모는 기록과 정보를 이용할 수 있다. 사실상 부모는 상담의 진행 과정을 알아야 하고, 보호적인 차원에서 알 권리가 있다(Lampe & Johnson, 1988). 그렇다고 해서 상담과정에서 이뤄지는 모든 정보를 부모가 알아야 한다는 것은 아니다.

상담자는 아동에게 자신이 한 상담회기에 대한 모든 정보를 부모에게 알리지 않을 것이라는 사실을 알려야 한다. 때로 부모는 자녀에 대해 캐내려고 많은 질문을 한다. 상담자는 이것이 부적절하며, 회기에 대해 언제, 무엇을 공개할지는 아동의 선택이라는 것을 아동과 함께한 초기 면접 시간에 부모에게 말해 주는 것이 좋다. 대부분의 상담자는 공개를 결정하기 전에 아동의 동의를 얻고, 아동이 부모를 피드백 회기에 참여하게 하고, 아동의 합의하에 부모에게 정보를 제공한다.

상담자는 비밀보장의 의무를 지켜야 하지만, 비밀보장을 지킬 수 없는 경우도 있다. 비밀보장을 지키지 않아도 되는 상황으로는 상담자에게 내담자의 생명이나 사회적 안전의 위협이 공개되었을 경우, 내담자가 법령에 준하여 조사를 받아서 법적으로 정보의 공개가 요구되는 경우, 상담 중에 학대나 방임으로 판명되거나 의심되는 경우, 내담자에게 감염의 위험이 있는 질병이 있는 경우, 내담자가 소송에서 자신의 정신상태를 문제로 제기한 경우 등이 있다(Brems, 1993). 상담자는 비밀보장의 한계점을 부모와 아동에게 동의서를 받을 때 분명히 알려야 한다.

3) 보호와 경고의 의무

상담자는 비밀보장의 한계를 논의하는 맥락에서 내담자에게 보호의 의무(duty to protect)와 경고의 의무(duty to warn)를 알려야 한다. 이러한 문제는 대개 실제적인 방법으로만 공유하게 되고, 이러한 문제가 그 아동이나 부모에 의해 야기되지 않는다면 세부적으로 논의되지는 않는다. 만약 어떤 부모가 아동을 해치려고 위협한다면, 상담자는 법적으로 경찰에 알릴 책임이 있다. 그러나 이러한 경우에 아동에게 대안적인 보살핌이 확실히 조치되기 위해서는 적절한 아동보호기관과 연계하는 것이 가장 좋다. 만약 그 부모가 상당히 위협적인 존재인 것으로 간주된다면, 위탁 절차를 밟을 필요가 있다.

어떤 아동이 부모나 형제를 해치려고 위협하는 경우에 상담자 생각에 그 부모가 자신이나 그 형제를 충분히 보호할 수 있다는 확신이 있으면, 그 부모에게 아동의 의도를 통지하는 것만으로도 충분할 수 있다. 상담자는 해당 개인에게 경고를 하고, 필요한 경우에 내담자를 입원시키면 경고의 의무로부터 벗어날 수 있다(Pietrofesa, Pietrofesa, & Pietrofesa, 1990). 경고의 의무는 내담자가 감염의 위험이 있는 경우에도 적용된다.

보호와 경고의 의무는 그 위협이 내담아동 자신에게 있을 때, 즉 내담자가 자살을 계획하고 있을 때에도 적용된다. 아동을 병원에 입원시킬 필요가 있다고 생각되면 아동의 부모를 관여시켜야 하므로 아동의 부모에게 정보를 알려야 한다. 상담자가 아동과 상담을 시작할 때, 아동이 자신이나 다른 사람들에게 위협적이라고 생각된다면 상담자는 아동을 위탁할 수 있는 병원과 제휴할 필요가 있다. 이때 상담자는 아동이 무엇을 해야 하는지 알려 주고, 그 부모가 이러한 상황의 스트레스를 다룰 수 있도록 돕고, 클리닉의 초기 면접과 응급조치를 주지시켜야 한다.

상담자는 경우에 따라서 내담자와의 상호작용 전부를 기록해야 한다. 기록은 법적 책임으로부터 상담자를 보호하고, 경고나 보호의 의무와 관련된 그 상황을 증명하는 자료로서 중요하다. 또한 주의 깊게 기록하는 것은 보고의 의무와도 관계가 있다.

4) 보고의 의무

상담자는 아동학대나 방임이 의심되거나 증거가 있으면 아동학대예방센터(대표번호 1391)에 알려야 한다. 2001년에 개정된 「아동보호법」에 따라 상담자는 학대를 받거나 방임되는 아동이 있는지를 확인해야 한다. 신체적인 방임은 아동의 키와 몸무게, 아동의 위생, 의복의 청결성을 살펴보면 확인할 수 있다. 또한 지적 기능의 감소와 전반적인 발달 지연으로 알 수 있다. 일반적인 증상에는 억압감, 폭력, 감정이입의 결핍이 포함된다(Gil, 1991). 정서적인 방임은 실제적인 증상이나 증후로 파악하기 어려워서 증명하기가 어렵다. 그럼에도 불구하고 정서적인 방임은 매우 위험하므로 잘 관찰하여서 보고하여야 한다.

신체적 학대는 표시가 잘 안 나는 성 학대보다 파악하기가 쉽다. 상담자는 아동의 멍, 상처, 다른 흔적이나 신체적 외상의 증거를 알아야 한다. 잦은 사고, 일반적이지 않은 상처, 심각한 상처로 응급실에 자주 가는 것은 신체적 학대로 의심해 볼 수 있다. 이러한 상처가 의구심을 야기한다면 보고해야 한다.

성 학대 희생자는 발견하기가 어렵다. 그러나 아동의 학업수행이나 일상생활의 갑작스런 변화, 즉 식욕이나 수면, 행동에 변화가 있다면 아동의 생활에 스트레스가 있다는 증거가 될 수 있다. 상담자는 아동이 어떤 형태로 희생되었다고 믿는다면 보고해야 한다. 보고하기 위한 가장 좋은 준비는 사전에 그 절차를 조사하는 것이다.

학대를 보고하면 아동복지사가 아동 관련 정보를 요구할 수 있다. 이때 상담자는 아동, 가해자, 아동의 가족, 가능한 목격자, 보고자 자신, 학대나 방임이 이루어진 정확한 상황, 희생 아동의 현재 건강과 안전상태, 상황의 본질과 심각성, 목격자의 이름 등에 관한 정보를 알고 있는 한 상세하게 알려야 한다.

활동

1. 오늘날 우리 사회에서 아동상담이 필요한 이유와 아동상담의 중요성에 대해 토론해 봅시다.

2. 여러분 주변에 상담을 받고 있거나 상담을 받아야 할 필요가 있다고 생각하는 문제 아동에 대해 그 증상과 문제점을 간단히 적은 다음, 조원들과 알고 있는 사례를 나누어 봅시다.

3. 심리적 · 정신적으로 병들어 가는 아동들을 위해 우리 사회에서 우선적으로 해야 할 일이 무엇인지 토론해 봅시다.

4. 아동상담 현장에서 지켜져야 할 윤리적 지침이나 의무 중에서 중요하다고 생각되는 것을 하나씩 선정하고, 그 중요성에 대해 토론해 봅시다.

제2장 아동상담의 이론적 모델

아동상담자는 상담이론에 정통해야 한다. 상담자의 이론적 배경에 따라 상담목표와 상담과정, 상담전략 등이 달라진다. 내담아동이 호소하는 문제의 초점을 어디에 맞추느냐에 따라 개인의 정서와 감정에 초점을 맞추는 정서적 접근(인간중심상담, 게슈탈트 상담 등), 개인의 사고와 신념에 초점을 맞추는 인지적 접근(인지행동상담, 합리적 정서행동치료, 정신분석상담 등), 관찰 가능한 행동에 초점을 맞추는 행동적 접근(행동주의상담, 개인심리학, 현실치료 등)으로 분류할 수 있다(Tompson & Rudolph, 1992). 최근에는 정서, 행동, 인지를 따로 나누어 어느 한 관점으로만 접근하지 않고 이들을 통합하여 접근하는 통합적 접근이 시도되고 있다. 이 장에서는 많은 상담이론 중 아동심리상담 분야에서 많이 활용되고 있는 이론들을 소개하고자 한다. 여기서는 『아동상담의 이해』를 먼저 공부하지 않고 이 책 『아동상담의 실제』만을 공부하는 분들을 위해서 주요 아동상담이론을 간략하게 소개하고자 한다.

1. 프로이트의 정신분석적 상담이론

프로이트(Sigmund Freud, 1856~1939)

정신분석적 상담은 오스트리아 출신의 정신의학자 프로이트(Sigmund Freud)에 의해 창시되었다. 프로이트는 포괄적인 성격이론 및 심리치료의 체계를 최초로 확립하여 '정신의학의 아버지'라고 불린다. 정신분석적 상담에서는 인간을 비합리적이고 결정론적인 존재로 보았으며, 인간의 행동은 비합리적인 힘, 무의식적인 동기, 생물학적 및 본능적 충동, 생의 초기의 심리성적 욕구에 의해 결정된다고 하였다.

1) 주요개념

프로이트는 인간의 정신 기제가 서로 다르게 작용하는 정신적 활동영역—의식, 전의식, 무의식—을 규명하였다. 의식은 외부에서 오는 감각과 내면에서 느껴지는 감정과 사고를 현재 인지할 수 있는 영역이고, 전의식은 당장 의식하지 못한다는 측면에서 현상학적으로 무의식으로 간주되지만 작은 노력으로 즉각적으로 의식할 수 있는 영역으로서 무의식의 내용들을 의식에서 인식할 수 있게 연결시키는 중간역할을 한다. 무의식은 인간의 가장 원초적이거나 억압된 감정, 욕구, 기억 또는 충족되기를 바라는 본능적인 소망과 충동으로 구성되어 있다. 빙산의 대부분이 물에 잠겨서 보이지 않듯이, 마음의 대부분도 무의식 속에 잠겨서 인지하지 못한다고 하였다. 프로이트는 무의식 속에 잠재해 있는 어린 시절의 심리·성적인 사건들이 인간의 성격을 형성한다고 하였고, 심리적 문제도 사람들이 기억하지 못하는 초기의 외상이나 사건의 결과라고 하였다.

프로이트는 인간의 성격이 원초아, 자아, 초자아로 구성되어 있다고 하였다. 원초아는 무의식 영역에 있는 원초적인 쾌락을 좇는 부분으로, 모든 심리적 기능의 에너지원으로서 자아와 초자아에 필요한 에너지를 공급하는 자원이다. 자아는 원초아의 본능적 욕동을 현실에 맞게 조절하고 통제하는 기능을 하는데, 이드와 외부세계 간에 중재자 역할을 한다. 초자아는 이상과 가치로 구성된 복합적인 심리구조로 도덕적 양심의 기능을 한다고 할 수 있다. 원초아는 성격의 생물학적 구성요소, 자아는 심리적 구성요소, 초자아는 사회적 구성요소로 이루어져 있다. 이 3가지 구성요소가 조화와 균형을 이루면 건강하고 적응적인 생활을 하게 되지만, 이들 사이의 갈등을 인간이 통제하지 못하면 인간은 불안을 느끼게 된다.

정신분석에서는 개인이 불안을 극복하고 불안에 압도되지 않도록 자아를 보호하기 위해 작동하는 자아방어기제가 중요한 개념이다. 자아방어기제는 무의식적 차원에서 작동하기 때문에 사람들은 자신이 방어기제를 사용한다는 것을 모른다. 방어기제는 자아를 보호하는 기능은 하지만, 많은 경우 현실을 부정하거나 왜곡시키기 때문에 현실의 문제를 해결하지 못한다. 특정한 방어기제를 계속해서 사용하여 그 방어기제에 의존하게 되면 부작용이 생길 수 있다.

문제 상황에서 적응적 자아가 제대로 작동하지 않아서 부적응적 방어기제가 작동하게 되면 불안과 갈등이 커지고 나아가 신경증적 또는 정신병적 문제행동이 나타나게 된다(이미리 외, 2019). 사람마다 사용하는 방어기제가 다른데, 투사, 부인, 분열, 퇴행과 같은 단순한 과정은 일찍부터 발달되는 방어기제이고, 이 외에도 억

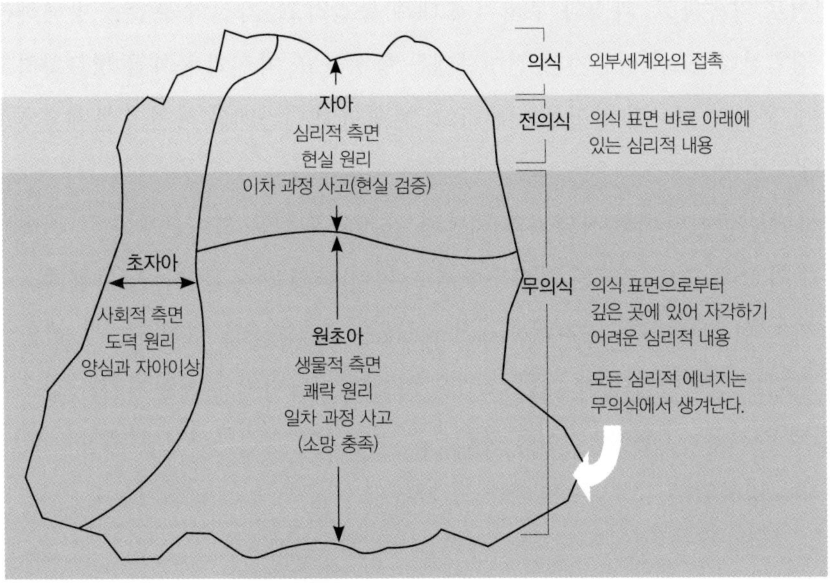

그림 2-1 성격의 삼원구조모델

출처: 권석만(2017).

압, 거부, 반동 형성, 치환, 합리화, 승화, 내사, 동일시, 보상 등의 다양한 방어기제가 있다(이미리 외, 2019).

2) 상담목표

정신분석적 상담목표는 무의식을 의식화하여 개인의 성격구조를 수정하고, 자아를 강화시켜서 행동이 본능의 요구보다는 현실에 바탕을 두도록 하는 것이다. 상담자의 궁극적인 목표는 과거의 경험과 갈등에 의해 형성된 그 어떤 것이 무의식 수준에서 어떻게 작동하는지를 알고 이해함으로써 현재의 문제의 원인을 밝혀 내는 것이다. 상담자의 역할은 내담자와 상담관계를 형성하고, 주의 깊은 경청과 해석을 하며, 내담자의 저항에 주목하고, 내담자가 문제를 통찰하고 변화를 위한 방법을 인식할 수 있도록 돕는 것이다.

3) 상담과정

상담과정에서 내담자는 집중적이며 장기적 치료를 받을 의지가 있음을 상담자와 언어로 약속하고, 과거와 무의식에 대해 통찰하고, 자신의 통찰을 방해하는 저항을 경험한다. 또한 상담자와 전이관계를 형성하고, 자신의 문제를 명료화하고 수용하며, 문제의 역사적 원인을 이해하고, 현재의 대인관계와 과거의 문제를 통합해 나간다.

정신분석적 상담에서 상담자와 내담자 관계의 핵심은 전이관계이다. 전이는 내담자가 과거에 부모나 다른 사람들에게 느꼈던 감정을 현재의 상담자에게 동일하게 느끼는 것을 말한다. 역전이(countertransference) 현상도 일어나는데, 이는 상담자가 과거에 경험한 인물에 대한 느낌을 현재의 내담자에게 치환시키는 것을 말한다. 알로우(Arlow, 1989)는 전이를 중심으로 진행되는 정신분석상담 과정을 4단계로 나누어 설명하였다.

1단계 초기 시작단계에서는 내담자가 분석에 적절한 사람인지와 그가 제시한 문제가 정신분석에 적합한지를 평가하여 상담계약을 맺고, 상담관계를 발전시키며,

내담자의 문제에 대한 기본적인 역동을 파악한다.

2단계 전이의 발달단계에서는 상담자에 대한 내담자의 전이를 유발시키고, 유발된 전이를 내담자가 지닌 문제 상황과 관련하여 해석해 준다. 상담자는 분석 과정 동안에 중립적이고 익명적인 태도를 유지해야 한다.

3단계는 전이의 훈습단계로 내담자로 하여금 전이신경증을 훈습하게 하여 전이와 저항을 분석한다. 훈습(working through)은 내담자의 통찰을 변화로 이끄는 것을 방해하는 저항을 반복적이고 점진적으로 정교하게 탐색하는 것을 의미한다. 훈습을 통해 통찰의 효과가 내담자의 일상생활에까지 확대되고 일반화된다.

4단계인 전이의 해결단계는 전이의 분석이 종결되는 단계로서 상담자에 대한 내담자의 무의식적이고 신경증적인 애착을 해결한다. 내담자가 상담자에 대해 형성한 애착과 의존 등의 문제를 해결할 수 있도록 조력하며, 상담의 종결에 따른 내담자의 감정을 처리하는 데 관심을 둔다(김춘경 외, 2010).

4) 상담기법

정신분석 상담자는 증상 이면에 숨어 있는 수수께끼를 풀고 내담자의 갈등이 완화되도록 수수께끼를 설명하는 '해석자'의 역할을 한다. 정신분석에서는 상담목표를 달성하기 위해서 자유연상, 꿈의 분석, 전이분석, 저항분석, 해석 등의 상담기법을 사용한다. 자유연상은 내담자의 무의식에 있는 내면의 갈등이나 감정, 불안, 생각 등을 의식수준으로 끌어올리기 위해서 내담자에게 아무런 억제나 제약 없이 마음속에 떠오르는 모든 것을 상담자에게 말하도록 하는 방법이다. 무의식의 왕도라고 불리는 꿈분석도 내담자의 무의식적 동기와 갈등, 원망 등을 파악하는 방법이다. 무의식적 방어의 한 형태인 저항과 전이의 분석도 정신분석의 주요한 상담기법이다.

5) 정신분석적 아동상담

아동에 대한 정신분석적 심리치료의 진정한 출발은 안나 프로이트(Anna Freud)와 멜라니 클라인(Melanie Klein)에게서 볼 수 있다.

안나 프로이트는 프로이트의 딸로 아동분석의 창설자이고 자아심리학을 발전시킨 사람이다. 그녀는 1920년대부터 아동을 대상으로 하는 '분석'을 적극적으로 시도하고, 분석에 '놀이'를 도입하고, 부모협력의 필요성을 강조하였다. 1926년에는『아동분석입문』을 써서 아동분석, 놀이치료의 제창자로서 인정을 받고 있다. 그녀는 빈약하게 발달한 아동의 자아 기능을 지지적이고 교육적으로 다루는 것에 관심을 두었다.

클라인은 빈에서 태어난 여성정신분석학자로서 아동기의 회상을 통해서 성인을 연구한 프로이트와는 달리, 아동을 직접 연구하였다. 그녀는 "아이는 본능적 충동의 통제보다는 사회적 관계 형성에 더 관심이 있다."는 결론을 내렸다. 그녀는 아동의 놀이가 성인의 자유연상과 본질적으로 똑같다고 가정하였다. 클라인은 '놀이'를 상담자와의 관계에서 활성화된 무의식적 환상에 의해 동기화된 것으로 보았기에 상담자는 아동의 놀이에서 드러난 현상을 해석 또는 명료화할 필요가 있다고 보았다.

클라인학파의 심리치료적 기법의 핵심은 투사이다. 클라인은 투사를 아동이 자기에게 있는 부분을 다른 사람에 속한 것으로 보는 무의식적 환상이라고 하였다.

아동에 대한 정신분석이론의 발달에서 세 번째 중요한 인물은 도널드 위니컷(Donald W. Winnicott)이다. 그는 아동기의 병리모델에서 클라인의 영향을 받았지만, 안나 프로이트와 함께 놀이의 중요성을 강조하였고, 프로이트 이론에 잠재되어 있는 관계적 측면을 발견하여 성장 촉진적 환경, 모성적 염려, 어머니와 신생아의 일체성, 과도기적 대상, 충분히 좋은 어머니, 참 자기-거짓 자기의 구분 등의 개념을 발전시켰다. 위니컷의 놀이에 관한 이론은 아동상담에 큰 영향을 미쳤는데, 그는 놀이를 무의식적인 환상을 의사소통하기 위한 수단일뿐만 아니라 인간발달에 고유한 생산적인 활동이라고 하였다.

2. 융의 분석심리학적 상담이론

분석심리학의 창시자인 융(Carl G. Jung)은 인간내면에서 작동하는 다양한 심리내적 원형 또는 부분을 의식과 무의식 세계에서 찾아내고, 그 부분들이 통합되어 자기실현으로 나아가는 과정을 상세히 밝혔다. 융은 한 인간이 살면서 형성한 개인의 삶의 역사뿐 아니라, 오랜 기간 인류의 역사 속에서 지속적으로 전수되어 내려온 인간의 원형적 정신세계의 유물까지 다루면서 인간의 정신세계를 깊이 있게 이해하려고 노력하였다(김춘경 외, 2018).

융(Carl Gustav Jung, 1875~1961)

1) 주요개념

융은 인간의 정신을 3개의 하위체계, 즉 자아, 개인적 무의식, 비개인적(집단) 무의식으로 구성되어 있다고 설명했다.

자아는 의식 영역의 중심으로서 사람이 경험하는 것, 지각, 기억, 사고, 관념, 느낌, 감정 등을 의식하고, 그 의식을 지배하는 곳이다. 융은 서로 다른 기능과 역할을 하는 두 개의 무의식 세계(개인적 무의식과 집단적 무의식)를 발견하였다. 개인의 삶의 과정에서 의식영역에 들어가지 못하고 억압되거나 억제된 것들은 개인무의식에 저장된다. 개인무의식에는 개인의 삶에서 이미 한 번은 의식되었던 것이지만 중요하지 않아서 의식에 도달할 수 없는 무가치한 기억들, 또는 의식하기에 너무 위협적이거나 해로운 것이어서 자아에 의해 억압이나 억제된 기억, 환상, 소망, 욕구, 외상으로 채워져 있다. 융은 의식되지 않은 인격의 어두운 면을 그림자라고 하였고, 그림자는 개인무의식 영역에 존재한다. 융의 주요한 개념인 콤플렉스 역시 개인무의식

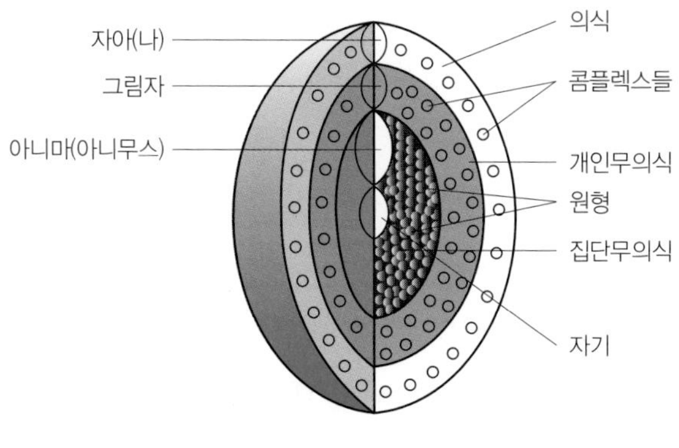

그림 2-2 마음의 구조

출처: 이부영(1999).

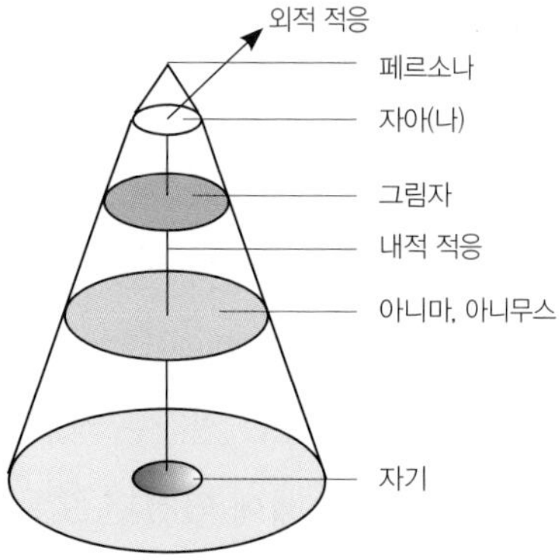

그림 2-3 자기실현-무의식의 의식화 과정

출처: 이부영(1999).

식의 영역에 있다.

프로이트의 무의식 개념을 크게 확장시킨 융의 집단무의식 개념은 분석심리학의 핵심이다. 개인의 경험과 관련된 그림자의 영역이 개인무의식이라면, 집단무의식에는 오래전 인류의 역사를 따라 전수되어 온 인류 공동체의 집단적 경험이 저장되어 있다. 집단무의식은 원형들(archetypes)의 영역이다(이죽내, 1997; 이부영, 1999; 박종수, 2013).

원형은 인간의 심리발달을 위한 DNA와 같은 것이며, 개별적 인간 경험의 근간이 된다. 내용은 없고 형태만 가지고 있는 원형은 정신의 선천적인 부분이다. 케이스먼트(Casement, 2001)는 원형의 흔적을 운반하는 것이 정신이라고 했다. 융은 성격발달에 중요한 역할을 하는 원형으로 페르소나, 그림자, 아니무스, 아니마, 자기 등을 제시하였다.

페르소나(persona)는 그리스 시대에 연극배우가 자신이 맡은 역할을 표현하기 위해서 쓰던 가면을 의미하는 것으로, 외부세계와 관계를 맺는 데 사용하는 개인적인 인격이다. 배우가 주어진 역할을 하기 위해서 연기를 하는 것처럼, 우리도 우리에게 주어진 역할을 하기 위해서, 우리 자신이 아닌 다른 것을 표현하기 위하여 또는 우리를 숨기기 위하여 페르소나를 사용한다.

그림자(shadow)는 자아에 알려져 있지 않은 부정적인 자기상의 속성이다. 나의 모습으로 또는 나의 것으로 인정하고 싶지 않아서 부끄러워하고 회피하고 숨기고 싶어 하는 나의 어두운 인격이다. 의식될 기회를 잃어버려서 미분화된 채로 무의식 영역에 남아 있는 원시적 심리상태라고도 한다. 사람들 중에는 종종 자신의 그림자의 존재를 부인하고 자신이 '인격자'임을 자처하는 사람이 있다. 이에 대해 이부영(1999)은 그림자가 없다고 하는 사람은 위선자이거나 이중인격자, 또는 각종 신경증을 일으킬 조건을 가진 자라고 하였다.

페르소나가 사회적 적응을 위해 작동했던 외적 인격이라면, 아니마(anima)와 아니무스(animus)는 의식과 무의식을 연결하는 내적 인격이다(박종수, 2013). 융에 따르면, 모든 인간은 생물학적으로나 심리학적으로 양성적 잠재성을 지니고 있다. 융은 "중세에 있었던 모든 남자는 자기 내부에 여자 하나를 데리고 다닌다."라는 말을 인용하면서 모든 남성의 내부에 있는 여성적 요소를 '아니마'라고 하였다(Jung, 1968). 모든 여성의 내부에 있는 남성적 요소가 '아니무스'이다. 사람에게 있어서 한쪽 성이 우세하면 나머지 성은 열등하게 된다. 그래서 남성의 무의식에는 여성성의 정신원리(아니마)가 열등한 상태로 존재하고, 여성의 무의식에는 남성성의 정신원리(아니무스)가 열등한 상태로 존재한다.

자기(self)는 정신의 중심에 위치해 있는 원형이며, 의식과 무의식 전체의 중심이 되며, 의식과 무의식 과정을 하나로 통합시키는 역할을 한다. 자기는 개인적 무의식의 차원뿐만 아니라 집단적인 또는 객관적인 차원을 포함한다. 자기는 우리의 소유물이 아니며 우리 자신으로부터 온 것도 아닌 것으로, 그 자체로 독립성과 자율성을 지니고 있다. 그래서 자기를 내면의 신 또는 내면의 원형적 지혜, 생명의 원형으로 부른다. 이죽내(1997)는 고대의 영원한 지혜의 내적 구현으로 나스카피 인디언의 위대한 사람(Great Man)이 바로 자기라고 하였다.

앞서 제시한 원형들은 대극의 합일을 자극하여 깊은 내면의 자기 안에서 의식과 무의식이 통합되어 전체가 되게 한다. 그 전체를 이루는 과정이 개성화 과정이고, 그것의 실현이 개성화이다.

개인의 성격은 궁극적으로 개성화를 이루어야 한다. 개성화는 다른 사람과 구별할 수 있는 자기만의 독특한 개별적 존재가 되는 것, 자기 자신답게 되는 것이라고 할 수 있는데, 이를 자기화 또는 자기실현이라고 한다(Jung, 1961, 1968).

2) 상담목표

분석심리학의 상담목표는 내담자가 무의식적으로 작동하는 정신원리를 의식화하여 개성화 혹은 자기실현의 과정을 촉진하도록 돕는 것이다. 상담자는 내담자의 치유적인 힘이 활성화되도록 하고, 내담자의 자유로운 표현이 정신의 치유적인 힘과 연결되도록 해 주어야 한다. 융분석가인 라이촐크(Rychalk, 1981, p. 228)는 "심리치료의 목적은 환자에게 인생이 전적으로 의식에 의해서만 지배된다는 순진한 믿음을 포기하고, 의식과 무의식 사이의 중간에서 성격의 새로운 중심점을 찾도록 설득하는 것이다. 이 과정은 자아 대 그림자의 양극성을 인정하는 것에서 시작하며, 궁극에는 … '성격의 중심점'에서 균형을 찾게 된다. 이 균형 잡기에서는 자아도 그림자도 선호되지 않는다."라고 말하였다.

3) 상담과정

분석심리학의 상담과정은 4단계로 구분된다(Douglas, 2005; 노안영, 2003 재인용).

1단계 고백(confession) 단계에서는 내담자의 강렬한 정서의 방출과 치료적 동맹이 형성되는 단계다.

2단계 명료화(elucidation) 단계에서는 내담자가 정서적이거나 지적으로 자신의 문제에 대한 통찰을 얻게 되는데, 내담자가 갖는 증상의 의미, 아니마와 아니무스, 그림자, 현재 생활 상황과 고통 등이 명료화된다. 또한 전이와 역전이가 탐색되는데, 심리치료는 상담자와 내담자가 전이적 및 역전이적 투사 내에서 어느 정도 변화되는가에 따라서 그 효과가 달라진다.

3단계 교육(education) 단계에서는 내담자의 사회적 적응과 발달 과정의 문제에 초점을 맞춘다. 앞의 두 단계에서는 개인무의식에 초점을 맞추지만, 교육 단계에서는 내담자의 페르소나와 자아에 초점을 맞추어 슬기롭게 현실적인 사회 적응을 할 수 있도록 돕는다.

4단계 변형(transformation) 단계에서는 내담자와 상담자 간의 역동적인 상호작용을 통해 단순히 사회에 대한 적응을 넘어서 자기실현에로의 변화가 도모된다. 이런 점에서 융은 변형 단계를 자기실현 기간으로 기술하였다. 이 단계에 있는 내담자는 의식적 경험과 무의식적 경험에 가치를 둔다. 요컨대, 변형단계의 초점은 내담자의 의식과 무의식을 포함한 전체적 성격의 주인인 자기의 실현을 이루기 위한 과정, 즉 개성화를 지향하는 과정에 맞춘다(김춘경 외, 2018).

4) 상담기법

분석심리학적 상담에서 사용하는 상담기법으로는 단어연상검사(word association test), 증상 분석(symptom analysis), 꿈 분석(dream analysis), 상징의 사용(use of symbol), 그림치료(painting therapy), 모래놀이치료 등이 있다.

5) 분석심리학적 아동상담

분석심리학적 상담이론에 기반하여 발달된 아동상담기법으로 유명한 것은 모래놀이치료다. 모래상자에 다양한 모형물을 배치하여 내면 세계를 구성해 보는 모래놀이치료는 로웬펠드(Lowenfeld)가 고안하였고, 이후 칼프(Kalff)가 융의 분석심리학의 이론을 도입하며 발전시킨 것으로, 최근에는 아동뿐 아니라 청소년, 성인치료에도 폭넓게 활용되고 있다.

3. 아들러의 개인심리학적 상담이론

아들러(Alfred Adler, 1870~1937)

개인심리학의 창시자는 아들러(Alfred Adler)다. 아들러는 인간을 전체적으로 보아야 한다는 입장에서 in-divide라는 어원을 가진 individual, 즉 나눌 수 없는 전인이라는 의미를 지닌 라틴어의 individum을 선택하여 자신의 이론을 '개인심리학(individual psychology)'이라고 명명하였다. 프로이트는 인간 정신의 장을 셋으로 나누었고, 이것들이 서로 배타적이고 적대적인 관계를 가지고 있다고 보았다. 그러나 아들러는 의식과 무의식, 마음과 육체, 접근과 회피, 양가감정과 갈등의 양극성의 개념이 개인의 주관적인 경험으로서만 의미가 있다고 보고, 개인의 성격은 통일성과 자기일관성을 전제로 한 자아 일치된 통합된 성격구조를 이루고 있다고 보았다.

아들러는 정신건강을 위해 치료보다는 예방이 중요함을 강조하였고, 예방과 치료를 위해 교육에 많은 관심을 가졌다. 그는 제1차 세계 대전 이후 오스트리아의 교육개혁 프로그램을 주관하였고 비엔나 학교체계와 연계하여 최초의 아동상담소를 설립하였다. 또한 (심리치료적) 실험학교도 세워 치료교육, 교육치료적 틀을 체계화시켰으며, 부모교육, 부모상담 프로그램, 교사교육, 집단상담의 새로운 장을 개척하였다.

1) 주요개념

아들러에 따르면, 인간의 문제는 인생 초기에 형성된 생활양식에 의해 큰 영향을 받지만 자신이 가진 긍정적 자질을 개발하고 뚜렷한 목적의식과 노력을 통해 새로운 방향으로 자신을 변화시킴으로써 해결될 수 있다. 아들러의 기본개념으로는 열등감과 보상, 우월성 추구, 생활양식, 사회적 관심, 창조적 자아, 출생순위, 가상적 목표 등이 있다.

아들러는 열등감이 인생 전반에 걸쳐 커다란 영향을 미치고 있음을 통찰하고 그 기원을 밝혔다. 인간은 기본적으로 자신의 약점 때문에 생기는 긴장과 불안정감, 그리고 남보다 열등하다는 사실을 참기 힘들어 한다. 그래서 열등의 감정을 극복 또는 보상하여 우월해지거나 위로 상승하고자 하는 목표를 달성하고자 노력한다. 자신이 느끼는 열등감이 성취를 위한 초석이 된다. 보상(compensation)은 열등감을 조정하는 효과가 있다. 인간은 자신의 열등감을 보상하는 방향으로 행동한다. 보상의 궁극적인 목적을 아들러는 우월추구라고 하였다. 프로이트가 인간 행동의 동기를 불안과 긴장을 감소하고 쾌락을 얻는 행동에서 찾은 데 반해, 아들러는 갈등과 긴장을 초래하면서까지 우월 또는 완전을 추구하기 위해 더 많은 노력을 기울이는 인간의 모습에서 행동의 동기를 찾았다.

개인심리학에서는 현재 아동의 행동에 영향을 주는 것은 과거의 경험이 아니라 행동 이면에서 내담자가 기대하는 목적이 행동에 주요 동기 또는 충동이 된다고 한다. 이를 개인심리학에서는 가상적 목표라고 한다. 따라서 이러한 가상적 목표를 이해해야만 내담자의 행동을 이해할 수 있고, 교육 및 치료의 맥락을 잡을 수 있다(Adler, 1973b). 많은 경우에 어른들은 아동의 행동목표에는 무관심하고 행동 자체에만 관심을 갖고 평가 및 비난하기 때문에 그들의 잘못된 행동을 감소시키기보다는 잘못된 가상의 목표를 정당화시키게 되어 잘못된 행동을 도리어 강화시키는 결과를 낳게 된다. 개인심리학에서는 아동이 나타내는 다양한 장애를 아동이 스스로 선택한 길이라고 해석하고, 장애의 원인 규명보다는 아동이 선택한 장애행동을 통해 추구하려는 목적을 규명하는 것이 매우 중요하고 우선되는 상담자의 과제라고 생각한다(Ansbacher & Ansbacher, 1972).

생활양식은 한 인간의 삶의 목적, 자아개념, 가치, 태도 등 그 인간의 독특성을 설명하는 아들러의 독자적 원리로서 그의 이론의 핵심이 된다. 생활양식은 사람들이 왜 그런 식으로 행동하고 사고하고 느끼는지에 대한 이유를 설명해 주기 때문에 치료의 첫 단계에서 파악되어야 할 매우 중요한 개념이다. 상담을 한다는 것은 비뚤어지고 잘못된 생활양식을 수정하거나 재교육하는 것이라고 할 때, 상담을 위해서는 생활양식 파악이 필수적이다.

아들러의 개인심리학에서 가장 특수한 위치를 차지하는 부분은 '공동체감(Gemeinschaftsgefühl)' 또는 '사회적 관심(social interest)'이다. 개인심리학에서는 인간은 사회적 존재이고, 인간의 존재 형태를 공동생활이라고 보아 삶의 정상화 기준을 공동체감(또는 사회적 관심)의 유무에 두고 있다. 성장하기까지 다른 동물보다 더 의존적인 인간은 성장하기 위해서 자신의 열등성을 보상하는 데 반드시 공동체감이 필요하다. 사회적 존재인 인간은 자연적으로 타인에 대해 수용되고 인정받고 또 그들에게서 가치 있는 존재로 인식되고 있다고 믿는 한 안전하다고 느낀다. 강한 열등의식을 지닌 인간이 공동체감과 사회적 관심이 결핍되어 사회에서 고립될지 모른다는 불안 속에서 살게되지만, 이들이 공동체감을 가지고 사회적 관심을 키워나가면 열등감을 극복하고 건강한 삶을 살아갈 수 있게 된다.

2) 상담목표

개인심리학적 상담목표는 내담자의 열등감 극복, 사회적 관심 증진, 잘못된 생활양식의 수정 등이다. 상담과정에서 상담자는 내담자의 기능에 대한 종합적인 진단을 내리는데, 이때 가족 구성원에 대한 정보를 수집하고 초기 회상을 분석한다. 내담자는 자신의 생활양식에 초점을 맞추어 작업을 하면서 자신의 사적 논리를 탐색하고, 자신의 기본적인 실수를 밝히고, 잘못된 가정이나 결론을 교정하는 방법을 탐색한다. 상담자와 내담자의 관계는 협력, 상호신뢰, 존중, 확신, 목표에의 동의를 바탕으로 한 대등한 관계이다.

3) 상담과정

개인심리학적 상담과정은 4단계로 구분된다(김춘경 외, 2010).

1단계 상담관계 수립 단계에서는 상담자와 내담자 사이의 적절한 상담관계를 수립하기 위해 관심 기울이기, 경청, 목표를 규정하거나 명료화하기, 공감하기 등의 상담기법을 사용한다.

2단계 내담자의 역동탐색 단계에서는 내담자를 분석하고 평가하는 단계로서 내담자가 자신의 생활양식을 이해하고 생활양식이 현재의 기능에 미치는 영향을 이해할 수 있도록 한다. 이 단계에서는 가족 내에서의 아동의 심리적 위치, 출생순위, 부모-자식관계 등을 살펴보면서 가족구성을 탐색하고, 초기 회상, 꿈 분석, 우선적 과제, 통합과 요약, 격려 과정을 다룬다.

3단계 통찰 단계는 내담자의 자기이해를 독려하는 단계로 내담자가 자신의 잘못된 목표나 자기패배적인 행동에 대해 통찰하도록 독려한다. 이때 상담자의 해석은 통찰을 촉진시키는 기법이 되며 해석은 주로 삶의 방향, 목표나 목적, 사적인 논리와 그 영향, 현재의 행동을 인식하도록 하기 위한 것, 행동의 원인이 아니라 현재 행동의 결과에 초점을 둔다.

4단계 재교육 단계에서는 내담자가 새로운 선택을 하도록 하며, 내담자 자신이 새롭고 더 효과적인 방법을 시도해 보도록 도움을 주고, 자신이 결정하고 용기를 가지고 행동하도록 격려한다.

4) 상담기법 및 개인심리학적 아동상담

아들러 상담의 주요기법으로는 격려하기, 초기 기억 분석, 꿈 분석, 은유적 기법, 단추 누르기 기법, 마치 ~인 것처럼 기법, 질문기법, 역설적 기법, 스프에 침뱉기 기법 등이 있다.

개인심리학적 아동상담자로는 코트먼(Kottman)이 있다. 코트먼은 개인심리학적 이론을 아동의 놀이치료에 적용하여 개인심리학적 놀이치료이론을 정립하였다.

4. 로저스의 인간중심 상담이론

인간중심 상담의 창시자는 로저스(Carl Rogers)다. 그는 지지하고 존중하고 진심

로저스(Carl Ransom Rogers, 1902~1987)

으로 믿어 주는 환경에서 개인의 모든 가능성이 펼쳐질 수 있다는 사실을 절대적으로 신뢰하였다.

인간중심 상담은 인간이 본질적으로 믿을 만하고 사회적이며 창조적이라는 기본적인 믿음에 기초한다. 인간은 존경과 신뢰의 분위기 속에서 긍정적이고 건설적인 방향으로 발달하려는 경향을 가지고 있고, 자신의 잠재력을 실현하게 하는 성장촉진적 분위기 속에서 상담자는 내담자에 대해 무조건적인 존중과 정확한 공감적 이해를 해야 한다고 믿고 있다. 또한 인간은 부적응상태에서부터 심리적 건강상태로 변화하는 천부적인 능력을 가지고 있기 때문에 상담의 일차적인 책임은 내담자에게 있다고 생각한다.

1) 주요개념

인간중심 상담의 주요개념에는 현상학적 세계, 자기개념, 자기실현 경향성, 충분히 기능하는 인간 등이 있다.

로저스는 같은 사건이라도 그 사건을 경험하는 개인마다 모두 다르게 지각한다는 점을 강조하였다. 흔히 객관적인 현실이라는 말을 하지만, 로저스는 객관적 현실은 없고, 다만 개인적 현실만 있을 뿐이라고 했다. 개인적 현실이 바로 개인이 지각한 현상학적 세계이다. 현상학적 세계는 사람들이 현재 여기에서 지각하고 경험한 세계로, 의식과 무의식 수준, 개인의 내적 및 외적 세계가 포함된다.

로저스에게 있어서 자기(self)는 자기 자신에 대해 가지고 있는 이미지, 자아상을 의미한다. 자기개념은 어린 시절에 형성되어 성장하는 동안에 다양한 사람과 상호작용을 하고, 많은 경험을 하면서 성숙해지고 복잡해진다. 자기개념은 현실적 자기와 이상적 자기로 구분된다. 현실적 자기는 자신을 현재 어떤 사람으로 인식하는지와 관련되고, 이상적 자기는 앞으로 자신이 어떠한 존재가 되고 싶은지와 관련이 있다. 이 두 자기 간의 불일치가 커지게 되면 상처받기 쉽고 불안을 느낀다. 불일치는 그 사람의 통합감과 전체감을 잃게 하고, 나아가 심리적 갈등과 문제를 겪게 한다.

로저스는 적절한 환경이 제공되면 인간은 누구나 스스로 성장할 수 있으며, 자기의 문제를 이해하고 스스로 해결할 수 있는 잠재적 능력을 가지고 있다고 강조하였다. 이러한 인간의 자기실현 경향성은 유기체의 잠재력을 발전시키는 생득적 경향을 의미하며, 자율성을 향한 발달 과정이고, 타율성이나 외부의 통제로부터 벗어나려는 성향이기도 하다(연문희, 이영희, 이장호, 2007). 로저스는 이 경향성이 인간의 가장 주된 동기이며, 다른 모든 동기의 원천이 된다고 보았다. 이 경향성이 차단되거나 봉쇄되면 인간은 부적응적 문제를 보이게 된다고 하였다.

로저스는 자기실현 경향성을 성취한 사람들을 충분히 기능하는 인간(fully functioning person)이라고 불렀고, 그들의 특징을 5가지로 제시하였다. 먼저, 이들은 경험에 대해 개방적인 사람이고, 삶의 매 순간순간을 충실하게 살아가는 실존적인 삶을 살아가는 존재이며, 실존적인 삶의 순간에 타인이나 사회의 규범을 따라 살지 않고 자신의 유기체적 경험을 신뢰하여 자신이 옳다고 생각하는 대로 행동한다. 또한 충분히 기능하는 사람은 자기가 선택한 인생을 자유롭게 살아가며, 자신이 한 행동에 대한 책임도 자신이 감당하고, 이들은 삶의 모든 영역에서 창의적이며 건설적으로 인생을 살아가는 능력을 지녔다(Rogers, 1961; 이형득, 1987).

인간중심 상담은 계속 발전하고 변화해 가는 이론 체제다. 이 이론은 여러 발달단계 또는 기간을 거쳐 변화되어 오는 동안에 비지시적, 내담자 중심적, 경험적, 인간중심 상담 등으로 불리어 왔다.

지금은 더욱 절충적인 체제로 발전해 나가는 과정에 있지만 기본적인 전제는 계속 고수되고 있다. 기본 전제 중에는 다음과 같은 가설이 포함되어 있다. 즉, 내담자의 성장을 촉진하는 3가지 필요충분조건이 있는데, 그것은 '진실성' '무조건적 긍정적 수용' '공감적 이해'이다.

2) 상담목표

인간중심 상담의 목표는 내담자가 스스로의 힘으로 현재 직면하고 있는 문제와 앞으로 일어날 수 있는 문제에 더 잘 대처할 수 있도록 내담자의 자기실현 경향성을 향상시키고, 성장하여 충분히 기능하는 인간이 되도록 돕는 것이다.

인간중심 아동상담자들은 특별한 문제에 초점을 두지 않는다. 대신 그들은 아동과의 관계 형성에 중심을 두며, 긍정적인 관계 형성을 위해 무조건적이고 온정적인 태도로 반응하기, 문제를 해결하는 아동의 능력 존중하기, 감정이입으로 아동의 입장 이해하기를 강조한다.

3) 상담과정

인간중심 상담은 내담자가 변화하는 과정에 초점을 맞추어 7단계의 상담과정을 제시하고 있다.

- **1단계–소통의 부재**: 자신에게는 문제가 없다고 생각하거나 문제에 대한 자신의 몫이 극히 일부분이라고 생각한다.
- **2단계–도움의 필요성 인식 및 도움 요청**: 1단계의 특징을 내담자가 가지고 있기는 하지만, 자발적으로 도움을 요청한다.
- **3단계–대상으로서의 경험 표현**: 내담자는 자신의 경험을 표현하고 받아들이지만 그러한 경험은 대상화되어 있어서 대상과의 관계 속에서 표현되거나 타인의 것처럼 묘사되기도 한다.
- **4단계–지금 여기에서 좀 더 유연한 경험 표현**: 상담의 분위기를 안전하게 지각하고, 지금 여기에서의 감정을 표현하거나 과거의 경험이 지금 여기에 주는 개인적 의미를 탐색한다.
- **5단계–감정 수용과 책임 증진**: 내담자는 감정을 현재 시제로 자유롭게 표현하기 시작하고 감정들은 충분한 경험에 가까워진다. 이들은 자신이 경험하는 것을 모순되거나 갈등됨에도 불구하고 자신의 것으로 받아들이면서 통합하려는 경향을 보인다.
- **6단계–경험과 인식 일치**: 대상으로서의 자기는 사라지고 내담자의 경험은 모두 자기의 것으로 통합된다. 따라서 내담자가 하는 경험의 순간이 더 명확해지고 확실해진다.
- **7단계–자기실현의 경험**: 내담자는 자신이 누구인지, 무엇을 원하는지, 자기태도가 무엇인지 명확하고 색다른 방법으로 알기 위해 노력한다. 내담자는 자신의 행동과 행동의 흐름, 변화의 특징을 그의 모든 심리학적인 삶 속에 통합시키고, 이것이 그의 새로운 구조의 성격이 된다.

4) 상담기법

인간중심 상담의 가장 기본적이고 핵심 상담기법은 무조건적인 긍정적 수용, 진실성, 공감적 이해이다. 이 기법은 최근에는 인간중심뿐 아니라 거의 모든 상담에서 기본 기법으로 사용되고 있다. 무조건적 긍정적 수용은 상담자가 내담자를 한 사람의 인격체로 무조건, 무비판적으로 존중하고, 있는 그대로의 모습을 수용해 주는 것이다. 진실성이란 내담자와 관계를 맺는 모든 순간에 상담자가 자신이 내면적으로 경험하고 느낀 바를 진실되게 표현하는 것을 말한다. 공감적 이해는 내담자의 생각, 감정, 경험에 대하여 상담자 자신의 감정인 것처럼 내담자의 입장에서 듣고 반응하는 것이다. 로저스(Rogers, 1951)는 이 세 가지 기법이 내담자의 긍정적인 행동과 경험의 변화를 촉진하는 상담자의 태도라고 하였다.

5) 인간중심적 아동상담

대표적인 인간중심 아동상담자는 『딥스(Dibs)』의 저자인 액슬린(Virginia M. Axline)과 랜드레스(Garry L. Landreth)가 있다. 랜드레스(Landreth, 1991)는 아동상담자가 가져야 할 아동 이해를 다음과 같이 제시하였다.

- 아동은 성인의 축소판이 아니며, 상담자는 아동이 성인의 축소판인 것처럼 반응하지 않는다.
- 아동은 사람이다. 아동도 깊은 정서적 고통과 기쁨을 경험할 수 있다.
- 아동은 독특하고 존중받을 가치가 있다. 상담자는 각 아동의 독특함을 높게 보고 존중한다.
- 아동은 사람이다. 아동은 장애와 자신이 살고 있는 환경을 극복할 수 있는 대단한 능력을 소유하고 있다.
- 아동은 성장과 성숙을 향한 타고난 경향성을 가지고 있다. 아동에게는 내적인 직관적 지혜가 있다.
- 아동에게는 긍정적인 자기안내(self-direction)의 능력이 있다. 창의적인 방법으로 자신의 세계를 다룰 수 있다.

- 놀이는 아동의 자연스러운 언어이며, 아동이 가장 편안해하는 자기표현의 매개체다.
- 아동에게는 침묵할 수 있는 권리가 있다. 상담자는 아동이 말하지 않기로 한 결심을 존중한다.
- 아동은 자신이 필요로 할 때 치유적 경험을 할 것이다. 상담자는 언제 어떻게 아동이 놀이해야 하는지를 결정하지 않는다.
- 아동의 성장을 재촉해서는 안 된다. 상담자는 이 점을 인식하고 아동의 발달 과정에 인내한다.

이와 관련하여 랜드레스(Landreth, 1991)는 아동중심 상담의 8가지 원리를 다음과 같이 제시하였다.

- 상담자는 순수하게 아동에게 관심을 가지고 따뜻하게 보살피는 관계를 발전시킨다.
- 상담자는 아동의 무조건적 수용을 경험하며, 아동이 다른 모습이기를 바라지 않는다.
- 아동이 완전하게 자신을 탐색하고 표현할 수 있도록 하기 위해 상담자는 안전하고 허용적인 분위기를 만든다.
- 상담자는 항상 아동의 감정에 예민하며, 아동이 자기이해를 발달시킬 수 있도록 그러한 감정을 부드럽게 반영해 준다.
- 상담자는 아동이 반응적으로 행동할 수 있다는 깊은 믿음을 가지고 있으며, 개인의 문제를 해결할 수 있는 아동의 능력을 확고하게 존중하며, 아동이 그렇게 할 수 있도록 허용한다.
- 상담자는 아동이 내적 자기안내를 신뢰하고, 아동이 관계의 모든 영역을 이끌어 가도록 허용하며, 아동의 놀이나 대화를 인내하려는 충동에 저항한다.
- 상담자는 치료과정의 점진적인 성질을 이해하고 서두르지 않는다.
- 아동이 개인적이고 적절한 관계상의 책임을 수용하도록 도울 수 있을 때에만 치료적 제한을 설정한다.

5. 행동주의적 상담이론

스키너(Burrhus Frederic Skinner, 1904~1990)

행동주의는 다른 이론과 같이 한 학자에 의해 발전된 것이 아니라 20세기 초에 우세했던 정신분석이론에 반기를 들고 형성된 행동 및 학습이론 학자들에 의해 발전된 것이다. 행동주의는 인간의 문제를 잘못된 학습에서 비롯된 습관으로 본다. 행동주의적 개입은 대부분의 행동과 정서나 공포가 학습된다는 개념적 전제에 기초한다.

행동주의에서는 특정한 행동을 이끌어 내고 유지시키고 제거하는 환경적 반응이나 사건 사이의 상호작용과 관계를 강조한다. 행동주의자들은 인간을 기질이나 성격 때문에 특정 반응을 하는 존재가 아니라, 환경과의 상호작용을 통해 사는 데 필요한 기술과 능력을 학습해 나가는 존재로 보았다. 행동주의자들에게 있어서 인간은 반응자이고, 조건화의 산물이다.

1) 주요개념

대표적인 행동주의적 상담이론에는 파블로프(Pavlov, 1927)와 울프(Wolpe, 1958)의 고전적 조건형성, 스키너(Skinner, 1976)의 조작적 조건형성, 밴듀라(Bandura, 1977)의 사회학습이론 등이 있다.

행동이론의 기초를 마련한 파블로프(Pavlov, 1927)는 중립적인 자극에 대한 반응으로, 고전적 조건화, 불수의적 행동 혹은 반사에 조건 부여가 가능하다는 사실을 규명하였다. 이 개념은 개가 사육사의 발자국 소리나 열쇠 소리만 들어도 침을 흘리는 사실을 관찰하면서 찾아낸 원리이다. 개는 먹이(무조건 자극)를 주면 침(무조건적 반응)을 흘린다. 먹이를 주기 전에 무조건적 반응과 아무런 상관이 없는 종소리(중성 자극)를 개에게 들려주면, 나중에는 먹이 없이 종소리만 들어도 개는 침을 흘린다. 이는 중성 자극인 종소리가 무조건 자극인 먹이와 연합되어 조건 반응을 일으켰기 때문이다. 고전적 조건형성이 이루어진 것이다.

왓슨(Watson, 1930)은 정신분석을 부정하고 무의식적 동기에 중점을 두지 않는 객관적 치료법을 추구하였다. 그는 파블로프의 원리를 동물이 아닌 사람에게 적용시켰다. 그 실험이 유명한 알버트의 흰쥐 실험이다. 왓슨은 11개월의 알버트가 흰쥐에게 접근할 때마다 알버트 뒤에서 매우 큰 소리를 내서 알버트가 깜짝 놀라 울게 만들었다. 이런 실험을 계속해서 반복한 이후 알버트는 큰 소리가 나지 않아도 흰쥐만 보면 놀라서 우는 공포반응을 보였다. 알버트는 흰쥐에게만 이런 공포반응을 보인 게 아니라 흰토끼, 흰 털 코트, 흰 깃털 등의 비슷한 종류만 봐도 같은 공포 반응을 보이도록 조건화된 것이고, 자극의 일반화 현상이 나타난 것이다.

예방주사를 맞으러 병원에 간 아이가 나중에 의사만 봐도 무서워서 우는 경우를 예로 들 수 있다. 예방주사가 유발한 아픔과 고통의 반응이 아동으로 하여금 의사만 봐도 주사 맞을 때와 같은 반응을 하게 한다. 이것이 조건형성의 과정이다. 놀람, 회피, 두려움, 메스꺼움과 같은 반사적 행동은 조건형성 과정을 통해서 의미 있는 환경 자극과 연결될 수 있다. 고전적 반응적 조건형성은 일생을 통해 일어나는 많은 연합학습을 설명해 준다. 특정한 상징이 심상이나 정서적 반응 혹은 대상과 짝지어질 때, 그 상징은 새로운 의미를 지니게 된다. 다양한 아동의 행동이나 반응은 영유아기를 통해 지속적으로 조건형성에 의해 학습된 결과라고 할 수 있고, 공포와 불안증세도 이런 고전적 조건형성의 결과로 설명할 수 있다. 반응적 조건형성 모델은 문제행동의 조건형성 과정을 탐색하고, 새로운 조건형성 과정을 형성하여 문제행동을 치료하는 데 도움을 주는 이론이다.

고전적 조건형성 이론은 문제행동의 학습 과정만 설명하는 것이 아니라, 파블로프의 학습법을 역으로 이용하여 잘못 습득된 행동을 소멸하는 것으로도 사용된다. 알버트도 탈조건형성 과정을 실험하여 성공하였다. 고전적 조건형성의 원리를 응용한 기법으로는 체계적 둔감법과 혐오요법이 있다.

체계적 둔감화는 고전적 조건화를 이용한 기법으로, 이완을 시킨 후에 특정 불안감 유발 자극에 점진적으로 노출함으로써 학습된 반응을 불러일으킨다는 것이다. 공포증 치료에 성공적인 기법이다. 혐오요법은 고전적 조건화와 조작적 조건형성을 기초로 하여 원하지 않는 습관을 불쾌한 결과와 연관 지어 근절시키는 데 사용한다. 성범죄자들이 아동포르노에 흥분하면 전기충격을 가해서 아동포르노에 대한 불쾌감을 증진시키는 것이 한 예이다.

스키너(Skinner, 1938)는 스키너 상자 실험을 통해서 조작적 조건화에 대한 연구

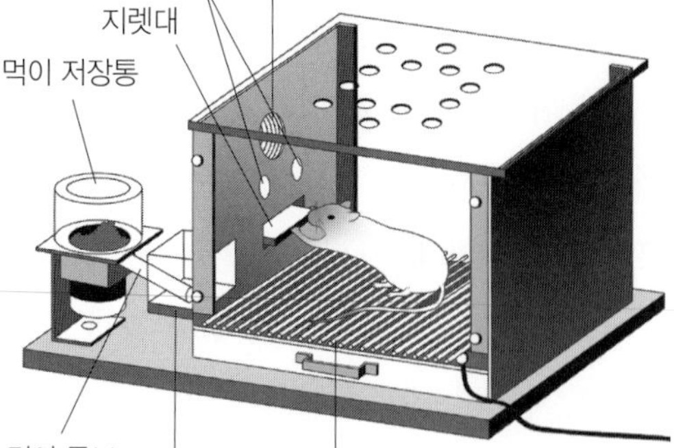

그림 2-4 스키너의 상자 실험

출처: Skinner (1938); 권석만(2017). 재인용.

를 수행하였다. 조작적 조건형성은 인간의 행동이 조건 자극을 통해 수동적이며 소극적으로 형성되는 것이 아니라 좀 더 적극적이고 능동적으로 형성되는 것을 실험으로 증명한 것으로, 특정 행동 이후에 강화를 제공함으로써 행동을 조건형성시키는 것이다.

스키너 상자에는 지렛대와 먹이 저장통이 있고, 지렛대가 눌러지면 먹이가 나오게 되어 있다. 상자 안에 쥐를 넣으면 쥐가 상자 안을 이리저리 다니다가 우연히 상자에 있는 지렛대를 누르게 된다. 그때 먹이가 접시에 떨어진다. 이 경험을 반복하게 되면 쥐는 자주 지렛대를 눌러서 먹이를 취하게 된다. 먹이라는 강화를 통해 지렛대를 자주 누르는 쥐의 행동이 조건형성된 것이다. 강화, 강화계획, 처벌 및 소거 등의 주요한 개념이 스키너의 상자 실험에서 나온 것이다.

아동상담의 행동분석치료는 주로 조작적 조건형성의 원리에서 발전되었다. 행동분석의 주요 국면은 관심 있는 행동을 직접 측정하고, 그 행동과 관련 있는 전제조건과 후속 결과를 명료히 하고, 행동을 변화시키기 위해 전제조건과 후속 결과를 조작하는 것이다. 여기서 중요한 것은 조작적 조건형성에서 기인하는 모든 행동이 아니라 행동분석 절차이다. 조작적 조건형성에 있어서 행동은 두 가지 사상, 즉 선행 자극과 후속 결과 사이에서 일어나는 것처럼 보인다. 행동에 뒤따르는 결과는 다음에 일어날 가능성이 있는 행동에 영향을 주기 때문에 중요하다. 행동이 다시 일어날 가능성을 증가시키는 것을 강화라고 하고, 다시 일어날 가능성을 감소시키는 것을 처벌이라고 한다.

강화에는 두 가지가 있다. 한 가지는 개인의 행동에 대한 자극이 주어지는 과정으로 정적 강화라고 하고, 이때의 자극을 정적 강화물이라고 한다. 다른 한 가지는 개인의 행동에 대해 불쾌한 자극이 제거되는 과정으로 부적 강화라고 하고, 이때의 자극을 부적 강화물이라고 한다. 예를 들면, 아이가 행동을 잘했을 때 아이스크림을 사 주는 것은 정적 강화이고, 집안의 허드렛일에서 빼 주는 것은 부적 강화이다. 벌에도 두 가지가 있다. 행동의 결과로 부적 강화물을 제공하는 제1유형의 벌과 정적 강화물을 빼앗는 제2유형의 벌이 있다. 예를 들면, 아이가 나쁜 행동을 해서 꾸중을 들으면 제1유형의 벌이고, 장난감을 빼앗으면 제2유형의 벌이다. 어떤 행동이 나타날 가능성을 바꿀 수 있는 또 한 가지 방식은 행동의 후속 결과를 제거하는 것으로, 이 과정을 소거라고 한다.

스키너에 의하면 상담이란 내담자의 바람직한 행동은 더욱더 증강시키고, 바람직하지 못한 행동은 약화 또는 감소시킴으로써 내담자의 적응력을 높이게끔 도와주는 재학습 과정이다. 행동주의적 상담에서 상담자가 할 일은 부적응적 행동을 적응적인 행동으로 대처시키기 위해 학습원리를 적용시키는 것이다. 조작적 조건형성의 원리를 응용한 기법으로는 긍정적 강화, 행동조성, 자기표현훈련, 모방학습 및 대리경제체제 등이 있다.

사회학습이론은 자극이나 강화를 경험하지 않아도 타인의 행동을 관찰하는 것만으로도 인간은 행동을 학습할 수 있다는 밴듀라의 이론이다. 밴듀라는 학습과 관련된 인간의 인지 과정에 초점을 맞추어 사회학습이론을 발전시켰다. 밴듀라는 사회학습이론을 발전시키기 위해 보보인형 실험을 실시하였다. 세 집단으로 나눈 4세 된 유아들에게 보보인형을 때리고 넘어뜨리는 공격적 행동을 하는 성인의 모습을 담은 비디오를 보여 주었다. 세 집단에게 제시된 성인의 공격적 행동을 담은 비디오는 3가지의 다른 결말을 제시하게 만들어졌다. 첫 번째 비디오는 공격적 성인이 칭찬을 받으면서 선물을 받는 장면이고, 두 번째 비디오는 공격적 성인이 혼나거나 처벌을 받는 장면이고, 세 번째 비디오는 상이나 처벌 중 아무것도 받지 않는 장면으로 처리되었다.

밴듀라는 비디오를 시청한 유아들을 보보인형과 다른 장난감이 있는 방으로 들여보내서 그들이 얼마나 자주 성인과 같은 공격적 행동을 하는지를 관찰하였다. 그 결과 두 번째 집단, 즉 공격적 성인이 혼나거나 처벌을 받는 결말의 비디오를 시청한 유아들이 다른 두 집단의 유아들보다 공격적 행동을 덜 보이는 것을 관찰했다. 그 이후 한 번 더 실험을 했는데, 유아들에게 비디오에서 본 것을 따라하면 선물을 주겠다고 말한 뒤 유아의 행동을 측정한 결과, 세 집단 모두에서 동일한 수준의 공격적 행동이 나타나는 것을 관찰했다. 이는 공격적 행동에 대해 처벌받는 것을 관찰학습한 것이 공격적 행동을 억제시킬 수는 있어도 유아가 모델링을 통해 공격적 행동을 학습하는 것에는 크게 영향을 미치지 못한다는 것을 의미한다고 볼 수 있다.

2) 상담목표

행동주의적 상담목표는 학습된 인간의 부적응적 행동을 소거시키고, 보다 적응적이고 바람직한 행동을 새롭게 학습시키거나 증진시키도록 학습의 새로운 조건을 창출하는 것이다. 행동주의적 상담에서는 바람직한 행동은 더욱더 증강시키고, 바람직하지 못한 행동은 약화 또는 감소시킴으로써 이상 행동자의 적응력을 높이게끔 도와주는 것을 목표로 한다.

3) 상담과정

행동주의적 상담과정에서 상담자는 내담자의 구체적인 행동에 초점을 두고 체계적으로 문제행동이 일어나는 상황을 파악하여 문제행동의 결과에 관한 정보를 얻으려고 한다. 이때 상담자는 내담자에게 본보기가 되어야 하며, 내담자는 자신의 인식과 참여, 적응 행동 목록을 확장시키기 위해 실험에 참여하도록 격려받는다. 행동주의적 상담과정은 상담관계의 형성, 문제행동의 규명, 행동분석, 상담목표와 방법 협의, 상담의 실행, 상담결과의 조정 및 평가, 상담효과의 유지, 일반화 및 종결로 진행된다.

4) 상담기법

행동주의적 상담에서 자주 사용되는 상담기법으로는 이완훈련, 체계적 둔감법,

모방, 자기표현훈련, 자기조절 프로그램과 자기지시적 행동, 중다양식치료(BASIC ID), 주장훈련, 심적 포화, 혐오기술, 정적 강화, 대리경제체제, 조형, 시범, 역할연기, 행동연습, 사고중지, 행동계약, 인지적 행동수정 등이 있다.

앞서 소개한 행동주의적 상담이론과 기법들은 대부분이 아동상담 장면에서 자주 사용되는 것으로 그 효과가 오랜 기간 검증된 것이다.

6. 인지행동 상담이론

인지행동 상담자들은 인간을 합리적이고 올바른 사고와 비합리적이고 올바르지 못한 사고 두 가지 모두를 가질 수 있는 존재로 보고, 인간의 문제행동은 비합리적 사고에 의해 형성된다고 보고 있다. 인지행동상담에는 엘리스(Albert Ellis)가 개발한 합리정서행동치료(REBT)와 벡(Aaron T. Beck)이 개발한 인지행동치료(CBT)가 있다. 인지행동 상담자들은 인지결정론적 입장을 가지고 있다. 인간의 감정, 정서, 행동, 사고 중 가장 중요한 것이 사고, 즉 인지라는 것이다. 이들은 개인의 사고와 인지를 변화시킴으로써 부차적으로 감정과 행동을 수정할 수 있다는 관점에서 인간을 이해하고 상담을 진행한다.

1) 주요개념

엘리스(Albert Ellis, 1913~2007)

엘리스는 개인의 정서적 혼란은 대부분 비합리적 신념에서 유발된다고 보았다. 사람이 정서적 문제를 겪는 결정적인 원인은 일상생활에서 겪는 구체적인 사건 때문이 아니라 그 사건을 비합리적인 방식으로 지각하고 받아들이기 때문이라고 하였다. 엘리스는 인간이 비합리적 신념으로 인해서 부적응적인 정서와 행동에 고착되는 것을 설명하는 ABCDE 모델을 제시하였다. 영어의 A, B, C, D, E는 선행 사건을 의미하는 Activating event, 사고나 신념을 의미하는 Belief system, 결과를 의미하는 Consequence, 논박을 의미하는 Dispute,

효과를 의미하는 Effect의 머리글자를 따온 것이다. 어떤 사건(A: activating event)이 일어나면 각 개인은 이 사건을 자신의 신념체계(B: belief system)를 매개로 하여 지각하고, 사건을 자신의 가치관이나 태도에 비추어 평가하고, 그로 인해 정서적이거나 행동적인 결과(C: consequence), 즉 우울하거나 초조해하거나 화를 내는 행동 등을 하게 된다. 문제가 되는 불안, 우울, 열등감, 시기, 질투, 죄의식 등과 같은 정서적 반응(emotional consequence: C)은 개인의 신념체계(belief system: B)에 의해서 발생하는 것인데, 많은 사람은 어떤 사건(activating event: A) 때문에 그런 반응이 일어난다고 알고 있다는 것이다. 정확히 말하면 그 사건에 대해 가지는 비합리적 신념(irrational belief: iB)이 문제인 것이다. 이러한 문제는 합리적 신념(rational belief: rB)에 의해 효과적으로 논박(dispute: D)하면 사라진다. 그리고 이러한 논박의 결과로 새로운 철학이나 새로운 인지체계를 가져오는 결과(effects: E)와 그에 따른 감정

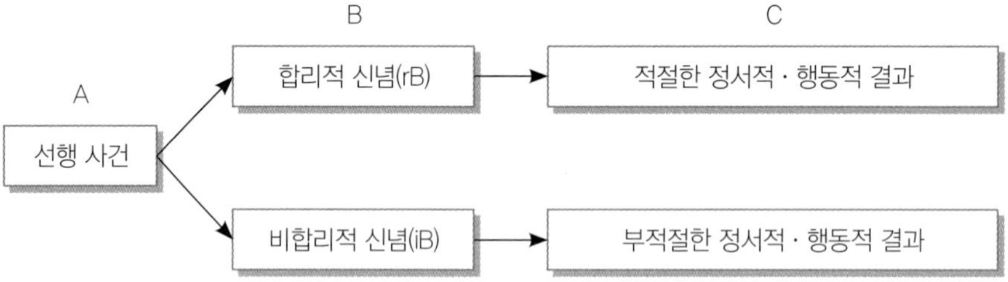

그림 2-5 ABC의 확장 모형

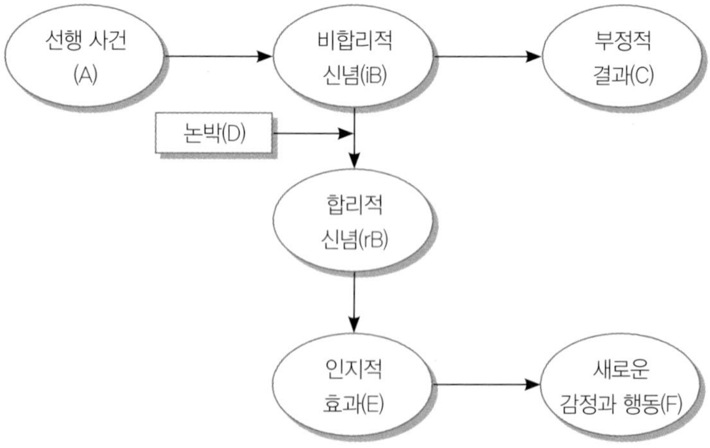

그림 2-6 ABCDEF 모델

(feeling: F)을 낳게 된다고 설명한다(이미리 외, 2019).

벡(Aaron Temkin Beck, 1921~)

벡은 환경적 스트레스나 부정적 생활사건을 경험하게 될 때 자동적으로 떠올리게 되는 부정적인 자동적 사고, 역기능적 인지도식, 인지적 오류 등으로 인해 인간의 심리적 문제가 유발된다고 하였다. 개인이 특정 사건을 경험할 때 자동적으로 떠오르는 생각이 자동적 사고인데, 부정적인 내용의 자동적 사고가 심리적 문제를 야기시킨다는 것이다. 벡(Beck, 1979)은 우울증 환자들의 자동적 사고인 우울증의 인지삼제(cognitive triad), 즉 '나는 가치 없는 사람이다.'와 같은 자신에 대한 비관적 생각, '나의 미래는 절망뿐이다.'와 같은 앞날에 대한 염세적 생각, '세상은 나를 받아 주지 않는다.'와 같은 세상에 대한 부정적 생각을 제시하였다.

사람은 살면서 자신의 삶 속에서 자신과 타인, 세상과 인생 등에 대한 자기 나름의 지식체계 또는 삶에 관한 이해의 틀을 형성하는데, 이를 벡은 삶의 인지도식이라고 하였다. 인지행동 상담자들은 사람들이 형성한 인지도식이 부정적인 내용으로 구성된 경우에는 삶에 기능적으로 대처하지 못하고 심리적 문제로 고통을 당할 위험이 크다고 하였다. 타인의 사랑 없이는 내가 행복해질 수 없거나, 다른 사람에게 도움을 요청하는 것은 나약함의 표시라는 생각이 그 예이다. 역기능적 인지도식은 부정적인 자동적 사고를 활성화시켜서 심리적 문제를 야기시킨다.

자동적 사고를 유발하는 역기능적 인지도식은 인지적 오류를 발생시킨다. 인지적 오류란 자신의 현실을 제대로 지각하지 못하거나 그 의미를 왜곡하여 받아들이는 인지 왜곡을 말한다. 대표적인 인지적 오류에는 이분법적 사고(흑백논리), 파국화, 임의적(자의적) 추론, 과잉일반화, 선택적 추상화(정신적 여과), 극대화 및 극소화 등이 있다.

2) 상담목표

REBT의 상담목표는 내담자의 자기패배적 신념과 자기 또는 타인을 비난하는 태도를 감소시키고, 좀 더 실제적이고 현실적인 사고를 증진시키도록 돕는 것이다. 이러한 상담목표는 정서적으로 왜곡된 비합리적 신념이나 태도가 내담자의 인생에 어떻게 역기능적 결과를 초래하는지를 보여 주고, 내담자가 자신의 비합리적 신념을 논박하거나 무너뜨려서 합리적 사고로 대처할 수 있도록 가르치는 과정을 통해서 달성하게 된다. 상담자는 상담과정을 통해 내담자에게 '자기 비난'이 정서장애의 근원이며, 자신의 행동으로 자신을 '평가'하지 않을 수 없으며, 행동적인 숙제를 열심히 이행함으로써 정서장애와 행동장애를 만드는 비합리적 신념을 제거할 수 있음을 가르친다. 아울러 내담자가 상담과정에서 자신을 통찰할 수 있게 돕는다.

CBT의 상담목표는 인지적 재구성이다. 내담자의 잘못된 사고체계나 부정적인 자동적 사고를 발견하여 이를 보다 적응적인 사고로 대체하고, 부정적인 자동적 사고의 근원이 되는 역기능적 도식을 찾아내어 이를 현실적인 내용으로 수정하는 작업을 통해서 목표를 달성하게 된다.

3) 상담과정 및 상담기법

인지행동 상담자는 인지적 측면을 강조하기에 매우 지시적이고 설득력 있는 방법을 채택한다. 인지행동 상담자는 자문, 진단자, 그리고 교육자의 역할을 한다(Kendall, 1991). 자문가로서 상담자는 내담자가 해결책에 도달하고 가장 적절한 선택을 결정하도록 돕는다. 아동의 문제에 대한 해답을 제공하는 대신에 상담자는 문제 해결 과정에서 해결책을 명확하게 고르고 선택하도록 내담자를 돕는다. 치료적인 관계는 상담자가 코치 역할을 하고, 아동은 자신의 해결책에 도달하여 칭찬을 받는 협조적인 관계이다. 치료기법에는 인지적 방법, 행동적 방법, 정서적 방법이 있다.

인지적 중재는 자기-대화와 인지 평가를 명료화하는 것과 더 적응적인 사고 방법을 학습하는 것을 포함한다. 아동의 인지치료를 향한 첫 번째 단계는 어려운 상황에서 자신의 사고와 감정에 대한 인식을 발달시키는 것이다.

행동 기법에는 모델링, 역할극, 표출 경험, 이완훈련, 조건 강화 등이 포함된다. 각각은 부적응적인 사고와 감정을 명확하게 하도록, 그리고 원하는 방향으로 변하도록 한다. 예를 들어, 불안-유발 상황에 대처하기 위해 상담자들은 이완하는 방법을 아동에게 가르친다.

CBT의 마지막 단계에서 다루는 내용은 주로 스트레스-유발 상황에 대한 내담자의 표출이다. 표출 과제들은 실제의 생활 상황에서 아동이 새로운 기술을 사용하도록 하고 상담자의 지지가 함께 이루어지도록 한다. 표출 과제들은 점점 높은 단계로 나아간다. 아동은 보통의 힘든 상황을 표현하고 나중에 더 스트레스를 많이 주는 상황을 표현한다. 회피 행동은 인정되지 않는다.

이 밖에도 포스트모더니즘(postmodernism)의 확산으로 발전된 구성주의 상담모델인 해결중심상담과 이야기치료가 있고, 최근에 제4심리학적 상담모델로 수용전념치료, 마음챙김치료 등의 상담이론이 아동상담에도 적용되어 발전되고 있다.

4) 인지행동 아동상담

인지행동 상담이론과 다양한 기법은 아동상담 장면에서도 그대로 적용되어 사용된다. 인지행동적 개입을 활용한 아동상담 프로그램이 다양하게 있지만, 문제행동을 보이는 아동을 대상으로 개발되어 그 효과가 입증된 대표적인 프로그램으로 『아동상담 이론과 실제: 이론편』에 소개된 ACTION 프로그램과 ABCDE 모델이 있다.

ACTION 프로그램(Stark et al., 2012)은 우울한 여아들을 위해 개발된 집단상담 프로그램이지만 여자아동뿐 아니라 남자아동과 청소년, 집단상담뿐 아니라 개인상담, 우울뿐 아니라 다양한 임상적 문제를 가진 아동들에게도 효과가 입증된 프로그램이다(Molnar, 2006; Monnat 2009).

ABCDE 모델은 아동의 왜곡된 인지구조를 변화시키기 위해서 엘리스(Ellis, 1991)가 개발하고, 맥크룽(McClung, 2000)이 수정한 것이다. 이 모델은 왜곡된 인지구조로 인하여 극단적 선택과 정서조절이상, 부적응적 행동 등의 외현화 문제를 자주 보이는 아동들의 왜곡된 인지구조를 변화시키기 위해 개발된 모델이다(Rudd, Joiner, & Rajab, 2001).

7. 통합적 상담모델

상담자는 다양한 문제를 호소하는 여러 유형의 내담자를 만나게 된다. 다양한 내담자의 다양한 문제를 도와주기 위해서는 다양한 이론적 개념과 치료절차를 포함하는 통합적 상담모델을 마련할 필요가 있다. 프레스턴(Preston, 1998)이 주장했듯이, 어떠한 이론적 모델도 내담자가 직면해 있는 다양한 문제를 적절하게 설명하지 못한다. 지금까지 상담 및 심리치료에 관한 다양한 이론이 개발되었다면 앞으로는 새로운 상담모델의 개발보다는 지금까지 개발된 다양한 치료모델을 자유자재로 통합하여 활용하려는 통합적 상담모델이 개발되어야 할 것이다.

효과적인 상담을 위해서는 인지, 정서, 그리고 행동적 기술을 능숙하게 결합하여 사용해야 한다. 내담자에게 자신의 신념이나 가정에 대하여 생각하게 하고, 자신이 갈등하고 투쟁하고 있는 감정 수준을 경험하게 하며, 자신이 획득한 통찰을 실생활에 적용하면서 일상생활에서 새로운 방식으로 행동하려면 이러한 기술을 결합할 필요가 있다(Corey, 2001).

사고와 감정은 상담과정에서 매우 중요한 요인이지만 내담자는 자신을 행동 차원으로 표현해야만 한다. 내담자가 통찰을 얻고 억압된 감정을 발산하는 데 많은 시간이 걸리지만 어떤 시점에 이르러서는 행동의 변화로 나타나야만 한다. 상담을 통해 재구성된 그들의 사고와 감정을 실생활에서 검증하고 적용해야만 한다. 상담이 사람의 행동에 초점을 맞추고 있다면 내담자는 자신의 사고와 감정의 변화를 행동으로 자연스럽게 변화시킬 수 있는 기회를 갖게 될 것이다. 통합적 상담기법이란 상담의 전 과정에서 이러한 세 가지 차원의 상호작용을 고려하는 상담양식을 말한다. 통합적 상담은 내담자가 학습한 새로운 행동을 다양한 일상 상황에 능숙하게 적용할 수 있게 하려는 목표를 가지고 있다(Corey, 2001).

통합적 접근을 하기 위해서는 다양한 이론을 평가할 능력을 갖추어야 한다. 한 이론만 알고 그 이론에서 유래한 몇몇 기법을 내담자에게 기계적으로 적용하는 것은 잘못된 것이다. 내담자에게 치료기법을 맞추어야지 치료기법에 내담자를 맞추어서는 안된다. 각 학파의 이론적 개념을 잘 알지 못하면 이 기법들을 효율적으로 통합할 수 없을 것이다. 더 직접적으로 말한다면 통합이라는 명분 아래 자기도 모르는 것을 이것저것 섞는 행위는 무엇보다도 위험하다(Norcross & Newman, 1992; Corey, 2001 재인용). 코리(Corey, 2001)는 이러한 통합적 기법을 구성하는 절차는 오랜 상담경험을 거치면서 점점 세련되어 가는 장기적인 과정이라고 하였다. 그는 이 과정을 "상담 및 심리상담자에게는 일종의 과업이고 도전"이라고 하였다.

한 가지 이론에 얽매이지 않고 통합적인 모델을 발전시킨다고 해도 몇 가지 문제점이 있다. 사실 절충주의라는 명목하에 비체계적이고 합리적인 이유도 없이 무성의하게 상담을 하는 상담자가 있을 가능성도 있다. 상담의 진전 상황에 따라 내담자의 민감한 요구를 충분히 고려하되 궁극적인 치료목표를 항상 염두에 두는 통합이어야 한다(Corey, 2001).

통합적 상담모델에서는 상담이론과 상담기법의 통합뿐만 아니라 내담자와 관련된 복합적인 요인의 통합적인 접근이 시도되고 있다. 대표적인 통합적 상담모델로는 헹겔러와 그의 동료들(Henggeler & Borduin, 1990; Henggeler, Melton, & Smith, 1992; Henggeler, Schoenwald, & Pickrel, 1995)에 의해 시행된 다체계적인 치료(Multisystemic Therapy: MST)를 예로 들 수 있다. MST는 반사회적인 청소년을 위한 대체 치료법으로 발달되었고, 특정한 장애의 다양한 해결책과 복합적인 우연한 요인의 상호작용을 인정하는 사회 생태학적 행동 모델에 기초하고 있다. 따라서 MST는 범위가 넓고 다양한 시스템, 학교, 동료집단, 이웃 내에서 문제 아동과 가정문제를 담고 있다. 게다가 아동 및 청소년과 그들의 가족은 가족치료, 부모교육, 문제해결치료, 또래 중심 중재 역할을 포함한 다양한 형태의 치료를 받을 수 있다. 치료는 개인, 가정, 학교, 또래 환경을 포함한 다양한 시스템이 지닌 위험과 힘에 기초하여 개별적으로 적합하게 만들어진다. 비록 기본적인 원칙이 치료과정을 안내하는 데 제공되지만 치료들이 성격상 고정되어 있지 않으며, 상담자는 포괄적 평가와 함께 치료를 통합해야 한다. 따라서 MST는 특정한 사례들의 요구에 맞게 만들어진 통합적 치료의 예다.

MST의 임상 실험결과, MST는 가정과 관련된 반사회적 행동을 개선하는 데 있어서 개별적인 치료보다 더 효과적이었을 뿐만 아니라 미래의 범죄 행동을 예방하는 데에도 효과적이었다. 임상 실험에서 가족과 또래 관계가 일반적인 지역 서비스를 받았던 청소년들보다 MST를 받은 청소년들이 훨씬 더 많이 개선되었다. 게다가 최종적인 결과를 통해 MST가 일반적인 지역 서비스를 받은 청소년들과 비교해 볼 때 재구류된 청소년들의 비율이 상당히 감소된 것으로 나타났다.

아직 아동을 대상으로 한 MST의 사례연구의 결과는 없으나, 아동상담도 같은 이론적 맥락에서 아동의 가족, 학교, 또래집단, 이웃과의 다체계적 접근이 시도될 필요가 있다. 상담이론과 기법 측면에서의 통합적 시도는 물론이고, 아동을 둘러싼 다양한 사회체계 간의 통합상담 시스템도 더욱 활성화되어야 한다.

활동

1. 아동상담자에게 상담이론이 필요한 이유에 대해서 함께 토론해 봅시다.

2. 다양한 상담이론 중 본인이 지닌 인간이해와 정신병리관을 가장 잘 설명하는 이론을 하나 선택하고, 선택한 이유를 조원들과 함께 나누어 봅시다. 또는 같은 이론을 선택한 사람들끼리 모여서 선택한 이유에 대해 토론하고, 그 다음 다른 이론을 선택한 사람들과 함께 돌아가면서 토론 내용을 나누어 봅시다.

3. 상담학은 사람의 변화를 연구하는 학문이다. 사람의 인지, 정서, 행동 중 어떤 부분의 변화가 우선되어야 한다고 생각하는지 그리고 그 이유는 무엇인지에 대해 함께 토론해 봅시다.

제3장 아동상담 과정

실제 상담과정은 내담자인 아동의 문제에 관한 성격과 상황, 상담자의 이론적 배경, 상담자와 내담자의 욕구나 가치관에 따라 다양하게 이루어진다. 이 장에서는 통상적으로 대부분의 상담과정에서 다루는 상황을 알아보고자 한다. 먼저, 아동상담 과정은 크게 상담 전 과정과 상담과정으로 나뉜다. 상담 전 과정은 상담 예약, 접수 면접, 심리평가, 사례개념화, 상담목표 설정과 상담계획 단계로 나뉘고, 상담과정은 초기단계, 중기단계, 종결단계로 나뉜다. 앞의 내용을 모두 포함하여 실제 현장에서 진행되는 아동상담의 전체적인 과정에 대해 알아보고자 한다.

1. 상담 예약 및 접수 면접

1) 상담 예약

아동상담은 나의 자녀가, 나의 제자가, 혹은 나의 조카가 최근 부적응 행동을 많이 보일 때, 또는 학부모 상담에서 담임 교사로부터 아동이 부적응 행동을 보여 걱정된다는 소견을 들었을 때 등과 같은 상황에서 일반적으로 아동에게 의미 있는 주변 어른이 상담기관을 알아보면서 시작된다. 상담기관은 주변의 추천을 받기도 하고, 인터넷을 통해 검색을 해 보기도 하고, 집 주변에 있는 곳들을 탐색해 보기도 한 후 아동의 보호자가 전화나 인터넷, 혹은 직접 방문을 통해 예약을 진행하게 된다.

상담 예약과정에서 다루어야 하는 주제는 다음과 같다.

- 내담아동의 주 호소문제를 간략히 파악한다.
- 내담아동의 인적사항과 내담아동 및 보호자의 연락처를 파악한다.
- 보호자에게 접수 면접에서부터 상담을 시작하기까지의 일련의 과정을 설명한다(과정: 접수 면접, 심리검사 → 결과 해석 → 상담 진행).
- 보호자에게 접수 면접과 심리검사 및 결과 해석, 상담에 드는 시간과 비용을 설명한다.
- 접수 면접 및 심리검사를 진행할 일자와 시간을 정하고, 상담기관의 위치를 설명한다.
- 내담아동이 상담기관에 온다는 것을 알고 있는지 물어보고, 모른다고 할 경우에는 미리 이야기를 해야 함을 설명한다. 특히 청소년의 경우에는 내담 청소년의 의사가 없다면 상담기관에 오는 것이 쉽지 않기 때문에 미리 설명하는 것의 중요성을 이야기한다.

만약, 상담 예약과정에서 아동의 문제가 위기상황이라고 판단되면 즉각적인 개입이 이루어져야 한다. 또한 보호자가 필요로 하는 도움을 기관에서 제공할 수 있을지 판단하여 제공 가능할 때 접수 면접을 진행하도록 한다.

2) 접수 면접

접수 면접은 아동과 아동에게 의미 있는 주변 어른(조부모, 부모, 교사 등)과 함께 진행되며, 이는 아동의 정서·행동 문제의 기저는 아동 개인의 특성뿐 아니라 가족·학교·사회 환경과 깊은 관련이 있고, 그것들이 매우 중요한 역할을 함을 의미한다(McNeil et al., 1991).

접수 면접은 아동과 보호자가 상담자와 처음 만나는 순간으로 다소 경직되고 불안한 마음으로 내방하였을 아동과 보호자를 편안하고 안정감 있게 맞이하는 것이 중요하다. 아동과 보호자가 처음 상담기관에 들어오는 순간부터 그들의 모든 상호작용은 매우 의미 있는 자료가 된다. 보호자와 꼭 붙어 떨어지지 않으려는 아동이 있을 수도 있고, 신발을 벗고 상담기관에 들어오는 순간부터 아동에게 잔소리를 하면서 화를 내는 보호자가 있을 수도 있고, 상담기관에 들어와 부, 모, 아동이 모두 떨어져 앉아 있는 가족이 있을 수도 있다. 이는 현재 가족관계와 상호작용의 질을 확인할 수 있는 좋은 방법 중 하나이며, 혹여 접수 면접 시 가족관계에 대한 질문에서 가족 모두가 잘 지내고, 행복하다고 대답할지라도 실제 관계는 다를 수 있음을 상담자가 확인할 수 있는 방법이다.

접수 면접의 목적은 내담아동에 대한 이해를 돕기 위해 관련 정보를 수집하고, 아동의 현재 기능 수준과 장단점을 분석하며, 아동의 문제를 파악하고, 아동 문제의 원인과 유지 요인에 대한 가설을 설정하여 개별화된 상담 목표 및 계획을 설정하는 것이다.

(1) 부모 면접

부모와의 접수 면접에서 이루어지는 구체적인 면접 내용으로는 주 호소문제, 출산 및 발달사항, 가족사항, 아동의 현재 기능 수준과 장단점, 이전 상담 경험, 상담 계획 등이 있다.

주 호소문제 상담을 생각하게 된 아동의 주요문제와 그 문제가 시작된 계기(원인)와 시기를 알아본다. 주 호소문제에 대해 알아볼 때에는 보호자에게 "지금 아동이 가지고 있는 문제가 무엇인가요?"라고 직접적인 질문을 하는 것보다는 **"가장 걱정되는 부분은 무엇인가요?"**라고 질문함으로써 상담을 하러 온 이유가 아동 및 보호자에게 큰 문제가 있어서 왔다는 압박감과 불안감을 낮춰 줄 수 있다.

출산 및 발달사항 아동의 전반적인 발달사에 대해 알아본다. 파악해야 할 발달력은 신장과 체중의 변화, 언어 발달(첫 단어를 말한 시기, 언어구사 능력 등), 운동 발달(첫 걸음마를 한 시기 등), 정서 발달(눈 마주침, 적절한 감정 표현 등), 배변훈련, 기질, 임신했을 때 부모의 감정 상태 등이다. 이는 발달 기록지와 같은 설문지를 통해 보호자가 직접 작성하게 하여 면담시간을 줄일 수 있다. 설문지는 보조도구로 활용하는 것이며, 설문지에 명확히 체크할 수 없는 것들은 직접 질문을 통해 알아보는 것이 좋다.

가족사항 먼저, 가족 구성원과 구성원의 이름, 나이, 학력, 직업 등을 통한 가계도를 확인한다. 그다음 아동과 부의 관계, 아동과 모의 관계, 아동과 형제자매 간의 관계, 부부관계 등 가족 구성원 간의 관계를 확인한다. 긍정적인 가족관계는 아동상담에서 아주 좋은 자원으로 활용되고, 반대로 부정적인 가족관계가 있다면 아동상담보다 부부상담, 부모 개인상담 또는 가족상담이 먼저 진행되어야 할 수 있으므로 반드시 알아보아야 한다. 또한 부모 각자의 양육 방식과 성격, 부모의 최근 스트레스 정도와 기분 상태를 확인한다.

아동의 현재 기능 수준과 장단점 아동의 또래관계나 학업 성취 수준, 집에서의 생활 습관과 태도는 현재 어느 수준인지 알아본다. 또한 문제가 발생하기 전에 아동은 어떠했는지 물어보고, 주변 사람들(이전 학년의 담임 교사, 유치원 교사, 친척 등)의 피드백은 어떘는지 알아본다.

이전 상담 경험 동일한 문제로 상담을 받은 경험이 있는지, 혹은 다른 문제로 과거에 상담을 받은 적이 있다면 언제, 어디서, 어떤 상담을 받았으며, 효과가 어땠는지 확인한다.

상담 계획 대략적인 상담의 진행 과정과 상담이 진행된다면 긍정적으로 변화할 수 있는 부분들에 대해 설명하여 보호자를 안심시켜 주고, 상담기관에 대해 신뢰할 수 있도록 한다. 소요 시간과 비용 등을 자세히 안내하고, 다음 일정(심리검사 해석 일정 또는 상담 시작 일정)을 함께 정한다.

(2) 아동 면접

내담아동의 면접은 주로 행동관찰 및 놀이평가로 진행된다. 내담아동의 행동을 관찰하는 것은 연령대에 상관없이 중요한 방법이나 특히 취학 전 아동들은 언어를 통해 접수 면접을 하는 것이 힘들 수 있으므로 행동관찰이 접수 면접의 주요 방법이 된다.

아동의 행동을 다방면으로 관찰하기 위해서 놀이평가를 실시할 수 있다. 놀이평가는 놀잇감이 있는 상담실에서 아동의 행동과 태도를 자세히 관찰 및 평가하는 것으로, 어떤 놀잇감을 고르는지, 어떤 식으로 놀이를 시작하는지 등을 관찰한다.

아동의 행동을 관찰할 시 중요하게 다루어야 하는 부분은 외모 및 의복 차림, 타인과의 상호작용, 부모가 보고한 내용, 사회·정서적 발달 수준 등이다.

외모 및 의복 차림 아동이 계절에 맞는 옷을 입었는지, 옷매무새가 단정한지 등을 확인하고, 상담기관에 들어오는 부모와 아동의 표정을 확인한다. 표정을 통해 아동의 문제가 가족 내에 미치는 영향, 가족의 에너지 수준, 가족의 자원 등을 어느 정도 확인할 수 있다.

타인과의 상호작용 처음 상담기관에 들어올 때 부모와 아동의 상호작용, 상담기관 내에서의 부모와 아동의 상호작용, 부모와 분리될 때의 아동의 행동, 상담자와 함께 있을 때의 아동의 행동을 관찰한다. 상담기관에 들어올 때 엄마 뒤에 숨어서 상담기관을 탐색하는 아동도 있고, 처음 오는 기관임에도 여러 번 와 본 것처럼 씩씩하게 들어오는 아동도 있다. 또한 상담기관 내에서 부부끼리만 상호작용을 하고, 아동은 혼자서 책을 보는 경우도 있고, 모는 기다리는 내내 전화통화를 하고 아동은 혼자 있는 경우도 있다. 부모와 떨어지는 것을 힘들어하는 아동도 있고, 부모와 떨어질 때 부모를 힐끔힐끔 쳐다보기는 하지만 비교적 잘 분리되는 아동도 있으며, 아주 쉽게 분리되는 아동도 있다.

부모가 보고한 내용 부모 접수 면접에서 부모가 보고한 아동의 행동을 염두에 두고 관찰하는 것이 중요하다. 부모는 아동이 잠시도 집중을 하지 못하고, 폭력적인 말을 많이 쓴다고 보고했는데, 상담자와 함께 있을 때의 아동은 주의 집중하여 상담자의 말을 듣고, 집중력을 요하는 과제를 잘 수행해 내고, 상담자에게 예쁘게 말하려고 노력하는 아동이 있을 수도 있고, 부모의 보고와 동일하게 상담자에게도 행동하는 아동이 있을 수 있다. 이는 분명히 다른 개입방법이 필요하기 때문에 부모가

한 보고를 염두에 두고 아동의 행동을 관찰하는 것이 중요하다.

사회 · 정서적 발달 수준 눈 마주침, 언어 수준, 타인을 대하는 태도, 사고내용, 정서 기능 등을 관찰한다. 아동이 부모와는 눈 마주침이 잘 되는데 상담자와만 눈 마주침이 안 되는지, 부모와도 눈 마주침이 잘 되지 않고 상담자와도 잘 되지 않는지를 관찰한다. 또한 발달단계에 따른 언어 수준을 보이는지 관찰한다. 타인을 대하는 태도가 아동이 세상을 지각하는 태도를 대변하는 것이기 때문에 타인을 대하는 태도를 관찰하고, 놀이 속에서 보이는 사고내용과 정서 기능 등을 관찰한다.

2. 심리평가

1) 심리평가의 정의 및 기능

심리평가란 임상적 경험과 전문적 지식이 풍부한 전문가가 행동 관찰, 접수 면접, 심리검사 등 모든 자료를 통합하여 내담자에 대해 포괄적이고 종합적으로 내리는 평가다. 즉, 내담자의 행동 관찰과 접수 면접을 통해 확보한 질적 자료와 심리검사를 통해 확보한 양적 자료를 모두 통합하여 전문가가 한 개인에 대해서 종합적으로 평가하는 것을 말한다(Cohen & Swerdlik, 2005).

〈표 3-1〉 심리평가의 정의

심리평가	
전문가의 풍부한 임상적 경험과 전문적 지식을 바탕으로 함	행동 관찰 + 접수 면접 + 심리검사 해석

심리평가는 다음과 같은 기능을 한다(Talbott, Hales, & Updofsky, 1988).

- 진단을 명료화하고 세분화한다.
- 증상이나 문제의 심각한 정도를 구체적으로 확인한다.
- 개인의 강점 및 약점(예를 들어, 지능, 성격의 특성)을 평가한다.

- 인지적 기능을 평가한다.
- 적절한 상담 유형에 대해 제시한다.
- 상담 전략을 기술한다.
- 수검자가 자신의 문제영역을 인식할 수 있도록 도와 치료적 동기를 높인다.
- 상담 반응이나 상담의 효과를 평가한다.

2) 심리검사의 종류

다양한 종류의 검사 중 상담자는 내담아동의 연령, 주 호소문제 등을 고려하여 적합한 심리검사를 선정하여야 한다. 단 하나의 검사만으로 한 개인을 완벽히 파악하는 것은 상당히 힘들고 위험 부담이 크기 때문에 심리검사총집(full-battery)을 실시하여 다각도의 검사를 진행한다. 임상 장면에서 주로 사용되는 검사들을 행동평가, 인지평가, 성격검사, 신경심리검사로 구분하여 살펴보면 다음과 같다.

(1) 행동평가

- 한국판 아동 행동평가척도(Korea-Child Behavior Checklist: K-CBCL)
  - 대상: 유아용(만 1.5~5세), 아동 · 청소년용(만 6~18세)
  - 내용: 주 양육자가 아동의 적응 상태 및 문제행동을 평가하는 표준화된 도구
  - 방법: 주 양육자의 자기보고식 검사
  - 소요 시간: 15~20분

- 코너스 평정척도(Conners Rating Scale: CRS)
  - 대상: 만 3~17세
  - 내용: 아동기의 과잉행동 진단과 약물치료에 대한 표준화된 결과 측정치를 제공하기 위해 개발된 도구(부모용, 교사용, 단축형)
  - 방법: 부모나 교사의 자기보고식 검사
  - 소요 시간: 5~10분

(2) 인지평가

• 한국판 웩슬러 유아용 지능검사(Korean-Wechsler Preschool and Primary Scale of Intelligence-IV: K-WPPSI-IV)
 -대상: 만 2세 6개월~7세 7개월
 -내용: 유아의 인지기능의 전반적인 평가 및 강점과 약점을 파악하기 위해 개발된 도구
 -방법: 개인용 지능검사로, 검사자가 제시하는 문제를 유아가 해결하는 방식
 -소요 시간: 1시간

• 한국판 웩슬러 아동용 지능검사(Korean Wechsler Intelligence Scale for Children-Fifth Edition: K-WISC-V)
 -대상: 만 6세~16세 11개월
 -내용: 아동의 인지기능의 전반적인 평가 및 강점과 약점을 파악하기 위해 개발된 도구
 -방법: 개인용 지능검사로, 검사자가 제시하는 문제를 아동이 해결하는 방식
 -소요 시간: 1시간

• 한국판 카우프만 아동용 지능검사(Korean Kaufman Assessment Battery for Children-II: K-ABC-II)
 -대상: 만 3~18세
 -내용: 아동과 청소년의 정보처리와 인지능력을 측정하기 위해 개발된 도구
 -방법: 개인용 지능검사로, 검사자가 제시하는 문제를 아동(청소년)이 해결하는 방식
 -소요 시간: 60~90분

(3) 성격검사

• 다면적 인성검사 청소년용(Minnesota Multiphasic Personality Inventory-Adolescent: MMPI-A)
 -대상: 만 13~18세

–내용: 성격 및 정신병리를 포괄적으로 평가하기 위해 개발된 도구
–방법: 개인/집단 자기보고식 검사
–소요 시간: 50~70분

• 한국판 아동용 주제통각검사(Korean–Children Apperception Test: K-CAT)
  –대상: 만 3~10세
  –내용: 아동의 욕구체계 및 갈등, 대인관계와 같은 성격적 특징을 파악하기 위해 개발된 투사 도구
  –방법: 검사자가 아동에게 도판(총 18매: 표준도판 9매, 보충도판 9매)을 하나씩 보여 주면서 어떤 일이 일어나고 있는지 이야기를 만들어 보라고 함. 과거, 현재, 미래에 대해 이야기할 수 있도록 질문함.
  –소요 시간: 40~60분

• 로르샤흐검사(Rorschach Test)
  –대상: 초등학생 이상
  –내용: 개인의 사고, 정서, 현실지각, 대처 행동, 대인관계 방식 등의 다양한 측면의 인격 특성에 대한 정보를 파악하기 위해 개발된 투사 도구
  –방법: 검사자가 아동에게 불분명하고 정형화된 의미가 없는 10장의 잉크 반점 카드(무채색 5장, 유채색 5장)를 보여 주고 무엇처럼 보이는지 질문함.
  –소요 시간: 40~60분

• 집–나무–사람 검사(Hose-Tree-Person Test: HTP)
  –대상: 유아 이상
  –내용: 아동의 가정 환경, 자아상, 대인관계, 내면의 갈등과 소망 등 다양한 의식적 · 무의식적 욕구가 집, 나무, 사람 그림에 반영된다고 가정하고 평가함.
  –방법: A4용지 4매와 연필, 지우개, 초시계를 준비함. 집은 가로 방향으로, 나무와 사람은 세로 방향으로 종이를 제시하고, 4장의 종이에 집, 나무, 사람을 차례로 그리도록 함. 사람은 원하는 성별을 먼저 그리게 한 후 반대 성별을 그리게 함. 각 그림을 그릴 때 소요되는 시간을 측정하여 기록함.

- 동적 가족화 검사(Kinetic Family Drawing: KFD)
  - 대상: 유아 이상
  - 내용: 아동이 자신의 가족에 대해 느끼는 심리적인 내면의 상을 가족화 그림을 통해 의식적, 무의식적으로 표현하는 것을 평가함.
  - 방법: A4용지 1매와 연필, 지우개, 초시계를 준비함. 종이를 가로 방향으로 제시하고 자신을 포함한 가족이 무언가를 하고 있는 장면을 그리도록 함. 그림에 소요되는 시간을 측정하여 기록함.

- 동적 학교화 검사(Kinetic School Drawing: KSD)
  - 대상: 초등학생 이상
  - 내용: 아동이 학교 내에서 친구들과 선생님, 학교에 대해 느끼는 심리적인 내면의 상을 학교화 그림을 통해 의식적, 무의식적으로 표현하는 것을 평가함.
  - 방법: A4용지 1매와 연필, 지우개, 초시계를 준비함. 종이를 가로 방향으로 제시하고 자신을 포함해 선생님과 친구들이 무언가를 하고 있는 장면을 그리도록 함. 그림에 소요되는 시간을 측정하여 기록함.

- 문장완성검사(Sentence Completion Test: SCT)
  - 대상: 아동용, 청소년용
  - 내용: 미완성 문장을 제시하고 아동이 자기 생각대로 문장을 완성하게 하여, 개인의 욕구 상태, 부모 및 교사와의 관계, 동성 및 이성 친구들에 대한 태도, 갈등과 소망 등의 성격 역동에 대해 평가함.
  - 방법 : 미완성된 문장을 읽고 가장 먼저 떠오르는 생각을 적어 문장을 완성함.
  - 소요 시간: 20~40분

(4) 신경심리검사

- 벤더-게슈탈트 검사(Bender Gestalt Test: BGT-II)
  - 대상: 만 4세 이상
  - 내용: 시각-운동기능의 성숙도, 지능, 성격특성, 정서장애, 학습준비도, 학습장애의 평가와 예측을 위해 개발된 도구

–방법: 도형이 그려진 카드를 한 장씩 피검자에게 보여 주고 나서 그것을 A4 용지에 모사하도록 함. 기존 카드 9장에 BGT-II에서 7장이 추가되어 총 16장의 카드로 구성되어 있으며, 추가된 자극 카드는 만 4세~7세 11개월을 위한 자극 카드 4장과 85세 이상을 위한 자극 카드 3장으로 구성되어 있음.
–소요 시간: 40~60분

• 시각–운동 통합 발달검사(The Developmental Test of Visual-Motor Integration: VMI)
–대상: 만 2~15세
–내용: 시지각과 소근육 운동 협응 능력을 평가하며, 장애 조기 선별 및 판별을 통해 학습 및 행동 문제를 예방하기 위해 개발된 도구
–방법: 24개의 기하 도형을 모사하도록 함. 한쪽마다 3개씩의 기하 도형이 배열되어 있으며, 각 도형 아래에는 아동이 도형을 모사할 공간이 마련되어 있음. 이미 그린 것을 지우거나 검사지를 돌려 그릴 수 없음.
–소요 시간: 10~15분

3) 심리평가보고서

심리평가보고서는 행동관찰, 접수 면접, 심리검사 등 모든 질적·양적 자료를 통합하여 내담자에 대해 포괄적이고 종합적으로 내리는 평가 보고서다. 심리평가보고서에는 검사 대상의 인적사항 및 가족 정보, 의뢰 동기 및 사유(정보 제공자), 수검 태도, 배경 정보(발달사 및 가족관계 등), 검사 결과 등이 포함되어야 하며, 이를 총망라하여 내담아동에 대한 종합적인 소견을 토대로 궁극적으로 문제 해결을 위한 방향을 제시해야 한다.

3. 사례개념화

1) 사례개념화 정의와 필요성

등교를 거부하는 민국이(초 2)와 정윤이(초 1)가 있다. 민국이는 친구들과 잘 어울리지 못해 학교에 가면 늘 혼자 있어야 해서 학교 가기를 싫어하고, 정윤이는 집에 있으면 어머니가 모든 일을 다해 주는데 학교에 가니 스스로 해야 하는 일이 많아 힘이 들어서 학교 가기를 싫어한다.

민국이와 정윤이는 '등교 거부'라는 똑같은 결과 행동을 보이고 있지만 그 원인은 명백히 다르다. 원인이 다르면 당연히 해결 방법도 달라질 것이다. 민국이는 친구들과 잘 지낼 수 있도록 사회성 증진 훈련이 필요할 수 있고, 정윤이는 정윤이 모에게 자녀의 발달단계에 맞는 양육 방법을 코칭하는 것이 우선순위가 될 수 있다.

이처럼 접수 면접, 행동 관찰, 심리검사를 통해 모은 내담아동에 대한 다방면의 자료를 토대로 내담아동의 주 호소문제의 원인이 무엇인지, 문제가 사라지지 않고 유지되는 이유는 무엇인지 등에 대한 잠정적 가설을 설정하고, 이러한 문제를 해결하기 위해서는 어떤 상담목표와 구체적인 계획을 세울지 정해야 한다. 즉, 내담아동에게 가장 적절한 상담전략을 세우는 과정이 바로 '사례개념화(case conceptualization)'다. 사례개념화는 상담을 시작하기 전에 설정하며, 상담을 하면서 수정 및 보완해 나가게 된다. 잘 설정된 사례개념화는 상담자가 올바른 방향으로 상담을 진행하고 나아갈 수 있도록 도와주는 나침반과 같은 역할을 한다.

2) 사례개념화의 요소 및 실제

사례개념화의 요소로는 아동의 현재 문제 및 기능 수준, 질병 요인, 촉진 요인, 강화 요인, 활용 가능한 자원이 있다. 사례와 함께 각 요소의 특징을 살펴보고자 한다.

(1) 아동의 현재 문제 및 기능 수준

부모와 아동이 가장 걱정하고 힘들어하는 주 호소문제와 더불어 접수 면접, 행동 관찰, 심리검사 과정을 통해 나타난 문제들(부모와 아동이 말하지 않은 문제도 포함)을 파악한다. 문제들을 명료화하기 위해 목록(list)을 만들어 아동의 현재 문제와 기능 수준을 파악 및 정리한다. 목록에는 정서적인 요소, 인지적인 요소, 사회 · 문화적인 요소, 의학적 · 신체적 요소, 학교 요소, 가족 요소, 기타가 포함된다(김춘경, 2004; 정문자 외, 2016).

다음은 교사에게 소리를 지르고, 교사의 지시에 따르지 않으며, 학급 내 친구들에게 끊임없이 시비를 거는 나은이(초 1)의 문제 및 기능 수준 목록 예시다.

〈표 3-2〉 문제 및 기능 수준 목록

목록	내용	예시
정서적인 요소	• 평상시 주요 감정 • 감정 인식 능력 • 감정 표현 능력 • 감정 조절 능력	• 분노 감정이 매우 커서 다른 감정을 인식하고 표현하는 데 어려움을 보임. • 분노 감정을 강하게 표현하지만 해소되지 않음. • 감정을 적절히 조절하지 못함.
인지적인 요소	• 인지 수준 • 인지기능의 강점과 약점 • 핵심적인 신념과 세상과 자신에 대한 관점 등	• 평균 수준의 인지 수준을 보임. • 언어표현 능력이 부족함. • 세상에 대한 부정적인 신념이 강함.
사회 · 문화적인 요소	• 사회 · 경제적 부분 • 문화적인 부분 • 종교적인 부분	• 경제적 수준이 양호함. • 학구열이 매우 높은 지역에 거주함.
의학적 · 신체적 요소	• 기질적인 정신병리 • 발달상 장애 및 지체	• 없음.
학교 요소	• 교사와의 관계 • 친구와의 관계 • 단체생활 적응 수준 • 학업 수행 정도	• 유치원에서는 교사와 또래와 아주 잘 지냈음. • 학교에 입학하면서 친구와 다툼이 잦아짐. • 교사의 지시나 통제에 따르지 않음. • 수업시간에 방해가 될 만큼 교사의 말에 말대꾸를 하고, 교사에게 소리를 지르는 등의 행동을 보임. • 모둠 활동이 전혀 되지 않음. • 성적은 좋은 편임.

가족 요소	• 가족 내 관계 • 양육환경 • 부모 특성	• 부부관계는 양호했으나 최근 자주 다툼. • 부모가 타인의 감정에 무딘 편임. • 모가 아동을 임신했을 때부터 아동에게 크게 마음이 가지 않았다고 함. 반면 아동의 언니는 임신했을 때부터 현재까지 너무 사랑스럽다고 함. • 유아 때 아동이 부모의 말을 잘 듣지 않으면 아주 강한 체벌을 가함(무작위 체벌). • 최근 조모가 아동의 말이라면 무엇이든 다 들어줌. • 아동과 언니는 잘 지내는 편임.
기타	• 명확하게 정의 내릴 수 없는 부분 • 입증되지 않았지만 의심이 가는 부분	• 부모가 아동을 체벌할 때 아주 강한 언어폭력도 있었을 것으로 의심됨.

(2) 질병 요인(아동 개인적 원인, 환경적 원인)

내담아동의 문제 및 기능 수준을 목록화하여 명확하게 파악하였다면 이제 그러한 문제들이 나타나게 된 원인을 파악해야 한다.

나은이의 질병 요인은 언어표현 능력이 부족하여 자신의 요구사항이나 감정을 말로 명확히 표현하지 못하다 보니 타인이 자신의 욕구나 감정을 몰라주는 일이 반복되었을 수 있고, 그로 인해 해소되지 않은 채 쌓인 감정 또한 말로 명확히 표현하지 못하여 소리를 지르거나 말대꾸를 하는 등의 문제행동으로 표현될 수 있다. 또한 나은이의 모는 아동을 임신했을 때부터 아동에게 마음이 가지 않았다고 하며, 반면에 아동의 언니는 너무 사랑스럽다고 보고한 것으로 보아 양육 과정에서 모의 이러한 마음이 여러 번 비추어졌을 가능성이 높다. 아동에게는 엄격한 기준들이 언니에게는 허용적인 경우가 많아 아동이 억울한 경험을 많이 하였을 것으로 보이며, 특히 아동이 부모의 말을 듣지 않았을 때 무차별적인 체벌(폭행)이 자주 가해졌다.

(3) 촉진 요인

촉진 요인이란 내담아동의 문제가 촉진된 원인을 말한다.

나은이의 부모는 어릴 때부터 나은이의 언니를 더 좋아했고, 어릴 때부터 나은이가 말을 듣지 않으면 체벌을 가했으며, 나은이는 언어표현 능력이 부족하지만 분명히 영아나 유아 때보다 언어 능력이 증진되었을 텐데 왜 지금에서야 문제행동들이

펑 하고 터져 부모가 상담기관에 찾아오게 되었을까? 나은이의 경우에는 초등학교 입학이 촉진 요인이 될 수 있다. 조금 더 허용적인 유치원 환경과 달리 지켜야 할 규칙이 많고, 다소 엄격한 초등학교 환경이 아동에게는 더욱 힘들고 버거웠을 가능성이 높다. 또한 담임 선생님의 강압적인 교육 방식이 부모의 강압적인 양육 방식과 동일시되면서 소리 지르기 등의 반항 행동을 보일 수 있다. 또 하나의 촉진 요인은 최근 들어 잦아진 부모의 다툼이다. 부모의 다툼이 잦아지면 아동의 불안은 자연스레 높아진다. 부모의 다툼이 잦아지자 불안함이 더욱 올라와 부정적인 감정을 조절하지 못하게 된 나은이가 학교에서 다양한 문제행동을 보였을 가능성 또한 높다.

(4) 강화 요인

강화 요인이란 현재 문제가 유지되는 요인, 현재 문제를 강화하는 요인을 말한다.

나은이의 경우에는 억울함, 불안함, 분노 등의 부정적인 감정을 소리 지르기, 시비 걸기 등의 행동으로 표현하고 있어 부모와 선생님이 다그치거나 혼을 내는 등 문제행동만 바로잡으려고 하기 때문에 궁극적인 아동의 마음이 해소되지 않아 문제행동이 유지되고 있다. 또한 아동의 문제가 심각해지자 최근 늘어난 부부간 다툼이 아동의 문제에 집중되면서 일시적으로 줄어들었다. 더불어 조모가 아동의 말이라면 무엇이든 들어주는 행동을 보여 자신의 욕구를 소리 지르기, 시비 걸기 등의 부정적인 방법으로 표현하자 타인이 자신의 욕구를 들어주는 경험을 하면서 문제행동이 줄어들지 않고 강화되고 있다. 이러한 일련의 과정들은 일반적으로 무의식적인 과정이며, 부적절한 보상 및 중재로 인해 아동의 잘못된 행동을 유지 혹은 강화시킬 수 있다.

(5) 활용 가능한 자원

아동의 문제와 기능 수준을 명확히 하고, 그에 대한 다양한 요인인 질병 요인, 촉진 요인, 강화 요인을 찾았다면 이제 활용 가능한 긍정적 자원을 찾아야 한다. 다양한 문제와 원인이 있음에도 불구하고 상담에서 활용할 수 있는 유용한 자원들을 탐색하는 것이다.

나은이네의 활용 가능한 자원은 다음과 같다. 부모가 상담을 받으려고 하는 의지가 있는 것, 경제적 수준이 양호한 것, 유치원에서는 교사와 또래와 잘 지냈던 것,

성적이 좋은 것, 모가 언니를 더 좋아했다는 것을 모 스스로 인지하고 있는 것, 조모가 아동에게 아낌없는 사랑을 주고 있는 것, 아동과 언니의 사이가 좋은 것 등이다. 이 자원들은 상담이 원활히, 그리고 신속히 진행되는 데 아주 중요한 역할을 하게 된다. 예를 들면, 현재의 문제에 너무 낙담하고 있을 부모에게 유치원 때 나은이가 교사 및 또래와 잘 지냈던 부분을 상기시켜 주고, 부모의 마음을 다독이며 상담을 통해 좋아질 수 있음을 알려 줌으로써 부모의 에너지 수준을 높일 수 있다. 또한 유아 때도 여러 가지 힘든 부분이 많았을 나은이가 교사 및 또래와 잘 지내기 위해 노력한 에너지, 기본적으로 가지고 있는 사회성 등을 상담을 통해 다시 이끌어 낼 수 있다.

4. 상담목표 설정과 상담계획

1) 상담목표 설정

사례개념화를 통해 문제 및 기능 수준을 명확히 했고, 문제의 다양한 원인을 분석하였다면 이제 그 원인을 제거하여 내담아동의 문제행동을 줄이고, 기능 수준을 높일 수 있도록 하는 상담목표를 설정한다.

내담아동에 따라 각각 다른 상담목표가 설정되지만 일반적으로 크게 3가지 범주로 분류될 수 있다.

- 아동의 현재 문제를 완화하거나 제거하는 것이다.
- 아동의 심리·정서적 적응 능력을 강화하는 것이다.
- 모든 발달영역에서 정상적인 발달 궤도에 있도록 하는 것이다.

3가지 목표 범주 중 내담아동에게 가장 적합한 목표를 설정하게 되며, 궁극적으로는 상담이 끝날 때쯤에는 3가지 목표가 모두 이루어지게 된다. 상담목표는 최대한 구체적으로 설정하는 것이 좋고, 단기적인 목표와 장기적인 목표로 나누어 설정하는 것이 좋다.

나은이의 상담목표는 다음과 같다.

[단기목표]

- 아동상담
  - 상담자와 안정적인 관계를 형성한다.
  - 자유놀이를 통한 주된 정서(분노, 억울함)를 표출하고 해소한다.
  - 욕구와 감정을 마음껏 표현한다.
  - 화가 날 때 할 수 있는 방법, 하면 안 되는 방법을 익혀 행동에 대한 자기통제 능력을 높인다.
- 부모상담
  - 아동의 심리 상태를 이해한다.
  - 체벌은 가급적 금지하고, 필요한 경우를 위한 올바른 체벌의 방법을 익힌다.
  - 민감성을 높여 아동이 느끼는 부정적인 감정을 알아차리고, 공감해 주는 방법을 익힌다.
  - 아동의 언니와 아동을 차별 없이 대하고, 조모는 아동이 화를 낼 때 무조건적으로 아동이 원하는 것을 들어주지 않도록 한다.

[장기목표]

- 아동상담
  - 사회기술 능력을 증진한다.
  - 올바른 자기주장 방법을 익힌다.
  - 감정을 적절히 표현하고 조절할 수 있도록 한다.
  - 자신의 긍정적인 부분을 발견하고 수용한다.
- 부모상담
  - 발달단계에 맞는 올바른 훈육 방법을 익힌다.
  - 부정적인 감정을 공감해 주고, 해결해 나가는 방법을 익혀 아동과 함께 행한다.
  - 애착관계를 재정립한다.

2) 상담계획

상담의 목표를 설정했다면, 목표를 달성하기 위한 계획을 세워야 한다. 상담 기간과 주당 상담 횟수, 상담매체, 보호자에 대한 개입방법, 보호자 외의 개입, 회기 구조화, 병행치료 등에 대한 계획을 세운다.

상담 기간과 주당 상담 횟수 일반적으로 주 1회 상담이 진행되는 것이 보편적이다. 하지만 여러 상황에 따라 한 주에 여러 번, 격주에 1번 등 유동적으로 정할 수 있다.

상담매체 상담매체는 매우 다양하다. 음악, 놀이, 미술, 문학, 모래, 동작, 게임 등 다양한 매체 중에서 아동에게 가장 적합하면서 상담자에게 가장 숙달된 매체를 활용하여 상담을 계획한다.

보호자에 대한 개입방법 아동상담에서는 대부분 보호자 상담(부모상담)이 병행되는 경우가 많다. 보호자 상담에서는 일상생활에서 일주일간 아동의 변화된 행동, 아동과 보호자의 상호작용 등을 이야기 나누며, 발달단계에 맞는 적절한 양육 방법 등을 코칭한다. 만약 보호자가 현재 우울증이 심하다든지, 스트레스가 심해 감정 통제 등이 불가한 상황이라면 보호자에게 약물치료를 병행하면서 보호자 개인상담을 받도록 권유한다. 또한 부모가 맞벌이를 해서 아동을 양육하는 시간이 적고, 주로 조모가 아동을 양육하는 시간이 길다면 보호자 상담 시 부모와 조모를 번갈아 가며 상담을 진행하는 것이 좋다.

보호자 외의 개입 보호자 외의 개입은 대부분 유치원 및 학교 교사의 개입을 의미한다. 보호자에게 미리 허락을 구하고 연락처를 받아서 교사에게 현재 아동의 학교생활이 어떤지, 교사는 어떤 부분이 가장 걱정되는지, 최근 긍정적으로 변화한 행동이 있는지 등을 전화로 물어보며 상호 협력해 나갈 수 있다.

회기 구조화 회기 구조화는 아동의 자율성과 상담자의 개입 정도와 관련이 있다. 상담실에서 아동이 하고 싶은 것을 상담 시간 내내 진행하는 경우에는 비구조화가 되고, 상담자가 아동과 상담 시간 동안에 할 것을 모두 계획하고 진행하는 경우에는 구조화가 되며, 비구조화와 구조화의 중간이 반구조화가 된다. 구조화의 정도는 아동의 주 호소문제에 따라 달라진다. 자신의 마음을 표현하지 못하고 위축되어 있는 아동들의 경우에는 주로 비구조화 상담이 진행될 수 있고, 학교 규칙을 지키지 않고 하고 싶은 대로만 하는 아동들의 경우에는 반구조화 · 구조화 상담이 진행될 수 있다.

병행치료 병행치료는 아동이 약물치료나 언어치료 등과 같은 다른 치료를 함께 병행해야 되는지에 대한 계획이다. 반드시 약물치료가 필요한 경우라고 판단된다면 보호자에게 알려서 선택할 수 있도록 하여야 하고, 언어적인 부분에 대한 자극과 치료가 있어야 된다고 판단되면 언어치료를 권유하여 병행할 수 있다.

5. 상담과정

상담과정은 내담아동의 문제 유형, 상황, 상담자의 이론적 배경, 상담자와 내담자의 욕구나 가치관에 따라 다양하게 진행된다. 따라서 상담과정의 기간은 한두 번의 상담으로 종결될 수도 있고, 정도에 따라 10~20회 또는 그 이상 몇 년이 걸릴 수도 있다. 또한 각각의 상담이론마다 세세한 상담과정을 모두 조금씩 다르게 제시하고 있다.

이 절에서는 대부분의 상담과정에서 다루는 사항을 크게 3단계로 나누어 상담의 초기단계, 중기단계, 종결단계의 상담목표에 대해 살펴보고자 한다.

1) 초기단계

(1) 치료적 환경 마련하기

상담 초기의 가장 중요한 목표는 치료적 환경 마련이다. 치료적 환경이란 아동이 자신의 감정을 자유롭게 표현할 수 있고, 신뢰할 수 있고, 비밀이 보장된다는 확신이 들고, 강압적이지 않은 환경을 말한다. 이러한 치료적 환경을 위해서는 신체적 안정과 심리적 안정을 모두 고려해야 한다(Dodds, 1985). 신체적 · 심리적 안정은 상담실에서 지켜야 하는 규칙, 주의해야 할 상황을 알려 주는 것에서부터 시작된다. 아동이 상담실에서 자신의 감정을 표현하기 위해 모든 물건을 집어던지고 부술 수 있도록 허락하는 것이 자유로운 감정 표현을 위한 환경 마련이라고 할 수 없다. 아동에게 상담실 내에서 하고 싶은 것을 마음껏 할 수 있지만 최소한의 지켜야 하는 규칙, 제한점, 한계에 대해 미리 알려 주어야 한다. 이는 안전을 보장하는 울타리와 같은 역할로 안전한 울타리 속에서 아동이 마음껏 뛰어놀 수 있도록 하기 위함이다. 울타리가 너무 높거나 답답하게 느껴져서는 안 되듯이, 규칙이 너무 엄격하거나 많은 것은 좋지 않다. 다음의 대화는 초기 면접을 한 상담자와 상담을 진행하게 된 아동과의 상담 내용이다.

#1. **상담자**: 이 방을 기억하니?

아동: (수줍어하면서 고개를 끄덕인다.)

#2. **상담자**: 네가 지난번에 여기에 와서 했던 것처럼, 네가 가지고 놀고 싶은 어떤 장난감도 가지고 놀 수 있단다.

#3. **아동**: 나는 인형집이 좋았어요.

상담자: 그래. 네가 그랬었지. 지난번에 여기 왔을 때 인형집을 매우 좋아했지.

아동: (인형집으로 걸어가면서) 아직도 여기에 있네!

#4. **상담자**: 그래, 이 방에 있던 모든 장난감은 그대로 있어. 그 장난감들은 네가 매주 올 때마다 너를 위해서 항상 여기에 있을 거야.

아동: 물감도 그래요?

상담자: 그럼, 나를 포함해서 모든 것이 그대로 있어. 난 너를 위해서 매주 여기에 있을 거야. 항상 같은 시간에……. 그리고 항상 40분씩 말이야.

#5. **아동**: (방을 탐색하는 행동을 계속한다.) 매주 여기로 와야 되나요?

상담자: 그래. 매주 화요일 4시에 난 너를 만나기 위해 여기에 있을 거야.

(2) 치료적 관계 형성하기

상담 초기과정은 아동과의 긍정적이면서도 신뢰할 수 있는 치료적 관계를 형성하는 단계다. 그러기 위해서는 아동이 스스로 존중을 받고 있다고 느끼고, 처벌이나 보복의 두려움 없이 자신의 내부 세계를 충분히 탐색하고 표현할 수 있는 자유로움이 있어야 한다. 상담자는 아동의 작은 행동에도 관심을 가지고 민감하게 반응하여야 하며, 수용적인 태도로 낯선 공간에서 불안함을 느낄 수 있는 아동을 보듬어 주어야 한다. 아동의 마음이 안정되고 편안해지기 시작하면 자신의 내부 세계를 탐색하고 생각과 욕구를 표현하기 시작한다. 또한 상담 초기과정에 비밀보장의 원칙에 대해 간략히 설명하여 보다 신뢰할 수 있는 치료적 관계를 형성한다. 비밀보장의 원칙에 대한 간략한 설명은 다음과 같다.

"선생님은 여기서 나은이와 함께했던 놀이, 함께 나누었던 이야기를 부모님이나 다른 사람에게 말하지 않을 거야. 간혹 부모님에게 알려 주고 싶은 이야기가 있으면 나은이에게 먼저 부모님에게 말해도 될까 하고 물어보고 이야기를 할 거야. 하지만 누군가가 다칠 것 같은 위험한 내용이나 나은이가 다칠 것 같은 내용을 알게 되면 선생님은 위험한 일이 일어나지 않도록 하기 위해서 다른 사람에게 도움을 구할 거야."

(3) 상담목표 합의하기

상담 초기에 상담자는 아동과 함께 서로 수용할 수 있는 상담목표에 대해 이야기를 나눈다. 간혹 보호자가 아동에게 "상담 받으러 가자."라고 하면 아동 스스로 큰 문제가 있다고 생각할까 걱정이 되어 "장난감이 가득한 곳에 놀러 가자."라고 하고 아동을 데려오는 경우가 있다. 상담이 진행되는 단계에서 아동 스스로 자신의 문제가 무엇인지 하나부터 열까지 아주 세세하게 인지할 필요는 없지만, 상담기관에 단순히 놀러 오는 것이 아닌 목표를 가지고 오는 것임을 알려 주는 것이 필요하다. 접수 면접과 사례개념화를 통해 상담목표가 정해졌다면, 앞서 나은이의 경우에는 '학교에서 선생님, 친구들과 더 잘 지내기 위해서'라는 목표에 대해 나은이와 함께 이야기 나누는 과정이 필요하다. 상담자가 일방적으로 "학교에서 선생님, 친구들과 더 잘 지내기 위한 방법을 배우기 위해서 나은이가 상담기관에 오는 거야."라고 목표를 가르쳐 주는 것이 아니라 학교생활, 친구들과의 관계 등을 이야기 나누면서 자연스럽게 함께 목표를 세우는 것이 중요하다.

2) 중기단계

(1) 심오한 탐색과 분석

상담의 중기단계에서는 정해진 목표를 달성하기 위해 깊이 있는 탐색과 분석을 보다 구체적으로 실시한다. 초기단계에서 쌓은 상담자와 아동 간의 신뢰관계를 바탕으로 중기단계에서는 아동과 아동의 문제에 대한 심도 있는 탐색과 분석이 이루어진다(Nugent, 1990). 이 단계에서 아동들은 자신이 중요하다고 생각하는 것, 자신의 가치관, 태도 등에 대한 자기탐색을 통해 자기이해를 발전시켜 나간다. 상담자는 아동이 이야기하는 모든 것, 특히 아동이 하는 불평과 비판에 대해 주의 깊게 경청해서 그러한 논리, 관점을 가지게 된 이유를 파악해야 한다. '어떤 목적으로 아동이 그런 말을 했을까? 그런 행동을 했을까? 욕구가 충족되었을까?' '애정의 욕구가 충분히 충족되고 있는가?' '아동이 표현하는 것은 어떤 요구인가?' 등과 같은 질문들을 끊임없이 상담자 스스로 하면서 아동의 내면을 분석하여 아동이 자신의 욕구를 충족할 수 있도록 도와주어야 한다.

(2) 교정적 경험

중기단계의 중요한 목표는 교정적 경험이다(O'Connor, 1991). 교정적 경험이란 과거의 부적절한 경험을 상담과정 안에서 재경험을 통해 재창조하는 것을 말한다. 예를 들어, 부모와 애착을 제대로 형성하지 못한 불안정 애착 아동이 상담을 통해 안정 애착을 형성해 가는 과정을 말한다. 과거에 경험한 상처와 결핍을 상담을 통해 극복하고 재경험하여 현재 생활에 잘 기능할 수 있도록 나아가는 단계다. 상담의 중기단계는 차근차근 계단을 오르듯 하나씩 나아지기보다는 모든 부분이 좋아지는 듯 보이다가 어느 순간 처음 상담기관에 방문했을 때만큼 퇴행하기도 하고, 다시금 좋아지다가 퇴행하는 양상이 반복될 수 있다. 이때 상담자가 중심을 잘 잡고 보호자와 아동에게 이러한 변화 양상을 설명하고, 나아지고 있는 과정임을 알려 주어 신뢰관계가 이어질 수 있도록 해야 한다.

(3) 상담목표에 도달하도록 돕기

상담자는 아동이 자신의 가치를 표현하고 목표를 충족시키기 위해 무엇을 해야 하는지에 대한 의사결정을 할 수 있도록 돕는다. 아동이 현재 가지고 있는 잘못된 목표나 부적절한 목표를 깨달을 수 있도록 돕고, 자신이 이루고자 하는 목표와 상반된 행동 간의 부조화를 이해할 수 있도록 돕는다. 나아가 아동이 원하는 바를 이루기 위해서 해야 할 행동, 마음가짐 등에 대해 함께 탐색하고 알아간다. 이때 아동에게는 부모나 형제의 영향력이 매우 크기 때문에 아동상담에서 가족 요소는 아주 중요하며, 항상 관심을 기울이고 함께 살펴보며 교정해 나가야 한다.

중기단계에서 상담자는 아동의 생활에서 가능한 한 많은 긍정적인 측면을 밝히도록 도와야 한다. 아동의 과거를 다룰 때에도 긍정적이고 성공적인 일화를 찾는 것이 중요하다. 아동의 긍정적인 측면을 바탕으로 상담을 진행할 때 보호자뿐만 아니라 내담아동도 현재와 미래를 향해 나아갈 수 있다.

3) 종결단계

(1) 상담목표 달성에 대한 평가

종결단계가 되면 아동의 주 호소문제가 해결되고, 일상생활 속에서 문제 해결 능력이 증진되고, 발달단계에 맞는 행동을 하게 된다. 상담실에 오는 것보다 친구들과 함께하는 시간을 더 즐거워하기도 하고, 상담실에 그만 오고 싶어 하기도 한다. 이러한 종결단계에는 상담목표가 어느 정도 달성되었는지, 종결 준비를 해도 되는지에 대한 평가가 이루어진다. 상담목표 달성 정도를 보호자와 아동과 함께 이야기 나누며 종결에 대한 준비를 시작할 수 있다.

(2) 종결에 대한 보호자와 아동의 불안 다루기

아동의 여러 문제가 해결되고, 보호자 또한 아동을 양육하는 방법을 충분히 익혀 종결을 준비하는 시점임에도 불구하고 보호자와 아동에게 불현듯 불안이 다가올 수 있다. 매주 오던 상담기관을 오지 않고도 잘해 낼 수 있을까 하는 불안이 있을 수 있다. 종결과정에서 일어나는 보호자와 아동의 여러 가지 감정과 생각을 상담자는 민감하게 다루어 주어야 한다. 격주에 1번 혹은 한 달에 1번으로 상담 시간을 정하여 상담기관에 오지 않는 기간을 조금씩 늘리면서 불안을 다루어 줄 수도 있고, 보호자와 아동이 원하면 언제든지 다시 상담기관에 방문하여 도움을 받을 수 있음을 알려 주어 불안을 다루어 줄 수도 있다. 보호자와 아동의 불안을 충분히 다루어 주어 건강한 이별을 맞이해야만 상담을 종결했을 때 보호자와 아동이 진정한 심리적 독립을 이루고 성장해 나갈 수 있으므로 종결과정에서 보호자와 아동의 불안을 다루는 것은 아주 중요한 과정이다.

활동

1. 두 명이 한 조가 되어 각각 상담자와 내담자가 되어 전화를 통해 상담기관에 상담 예약을 진행하는 과정을 역할극으로 해 봅시다. pp. 69–70의 '상담 예약 과정에서 다루어야 하는 주제 6가지'를 참고하여 진행해 봅시다. 역할극을 마친 후 각자의 경험에 대해 이야기를 나누고 적어 봅시다.

2. 부모와 아동이 상담기관에 처음 들어오는 모습과 대기실에서 기다리는 모습을 통해 아동의 주 호소문제를 맞춰 보는 게임을 해 봅시다. 정답이 있는 활동이 아니므로 조원들끼리 의견을 나누어 아동의 주 호소문제를 만들고, 가족의 행동을 설정해 봅시다.

■ 활동 방법 ■

1. 3~4명씩 한 조를 만든다.
2. 각 조별로 아동의 주 호소문제를 정하여 적어 둔다.
   예시 ①: 친구들과 어울리지 못하고, 자신의 의견을 적절히 말하지 못함.
   예시 ②: 학교에서 규칙을 잘 지키지 않고, 친구를 자주 때림.
3. 각 조 안에서 역할을 정한다(부, 모, 아동, 조모, 교사 등).
4. 자신의 조에서 정한 아동의 주 호소문제를 고려하여 아동의 가족이 상담기관에 처음 들어오는 모습과 대기실에서 기다리는 모습을 한 조씩 표현한다.
5. 나머지 조들은 답(아동의 주 호소문제)을 맞춘다.

(우리 조) 주 호소문제:

조 이름	주 호소문제

3. 문장완성검사(성인용)를 작성해 봅시다.

1) 다음 기술된 문장은 뒷부분이 빠져 있습니다. 각 문장을 읽으면서 맨 먼저 떠오르는 생각을 뒷부분에 기록하여 문장을 완성하여 주십시오. 시간 제한은 없으나 될 수 있는 대로 빨리하도록 합니다. 만약 문장을 완성할 수 없으면 표시를 해 두었다가 나중에 완성하도록 합니다.

1. 나에게 이상한 일이 생겼을 때
2. 내 생각에 가끔 아버지는
3. 우리 윗사람들은
4. 나의 장래는
5. 어리석게도 내가 두려워하는 것은
6. 내 생각에 참다운 친구는
7. 내가 어렸을 때는
8. 남자에 대해서 무엇보다 좋지 않게 생각하는 것은
9. 내가 바라는 여인상(女人像)은
10. 남녀가 같이 있는 것을 볼 때
11. 내가 늘 원하는 것은
12. 다른 가정과 비교해서 우리 집안은
13. 나의 어머니는
14. 무슨 일을 해서라도 잊고 싶은 것은
15. 내가 믿고 있는 나의 능력은

16. 내가 정말 행복할 수 있으려면
17. 어렸을 때 잘못했다고 느끼는 것은
18. 내가 보는 나의 앞날은
19. 대개 아버지들이란
20. 내 생각에 남자들이란
21. 다른 친구들이 모르는 나만의 두려움은
22. 내가 싫어하는 사람은
23. 결혼 생활에 대한 나의 생각은
24. 우리 가족은 나에 대해서
25. 내 생각에 여자들이란
26. 어머니와 나는
27. 내가 저지른 가장 큰 잘못은
28. 언젠가 나는
29. 내가 바라기에 아버지는
30. 나의 야망은
31. 윗사람이 오는 것을 보면 나는
32. 내가 제일 좋아하는 사람은
33. 내가 다시 젊어진다면
34. 나의 가장 큰 결점은
35. 내가 아는 대부분의 집안은
36. 완전한 남성상(男性像)은
37. 내가 성교를 했다면
38. 행운이 나를 외면했을 때
39. 대개 어머니들이란
40. 내가 잊고 싶은 두려움은
41. 내 평생 가장 하고 싶은 일은
42. 내가 늙으면
43. 때때로 두려운 생각이 나를 휩쓸 때
44. 내가 없을 때 친구들은
45. 나의 어린 시절의 기억은

46. 무엇보다도 좋지 않게 여기는 것은
47. 나의 성생활은
48. 내가 어렸을 때 우리 가족은
49. 나는 어머니를 좋아했지만
50. 아버지와 나는

2) 완료한 문장완성검사를 다음과 같이 태도별로 구분하여 요약해 보고, 자신에 대해 새롭게 알게 된 부분, 원래 알고 있었던 부분 등에 대해서 이야기 나누어 봅시다.

구분	번호	제시 문구	작성 내용
① 어머니에 대한 태도	13	나의 어머니는	
	26	어머니와 나는	
	39	대개 어머니들이란	
	49	나는 어머니를 좋아했지만	
해석 요약			
② 아버지에 대한 태도	2	내 생각에 가끔 아버지는	
	19	대개 아버지들이란	
	29	내가 바라기에 아버지는	
	50	아버지와 나는	
해석 요약			
③ 가족에 대한 태도	12	다른 가정과 비교해서 우리 집안은	
	24	우리 가족은 나에 대해서	
	35	내가 아는 대부분의 집안은	
	48	내가 어렸을 때 우리 가족은	
해석 요약			
④ 여성에 대한 태도	9	내가 바라는 여인상(女人像)은	
	25	내 생각에 여자들이란	
해석 요약			
⑤ 남성에 대한 태도	8	남자에 대해서 무엇보다 좋지 않게 생각하는 것은	
	20	내 생각에 남자들이란	
	36	완전한 남성상(男性像)은	
해석 요약			

⑥ 이성, 결혼에 대한 태도	10	남녀가 같이 있는 것을 볼 때	
	23	결혼 생활에 대한 나의 생각은	
	37	내가 성교를 했다면	
	47	나의 성생활은	
해석 요약			
⑦ 친구나 친지에 대한 태도	6	내 생각에 참다운 친구는	
	22	내가 싫어하는 사람은	
	32	내가 제일 좋아하는 사람은	
	44	내가 없을 때 친구들은	
해석 요약			
⑧ 권위자에 대한 태도	3	우리 윗사람들은	
	31	윗사람이 오는 것을 보면 나는	
해석 요약			
⑨ 두려움에 대한 태도	5	어리석게도 내가 두려워하는 것은	
	21	다른 친구들이 모르는 나만의 두려움은	
	40	내가 잊고 싶은 두려움은	
	43	때때로 두려운 생각이 나를 휩쓸 때	
해석 요약			
⑩ 죄책감에 대한 태도	14	무슨 일을 해서라도 잊고 싶은 것은	
	17	어렸을 때 잘못했다고 느끼는 것은	
	27	내가 저지른 가장 큰 잘못은	
	46	무엇보다도 좋지 않게 여기는 것은	
해석 요약			
⑪ 자신의 능력에 대한 태도	1	나에게 이상한 일이 생겼을 때	
	15	내가 믿고 있는 나의 능력은	
	34	나의 가장 큰 결점은	
	38	행운이 나를 외면했을 때	
해석 요약			
⑫ 과거에 대한 태도	7	내가 어렸을 때는	
	33	내가 다시 젊어진다면	
	45	나의 어린 시절의 기억은	
해석 요약			

⑬ 미래에 대한 태도	4	나의 장래는	
	11	내가 늘 원하는 것은	
	16	내가 정말 행복할 수 있으려면	
	18	내가 보는 나의 앞날은	
	28	언젠가 나는	
해석 요약			
⑭ 목표에 대한 태도	30	나의 야망은	
	41	내 평생 가장 하고 싶은 일은	
	42	내가 늙으면	
해석 요약			
일반적 요약			

4. 다음의 사례를 활용하여 파트너와 함께 사례개념화를 해 봅시다.

- 인적사항: 지은. 초등학교 3학년 여학생. 맞벌이 부부의 외동딸.
- 주 호소문제
  - 무기력하고, 매사에 의욕이 없음.
  - 새로운 것을 전혀 시도하려고 하지 않음.
  - 친구들과 잘 어울리지 않음.
  - 최근 들어 부모의 통제에 따르지 않고 반항하는 모습을 많이 보임.
- 출산 및 발달 사항/가족 사항
  - 계획 임신으로 부모는 아동을 임신했을 때부터 열심히 태교하며 양육에 힘을 쏟음.
  - 아동은 기질이 까다롭고 민감한 편이나 부모는 둔감하여 아동의 욕구를 몰라주는 경우가 어릴 때부터 많았음.

–부: 아동과 친구 같은 아빠로 잘 놀아 주지만 일이 바빠서 아동과 함께하는 시간이 적음. 아동이 초등학교에 들어가면서부터 모와 자주 다투면서 일에 더 몰두하여 아동과 마주치는 시간이 적음. 최근 아동이 반항하는 모습을 보여 강하게 체벌하는 경우가 잦음.

–모: 아동이 태어났을 때 육아휴직을 하고 혼자서 양육을 담당함. 예의범절에 매우 엄격하고, 규율과 규칙을 중시하는 편임. 최근 아동이 모든 일에 열심히 하지 않는 모습에 자주 화가 남. 모는 아동이 원하고 좋아하는 것보다는 사회적으로 올바른 것과 타인의 시선을 중요시함.

–유치원 때는 또래와 잘 지내는 편이었으나 학교에 들어가면서부터 친구들과 어울리지 않는 경향을 보임.

• 심리검사 결과

–지능은 우수한 수준이나 각 영역별 불균형이 큼. 처리 속도가 평균 이하 수준으로 나왔고, 조금 깊게 고민해야 하는 부분에서는 '모르겠어요'로 일관함.

–투사검사에서는 가족 내에서 안정감을 느끼지 못하고, 매우 위축되어 있는 자아상이 나타남. 타인과 좋은 관계를 맺고 싶어 하는 욕구가 높은 것으로 나타남.

1) 아동의 현재 문제 및 기능 수준

목록	내용	지은
정서적인 요소	• 평상시 주요 감정 • 감정 인식 능력 • 감정 표현 능력 • 감정 조절 능력	
인지적인 요소	• 인지 수준 • 인지 기능의 강점과 약점 • 핵심적인 신념과 세상과 자신에 대한 관점 등	
사회 · 문화적인 요소	• 사회 · 경제적 부분 • 문화적인 부분 • 종교적인 부분	
의학적 · 신체적 요소	• 기질적인 정신병리 • 발달상 장애 및 지체	
학교 요소	• 교사와의 관계 • 친구와의 관계 • 단체 생활 적응 수준 • 학업 수행 정도	

가족 요소	• 가족 내 관계 • 양육 환경 • 부모 특성	
기타	• 명확하게 정의 내릴 수 없는 부분 • 입증되지 않았지만 의심이 가는 부분	

2) 질병 요인

3) 촉진 요인

4) 강화 요인

5) 활용 가능한 자원

제4장 아동상담의 주요 기법 및 유형

상담현장에서 도움을 받기 위해 상담에 의뢰된 아동들은 각기 다른 문제와 성격, 발달 특성을 가진다. 특히 아동들이 상담에 의뢰될 때 상담을 벌을 받는 것으로 인식하거나 비자발적으로 오는 경우가 많고, 또 상담자를 낯선 성인으로 인식해서 불안해하거나 상담에 거부적인 태도를 보이기도 한다. 이러한 아동들을 상담에 적극적으로 참여시키고 그들의 문제를 해결하는 데 적절한 도움을 주기 위해서 상담자는 다양한 상담기법을 적절하게 잘 활용할 수 있어야 한다. 또한 상담자는 아동이 가진 문제와 환경 특성 등에 따라 어떤 상담적 접근이 아동에게 가장 효과적인지를 잘 알고 있어야 한다. 따라서 이 장에서는 아동상담에 사용되는 기법인 반영하기, 공감하기, 수용하기, 명료화, 해석하기, 노출기법에 대해서 알아보고자 한다. 또한 아동에게 가장 필요한 상담적 개입을 할 수 있도록 다양한 아동상담의 유형인 개인상담, 집단상담, 부모상담, 가족상담, 교사상담에 대해서 알아보고자 한다.

1. 아동상담의 주요 기법

1) 반영하기

아동상담의 주요 기법 중 하나인 반영(reflection)은 아동이 말한 내용 자체보다는 그 내용 뒤에 숨어 있는 감정을 파악하고 그것을 다시 아동에게 전달하는 것을 말한다(위영희 외, 2016). 즉, 반영은 아동이 이야기한 내용에 대한 반영뿐만 아니라 내담자가 직접 언급하지 않은 감정까지도 반영해 주는 것으로, 아동의 진술에서 어떤 사건, 상황, 대상, 생각 때문에 생긴 감정을 상담자의 말로 되돌려 주는 기술이다(강진령, 2016). 상담자가 아동의 감정, 내용, 행동을 반영함으로써 아동이 깊게 이해하는 것을 느낄 수 있고, 그들이 논의하는 것이 중요하다는 것을 증명할 수 있다(김춘경, 2004). 또한 반영을 함으로써 아동이 상담자에게 말한 것을 좀 더 명확하게 확인할 수 있다. 이러한 반영은 상담의 초기나 중기에 주로 사용되는 기법이다.

아동에게 도움이 되는 정확한 반영은 아동의 감정 상태를 명확하게 파악하는 것이 우선시되어야 한다. 아동이 언어적으로 표현하는 감정 이외에 이면에 숨어 있는 감정을 정확하게 파악한 후 아동의 감정과 정확하게 일치하는 단어로 아동에게 전달해야 하며, 정확한 반영은 아동에게 자신이 이해받고 있다는 느낌이 들게 하고, 자신의 감정에 솔직해질 수 있게 하는 효과가 있다.

강진령(2016)은 반영의 목적을 다음과 같이 정리하였다.

첫째, 이해받고 있다는 느낌을 갖게 한다. 사람들은 자기를 이해해 주는 사람과 더 자유롭게 소통하는 경향이 있다.

둘째, 특정 상황, 사람, 대상, 생각 등에 대한 감정 표현을 독려한다. 아동은 자신이 느끼는 감정에 대해 명확하게 이해하지 못하기 때문에 이들의 감정에 이름을 붙임으로써 소통할 수 있다.

셋째, 반영은 내담자의 정서 관리를 돕는다. 감정을 다루는 방법은 내담자가 두려움, 의존감 또는 분노감과 같은 강한 정서를 경험할 때 특히 중요하다. 강한 정서는 압력에 대한 아동의 합리적인 반응(인지적, 행동적)을 저해할 수 있다.

넷째, 상담에 대한 부정적인 감정을 표출하는 아동을 돕는다. 아동이 상담자 또는 상담자가 제공하는 서비스에 화가 나 있거나 언짢아하는 경우에 반영은 아동의 감정을 개인적으로 받아들이거나 방어적인 태도로 반응하는 것과 같은 정서적인 갈등을 줄일 수 있다.

다섯째, 반영은 다양한 감정을 변별할 수 있게 한다. 아동들은 흔히 걱정 또는 긴장 등의 감정언어를 사용하면서도 깊고 강렬한 감정은 숨기고, 자신의 정서 상태와 정확하게 일치하지 않는 단어를 사용하거나 분노 또는 우울을 긴장된다는 말로 표현하는 것처럼 감정을 은유적으로 표현하기도 한다. 정확한 반영은 아동이 자신의 감정을 보다 더 섬세하게 이해할 수 있도록 한다.

초보상담자가 사용할 수 있는 반영의 형식은 "…(사건, 상황, 사람, 생각) 때문에 …한 느낌(감정, 정서, 기분)이 드는구나."다. 반영의 형식은 제시일 뿐이지 반드시 이대로 사용해야 한다는 것은 아니다. 이러한 반영의 형식에 기초해서 상담자가 상황에 따라 얼마든지 변형시켜서 사용할 수 있다. 반영의 기법이 소개되면서 몇몇 상담자는 반영을 공식과 같이 판에 박힌 반영을 사용하거나 아동이 말한 것을 똑같이 말하는 앵무새가 되는 경향이 있다. 반영은 아동이 말한 것을 넘어서서 상담자가 아동이 어떻게 느끼는가를 진실로 이해하고 있음을 전하는 의사소통이어야 한다(김춘경, 2004).

[예시 1]

아 동: 엄마는 나한테만 방과 후 수업 가라고 하고, 태권도도 가라고 하고, 영어 학원도 가라고 해요. 내가 힘들어서 좀 쉬고 싶다고 해도 내 말은 들어주지 않고 무조건 가라고 했어요. 그런데 동생이 방과 후 과학 수업이 힘들다고 하니까 바로 그만두게 했어요. 나는 계속 다니라고 하면서 동생은 그만두게 해 주니깐 엄마가 미웠어요.

상담자: 나도 공부하는 것이 힘들고 좀 쉬고 싶은데, 나는 계속 다니게 하고 동생은 힘들다고 하니까 바로 그만두게 해서 불공평하다고 느끼는구나. 그래서 엄마가 나만 차별하는 것 같아서 서운했구나.

[예시 2]

아 동: (보드게임을 할 때, 자신이 질 것 같은 상황에서 게임을 중단하며) 재미없어서 그만해요.

상담자: 게임을 계속하면 게임이 네가 원하는 대로 되지 않을까 봐 기분이 나빴구나.

2) 공감하기

아동상담의 기법 중 공감(empathy)은 아동이 경험한 정서를 같이 경험하는 것을 의미하며, 아동의 감정을 그의 입장에서 이해하고 느낄 뿐만 아니라 상담자가 이해하고 느낀 감정을 아동에게 말로 표현해서 전달해 주는 것이다. 공감은 상담자가 아동이 언어적으로 표현하는 것을 공감하는 것도 중요하지만, 아동의 비언어적 표현까지도 공감할 수 있어야 한다.

상담자는 아동의 입장이 되어 보려고 시도해야 하며, 그의 마음 깊숙이 들어가 보려고 시도해야 하고, 아동의 눈, 마음 그리고 가슴을 통해 그의 세계를 보려고 노력해야 한다. 아동은 자신이 표현하지 않은 내면의 욕구나 바람까지 상담자에게 공감받는 경험을 통해 자신이 상담자에게 이해받고 있다고 느끼게 되며, 상담자와 보다 더 신뢰관계를 맺어서 자신을 더 깊이 드러내게 된다. 그렇기 때문에 공감은 특히 상담초기에 아동과 상담자와의 신뢰관계 형성에 아주 중요한 역할을 한다. 또한 공감받는 경험을 통해 자신의 생각과 감정을 있는 그대로 수용하고 표현할 수 있게 되어 상담에서 내면적 성장과 문제 해결 능력을 향상시킬 수 있게 된다. 아동상담에서 공감하는 방법으로는 아동의 발달 수준에 맞추어 놀이, 미술, 음악, 책 등 아동과 소통할 수 있는 도구와 매체를 활용하여 그의 세계를 접하는 것이 도움이 된다.

공감이 중요한 이유를 먼스와 손(Mearns & Thorne, 1988)은 다음과 같이 설명하였다.

첫째, 공감은 상담자가 아동을 잘 이해하고 있다는 사실을 말해 주는 것이기 때문에 이러한 사실은 아동의 자기존중감을 증진시킨다.

둘째, 공감을 통하여 아동의 소외감을 해소시킬 수 있다.

셋째, 아동은 이 새로운 경험을 중요하게 여기고, 진실로 자기를 이해해 주려고 노력하는 사람이 자기 앞에 있다는 사실을 깨닫고 느낀다.

넷째, 정확한 공감을 통해서 아동의 자기각성을 증진시키고, 보다 깊이 있게 자기탐색을 할 수 있도록 격려하게 된다.

공감은 초기단계에서 아동의 경험과 감정을 이해한 것을 표현하는 수준에서부터 중기단계로 갈수록 아동 스스로 자기 자신을 탐색하고 통찰을 가져오기 위한 보다 깊은 수준으로 확장해 간다. 이러한 공감을 심층적 공감이라고 한다. 심층적 공감이란 아동의 대화 속에 포함되어 있기는 하지만 분명하게 겉으로 표현되지 않는 것을 상담자가 파악하는 것이다(Patterson & Welfel, 2000). 심층적 공감은 아동이 표현하지 않은 부분까지 상담자가 찾아내어 전달함으로써 아동으로 하여금 자신을 더 깊이 이해하도록 돕는다.

이장호(2007)는 공감적 이해를 5수준으로 나누어 설명하였다.

- 수준 1: 상대방의 언어 및 행동 표현의 내용으로부터 벗어나거나 내용에 주의를 기울이지 않기 때문에 감정 및 의사소통에 있어서 상대방이 표현한 것보다 훨씬 덜 소통하는 수준이다.
- 수준 2: 상대방이 표현한 감정에 반응은 하지만 상대방이 표현한 것 중에서 주목할 만한 감정을 제외시키고 의사소통하는 수준이다.
- 수준 3: 상대방이 표현한 것과 본질적으로 같은 정서와 의미를 표현하여 상호교류적인 의사소통을 하는 수준이다.
- 수준 4: 상대방이 스스로 표현할 수 있었던 것보다 더 내면적인 감정을 표현하면서 의사소통하는 수준이다.
- 수준 5: 상대방이 표현할 수 있었던 감정의 내면적 의미를 정확하게 표현하거나 상대방의 내면적 자기탐색과 완전히 같은 몰입 수준에서 상대방이 표현한 감정과 의미에 첨가하여 의사소통하는 수준이다.

아동의 가장 깊은 감정까지 포용하여 정확한 공감적 이해를 하는 의사소통 수준은 5수준이고, 따라서 상담자는 아동에게 5수준의 공감적 이해를 해야 한다.

공감적 이해의 수준의 예를 들면 다음과 같다(이장호 외, 2007).

"이 좋은 일요일날 집구석에 처박혀 있으려니 정말 미치겠네. 에잇, 신경질 나."

- 수준 1: "왜 소리를 지르고 난리니? 시간 있을 때 공부나 하지."
- 수준 2: "날씨가 화창하니 집에 있기가 답답한 모양이구나?"
- 수준 3: "답답하기도 하겠지만 시험이 얼마 안 남았으니 조금만 더 참으렴."
- 수준 4: "오늘 같은 날은 공부고 뭐고 다 그만두고 신나게 놀고 싶기도 하겠지."
- 수준 5: "시험 때문에 나가 놀려고 해도 불안하고, 집에 있자니 답답하고… 오

늘은 정말 짜증이 난 모양이구나."

[예시 1]

아 동: (7세 아동이 모형 텐트에 들어가 텐트 전체를 흔들면서) 이 집은 지금 폭풍 속에 있는데, 이 폭풍은 영원히 멈추지 않아요.

상담자: 이 집이 지금 폭풍 속에 있고, 이 폭풍이 영원히 멈추지 않아 계속 집이 흔들려서 네가 고통받을까 봐 무섭구나.

[예시 2]

아 동: 엄마가 자꾸 내가 방청소를 안 한다고 내가 좋아하는 물건을 빼앗아 가서 짜증나요. 그냥 두면 더러워지면 내가 알아서 치울 텐데 자꾸 잔소리해요.

상담자: 내 방이고 나도 내가 생각해서 더러우면 청소를 하는데, 자꾸 엄마가 청소하라고 간섭하니까 엄마가 나를 믿지 못하는 것 같아서 서운하구나.

3) 수용하기

아동상담의 기법 중 수용(acceptance)은 아동의 감정, 행동, 의견이 어떠하든지 간에 그 행동을 판단하거나 진단하지 않고, 칭찬하거나 평가하지 않고 있는 그대로 받아들이는 것이다(Rogers, 1961). 상담자는 아동을 있는 그대로, 생긴 그대로, 현재 그대로 받아들여야 한다(박랑규 외, 2011). 아동은 자신을 있는 그대로 상대방이 평가하지 않고 진심으로 이해하고 받아 준다고 느낄 때, 거기서 활동의 자유를 얻고 성장하고 능력을 발휘하는 방법을 생각하게 된다. 상담자의 수용적 태도를 통해 아동은 상담과정에서 자신이 안전하고 보호받고 존중받고 있다는 것을 느끼게 된다. 또한 상담자의 이러한 수용적 태도는 아동이 놀이나 언어를 통해 자신의 경험을 드러내게 하여 궁극적으로 치료적 효과를 거두게 한다. 자신의 부정적인 감정을 표현해도 있는 그대로 받아 주는 상담자가 있을 때 아동은 감정을 숨기지 않고 있는 그대로 표현하여 긍정적 성장을 이룰 수 있다. 또한 수용적인 상담 분위기에서 아동의 부정적이고 자기패배적인 순환과정이 파괴되고, 문제 해결의 능력이 발휘되어 실현될 수 있기 때문에 상담에서 수용이 중요하다(김춘경, 2004).

수용이 아동의 감정, 행동, 의견을 받아 준다고 해서 아동의 모든 것을 허용하라는 것은 아니다. 수용은 아동이나 상담자에게 해를 끼치지 않는 한 아동이 표현하기를 원하는 어떠한 것이라도 수용하고 존중하는 태도를 말한다(이성한 외, 2018). 즉, 상담자와 아동의 안전을 해치지 않는 범위 내에서 아동이 하는 모든 감정, 행동, 의견을 수용하고 허용하는 것을 말한다.

[예시 1]

아 동: 학교에서 영어 수업 시간에 준석이가 내가 하는 것을 보고 자꾸 뭐라 해요. 그래서 짜증이 나서 자로 때렸어요.

상담자: 준석이가 내가 공부하는 것을 간섭하니까 무시 당하는 느낌이 들어서 때릴 만큼 화가 났구나.

상담자: 네가 얼마나 화가 났으면 때리는 것이 잘못인지 아는 데도 참지 못하고 때렸을까…….

[예시 2]

아 동: (상담자와 게임에서 진 후) 선생님이 뭐 그래요? 선생님하고 다시는 안 놀 거예요. (상담자에게 등을 돌리고 앉음)

상담자: ○○가 게임에서 이기고 싶어서 선생님이 져 주기를 바랐는데 끝까지 선생님이 이기니까 다시는 선생님하고 놀고 싶지 않다는 생각이 들만큼 서운하구나. 지금은 선생님이 보기 싫으면 안 봐도 괜찮아.

4) 명료화

상담은 통제할 수 없는 대상을 변화시키는 과정이 아니라 통제할 수 있는 대상, 즉 아동 자신이 미처 발견하지 못한 기회, 강점, 잠재력 등의 탐색 및 활용을 돕는 과정이다. 이 과정에서 아동의 경험을 명확하게 조망할 수 있도록 돕는 기술이 명료화다(강진령, 2016). 즉, 명료화는 아동의 모호한 진술의 진정한 의미를 명확하게 확인하기 위한 질문 형태의 기술이다. 상담자들은 상담의 모든 단계에서 명료화 기술을 이용할 수 있으나 특히 초기 세션에서 적절하다(Young, 1922; Hutchins & Cole, 1986).

명료화를 이용할 때 상담자들은 아동이 말한 것에 부가적인 의미를 덧붙이지 말아야 한다. 아동이 표현한 것을 상담자의 통찰력을 통해 새로운 관점과 다른 시각으로 보게 해 줌으로써 아동이 자신의 세계를 이해하도록 돕는 데 사용되어야 한다. 명료화는 아동이 진술한 것 이상의 것을 상담자가 듣는 것을 포함한다. 아동이 말한 것을 바꾸어 말해 주는 것이 명료화이고, 놀이치료나 미술치료의 경우에는 아동이 하고 있는 것을 말로 표현해 주는 것이다. 그러기 위해서 상담자가 듣거나 보았던 의미 있는 자료들을 다시 정리하고, 새로운 말을 사용하여 혼란스러운 상황을 단순화시켜 아동에게 말로 표현해 주어야 한다(김춘경, 2004). 즉, 아동이 자신의 이야기를 분명하게 하지 않고 모호하게 할 경우에 상담자는 그냥 못 들은 척 넘어가기보다는 아동의 모호한 이야기를 명료화를 통해 명확하게 해 줌으로써 자신의 경험과 생각, 감정에 대해서 보다 명확하게 인식하고 책임지는 것을 도와야 한다.

강진령(2016)은 명료화의 목적을 다음과 같이 정리하였다.

첫째, 내담자가 보다 명확하게 진술할 수 있도록 돕는 것이다. 사람들은 고통스럽거나 당황스러운 이야기를 해야 할 경우와 자신의 말에 대해 책임을 지고 싶지 않을 때 모호하게 말하는 경향이 있다. 이 경우에 상담자는 아동의 이야기를 명료화함으로써 아동이 자신의 말에 책임을 지도록 도울 수 있다.

둘째, 명쾌한 치료적 의사소통을 유지시키는 것이다. 아동과의 치료적 의사소통을 지속적으로 유지하는 것은 상담자의 책임이다. 아동의 모호하거나 혼란스러운 이야기를 간과하게 되면 대화가 공전하는 느낌이 들면서 상담에 활력이 떨어진다. 그러므로 상담자는 명료화를 통해 아동이 모호한 메시지를 명확하게 정리 및 지각할 수 있도록 돕는다.

아동이 모호하거나 불분명하거나 암시적인 진술을 할 경우에 명료화를 통해 다시 말해 보도록 요청할 수 있는데, 명료화는 주로 질문 형태로 이루어진다. 즉, 아동이 말한 진술 내용의 일부 또는 전체 내용을 반복하면서 '…라는 것은 …라는 뜻이니?'라는 질문 형태로 반응한다. 명료화는 아동에게 이해하는 것보다는 도전하는 것 같은 인상을 주거나 곤경에 빠뜨리려는 의도로 받아들일 수 있으므로 충분한 공감적 이해가 선행되어야 한다.

[예시 1]

아 동: 나는요, 우리 반 애들 중에서 누가 누구하고 사귀고 누가 누구를 좋아하는지 다 알아요. 나는 그렇게 여자애들한테 관심은 없지만, 누구하고 누가 그렇고 그런 사이인지는 다 알아요. 관찰을 했거든요.

상담자: 여자아이들한테 관심은 없다고 하면서 누구하고 누가 사귀는지 관찰했다는 것은 너도 그렇게 누구를 사귀고 싶다는 뜻이니?

[예시 2]

아 동: 보통 아이들은 게임을 하고 싶어 하지만, 엄마들은 못하게 하잖아요. 게임이 다 나쁘다고 생각해요. 우리 엄마도 똑같을 거예요.

상담자: 우리 엄마도 같을 것이라는 것은 OO가 게임을 하겠다고 하면 엄마도 다른 아이들의 엄마처럼 못하게 할까 봐 걱정이 된다는 뜻이니?

5) 역할놀이

상담장면에서 아동들이 명확한 언어로 자신의 문제에 대해서 이야기하는 것은 쉽지 않은 일이다. 역할놀이(role play)는 상담 초기에 치료적 관계 형성에 도움을 주고 아동과 적극적으로 상호작용하는 데 도움이 되는 기법이다. 아동상담을 받으러 오는 대부분의 아동은 건강한 자아개념 또는 그들 자신의 능력에 대한 확신을 가지지 못하기 때문에 역할놀이는 그들 자신과 다른 사람에 대해 보다 나은 이해를 가지도록 돕고, 그들 자신의 선택과 오류적 행동을 탐색할 수 있도록 한다(김춘경, 2004).

역할놀이에서 상담자는 세 가지 목소리, 즉 자신의 보통 목소리(regular voice), 역할 목소리(character voice), 속삭임 목소리(whisper voice)를 이용할 수 있다. 특히 랜드레스(Landreth, 1982)는 가능한 한 상담자가 '속삭이는 기법(whisper technique)'을 사용하여 역할놀이를 이끌 것을 제안하였다.

[예시 1]

아 동: 엄마가 미쳐서 아이를 때리는 놀이를 해요.

상담자: (보통 목소리로) 너는 아이들이 매 맞는 놀이를 하기를 원하는구나. 너는 어떤 역할을 하

기를 원하니?

아 동: 선생님은 엄마 하세요. 나는 아이예요.

상담자: (속삭이는 목소리로) 나는 지금 무엇을 해야 하니?

아 동: 선생님은 '너는 문제가 많아!'라고 말하세요.

상담자: (역할 목소리로) 너는 문제가 많아.

[예시 2]

아 동: (모형 텐트 안에 들어가 문을 닫은 후) 이제 우리 집은 폭풍 속에 있어요.

상담자: (보통 목소리로) 그렇구나. 우리는 지금 폭풍 한가운데에 있구나.

아 동: 네, 그래서 지금 엄청 무서운 상황이에요.

상담자: (속삭이는 목소리로) 이제부터 선생님은 어떻게 해야 하니?

아 동: 선생님은 텐트를 흔들면서 큰 소리로 '살려 주세요!'라고 외치세요.

상담자: (텐트를 흔들면서 역할 목소리로) 살려 주세요! 살려 주세요!

6) 노출기법

상담기법 중 하나인 상담자의 자기노출(self-disclosure)은 상담자가 치료적 목적으로 아동에게 자신의 개인적인 경험을 드러내는 것을 말한다. 상담자의 자기노출은 상담자가 아동에게 자신의 과거를 공개함으로써 아동이 자신의 문제에 대한 새로운 해결책을 찾도록 돕는다. 상담자의 자기노출은 아동에게 상담자의 자기노출을 통해 아동에게 그런 문제를 경험한 사람이 아동 자신 혼자가 아니라는 사실을 알게 하는 것으로서 자신의 문제를 새로운 시각에서 볼 수 있도록 돕는다.

상담자의 자기노출의 효과는 다음과 같다(강진령, 2016).

첫째, 아동에 대한 친밀감의 표출로 작용한다. 친밀감은 상담을 개방적이고 촉진적인 분위기로 이어지게 한다. 상담자의 자기개방은 모델링으로 작용하여 아동의 자기개방과 감정 표현에 대한 동기를 부여한다. 더불어 상담자와 아동 사이의 역할 차이를 감소시킴으로써 아동으로 하여금 목표 설정과 실행에 필요한 새로운 조망 발달을 촉진한다(Egan, 2013). 이때 상담자는 자신의 경험을 개방하는 이유를 명확하게 탐색할 필요가 있다.

둘째, 보편성, 즉 특정 경험을 한 사람은 아동 혼자가 아니라는 메시지를 전달한다. 자기개방이 비록 과거의 실패 경험에 관한 것이라고 할지라도 어떻게 극복했는지 또는 이 경험을 통해 어떤 기회를 얻게 되었는지에 초점을 맞춘다. 그러므로 자기개방은 아동에게 자신만 겪는 문제가 아니라는 느낌을 갖게 하여 행동 변화를 위한 동기를 부여할 수 있다. 여기서 자기개방의 원칙을 알고 있으면 무엇을, 언제, 어떻게, 얼마만큼 드러낼 것인지 결정하는 데 도움이 된다.

상담자는 자기노출을 위해서 몇 가지 원칙을 알고 있어야 한다(이장호, 금명자, 2006).

첫째, 자기노출의 내용에는 초점이 있어야 하고 상담 주제와 일치되는 내용이어야 한다. 상담자의 자기노출은 상담목표 달성에 도움이 되는 범위 내에서 이루어져야 한다.

둘째, 타이밍, 즉 시의적절해야 한다. 상담자의 자기노출은 상담의 맥락에서 당시의 사정이나 요구에 맞아야 한다.

셋째, 시간 길이가 적당해야 한다. 상담자의 자기노출을 위한 시간이 지나치게 길면, 아동의 자기노출을 위한 시간이 줄어든다.

넷째, 수준이 적당해야 한다. 아동들은 자기개방을 거의 하지 않는 상담자에 대해 상담자 역할에만 치중하는 것으로 인식하여 거리감을 느낀다. 반면에 지나칠 정도의 자기개방은 오히려 상담자가 분별력이 결여된 것처럼 보이거나 상담이나 심리치료와 같은 도움이 필요한 사람으로 보이게 할 수 있어 신뢰감이 하락할 수 있다. 따라서 자기개방은 아주 높지도 않고 아주 낮지도 않은 중간 정도가 긍정적인 효과가 있다.

다섯째, 유연하게 제공되어야 한다. 아동은 매우 다양하므로 상담자의 자기개방이 누구에게나 효과적이지 않을 수 있다.

[예시 1]

아 동: 친구들이 자꾸 나를 돼지라고 놀려서 짜증이 나요. 내가 하지 말라고 해도 말도 안 듣고, 계속 그러면 나도 같이 놀리거나 소리 지르거나 때려서 또 선생님한테 나만 혼나요. 도대체 어떻게 해야 친구들이 나를 놀리지 않을까요?

상담자: 선생님도 어릴 때 친구들이 놀려서 속상했던 적이 있었어. 그래서 ○○처럼 친구들한테

같이 놀리고 화도 내고 했더니 오히려 친구들이 내가 발끈하면서 화를 내면 재미가 있어서 더 많이 놀리는 것 같았어. 그래서 선생님이 어느 날부터 친구들이 놀려도 무시해 버렸더니 재미가 없어진 것인지 더 이상 선생님을 놀리지 않았어. 너도 친구들이 놀릴 때 화내기보다는 무시해 버리는 방법을 사용해 보면 어떨까?

[예시 2]

아 동: 선생님은 몇 살이에요? 아이는 있어요? 대학은 어디 다녔어요?

상담자: ○○이는 선생님이 ○○이가 힘들어 하는 것을 잘 알아줄 수 있을지 없을지 궁금하구나. 선생님은 ○○이처럼 도움이 필요한 친구를 도와주는 상담공부를 ○○대학교에서 했어. 그리고 ○○이처럼 도움이 필요한 친구들을 많이 만나 오면서 도움을 줬어. 그래서 선생님은 다른 친구들에게 도움을 주었던 것처럼 ○○이를 도와주기 위해서 최선을 다할 거야.

7) 해석기법

해석(interpretation/interpreting)은 아동이 어떤 특정한 방식으로 행동하는 이유를 파악하는 것으로서 아동이 자기 자신의 감정과 행동, 자신의 문제에 대한 통찰력을 발달시키고, 새로운 관점으로 생각하고 개발하고 폭넓은 대안을 조사할 수 있도록 돕기 위해 사용되는 기법이다(김춘경, 2004). 해석은 아동에게 잠재되어 있는 능력과 기회를 발굴 및 활용하도록 함으로써 문제해결력 향상뿐 아니라 아동의 성장과 발달을 촉진하는 유용한 도구이다(Egan, 2013). 상담자는 해석을 통해 아동이 모호하게 느껴 왔을 수 있는 사안을 말로 표현하게 된다(Brammer, Shostrom, & Abrego, 1989).

강진령(2016)은 해석의 목적을 다음과 같이 정리하였다.

첫째, 아동으로 하여금 자신의 행동에 대한 통찰을 증진시키는 것이다. 해석은 아동에게 문제 해결에 장애가 되는 행동, 사고 또는 감정을 탐색하거나 이해할 수 있는 기회를 제공함으로써 자신에 대한 통찰을 촉진시킬 수 있다.

둘째, 아동의 명시적·암묵적 메시지와 행동 사이의 인과관계 또는 패턴을 찾아내는 것이다. 즉, 과거의 경험을 여기 지금의 대인관계 패턴 욕구 등과 연결시켜서 현재 행동이나 태도의 동기를 이해시킨다.

셋째, 아동으로 하여금 다른 조회체계에 비추어 행동을 검토해 보게 함으로써 문제 이해를 촉진한다. 아동 자신의 행동, 사고, 감정의 원인을 인식할 수 있음은 자기인식, 자기이해, 자기수용과 함께 변화를 위한 동기 유발로 이어진다(Cormier & Hachney, 2016).

넷째, 아동으로 하여금 자기패배적 · 비효과적 행동을 보다 기능적인 것으로 대체하도록 동기화한다. 수준 높은 해석은 폭넓은 패턴(행동, 사고, 감정, 대인관계 패턴 등)에 대해 색다른 설명을 제공한다는 특성이 있다. 결과적으로 해석적 설명은 아동에게 자기 스스로를 통제 및 지배할 수 있다는 느낌을 선사한다.

다섯째, 아동에 대한 치료적 태도를 소통함으로써 아동의 자기개방을 강화하고, 상담자에 대한 신뢰성을 높여 치료적 관계의 발달에 기여하는 것이다. 관계 증진은 아동의 문제 상황 극복을 위한 행동을 실행에 옮기도록 하는 데 동력을 제공한다.

아동에게 해석을 해 줄 때는 상담자가 아동에 대해 잘못 이해했을 수도 있기 때문에 보통 "○○은 …때문에 …하게 행동하는 것 같아." "○○의 …한 태도는 …으로 인한 것 같아."와 같은 가능성을 제안하는 방식으로 표현해야 한다.

해석의 효과를 극대화하기 위해서는 시의적절해야 한다. 해석은 적절한 시기를 기다렸다가 공감적 이해와 함께 실행되어야 한다. 이러한 점에서 공감적 이해와 타이밍은 해석의 중요한 요소에 속한다. 해석은 상담과정의 흐름을 저해할 수 있고, 아동에게 위협이 될 수 있다(Rogers, 1961).

해석이 아무리 정확하고 효용성이 높아도 아동이 받아들이지 않으면 소용이 없다. 이는 아무리 좋은 선물도 상대방이 받으려고 하지 않으면 소용이 없는 것과 같다. 따라서 해석은 대상 아동과의 관계, 해석 시기와 방식 등을 고려하여 타당하게 하되, 증거가 되는 관찰결과들을 아동과 함께 검토하는 작업이 수반되어야 한다. 해석이 아동에게 매우 도움이 되기도 하지만 충분한 고려 없이 해석을 할 경우에는 오히려 역효과를 가져올 수 있다. 해석이 잘못 사용되는 경우를 피하기 위해 구마어(Gumaer, 1984)는 다음과 같은 제안을 하였다.

첫째, 해석하기 전에 치료적 관계가 형성되었음을 확신할 수 있어야 한다.

둘째, 너무 빨리 해석하지 않는다. 해석이 추측이 아니라 돕고자 하는 교육적 행동이 되도록 하기 위해 상담자는 아동과 문제 상황에 대해 충분한 정보를 가지고 있다는 것을 확신하여야 한다.

[예시 1]

아 동: 어제 영어 학원에서 책을 안 가져와서 숙제를 못해 갔어요. 그런데 오늘은 수학 공부방에서 책을 안 가져와서 숙제를 또 못하게 생겼어요. 지금은 너무 늦어서 선생님이 퇴근하셨을 것이고, 내일은 토요일이라서 공부방도 안 열어 책을 가지러 갈 수도 없어요. 짜증 나요.

상담자: ○○가 책을 자꾸 잊고 안 가지고 오는 것은 공부를 하기 싫은 ○○의 마음이 ○○도 모르게 책을 가져오는 것을 잊게 하는 것이 아닐까?

[예시 2]

아 동: (상담자가 아동과 보드게임을 하는 중에 상담자에게 좋은 것이 많이 걸려서 웃자 아동이 짜증을 내며) 선생님, 왜 비웃으세요? 웃지 마세요.

상담자: ○○이는 다른 사람들이 웃으면 ○○이를 비웃는다고 생각하는구나. 평소에 친구들이 ○○이를 자주 놀려서 다른 모든 사람도 ○○이를 놀리고 비웃는다고 생각하는 것은 아닐까?

8) 침묵

상담을 하다 보면 아동이 상담자의 말에 대답을 하지 않거나 갑자기 말을 하지 않고 침묵(silence)하는 경우가 있다. 침묵은 상담자와 아동 모두 할 수 있는데, 상담자가 선택한 침묵은 아동이 말하는 것을 수용하여 이야기를 듣고 있거나 더 이야기하게 하고 싶을 때 침묵할 수 있다(김춘경, 2004). 또한 상담자는 침묵을 통해 아동이 자신의 생각을 스스로 정리하고 말로 표현할 시간을 줄 수 있다. 아동은 상담자가 침묵하면 자신이 무언가 잘못을 해서 혼이 나거나 상담자가 자신을 거부한다고 오해할 수도 있기 때문에 상담자의 침묵이 그런 의미가 아님을 알려 주어야 한다. 상담과정에서 아동은 말할 것이 없거나, 상담자에 의해 위협을 받았을 때, 말할 것이 불확실할 때, 처벌이나 비난받는 것을 두려워할 때 또는 말할 것이 거부될 것을 두려워할 때 침묵할 수 있다(Corey & Corey, 1993). 또한 아동들은 상황을 회피하기 위해서 침묵하기도 한다. 이때 상담자는 "만약 네가 좋다면 여기서 말을 안 하고 있어도 괜찮아."라고 말해 줄 수 있다(김춘경, 2004). 침묵은 생산적일 수 있다. 아동이 시작한 침묵은 깊은 생각에 빠져 있고, 자기성찰을 하고 있으며, 새로운 통찰이나 인식을 충분히 이해하려고 시도하거나 새로운 방향에 대해 평가하고 있는 중임을 의미하기도 한다(김춘경, 2004). 이러한 경우의 침묵은 좋은 의미이기 때문에 상담자는 여기에 개입할 필요가 없다.

[예시 1]

상담자: (아동이 상담자에게 좋아하는 만화에 대해 질문을 해서 상담자가 대답한 후) ○○이는 어떤 만화영화를 좋아해?

아 동: (갑자기 말을 멈추어 버림)

상담자: ○○이가 좋아하는 만화가 어떤 것인지 생각 중이구나? 생각나지 않으면 억지로 말하지 않아도 괜찮아. 만약 생각이 난다면 그때 이야기해도 돼. (아동이 생각할 시간을 더 주고 먼저 말을 할 때까지 기다린다.)

[예시 2]

상담자: ○○는 친구가 놀렸을 때 어떤 기분이 들었어?

아 동: (갑자기 상담실을 빙빙 돌더니 장난감을 만졌다가 놓기를 반복하면서) 으으으으!

상담자: (잠시 침묵)

아 동: (상담자를 쳐다봄)

상담자: (침묵 후) ○○가 선생님이 갑자기 말을 안 해서 좀 당황스러웠구나? 선생님은 ○○가 선생님과 하던 이야기에 대답을 해 주기를 기다리고 있었어.

9) 직면

직면(confrontation)은 아동이 보지 못하고 지나쳐서 문제 상황에 그대로 처해 있게 되는 불일치(또는 모순)를 검토하거나 깨닫도록 인도하는 기법이다(이장호 외, 2007). 아동은 자신의 문제를 해결하여 변화되기를 원하면서도 한편으로는 자신의 문제를 개방하고 직시하는 것을 두려워한다. 그 결과 아동은 의식적, 무의식적으로 자신의 진실을 부정하거나 타인에게 자신의 문제를 숨기기 위해 방어하게 된다(천성문 외, 2017).

직면의 목적은 다음과 같다(강진령, 2016).

첫째, 아동에게서 모순되거나 불일치되거나 일관성이 없어 보이는 혼합된 언어적 · 비언어적 메시지를 드러내어 준다.

둘째, 아동으로 하여금 자신이 표출한 행동, 사고 또는 감정 사이의 불일치에 대해 책임지게 하는 한편, 지각의 확대 및 탐색을 도모하게 한다.

셋째, 행동 실천을 통한 삶의 변화를 꾀한다.

직면은 아동이 스스로에 대한 통찰을 가지게 하여 변화를 이끄는 강력한 기법이지만 그만큼 위협이 따른다. 아동이 자신의 불일치한 모습을 받아들일 준비가 되어 있지 않을 때 섣불리 직면을 하게 되면, 오히려 상담자에 대한 불신이나 저항을 불러 일으켜서 상담의 효과에 나쁜 영향을 미칠 수 있다. 따라서 상담자가 직면 기법을 효과적으로 사용하기 위해서는 적절한 시기를 선택해야 한다. 즉, 아동이 상담자를 신뢰할 수 있을 때, 상담자의 어떤 이야기도 받아들일 준비가 되었다고 느낄 때, 아동 자신의 성장과 변화에 대한 관심이 높을 때 사용되어야 한다(천성문 외, 2017).

직면은 "…(이)라고 말했는데 …(하)게 행동하고 있구나." "…(이)라고 말했는데 …(이)라고도 말하는구나."로 반응해 준다.

이장호(2007)는 직면 반응의 수준을 5단계로 나누어 다음과 같이 설명하였다.

- 수준 1: 언어 및 행동 표현에 있어서 상대방의 모순된 행동(이상과 현실, 통찰과 행동, 상담자와 아동의 경험 간의 불일치)을 전부 무시하는 수준이다.
- 수준 2: 언어 및 행동 표현에 있어서 상대방의 모순된 행동을 상당히 무시하는 수준이다.
- 수준 3: 상대방의 행동에서 나타나는 모순에 접근되어 있기는 하나 자신의 언어 및 행동 표현에 있어서는 직접적 또는 구체적으로 표현되어 있지 않은 수준이다.
- 수준 4: 언어 및 행동 표현에서 상대방의 모순된 행동에 직접적으로 명확하게 주의를 기울이는 수준이다.
- 수준 5: 언어 및 행동 표현에서 상대방의 모순된 행동을 날카롭게 계속적으로 직면시키는 수준이다.

직면 반응의 5수준의 예를 들면 다음과 같다(이장호, 2007).

"이번 시험은 아주 잡쳤어요. 그러나 오히려 잘됐어요."

- 수준 1: "시험을 못 봤단 말이지?"
- 수준 2: "시험을 못 봤는데 잘됐다니?"
- 수준 3: "이제는 성적에 신경을 쓰지 않는구나."
- 수준 4: "당연히 걱정이 될 것 같은데 오히려 잘됐다는 것이 납득이 가지 않는구나."
- 수준 5: "시험을 아주 못 봐서 걱정이 될 텐데 오히려 잘됐다고 하는 네 말이 솔직한 것 같지 않구나."

강진령(2016)은 직면을 위한 지침을 다음과 같이 설명하였다.
첫째, 직면의 목적이 통찰을 촉진하기 위한 것임을 기억한다.
둘째, 공감과 수용을 기반으로 한 양육적인 방식을 실시한다.
셋째, 감당할 준비가 되었다고 판단되는 경우에 한해서 적용한다.
넷째, 아동의 약점보다 강점에 초점을 맞춘다.

[예시 1]

아 동: (학교에서 친구에게 괴롭힘을 당한 이야기를 웃으면서 하고 있는데 주먹은 꽉 쥐고 있음) 친구들이 내 신발을 휴지통에 넣어서 집에까지 실내화를 신고 갔어요. 그런데 이제는 괜찮아요.

상담자: ○○이의 이야기는 선생님이 듣기에도 정말 화가 나는데, ○○이는 그렇게 속상한 이야기를 웃으면서 하는구나. 그런데 주먹을 화가 난 것처럼 꽉 쥐고 있어. 어느 것이 진짜 ○○이의 마음인지 궁금하구나.

[예시 2]

아 동: 나는 간호사가 되고 싶어요. 공부하는 것은 하나도 힘들지 않아요. 마음만 먹으면 얼마든지 내가 원하는 성적을 받을 수 있어요. 다음 시험에서는 반드시 5등 안에 들 거예요. 마음먹었어요. (그러나 아동은 지속적으로 수업에 집중하지 못해 지적을 받고 있고, 집

에서도 공부하는 모습을 보이지 않음)

상담자: ○○이는 시험에서 좋은 성적을 받겠다고 목표를 세우고 확신하는 것처럼 말했는데, 정작 공부하는 모습은 보이지 않고 있구나. ○○이가 정말 좋은 성적을 받고 싶고, 그것이 ○○이가 정말로 원하는 것인지 잘 모르겠구나.

2. 아동상담의 유형

1) 개인상담

개인상담은 상담자와 아동이 일대일로 상담을 하는 유형이다. 대부분의 아동상담은 일반적으로 개인상담의 형태로 이루어진다. 특히 아동의 문제가 심각하고 장기간 지속된 경우에는 학습지체나 행동문제와 같이 집중적 상담을 요하는 문제는 개인상담이 좀 더 적합하다(이성한 외, 2018).

개인상담은 상담장면에서 내담자가 한 명이라는 점 때문에 집단상담이나 가족상담과 약간의 차이가 있다(김계현 외, 2011). 집단상담, 가족상담과 개인상담의 차이점은 다음과 같다.

첫째, 개인상담은 내담자의 심리사회적 특성과 역동에 개입한다. 개인상담에서 상담자가 개입하는 표적은 내담자 개인이다. 상담자는 내담자 개인의 심리내적 기제와 역동에 주목한다.

둘째, 개인상담에서 도움을 제공하는 사람은 주로 상담자다. 개인상담에서 상담자는 내담자 대신 선택이나 결정을 하지 않는다. 그러나 상담자는 그러한 결정을 하도록 내담자를 인도하고, 정보를 제공하며, 결정을 하지 못하게 방해하는 장애물을 극복하도록 돕는다.

셋째, 개인상담은 집단상담에 비해 더 사적인 이야기가 가능하다. 그래서 좀 더 심각한 문제와 심리내적 역동을 다루기에 효과적이다.

아동이 가진 문제의 특성에 따라 모두가 개인상담이 필요한 것은 아니다. 개인상담이 특별히 필요한 경우는 다음과 같다.

첫째, 가지고 있는 문제가 위급하고, 원인과 해결 방법이 복잡하다고 판단되는 내

그림 4-1 아동 개인상담의 예

그림 4-2 아동 개인상담의 예

담자이다.

둘째, 자신과 관련 인물들의 신상을 보호할 필요가 있는 내담자이다.

셋째, 자아 개념 또는 사적인 내면 세계와 관련해서 심리검사 결과를 해석해 주는 면담의 내담자이다.

넷째, 집단에서 공개적으로 발언하는 것에 대해 심한 불안, 공포가 있는 내담자이다.

다섯째, 상담집단의 동료들로부터 수용될 수 없을 정도로 대인관계(행동, 태도 등)가 좋지 못한 내담자이다.

여섯째, 자기 자신에 대한 탐색, 통찰력이 극히 제한되어 있는 내담자이다.

일곱째, 상담자나 다른 사람들로부터 주목과 인정을 강박적으로 요구할 것으로 판단되는 내담자이다.

여덟째, 폭행이나 '비정상적'인 성적 행동을 취할 가능성이 보이는 내담자이다.

개인상담을 통해 아동의 문제가 어느 정도 개선이 되고 집단에 충분히 적응할 수 있다고 판단이 되면, 아동이 개인상담에서 배운 것들을 현실에서 사용하기 전에 연습단계로 집단상담에 참여하는 것도 도움이 된다.

2) 집단상담

집단상담은 상담자가 여러 명의 아동과 상담을 진행하는 상담 유형이다. 집단상담은 비교적 역사는 짧지만 여러 문제에 대처하는 기술을 가르치기 위한 것으로서 아동의 개인적인 욕구와 개인 상호 간의 욕구와 충돌을 다루는 것을 도와주는 데 가치 있는 접근이다.

상담에 의뢰된 아동의 문제에 따라 집단상담이 필요한 경우는 다음과 같다.

첫째, 여러 사람을 보다 잘 이해하고, 다른 사람이 자기를 어떻게 보는가를 알아야 할 것으로 판단되는 아동이다.

둘째, 특히 자기와 성격, 생활 배경 등이 다른 사람에 대한 배려와 존경심을 습득해야 할 것으로 판단되는 아동이다.

셋째, 다른 사람과의 대화를 포함한 사회적 기술의 습득이 필요한 아동이다.

넷째, 다른 사람과의 유대감, 소속감 및 협동심의 향상이 필요한 아동이다.

다섯째, 자신의 관심사나 문제에 관해 다른 사람의 반응, 조언이 필요한 아동이다.

여섯째, 동료나 타인의 이해와 지지가 도움이 되리라고 판단되는 아동이다.

일곱째, 자신의 문제에 관한 검토, 분석을 기피하거나 유보하기를 원하고, 자기노출에 관해 필요 이상의 위협을 느끼는 아동이다.

상담에서 집단상담을 이용하는 여러 가지 이유가 있다(Jacobs, Masson, & Harvill, 2002).

첫째, 효율성 때문이다. 공통의 목적을 가진 몇 명의 내담자가 함께 집단을 구성한다면 상당한 시간과 노력을 절약할 수 있다. 내담자 한 명씩 상담을 진행한다면 오래 걸리지만, 한 명의 상담자가 동시에 여러 명의 내담자를 만난다면 짧은 시간 안에 많은 내담자에게 도움을 줄 수 있을 것이다.

둘째, 공통성의 경험 때문이다. 많은 사람은 그들이 특별한 사람이라는 생각을 가진다. 사람들은 집단에서 비슷한 생각과 느낌을 가진 다른 사람들이 있다는 것을 발견한다. 집단의 사람들은 개인적인 관심, 생각, 느낌을 공유할 때 집단의 다른 사람들도 비슷한 관심, 생각, 느낌을 가지고 있다는 사실에 놀란다.

셋째, 다양한 자원과 관점 때문이다. 정보 공유, 문제 해결, 개인적 가치의 경험, 또는 그들이 가진 공통적인 감정의 발견으로 집단 참여자들은 더 많은 관점과 자원을 제공받을 수 있다.

넷째, 소속감 때문이다. 집단 구성원은 집단의 일원이 됨으로써 소속감을 느낄 수 있다. 집단에 수용되는 경험이 집단의 가장 중요한 특성 중 하나다.

다섯째, 기술 연습 때문이다. 집단은 연습을 위한 안전한 공간을 제공한다. 집단 구성원은 새로운 기술과 행동을 실제 세계에서 실행하기 전에 지지적 환경에서 연습해 볼 수 있다.

여섯째, 피드백 때문이다. 집단은 집단 구성원에게 피드백을 받을 수 있는 기회를 제공한다. 집단의 피드백은 종종 개인적 피드백보다 더 강력하다.

일곱째, 다양한 학습 때문이다. 밴듀라(Bandura, 1977)는 집단에서의 대리 학습을 긍정적으로 이야기해 왔다. 집단 구성원은 자신과 비슷한 고민과 근심을 들을 기회를 가진다. 집단 구성원은 종종 동료들이 어떻게 자신의 개인적 고민을 해결하는가를 관찰함으로써 많은 것을 배운다.

여덟째, 실생활 접근 때문이다. 집단은 일대일 상담보다 실제적인 상황에 더 가깝다. 학자들은 집단이 사회의 축소판이며, 사회를 반영한다고 하였다(Gazda, 1989; Yalom, 1996).

아홉째, 계약 때문이다. 특정 관심사를 상담하는 데 있어 계약은 집단 환경에서 이루어졌을 때 더욱 강해진다.

집단상담은 다음과 같은 단점이 있다.

첫째, 집단상담에서는 개인상담에서처럼 특정 집단 구성원의 문제가 충분히 다루어지지 못할 가능성이 많다.

둘째, 집단 과정에서 집단 구성원이 부정적인 집단 압력에 의해서 상처를 입게 될 우려가 있다.

셋째, 어떤 집단 구성원은 집단 경험을 통해서 생활양식과 가치관의 변화가 일어날 경우에 그 변화로 인하여 안정감을 상실할 수 있다.

넷째, 체계적인 훈련이나 교육 경험이 부족한 집단상담자가 집단상담을 하게 되면 오히려 피해를 주는 경우가 있다.

가즈다(Gazda, 1989)는 아동들에게 또래의 영향이 크므로 집단상담에서 또래 아동이나 의미 있는 성인이 실행하는 새로운 행동을 모방하는 가능성이 높아진다고 하였다. 아동상담에서 집단상담이 이로운 점은 다음과 같이 설명할 수 있다(Kathryn et al., 2017).

첫째, 자신의 내담자 중에 비슷한 문제를 가지고 있거나 비슷한 경험을 한 아동들이 많을 경우 집단 상황에서 아동들과 치료적 작업을 하는 것이 이로울 수 있다. 집단 상황에서 상담을 함으로써 아동들은 자신이 혼자가 아니며, 다른 아동들도 자신

〈표 4-1〉 초등학생의 학습된 무기력 감소를 위한 놀이중심 집단상담 프로그램

단계	회기	주제	목표	내용
관계 형성	1	반갑다 친구야!	• 프로그램의 목적 이해 • 서로에 대한 친밀감과 신뢰감 형성	• 지도자 및 프로그램 소개 • 사전 활동 • 자기소개 활동–움직이는 인형 • 소감 나누기
자기 이해와 타인의 인식 변화	2	내가 먹은 음식은?	• 자신의 능력에 대해 믿음 가지기 • 생활에서 즐거움 느끼기	• 사전 활동 • 소리 듣기 음식 맞추기 • 바보 박물관 • 소감 나누기
	3	단점은 가고 장점은 와라!	• 생활에서 즐거움 찾기 • 자신의 능력을 긍정적으로 인식하기	• 사전 활동 • 단점 털기와 장점 나무 • 소감 나누기
	4	웃으며 살자	• 긍정적인 친구관계 경험하기 • 자신의 주변 환경을 긍정적으로 인식하기	• 사전 활동 • 웃음 참기와 빨리 웃기 • 소감 나누기
	5	200초를 맞춰라	• 친구관계에서 성공 경험하기 • 자신의 능력을 긍정적으로 인식하기	• 사전 활동 • 200초 미션에 도전하라! • 소감 나누기
자기 통제력 향상	6	기네스에 도전하라	• 자신을 통제하는 연습하기 • 자신의 감정을 통제하는 연습하기	• 사전 활동 • 컵 쌓기 기네스 도전 • 소감 나누기
	7	감정 도미노	• 자신을 통제하는 연습하기 • 자신의 감정을 통제하는 연습하기	• 사전 활동 • 도미노 만들기와 감정 망치 • 소감 나누기
새로운 도전에의 즐거움 고양	8	나는 퀴즈왕	• 어려운 과제에 도전하기 • 새로운 것에 긍정적으로 반응하기	• 사전 활동 • 도전 퀴즈왕! • 소감 나누기
	9	마술쇼	• 어려운 과제에 도전하기 • 새로운 것에 긍정적으로 반응하기	• 사전 활동 • 마술쇼 • 소감 나누기
마무리	10	지금의 나는?	• 변화된 자신의 모습 확인하기 • 변화된 모습 유지하기	• 사전 활동 • 지금의 내 모습 –첫 회기에 사용한 움직이는 인형에 지금의 내 모습을 나타내기

출처: 유지영(2014).

과 비슷한 문제를 가지고 있거나 경험을 하고 있다는 것을 발견한다.

둘째, 집단상담의 또 다른 이점은 아동이 집단 내에서의 사회적 상호작용으로부터 배우도록 돕는 사회적 상황을 제공한다는 것이다. 이것은 사회성 문제를 겪고 있는 아동들에게 특히 유용하다. 왜냐하면 아동들이 집단 내 자신의 행동에 대해 다른 아동들의 상호작용에 영향을 주는 집단 리더로부터 피드백을 받아서 보다 유용한 행동을 사용하도록 학습할 수 있기 때문이다. 집단 내에서 새로운 행동을 연습함으로써 사회성 기술을 배운다.

셋째, 집단상담은 부정적인 자기이미지, 낮은 자존감, 특정 행동 문제를 가진 아동들의 성장을 촉진시키는 데 사용할 수 있다. 집단은 자존감 문제를 다루는 데 특히 유용하다. 집단은 아동이 안전하고 지지적인 환경에서 새로운 행동을 실험해 보고 다른 아동들과 성공적으로 상호작용하는 경험을 할 수 있는 기회를 제공한다.

기노트(Ginott, 1977)도 집단상담이 아동에게 특별히 더 유용한 이유를 다음과 같이 지적하였다.

첫째, 다른 두세 명의 아동과 새로운 경험을 시작하는 것이 덜 위협적이다.

둘째, 여러 아동의 존재는 상담자와 각 아동 사이의 바람직한 관계의 형성을 촉진한다.

그림 4-3 아동 집단상담의 예

셋째, 다른 아동의 존재는 자발성을 증가시킨다.

넷째, 모든 아동이 도움을 받을 뿐 아니라 도움을 주는 사람이 될 수 있다는 사실이 치료과정을 증진시킨다.

다섯째, 다양한 경험을 할 수 있는 기회를 제공한다.

여섯째, 집단은 환경의 허용 정도를 아동이 인식하도록 촉진한다.

일곱째, 또래의 반응을 통해 아동들은 자신의 행동을 재평가하게 된다.

여덟째, 집단치료는 또래와 보다 만족스럽게 관계를 맺을 수 있는 새로운 방법을 발견하고 실험할 수 있는 확실한 사회적 장면을 제공한다.

아홉째, 여러 아동의 존재는 치료 경험을 실제 세계와 연결시키는 역할을 한다.

3) 부모상담

(1) 부모상담의 특성

아동을 상담할 때 상담의 효과를 높이기 위해서는 상담자와 부모와의 협력이 무엇보다 중요하다. 아동은 아직 완전하게 성숙된 한 인간으로 기능하기에는 미흡한 점이 많고, 많은 부분을 부모나 환경의 도움과 보살핌을 필요로 하는 존재다. 특히 부모는 아동이 태어나서 처음 만나는 대상으로, 아동의 전반적인 발달에 큰 영향을 미친다. 부모의 온정적이고 애정적인 양육은 아동의 건강한 발달에 영향을 미치지만, 거부적이고 통제적인 양육은 공격성과 같은 부정적인 행동에 영향을 주게 된다(도현심 외, 2013; Belsky, 1984; Kim et al., 2011). 따라서 아동의 심리 정서 및 행동적인 문제를 개선하기 위해서는 부모를 대상으로 한 개입이 필수적이라고 볼 수 있다(김광웅 외, 2009).

신숙재, 이영미, 한정원(2000)은 아동상담에서 부모상담의 필요성에 대해 다음과 같이 제시하였다.

첫째, 부모상담을 통해 부모는 아동의 정서적 · 사회적 발달 형성에 도움을 주어 아동의 빠른 변화와 유지를 할 수 있게 해 준다. 이때 아동의 변화와 유지를 위해 부모의 지지와 협력이 필요하다.

둘째, 부모상담을 통해 부모-자녀 간의 갈등의 원인을 파악하고 깨닫게 되어 자녀를 이해하는 데 도움을 줄 수 있다.

셋째, 부모상담을 함으로써 상담을 종료한 후에도 부모가 불안감을 느끼지 않고 지속적으로 안정된 환경을 유지하는 데 도움을 주게 된다.

아동상담에서 부모상담을 실시하는 목적은 다음과 같다(위영희 외, 2016).

첫째, 치료적 관계의 유지이다. 아동상담은 성인상담과 달리 아동이 자발적으로 상담자를 찾아오는 경우가 드물고, 주로 부모의 요구에 의해 상담이 시작된다. 아동상담에서는 부모가 아동을 상담에 데려오기 때문에 아동의 심리 상태나 상담에 대한 부모의 이해를 통해 상담이 완료될 때까지 정기적으로 약속된 시간에 아동을 데리고 오도록 하는 동기를 강화시키는 것이 부모상담의 가장 큰 목적이다.

둘째, 정보 수집이다. 아동상담을 시작하기에 앞서 아동이 상담실에 오게 된 이유나 주 호소문제 등을 파악해야 하는데, 이때 주된 정보를 부모로부터 얻게 된다. 자녀에 대해 고민하고 있는 내용이나 지금까지의 자녀 상태, 그리고 부모의 양육태도와 가족 상황 등 부모로부터 얻은 상세한 정보를 토대로 아동의 문제행동에 대해 진단하고, 이에 따라 상담기법을 적용하기 때문에 상담자는 내담아동에 대해 부모가 고민하고 있는 특정 문제에 대한 정보뿐 아니라, 아동의 일상생활 전반에 관한 정보를 얻도록 노력해야 한다.

셋째, 정보 제공이다. 부모상담의 목적은 아동에 관한 정보를 부모로부터 수집하는 데에만 있는 것이 아니라, 아동에 관한 정보를 부모에게 제공하는 데에도 있다. 즉, 부모로부터 얻은 정보와 상담실 내에서 아동이 보인 행동을 종합적으로 검토하여 가정에서 이행될 수 있는 부모의 바람직한 대응 방법이나 환경 조정 등에 대한 적절한 정보를 제공해 줄 수 있다.

넷째, 부모 자신에 대한 심리치료이다. 아동의 모든 부적응 행동이 부모나 가족의 병리 현상에서 비롯된다고 말할 수는 없지만, 부모의 그릇된 양육 태도나 심리적 문제에 기인하는 경우가 많이 있다. 이런 때에는 부모나 가족 구성원을 대상으로 한 상담이나 심리치료를 별도로 실시하여 상담자는 부모 자신이 스스로 문제를 통찰하고 보다 성숙한 인격을 갖추도록 도와주어야 할 것이다.

(2) 부모교육 이론과 프로그램

부모상담은 일반적인 성인상담과 유사하게 진행되기도 한다. 그러나 부모에게 자녀의 문제를 좀 더 효율적으로 다루고 긍정적인 부모 역할을 수행하도록 돕기 위해서 체계적이고 전문적인 부모교육 이론이 필요하기도 하다. 다양한 부모교육 이론 중에서 몇 가지를 살펴보도록 하겠다.

먼저, 민주적 부모교육 이론이다. 민주적 부모교육 이론은 아들러(A. Adler)의 개인심리학을 부모교육에 적용하여 드라이커스(Dreikurs)가 발전시켰다. 드라이커스는 평등한 부모-자녀 관계를 강조하면서 민주적인 방식으로 부모와 자녀관계의 갈등을 해결할 것을 주장하였다. 민주적 부모교육 이론에서는 자녀의 장점과 성취에 초점을 맞춤으로써 자녀에게 자신감과 자아존중감을 북돋아 주는 격려의 사용을 지지하고, 자녀의 행동을 통제하는 방법으로 자연적 · 논리적 결과를 사용하도록 권장한다(박량규 외, 2011).

다음으로 살펴볼 부모교육 이론은 인본주의 부모교육 이론이다. 기노트의 인본주의 부모교육 이론은 매슬로(Maslow), 로저스(Rogers), 액슬린(Axline)으로 이어지는 인본주의 심리학에 기초하고 있다. 인본주의 심리학에서는 아동이 성장할 수 있는 힘과 역량을 가지고 태어났기 때문에 거짓 없이 진실한 태도로 아동을 대하고 아동의 감정과 생각을 그대로 수용할 때 아동이 건강하게 성장한다고 간주한다(정지나 외, 2019). 즉, 부모가 자녀에게 진실하지 못하거나 수용하지 못하는 태도를 취할 때 자녀의 성장이 방해를 받아 문제가 생긴다고 본다. 그래서 인본주의 부모교육 이론에서는 부모-자녀 간의 대화, 칭찬과 비판 사용, 책임감과 독립심, 한계 설정을 강조하고 교육한다.

부모에게 올바른 자녀 양육의 방법을 교육하기 위해서 다양한 부모교육 프로그램이 개발되었다. 많은 부모교육 프로그램은 아동의 기본적인 욕구를 충족시키고 체벌, 명령, 비난 대신에 격려와 상호 존중에 기초한 대화의 활용을 강조하고 있다(정지나 외, 2019). 다양한 부모교육 프로그램 중 몇 가지를 살펴보도록 하겠다.

체계적 부모 효율성 훈련(Systematic Training for Effective Parenting: STEP)은 아들러와 그의 제자인 드라이커스의 이론에 기초하여 딩크마이어(Dinkmayer)와 맥케이(Mckay)가 개발한 프로그램으로, 부모-자녀 관계에서 생기는 여러 가지 문제를 효과적으로 해결할 수 있는 실질적인 접근 방법을 제시하고 있다. STEP의 교육 내용은 10~12명 내외의 부모를 대상으로 9주 동안 운영이 된다. STEP에서는 아동 행동의 이해, 자녀 이해와 부모 자신 이해, 격려, 의사소통(반영적 경청, 나-전달법), 책임감 훈련 방법(자연적 · 논리적 결과), 가족 모임, 자신감 개발 및 잠재력 발휘를 교육

한다.

부모 효율성 훈련(Parent Effectiveness Training: PET)은 토마스 고든(Tomas Gordon)에 의해 개발된 부모교육 이론 및 프로그램이다. PET 프로그램에서는 부모- 자녀 간의 의사소통 기술을 향상시키는 데 초점을 두고 있는데, 부모와 자녀가 생산적인 대화를 나누게 함으로써 부모-자녀 간의 갈등을 해소해 주고, 자녀가 자신의 문제를 스스로 해결하는 능력을 길러 주며, 부모-자녀 관계가 서로 존중하고 도움을 주고받는 관계로 발전하는 것을 목표로 한다(정옥분 외, 2000). PET에서는 수용성 수준 파악하기, 문제의 소유 가려내기, 반영적 경청, 나-전달법, 무승부법을 교육한다.

적극적 부모 훈련(Active Parenting: AP)은 아들러, 드라이커스, 로저스의 이론에 기초해서 폽킨(Popkin)이 개발하였다. 폽킨은 비디오를 활용하는 훈련법이 가장 효과적이며 경제적이라고 생각했기 때문에 프로그램 운영에 이를 적극적으로 활용하였다(정지나 외, 2019). AP의 목표는 부모의 자녀교육에 대한 목표를 명료화시키고, 부모에게 효율적인 자녀지도 방법을 가르쳐 주고, 일관성 있는 부모 역할 모형을 제시해 줌으로써 자녀지도에 확신을 가지고 분명하게 행동할 수 있게 하는 것이다(Popkin, 1989). AP는 총 6회로 진행되며, 적극적 부모 되기, 자녀 이해하기, 용기 북돋우기, 책임감 발전시키기, 협력 구하기, 민주 사회에서의 적극적 부모에 대한 내용을 교육한다.

4) 가족상담

(1) 가족상담의 특성

상담에 의뢰된 아동의 문제는 아동 개인의 특성으로 인한 것일 수도 있지만 때로 가족의 역기능이 원인인 경우도 있다. 예를 들어, 아버지가 심각한 알코올 중독 상태이고, 어머니도 우울한 상태이며, 자녀도 심각한 정서적 문제를 가질 수 있다. 이런 경우에는 가족 전체의 문제가 아동에게 영향을 미친 것이기 때문에 아동 개인상담뿐만 아니라 가족상담적인 접근도 필요하다. 즉, 아동의 문제가 가족 전체의 문제로 인해 영향을 받은 경우에는 가족 전체를 상담에 포함시켜야 아동에게 제대로 된 도움을 줄 수 있다. 또한 아동과의 개별 상담과 가족치료를 통합할 때 상담이 성공적일 가능성이 높다(이성한 외, 2018).

아동상담에 의뢰된 모든 아동이 가족상담이 필요한 것은 아니다. 가족상담을 적용하기 위한 구체적인 지표는 다음과 같다(Walrond-Skinner, 1978).

첫째, 어떤 증상이 역기능적인 가족관계에 얽혀 있다고 판단될 경우다.

둘째, 도움을 구하는 사람의 호소가 특정 가족 개인의 문제보다도 가족 간의 관계 변화에 있다고 판단될 경우다.

셋째, 가족이 서로 분리되는 것에서 어려움을 겪는 경우다. 아동과 청소년이 관련된 많은 문제행동의 이면에는 분리에 대한 갈등이 내재된 경우가 많은데, 그러한 경우에는 가족상담의 개입이 상당한 효과를 거둘 수 있다(김유숙, 2006).

(2) 가족상담 이론

가족상담을 실시할 때 사용할 수 없는 다양한 가족상담 이론 중에서 몇 가지를 살펴보도록 하겠다.

첫째, 보웬(Bowen)의 다세대 가족상담 이론은 가족을 감정적으로 얽혀 있는 감정의 덩어리로 보고, 가족이 서로 감정적으로 독립하지 못하고 융합되어 있으면 자율성을 발달시키지 못하고, 그 속에서 다양한 문제가 나타난다고 본다. 부모가 건강하게 분화하지 못하고 아동과 감정적으로 얽혀 있을 때, 아동은 다양한 대인관계에서 불안감을 느끼고 문제를 적절하게 해결하지 못할 것이다. 가족 구성원이 분화되면 분화될수록 아동은 가족 스트레스에 덜 취약하고, 그들의 행동에 더 많은 책임감을 가지고, 또래와 가족 압력에 더욱 저항할 수 있게 된다(Goldenberg & Goldenberg, 1991; Mullis & Berger, 1981).

보웬의 다세대 가족상담 이론의 주요개념은 다음과 같다.

자아분화 자아분화(self-differentiation)는 한 개인이 원가족에서 감정적으로 독립되어 다른 가족 구성원의 감정에 휘말리지 않는 상태를 말한다. 융합된 가족은 다른 가족 구성원을 자기 자신의 연장으로 보는 환상을 가지고 있으며 개인 간의 분리와 성장을 거부하는 병리적인 면이 있다.

삼각관계 삼각관계는 자아분화 수준이 낮은 가족 구성원이 자신들의 불안을 다른 가족 구성원을 끌어들임으로써 해소하는 것이다.

다세대 전수 과정 다세대 전수 과정은 병리적인 가족 문제가 여러 세대를 걸쳐 발생하는 것을 말한다(박랑규 외, 2011). 즉, 가족 구성원의 낮은 자아분화 수준이 부모를 통해 자녀에게 전수되어 비슷한 분화 수준을 가지게 되고, 그 속에서 다양한 병리적인 가족 문제가 발생하는 것을 의미한다.

다세대 가족상담 이론의 목표는 가족 구성원의 자아분화 수준을 높이고 삼각관계에서 벗어나게 하는 것이다.

다세대 가족상담 이론에서 사용되는 상담기법은 다음과 같다.

가계도 가계도는 3세대에 걸친 가족의 정서 과정을 그림을 통해 진단하는 방법으로, 보웬의 다세대 가족상담 이론의 핵심적인 상담기법이다. 가계도를 통해 가족 구성원의 상담관계, 미분화 등을 파악하여 치료목표를 명확히 할 수 있다.

치료적 삼각관계 가족 구성원의 삼각관계를 해결하기 위해서 가족이 가지고 있는 삼각관계와 다른 삼각관계를 만드는 것이다. 주로 상담자가 두 명의 가족 구성원과 삼각관계를 형성하여 그들이 불안할 때 상담자를 끌어들이려고 할 때 말려들지 않으면 치료적 삼각관계 안에서 가족 구성원은 안정을 찾게 된다(박랑규 외, 2011).

둘째, 구조적 가족상담은 미누친(Minuchin)에 의해 개발되었다. 구조적 가족상담에서 가족 문제를 해결하기 위해 가장 중요한 것은 가족의 구조를 파악하는 일이다. 가족의 구조란 가족 구성원이 상호작용하는 방식으로, 보이지 않는 암묵적 가족 규칙을 가지고 있어서 지속적으로 반복되며 가족의 상호작용을 규제하고 일정한 방식을 선택하게 하는 것이다. 가족의 구조가 역기능적이면 아동은 다른 사회 체계에 들어가는 데 어려움을 갖게 되고(김춘경, 2004), 자율성을 발휘하지 못하는 등의 다양한 문제를 발생시키게 된다. 그러므로 아동의 문제를 돕기 위해서 역기능적 가족 구조를 기능적으로 변화시키는 것이 필요하다.

구조적 가족상담의 주요개념은 다음과 같다.

가족하위체계 가족을 하나의 하위체계로 볼 때, 가족 안에는 다양한 하위체계가 존재하고 각각의 하위체계는 고유한 역할과 기능을 가지고 있다. 또한 하위체계 간에는 일정한 위계질서가 존재한다. 가족하위체계에는 부부 하위체계, 부모 하위체계, 부모-자녀 하위체계, 형제자매 하위체계가 포함된다. 이들 하위체계가 제 역할과 기능을 다하는 것이 건강한 가족을 형성하는 데 중요하다.

경계선 경계선은 눈에 보이지 않는 담장과 같은 것으로 다른 사람과의 윤곽을 그어 주며, 체계의 안과 밖을 구분하는 선으로서 가족의 규칙에 의해서 유지되고 다른 체계들과 상호작용한다(배경희 외, 2015). 경계선에는 분명한 경계선, 경직된 경계선, 혼란한 경계선이 있다. 분명한 경계선은 하위체계 간의 경계가 독립성과 자율성을 허용하고 지지하는 것을 말한다. 경직된 경계선은 가족체계 사이가 분리된 것을 말한다. 경계선이 경직되면 가족의 상호작용이 활발하지 못하며, 서로 간의 지지와 애정을 주고받을 수 없다. 혼란한 경계선은 가족 구성원 간의 경계선이 불분명하여 가족이 서로 간의 문제에 지나치게 간섭하는 것이다. 이러한 경계를 가진 가족을 밀착된 가족이라고 하는데, 서로 지원해 주는 것은 긍정적인 부분이지만 너무 밀착되어 있어서 개인의 자율성과 독립성 발달을 저해할 수 있다.

구조적 가족상담 이론의 목표는 가족의 구조를 재구조화하여 하위체계가 적절하게 기능하고 분명한 경계선을 가지도록 하는 것이다.

구조적 가족상담 이론에서 많이 사용하는 상담기법은 다음과 같다.

실연화 상담장면에서 역기능적인 가족 구성원 간의 상호작용을 실제로 행동을 통해 연기하도록 하는 방법이다. 이 방법은 가족의 실생활이 그대로 드러나기 때문에 가족의 구조를 이해하는 데 효과적이다(배경희 외, 2015).

재구조화 문제를 유발하는 잘못된 가족 규칙이나 가족 내 상호작용 등을 변화시켜서 가족의 구조를 건강하게 만드는 것이다.

셋째, 사티어(V. Satir)의 의사소통 가족상담 이론은 가족의 문제를 가족 구성원의 자아 개념이 약하고, 자아존중감이 낮으며, 가족의 대화에서 언어 전달이 분명하지 않고 솔직하지 않으며, 이중적인 태도에서 발생한다고 본다(배경희 외, 2015). 가족 안에서의 솔직하지 못한 의사소통은 아동으로 하여금 불안과 혼란스러움을 경험하게 하고, 그들의 감정과 생각을 솔직하게 표현하지 못하고 숨기도록 하여 타인과의 건강한 관계 맺음을 방해하게 된다. 사티어는 가족상담을 통해 가족 구성원의 자존감을 높이고, 더 솔직하고 효과적이게 의사소통하는 것을 배울 수 있다고 믿었다(김춘경, 2004). 그러므로 가족상담에서 가족 구성원들의 자존감을 높이고 긍정적인 평가를 받을 때 더 솔직하게 의사소통할 수 있게 되어 건강하게 기능할 수 있도록 도울 수 있다.

의사소통 가족상담 이론의 주요개념은 다음과 같다.

낮은 자존감 자아존중감은 인간이 가지는 기본적인 욕구로서 인생 초기에 부모와의 관계에서 충분히 이 욕구가 충족이 되면 높은 자존감을 가지게 된다(배경희 외, 2015). 그러나 부모가 자녀에게 적절히 반응하지 못한 경우, 자녀가 자존감을 학습하고 발전시킬 수 있는 기회를 갖지 못한 경우, 부모가 역기능적인 의사소통 유형을 보여 줄 경우에 자녀의 자존감은 낮아진다(박랑규 외, 2011).

의사소통 유형 사티어는 사람들이 스트레스 상황에서 자신을 보호하고 생존하기 위해 사용하는 대처 방식에서 공통적인 방법을 발견하였는데, 그것을 역기능적인 의사소통 유형으로 분류하였다. 사티어가 제시한 의사소통 유형은 회유형, 비난형, 초이성형, 산만형, 일치형이 있다.

회유형의 의사소통을 하는 사람들은 다른 사람과 상호작용하는 상황과 다른 사람은 존중하지만 자신의 가치나 감정은 무시한다. 이들은 자신을 부인하며, 다른 사람에게 자신을 무조건 맞추려고 하는 경향이 있다.

비난형의 의사소통은 회유형과 반대의 유형으로, 다른 사람들을 무시하고 자신의 가치와 감정만 생각하는 사람이다. 이들은 다른 사람들로부터 상처받을까 봐 먼저 타인을 비난하고 자신만이 옳다고 생각한다.

초이성형의 의사소통을 하는 사람들은 자신과 다른 사람은 무시하며 오로지 상황만을 중요시한다. 감정적으로 상처받는 것을 두려워하여 자신과 타인의 감정을 인정하지 않고, 어떤 감정도 내보이지 않으면서 논리적이고 사실적인 것에만 집중한다. 이들은 융통성이 없으며, 경직되어 있고, 마치 로봇과 같은 모습을 하고 있다.

산만형의 의사소통을 하는 사람들은 자기 자신, 다른 사람, 상황 모두를 무시한다. 이들은 다른 사람과 대화를 할 때 한 주제로 이야기를 이끌어 나가지 못하고, 두서가 없으며, 혼란스러워 보인다.

일치형의 의사소통을 하는 사람들은 자기 자신뿐만 아니라 다른 사람과 상황 모두를 중요시한다. 이 유형은 사티어의 의사소통 모델에서 가장 건강한 유형이다. 일치형은 일치된 말과 정서를 사용하며, 일반적으로 현재의 메시지를 일관성 있고 정확하게 전달할 수 있다.

의사소통 가족상담 이론은 상담에서 가족 구성원의 자아존중감을 높이고, 긍정적인 자아 개념을 형성하는 것을 도와 가족이 서로 간에 솔직하고 긍정적인 의사소통을 하도록 돕는 것을 상담목표로 본다.

의사소통 가족상담 이론의 주요 상담기법인 가족 조각 기법은 가족 구성원과 물건 등을 사용하여 가족이 생각하고 느끼는 대로 가족 간의 정서적 관계를 몸으로 표현하는 비언어적 기법이다. 가족 조각을 통해 가족의 의사소통 유형, 권력 구조, 친밀감이나 소속감 등을 파악할 수 있다.

5) 교사상담

최근의 아동들은 가족관계를 떠나 가정 외의 기관에서 집단 구성원으로서 지내는 시간의 양이 늘어나고 있고, 그 시기도 더 빨라지고 있다(강정원 외, 2014). 아동들이 가정을 떠나 경험하는 사회인 어린이집, 유치원, 학교는 또래와 교사의 상호작용을 통해 집단생활에 적응하고 건강한 사회성 발달을 이루는 데 중요한 영향을 미친다. 특히 아동의 제2의 부모인 교사는 교육자로서 아동을 올바르게 지도하는 일뿐만 아니라, 상담자로서 아동의 건강한 정서 발달을 위해 노력해야 한다. 교사는 학생들의 사회적 · 정서적 발달을 도울 수 있는 아주 좋은 입장에 있다(McLaughlin, 1999). 교사는 부모 다음으로 아동을 많은 시간 동안 지켜보기 때문에 아동의 문제행동이나 부적응 행동을 조기에 발견하여 문제가 더 심각해지기 전에 적절한 개입을 함으로써 아동의 건강한 발달을 도울 수 있다. 또한 박경애(1999)는 학교 현장에서 교사에 의해 실시되는 상담의 장점을 학생과 함께 생활하면서 다양한 자료를 활용할 수 있으며, 직접 관찰함으로써 효과를 평가할 수 있고, 추수지도가 자연스럽게 가능하게 된다는 것이라고 하였다.

학교에서 교사에 의해 실시되는 교사상담은 다음과 같은 특징이 있다(손현동, 2007).

첫째, 교사상담을 위해 모든 교사는 기본적으로 연수나 교육을 이수해야 한다.

둘째, 문제가 있는 학생뿐만 아니라 예방 및 조기 발견이 가능한 모든 학생을 대상으로 해야 한다.

셋째, 학생 스스로가 자율적이고 능동적인 변화를 추구할 수 있도록 해야 한다.

넷째, 학교생활의 모든 영역에서 이루어져야 한다.

다섯째, 학교상담 전문가의 지원과 협조로 이루어져야 한다.

여섯째, 자발적인 상담 외에 호출상담도 중요한 방법이다.

일곱째, 상담자와 교사의 이중적인 역할로 혼란을 일으키기도 하지만 이것이 장점이 되기도 한다.

여덟째, 학교의 특성상 교사가 상담자 역할을 수행하므로 단기로 진행되는 경우가 많다.

학교 현장에서 문제를 가지고 있거나 부적응 행동을 보이는 아동을 발견할 경우에는 어떠한 중재와 개입이 필요한지 전문기관에 도움을 구하여 현장에 적용해 보고, 부모에게 전문기관을 안내하는 역할 또한 교사의 역할이지만, 교육기관에서의 발견, 진단, 그리고 의뢰 이외에 직접 치료적으로 접근하는 개입 역시 필요하다(남경화, 1998). 최근 교사를 통한 치료적 접근에 대한 논의가 활발해지고 있는 가운데 전문적인 아동상담을 받기 어려운 아동들과 경계선상의 아동들을 위해 교사는 다음과 같은 치료적 요소를 활용하여 예방적 접근의 상담자로서의 역할을 수행할 수 있다(강정원 외, 2014).

첫째, 아동-교사 관계의 치료적 효과다. 아동이 태어나서 처음으로 애착을 형성하는 관계는 주로 부모다. 부모와의 애착이 안정되면 내적 작동모델을 통해 일평생 만나는 다른 타인과도 신뢰할 수 있고 안정된 관계를 형성할 수 있다. 아동이 가정을 떠나서 만나는 중요한 타인인 교사와의 안정 애착도 아동의 건강한 발달에 중요한 영향을 미친다. 민감하고 반응적인 교사와 상호작용한 아동일수록 교사와 안정적인 애착을 형성하게 된다(Howes, 1999). 교사와 안정적인 관계 형성은 아동의 적응을 돕고, 부적응인 아동은 문제를 해결하는 치료적 효과가 있다는 것이 많은 연구 결과에서 나타났다. 피안타와 스타인버그(Pianta & Steinberg, 1992)는 교사와 안정적인 관계를 맺은 아동이 상급 교실로 올라갔을 때 유급되는 비율이 낮은 것을 발견했고, 데넘과 버턴(Denham & Burton, 1996)은 사회정서적 문제를 나타낼 수 있는 고위험군의 4세 아동들을 대상으로 교사와의 관계 증진 프로그램을 실시한 결과, 아동들의 부정적인 감정이 해소되고, 사회적 유능감과 다른 사람과의 긍정적 관계를 증진시키는 데 효과가 있음을 발견했다.

둘째, 교사와의 놀이가 갖는 치료적 효과다. 놀이가 아동상담에서 갖는 치료적 효과는 너무나 잘 알려진 사실이다. 그렇기 때문에 교육기관에서 아동의 놀이를 충분히 치료적 효과를 발휘할 수 있도록 구성하는 것도 아동의 문제를 해결하는 좋은 방법이 될 수 있다.

활동

1. 아동상담을 할 때 초기단계에서 특히 더욱 중요하게 사용되어야 할 상담기법은 무엇이라고 생각하는지 각자의 의견을 이야기해 봅시다.

2. 다음 아동의 말에 적절한 공감적 반응을 연습해 봅시다.

1) "왜 지현이는 노는데 나만 숙제해야 돼요? 나도 숙제 안 할래요."

공감적 반응: ______________________________

2) "엄마는 항상 숙제 다 해야 게임할 수 있게 해 준대요. 그게 규칙이래요. 정말 짜증 나요."

공감적 반응: ______________________________

3. 다음 아동의 말에 자기노출 반응을 연습해 봅시다.

1) 다문화 가정인 초등학교 4학년 남학생이 "친구들이 자꾸 나한테 원숭이라고 놀려요. 짜증나고 화가 나서 하지 말라고 해도 계속해서 그래요. 정말 학교 가기 싫어요."라고 말한다.

자기노출: ______________________________

2) 초등학교 6학년 여학생이 "엄마가 먹는데 자꾸 잔소리해요. 살찐다고요. 엄마도 살쪘으면서 그래요. 나도 나름대로 운동도 하고 먹는 양도 조절하는데……."

자기노출: ______________________________

4. 다양한 아동상담의 유형 중에서 부모상담을 실시해야 하는 경우와 가족상담을 실시해야 하는 경우가 어떻게 다르다고 생각하는지 각자의 의견을 이야기해 봅시다.

추천도서

1. 강진령(2016). 상담연습–치료적 의사소통 기술. 서울: 학지사.
2. 김서규(2009). 현장교사를 위한 학교상담 12가지 사례: 인성편. 서울: 학지사.
3. 김영경(2018). 초보 상담자들이 궁금해하는 집단상담. 서울: 학지사.
4. 신혜영(2013). 아동 문제행동에 대한 부모상담. 서울: 파란마음.
5. 오은영(2016). 못참는 아이 욱하는 부모. 서울: 코리아닷컴.
6. 이유남(2017). 엄마 반성문. 서울: 덴스토리.
7. 이장호, 금명자(2014). 상담연습 교본(4판). 서울: 법문사.
8. 정은(2019). 가족상담: 모델과 사례(개정판). 서울: 창지사.

제2부

아동상담의 주요 매체

제5장 놀이치료

놀이치료는 아이들이 가장 즐거워하는 활동인 '놀이'를 매체로 하는 심리상담이다. 놀이는 아동의 자연스러운 언어로서 아이들은 의식적이든 무의식적이든 문제가 되는 생각과 감정, 욕구를 놀이로 표현한다. 또한 놀이를 통해 다양한 긍정적·부정적 감정을 경험하고 해소해 나가며, 타인과의 상호작용을 통해 사회성을 발달시킨다. 이 장에서는 놀이치료의 발달배경, 놀이의 치료적 가치, 기본개념, 놀이치료의 실제와 사례를 통해 놀이치료에 대해 알아보고자 한다.

1. 발달배경

아동의 심리를 이해하는 데 있어 놀이의 중요성은 18세기의 장 자크 루소(Jean Jacques Rousseau)부터 강조되어 왔다. 이후 아동의 심리치료에 놀이를 처음 활용한 사람은 1909년 지그문트 프로이트(Sigmund Freud)이다. 프로이트는 5세 남아인 한스(Hans)의 공포증을 치료하기 위해 한스의 아버지에게 한스의 놀이를 관찰하여 자신에게 편지로 보고하게 하였다. 프로이트는 한스의 아버지가 보고한 내용을 해석하여 한스의 공포를 해소할 수 있는 방법을 아버지에게 제안하는 방식으로 심리치료를 진행하였다. 프로이트의 '리틀 한스(Little Hans)' 사례는 부모를 통한 간접적인 방법이었지만 놀이를 아동의 심리치료에 사용한 최초의 사례다.

아동의 심리치료에 놀이를 직접적이고 전적으로 활용한 학자는 1919년 헤르민 후크-헬무트(Hermine Hug-Hellmuth)다. 헬무트는 아동을 분석하기 위해서는 '놀이'를 활용하는 것이 필수적이라고 보았는데, 그 이유는 성인과 달리 아동은 언어로 자신을 표현하는 데 한계가 있다고 보았기 때문이다. 이에 아동이 자신을 마음껏 표현할 수 있도록 놀잇감을 제공하여 아동 심리치료에 놀이를 전적으로 활용하였다.

1928년 안나 프로이트(Anna Freud)는 '놀이'를 아동과 상담자 간의 치료적 관계를 형성할 때 활용할 수 있는 주요한 매체로 생각하였다. 아동과 치료적 동맹을 맺기 위해 놀이를 적극 활용하였고, 치료적 관계가 충분히 형성된 후에는 치료의 주요 매체를 놀이에서 언어적 상호작용으로 옮겨 나갔다.

1932년 멜라니 클라인(Melanie Klein)은 놀이에서 보이는 아동의 행동을 아동의 무의식으로 보았고, 이에 놀이 분석을 통해 아동의 무의식을 분석하였다. 성인은 자유연상을 통해 자신의 무의식을 탐색할 수 있지만, 아동은 언어 표현이 부족하기 때문에 자유연상을 활용하기가 어렵다. 이에 클라인은 '놀이'를 아동이 하고 싶은 말을 나타내는 직접적인 대체물로 보고 아동의 놀이를 분석하였다.

1930년대 중반부터는 정신분석 이론에 기초한 구조화된 놀이치료 기법들이 발달하기 시작하였다. 대표적인 학자 중 존 레비(John Levy)는 이완치료(release therapy)를 개발하였는데, 이는 외상을 경험한 아동이 심리치료 과정에서 놀잇감을 통해 놀이로 외상적 사건을 재연함으로써 외상 사건에 대한 자신의 감정을 정화하고 고통과 긴장을 이완시키도록 하는 기법이다(Levy, 1938). 조셉 솔로몬(Joseph C. Solomon)은 1938년에 적극적 놀이치료(active play therapy)를 개발하였는데, 이는 충동적이고 행동 장애를 가진 아동에게 놀이를 통해 안전하게 분노와 공포의 감정을 표현하도록 하는 기법이다. 아동의 부정적인 에너지를 놀이 속에서 사회적으로 수용 가능한 놀이 행동으로 전환시키는 것이다. 고브 햄브리지(Gove Hambridge)는 구조화된 놀이치료(structured play therapy)를 더욱 발전시켰는데, 아동에게 불안을 유발하는 생활 사건을 보다 직접적으로 놀이 안에서 재구성하여 놀이 속에서 아동이 마음껏 불안감을 표현하고 감정의 정화를 느낄 수 있도록 하였다(Hambridge, 1955).

1940년대에는 비구조화된 놀이치료 기법들이 발달하기 시작하였다. 칼 로저스

(Carl Ransom Rogers)는 '내담자-중심' 상담이론을 제시하면서 모든 인간은 스스로 자신을 건설적인 방향으로 성취해 나가고자 하는 잠재력인 실현 경향성을 선천적으로 가지고 태어난다고 보았다(김춘경 외, 2018). 버지니아 액슬린(Virginia Mae Axline)은 로저스의 '내담자-중심'의 비지시적 상담이론을 아동 놀이치료에 적용하여 아동 중심 놀이치료를 발전시켰다. 모든 아동을 자신의 건설적인 성장을 위해 스스로 노력하는 존재라고 보기에 아동 중심 놀이치료에서 치료과정의 주도권은 아동이 가지고 있다. 액슬린의 아동 중심 놀이치료는 2000년대에 노스 텍사스 대학교의 게리 랜드레스(Garry Landreth)에 의해 더욱 발전되었다.

1990년대 후반에는 국제놀이치료학회(International Association for Play Therapy: IAPT)가 창립되어 놀이치료의 이론적 개발, 연구, 임상 활동이 활발하게 이루어지고 있고, 다양한 상담이론과 통합된 놀이치료가 개발되고 있다. 정신분석적 놀이치료, 분석학적 놀이치료, 아동 중심적 놀이치료, 발달 놀이치료, 인지행동적 놀이치료, 가족 놀이치료 등이 그 예가 된다.

2. 놀이의 치료적 가치

인간에게 '놀이'는 남녀노소 누구에게나 긍정적인 요소로 적용될 수 있지만 특히 아동에게 놀이는 삶과 발달에 필수불가결한 요소다. 아동기에 이루어지는 놀이는 신체 발달과 근육 발달, 사회정서 발달, 더 나아가 지능 발달에도 중요한 역할을 한다는 연구가 꾸준히 제시되면서 한 개인의 발달 전 영역에 지대한 영향을 미침을 입증하고 있다(Elkind, 2007; Ginsburg, 2007; Sutton-Smith, 2008; Winerman, 2009). 이 때문에 아동의 교육과 상담에 놀이는 가장 일반적인 매체로서 널리 활용되고 있다(Landreth, 1991; Schaefer, 1993). 놀이는 행위자가 자유롭게 놀이를 선택하고 주도하는 과정으로서 놀이 행위 그 자체로 보상이 되며(Else, 2009), 아동의 놀이는 어떤 결과나 목적을 위해서 행하는 것이 아니라 놀이 과정 자체를 아동들이 즐기기 때문에 더욱 중요하다. 이러한 놀이의 치료적 가치에 대해 크리스티아네 브렘스(Christiane Brems)가 제시한 놀이의 치료적 기능에 맞추어 살펴보고자 한다(Brems, 1993).

1) 관계 형성 기능

상담에서 가장 중요한 과제는 내담자와의 치료적 관계인 라포(rapport)를 형성하는 것이다. 아동에게 놀이는 흥미롭고, 즐거운 활동이기 때문에 놀이를 통해 자연스럽게 상담자와 치료적 관계를 형성하고, 초기의 저항을 극복하는 최선의 매체가 된다. 놀이를 통해 상담자와 아동 간의 특별한 신뢰 관계가 촉진적으로 발달되므로 아동은 상담자에게 마음의 문을 열고 상담에 한 걸음 더 나아가게 된다.

2) 자기노출 기능

언어로 자신의 의사를 표현하는 것이 아직은 미숙한 아동들에게 놀이는 매우 의미 있는 의사소통 방법이 된다. 아동의 연령이나 발달수준에 상관없이 놀이를 통한 의사소통은 모든 아동에게 가능하기 때문이다. 일반 상담에서는 내담자가 언어로 자신의 생각, 고민, 성격 특성, 감정 등을 표현한다. 아동상담에서 아동은 상담자와 놀면서 의식적이든 무의식적이든 자기노출(self-disclosure)을 하게 된다. 놀이에서 아동은 자신의 감정, 갈등, 문제 등을 직접적 또는 상징적으로 재연하면서 자기노출을 하게 되고, 이는 상담자에게 다양한 정보를 제공해 준다. 이 정보들을 통해 상담자는 아동을 더 잘 이해하게 되고, 올바른 치료 방향으로 나아가게 된다.

3) 치유 기능

놀이치료에는 놀이를 통해 어떤 부정적인 감정도 안전하게 표현할 수 있는 놀이의 치유 기능이 있다. 친구를 때리는 문제행동을 보이는 아이가 놀이 속에서 인형을 때린다든지, 펀치백을 때려서 억압된 부정적인 감정을 표출할 수도 있고, 역할극을 통해 자신의 부정적 감정을 표출할 수도 있다.

이처럼 감정과 갈등을 놀이를 통해 자유롭고 자연스럽게 표현하므로 아동은 카타르시스(catharsis)를 경험하게 된다. 카타르시스는 어떠한 심리치료적 접근에서든 중요한 치료의 핵심 요소다(Grencavage & Norcross, 1990). 놀이를 통해 현실에서 펼칠 수 없었던 본능을 마음껏 펼치면서 쌓여 있던 감정을 해소하는 것이다. 놀이 속에서 아동들은 자신이 경험한 강한 스트레스 사건이나 외상적 사건을 무의식적으로 표현하게 되고, 이러한 표현 자체가 가장 자연스러운 자기치유법이 된다. 또한 치료 속에서 표현되는 놀이 활동은 아동이 실패로 인해 상처를 받지 않고 나쁜 상황으로부터 보호받을 수 있는 안전한 장소에서 이루어지기 때문에 새로운 행동을 시도해 보고, 도전해 볼 기회를 제공해 준다. 안전한 환경에서는 다양한 시도와 도전을 하게 되고, 그러한 시도와 도전은 성공 경험으로 이어져 성취를 통한 자기효능감 증진으로 이어지게 된다. 손상된 자아를 치유하고 자신을 존중하는 마음을 고양시키는 데 놀이는 중요한 역할을 한다.

놀이에는 긍정적 정서가 수반되고, 놀이를 통해 얻게 되는 긍정적 정서는 두 가지의 중요한 치료적 가치를 지닌다(홍은주 외, 2010). 하나는 긍정적 정서는 아동에게 행복감과 안녕감을 준다는 것이고, 또 하나는 긍정적 정서는 삶의 스트레스에 대해 강력한 해독제 역할을 한다는 것이다. 놀이를 통해 경험하게 되는 재미와 즐거움 같은 긍정적 정서는 보다 용기 있고 희망찬 삶을 영위할 수 있도록 하는 원초적 힘을 제공한다.

3. 놀이치료의 정의

놀이치료는 훈련된 상담자가 심리적 문제를 지닌 내담자를 돕기 위해 놀이의 치료적 힘을 체계적으로 적용하는 대인관계 과정이다(O'connor, 1991). 놀이는 아동이 자신을 표현하기 위한 가장 자연스럽고 편안한 매체이자 도구이며(Axline, 1947), 놀이를 통해 아동은 자신을 개념화, 구조화하며 이를 표현하는 방식을 배운다(Woltmann, 1964). 또한 놀이를 통해 아동은 어느 누구도 가르쳐 줄 수 없는 것을 스스로 배워 나가는 경험을 한다(Caplan & Caplan, 1973). 놀이치료 속에서 상담자가 아동의 감정표현을 보다 확장할 수 있도록 적절한 놀잇감을 선택하여 상호작용하며, 그 과정을 통해 아동은 감정을 표현하고, 정화함으로써 고통이 감소되고 충동도 조절되는 정서 경험을 하게 된다(Kaduson & Schaffer, 2003). 따라서 놀이치료는 아동에게 가장 호의적이고 알맞은 조건에서 성장할 수 있는 경험과 기회를 제공해 주는 것이다(Axline, 1969).

이와 관련하여 놀이치료는 다음과 같은 목적을 지닌다. 아동 스스로 자신의 삶에서 중요한 사람과 사건에 대해 어떻게 느끼는지를 표현할 수 있다(Ginott, 1961). 놀이 속에서 아동은 자신의 동기, 내재된 정서, 타인과의 상호작용 패턴을 통찰할 수 있고, 이를 통해 자신에 대해 더 잘 알게 될 뿐만 아니라 세상에 대해서도 배울 수 있다. 놀이 과정에서 일어나는 많은 결정에 대해서 아동이 스스로 선택할 수 있도록 허용적인 환경을 만들어 주어 자기 책임감을 높이고, 의사결정 능력을 향상시킬 수 있도록 돕는다. 또한 아동이 자신의 진실된 감정을 느끼고, 수용하면서 이를 건강하게 표현할 수 있도록 하며, 놀이치료 과정 속에서 안전성과 보호의 환경을 경험하여 아동의 세계관이 안정되고 자신의 욕구를 마음껏 표현할 수 있도록 한다. 놀이 과정 속에서 스스로 통제력을 발달시키고, 사건들을 통제할 수 있는 기회를 경험하며, 주체적 · 자율적으로 살아갈 수 있도록 한다(Landreth, 1987).

4. 놀이치료의 구성요소

놀이치료의 구성요소인 놀잇감과 놀이치료실에 대해 알아보고자 한다.

1) 놀잇감

(1) 놀잇감 선택 기준

놀이치료실에서 아동의 놀이는 자기표현이 되며, 놀이에 사용되는 놀잇감이나 도구는 단어가 된다(Landreth, 1991). 따라서 아동의 감정과 표현을 이끌어 내기 위해서는 쓰임이 다채롭고 의미 있는 놀잇감과 도구를 준비해야 한다.

랜드레스는 상담자가 놀잇감과 도구를 준비할 때 중요하게 고려해야 할 평가 기준으로 다음의 8가지를 제시하였다(Landreth, 2002; 홍은주 외, 2010 재인용).

- 폭넓은 창의적 표현을 촉진하는가?
- 폭넓은 정서적 표현을 촉진하는가?
- 아동의 흥미를 일으키기에 적합한가?

- 표현이 가능하고 탐색적인 놀이로 촉진시키는가?
- 언어화되지 않아도 탐색과 표현이 허용되는가?
- 미리 정해진 구조 없이도 성공적인가?
- 확실하지 않은 모호한 놀이도 가능한가?
- 활동적인 놀이에도 활용할 만큼 튼튼한가?

(2) 놀잇감 유형

지오다노(Maria Giordano)와 랜드레스(Garry Landreth), 존스(Leslie Jones)(2005)는 아동이 자신의 경험, 감정, 욕구를 표현하기 위하여 사용하는 기본적인 놀잇감 목록으로 양육적인 놀잇감, 공격성-이완 놀잇감, 실제 생활을 나타내는 놀잇감, 창의적인 표현과 정서적 해소를 위한 놀잇감을 제시하였다. 이와 함께 아동의 놀이치료에서 주로 사용되는 게임 놀이도구를 같이 살펴보고자 한다.

① 양육적인 놀잇감

• 아기 인형	• 우유병	• 고무 젖꼭지	• 빗
• 아기 침대	• 병원놀이 세트	• 반창고	• 의사/간호사 가운
• 요리 도구	• 플라스틱 음식들	• 접시	• 냄비
• 프라이팬, 가스레인지 등			

그림 5-1 요리 도구

상담을 통해 안정적인 애착 재형성 및 형제 경쟁, 위기, 가족 갈등 등을 다루기 위해 양육적인 놀잇감을 활용할 수 있다. 동생이 태어나 부모의 사랑을 빼앗긴 유아가 놀이치료실에서 아기 인형을 밀치고, 아기 인형을 보고 "너 싫어." 등의 표현 및 표출을 통해 동생에 대한 미움을 안전한 환경에서 표현하고, 해소할 수 있고, 상담을 통해 아기 인형을 보호하고 잘 지낼 수 있는 방향으로 교정해 나갈 수 있다.

② 공격성–이완 놀잇감

• 공격적인 동물 피규어들(호랑이, 사자, 악어, 뱀, 공룡 등)		
• 펀치 백	• 군인 피규어 및 탱크, 총 등	• 다트 총
• 수갑	• 장난감 칼	• 화살 등

그림 5-2 펀치 백

아동의 억압된 분노, 공격성 등을 치료실에서 보다 안전한 방법, 허용되는 방법으로 해소하기 위해 공격성–이완 놀잇감을 활용할 수 있다. 아동 스스로 제어하고, 감당하기 힘든 부정적인 감정을 놀잇감을 통해 여과 없이 표출하고, 통제하는 방법을 배워 나간다. 엄청난 분노 감정을 억압하고 지냈던 한 아동이 놀이치료실에서 각종 공룡, 호랑이, 사자 등의 공격적인 성향의 동물 피규어들을 배치하고는 이 동물 피규어들과 주인공 피규어가 1 대 다수로 싸워 이기고, 마침내 동물 피규어들을 다 죽이는 상황극을 통해 강해지고 싶은 자신의 마음을 표현하고, 억눌렀던 부정적인 감정을 마음껏 표출함으로써 해소할 수 있다.

③ 실제 생활을 나타내는 놀잇감

• 인형의 집	• 가족 인형	• 동물 피규어	• 장난감 돈
• 직장인 피규어(경찰, 소방관, 의사, 간호사, 선생님 등)			• 미니 책상, 의자
• 청소 도구	• 교통수단 등		

그림 5-3 인형의 집

실제 생활을 나타내는 놀잇감을 통해 학교에서 있었던 갈등, 불안함 등을 다룰 수 있고, 다양한 상황극을 통해 상황에 대한 통제감과 조절감 등을 발전시킬 수 있다.

친구들과 잘 지내고 싶으나 방법을 몰라 괜히 친구를 툭 치고 지나가거나 놀리거나 하는 행동을 보이는 아동과 함께 동물 인형을 통해 상황극을 하면서 아동과 같은 행동을 했을 때 상대방의 기분이 어떤지, 친구들과 같이 놀고 싶을 때에는 어떻게 표현하면 좋은지를 놀이로 풀어 나갈 수 있다. "친구와 친하게 지내고 싶으면 친구들이 싫어하는 행동을 하지 않고 너의 마음을 예쁘게 잘 표현하고, 친구들이 어떤 것을 좋아하는지 관찰해 보는 것이 중요해."라고 말로만 가르쳐 주는 것보다 아동이 훨씬 잘 이해할 수 있고, 행동 변화 또한 쉽게 이어질 수 있다.

④ 창의적인 표현과 정서적 해소를 위한 놀잇감

• 모래	• 물	• 물감	• 공예 재료	• 블록	• 점토 등

물이나 모래, 점토 등은 모양이 일정하지 않은 비구조물이므로 무엇이든지 만들고 나타낼 수 있기 때문에 아동이 창의적인 표현을 하는 데 도움이 되는 놀잇감이다. 이러한 비구조물들은 갖고 노는 방법에 옳고 그름이 없기 때문에 아동이 더욱 마음의 부담감 없이 자신이 하고 싶은 대로 할 수 있다. 특히 수줍고 위축된 아동들에게 도움이 된다(Landreth, 2002). 이 놀잇감들을 주무르고 분해하면서 정서적 이완과 공격성을 표현하고 동시에 창의성을 발휘할 수 있다.

그림 5-4 물감

⑤ 규칙이 있는 게임 도구

• 보드게임	• 카드게임	• 주사위 게임 등

규칙이 있는 게임 도구들은 게임을 원활히 진행하기 위해서 규칙을 지켜야 하기 때문에 자기통제력, 인내심 등이 길러지고, 게임에 이기기 위해서는 다양한 전략을 생각해 낼 수 있어야 하기 때문에 문제 해결 능력, 논리적인 사고 능력 등이 증진된다. 또한 게임에 졌을 때 느끼는 분노감, 좌절감 등을 수용하는 것, 자신이 이겼을 때에도 타인을 놀리거나 무시하지 않는 행동 등을 학습하면서 사회성이 길러진다.

그림 5-5 보드게임

학교에서 정해진 규칙을 지키지 않아 상담기관에 오는 대부분의 아동은 처음 규칙이 있는 게임을 할 때 매우 어려워하며, 게임에 졌을 때 소리 내어 엉엉 우는 등 폭발적인 감정 표현이 나타난다. 부정적인 감정 표현을 함께 다루면서 규칙 있는 게임을 여러 번 연습해 나가다 보면, 차츰 게임의 규칙을 지키는 것을 더 이상 힘들어 하지 않게 되고, 놀이치료실에서의 이러한 변화는 학교에서 정해진 규칙을 지키는 부분에서도 분명한 연계가 일어난다.

(3) 놀잇감 정리

밴플리트 등(VanFleet, Sywulak, & Sniscak, 2011)은 놀잇감 정리와 관련해서 4가지 고려 사항을 제시하였다.

첫째, 아동이 놀이치료실에서 항상 안전감과 편안함을 느끼기 위해서는 매번 놀이치료실에 올 때마다 놀이치료실 내 환경이 비슷해야 한다. 장난감들은 늘 놀이치료실의 같은 자리에 놓여 있어야 하고, 처음 놀잇감들이 바닥에 흩어져 있거나 탁자 위에 있었다면 그 상태를 매번 유지하는 것이 좋다. 칠판이나 화이트보드는 지워져 있어야 하고, 놀이치료실에서 다른 아동이 놀았다는 흔적은 없는 것이 좋다.

둘째, 놀이치료실의 무질서는 아동에게 불안감을 가중시킨다. 상담을 받으러 오는 대부분의 아동은 불안정한 가정 환경에서 지냈고, 가정에서 상당한 혼란스러움을 안고 지내 왔다. 따라서 놀이치료실의 어수선하고 지저분한 환경은 아동의 불안을 가중시키고, 놀이치료실의 무질서는 실제 아동의 혼란한 삶과 다를 바가 없는 환경이 된다. 비슷한 방식으로 정돈된 놀이치료실은 아동에게 바깥세상과 구별되는 '특별한 방'이라는 생각을 하게 만든다. 작은 피규어들은 플라스틱 바구니 등에 담는 것이 도움이 된다.

셋째, 그렇다고 놀이치료실이 완벽하게 깔끔할 필요는 없다. 과도하게 깨끗한 놀이치료실은 아동으로 하여금 자유분방한 놀이가 허용되지 않는다는 인상을 줄 수 있고, 아동의 행동을 제한하게 만든다. 따라서 놀이치료실은 너무 지저분해서도 안 되고, 완벽하게 깔끔해서도 안 된다. 그 중간의 상태를 유지하는 수용적인 공간이어야 한다.

넷째, 놀이치료실에는 다양한 종류의 놀잇감이 있어야 한다. 앞서 제시한 5가지 놀잇감 유형 중 각 유형에 대한 장난감이 몇 개씩은 포함되는 것이 좋다. 아동은 저마다 다양하고 독특한 방식으로 감정을 표현하고 문제를 다루므로 다양한 종류의 놀잇감은 아동으로 하여금 자신에게 가장 적절한 방법의 놀이로 자신의 마음을 표현할 수 있게 한다. 다양한 놀잇감을 위해 아주 큰 방에 여러 종류의 놀잇감을 두어야 한다는 것은 아니며, 이상적인 놀이치료실의 크기(4~5평) 안에 들어갈 정도의 다양한 놀잇감이 제시되는 것이 좋다.

2) 놀이치료실

놀이치료실의 창문은 채광을 위하여 외부로 난 것이 좋으나 복도나 로비 쪽으로 난 창문은 타인의 방해를 받을 수 있으므로 바람직하지 않다. 불안이 심한 아동은 놀이치료실 안에서 놀이에 집중하지 못하고 외부 소음에 영향을 받아 놀이가 중단되는 경우가 있다. 따라서 외부 소음의 영향을 적게 받을수록 놀이치료실의 안전감과 안정감이 유지될 수 있다.

바닥은 아동이 자유롭게 놀이를 하는 데 과한 제한과 부담이 없도록 청소하기 용이하고, 언제든 쉽게 바꿀 수 있는 자재를 사용하는 것이 좋다. 아동이 물감 놀이, 찰흙 놀이, 모래놀이 등을 하면서 불필요한 죄의식이나 좌절감 같은 불편한 감정을 갖지 않도록 하는 것이 중요하다. 만약 바닥재에 무언가 묻으면 잘 지워지지 않거나 혹은 값비싼 것이라면, 상담과정에서 상담자는 자신도 모르게 신경을 쓰게 되면서

그림 5-6 놀이치료실 예시

아동의 행동에 비언어적 행동으로 제한을 가하게 될지도 모르기 때문에 결과적으로 안전한 치료적 환경을 제공할 수 없다.

가구는 아동의 키에 맞추는 것이 좋은데, 이는 아동 중심 놀이치료에서 아동을 존중하는 하나의 방법이다. 아동의 키에 맞춘 가구들로 인해 아동은 놀이치료실이 자신을 위해 만들어졌다는 것을 느낄 수 있다. 자신에게 맞는 의자, 책상, 선반 등 모든 가구가 해당되며, 성인용 의자에 앉아 높은 곳에 발이 둥둥 떠 있지 않는 환경은 아동을 놀이치료실에 더욱 집중하게 만든다(VanFleet, Sywulak, & Sniscak, 2011). 선반은 4단 이상의 높은 것은 피하고, 높이는 90~100cm 정도가 적당하며, 장난감은 잘 정돈되어 쉽게 닿을 수 있는 곳에 위치해야 한다. 선반은 영구적으로 벽면에 딱 붙게 설계하여 아동이 장난감을 꺼내기 위해 선반 안으로 기어올라도 안전하도록 만드는 것이 이상적이다.

5. 놀이치료의 기술과 기법

상담자의 이론적 배경과 상관없이 사용할 수 있는 기본적인 상담기술들이 있다. 여기서는 놀이치료에서 주로 사용되는 상담자의 상담기술을 소개하고자 한다. 다음의 상담기술들은 놀이치료실에서뿐만 아니라 가정, 어린이집, 유치원에서 어른이 아동에게 반응하는 유용한 방법들이다. 다음의 상담기술들은 아동으로 하여금 존중받는 느낌을 주고, 자신의 감정을 마음껏 표현할 수 있는 안전한 환경이라는 것을 느끼게 해 주며, 자신의 선택에 책임지는 것을 더욱 잘 배울 수 있게 한다.

1) 추적하기

추적하기(tracking)는 상담자가 관찰한 아동의 행동을 설명하는 것이다. 추적하기의 목표는 상담자가 아동에게 지속적으로 관심을 가지고 있고, 아동의 놀이를 이해하고 있다는 것을 알리는 것이며, 아동이 보이는 하나하나의 행동이 중요하고 주목할 만한 것임을 아동에게 알려 주는 것이다. 이 기술은 아동에게 자신이 특별하고, 소중하다고 느끼게 하기 때문에 아동과의 관계 형성을 촉진시킨다. 아동의 행동 하나하나를 인정해 주는 것으로 아동은 상담자가 자신의 세계에 관심을 가지고 있고, 자신의 세계를 소중히 여기고 이해하려고 노력한다는 것을 느끼게 된다. 아동의 행동을 관찰하여 추적하기 기술을 사용한 예는 다음과 같다.

아　동: (긴장된 얼굴로 놀이치료실에 있는 장난감들을 말없이 둘러보고 있다.)

상담자: 놀이치료실에 어떤 것들이 있는지 이리저리 둘러보고 있구나. 그런데 조금 긴장한 표정이네.

아　동: (장난감 차를 터널 안으로 밀어 넣고 있다.)

상담자: 너는 그것을 저쪽으로 밀고 있구나.

아동의 행동을 추적할 때 유의할 점이 한 가지 있다. 바로 아동의 놀잇감을 명명하지 않는 것이다. 상담자는 대상이나 행위에 이름 붙이기를 피함으로써 아동의 창의성과 선택의 자유를 촉진시킬 수 있다. 양배추처럼 보이는 대상물을 양배추라고 부르지 않음으로써 아동에게 양배추를 괴물의 머리라고 말할 기회를 줄 수 있다. 아동이 의자를 뛰어넘는 행동을 보고 '의자'라고 명명하지 않음으로써 상담자는 아동에게 매력적인 양탄자가 깔려 있는 방 주위를 날 수 있는 기회를 줄 수 있다. 장난감에 이름을 붙이지 않거나 아동의 행동을 정확히 이름 붙이지 않음으로써 상담자는 아동의 창의성을 북돋아 보다 더 허용적인 분위기를 만들 수 있다. 또한 아동이 놀잇감을 일반적인 방법이 아닌 독특한 방법으로 활용함으로써 좀 더 자유로움을 느낄 수 있고, 아동 스스로 놀잇감과 놀이에 의미를 부여하고 해석할 수 있도록 용기를 줄 수 있다(Landreth, 1991). 상담자가 아동의 놀이를 부정확하게 이름 붙일 때, 어떤 아동들은 상담자의 명명이 틀렸다고 반응할 것이고, 어떤 아동들은 아무런 반응도 하지 않을 수 있다. 두 유형의 아동 모두 상담자가 자신의 놀잇감과 놀이를 부정확하게 명명할 때 상담자가 자신을 잘 이해하지 못한다고 느끼게 된다. 따라서 상담자는 놀잇감을 명명하지 않는 말들인 '이것, 그것, 저것, 거기' 등과 같은 용어를 사용하는 것이 좋다(Giordano, Landreth, & Jones, 2005). 다음은 잘못된 추적하기의 예시다.

[비효과적인 추적하기 예시]

#1. **아　동**: 붕붕, 붕붕! (바닥에서 블록을 밀고 있다.)

상담자: 자동차를 가지고 재미있게 놀고 있네.

아　동: 이건 차가 아니고, 배예요.

#2. **아　동**: (공룡 손 인형을 손에 끼웠다.)

상담자: 이제 너는 공룡이구나.

#3. **아　동**: (크레파스로 강아지 그림을 그린다.) 이건 내 고양이예요. (다리를 그리고 각 다리 끝에 여러 개의 점을 찍는다.)

상담자: 고양이의 발톱을 그리고 있구나.

아　동: 아니요.

#4. **아　동**: (모자를 쓰고 거울로 가서는 외모를 꾸미고 있다.)

상담자: 너는 모자를 쓴 너의 모습이 어떻게 보이는지 보고 싶구나.

#5. **아　동**: (블록을 가지고 빙글빙글 돌고 있다.) 이건 내 자동차예요.

상담자: 차가 원을 그리며 돌고 있구나.

#1에서 아동은 블록을 자동차라고 말하지 않았는데, 상담자는 자신의 생각을 표현했다. 상담자는 자신의 생각대로 '자동차'라고 명명하는 대신에 **"붕붕! 큰 소리가 나네!"**라고 표현함으로써 '나는 너의 세계를 이해해.'라는 의미를 전할 수 있다.

#2에서 아동은 손 인형을 공룡이라고 하지 않았는데 상담자는 손 인형의 생김새 그대로 공룡이라고 지칭함으로써 아동의 상상의 나래와 자율성을 제한하였다. 아동이 상담을 주도해 나가고, 자신의 생각을 표현할 수 있도록 **"그걸 손에 끼웠구나."**라고 반응할 수 있다.

#3에서 아동이 그리고 있는 것은 통상적으로 생각한다면 발톱이라고 쉽게 생각될 수 있지만 이 또한 상담자의 생각이며, 상담자가 상담을 주도해 나가는 것이 된다. 상담자의 반응으로 아동은 자신이 잘못된 것을 그렸다고 생각하게 될 수도 있

다. 이때 상담자는 "네 고양이에게 무언가 그려 넣고 있구나."라고 반응함으로써 아동이 그림을 그리고 있는 것에 상담자가 관심을 가지고 보고 있음을 전하며, 아동으로 하여금 자신이 그리고 있는 것이 무엇인지 확인하게 하는 방법을 취하는 것이 좋다.

#4에서 상담자는 아동의 행동을 모자를 쓴 자신의 모습이 어떻게 보이는지 보고 싶은 행동만으로 제한했다. 사실 아동은 외모를 꾸미는 것일 수도 있고, 엄마를 흉내 내는 것일 수도 있고, '모자'가 투명 망토를 대체하는 물건일 수도 있으며, 그 외에 무한한 다른 선택지들이 될 수도 있다. 따라서 상담자는 "네가 그것을 쓰고 거울을 보고 있구나."라고 할 수 있다.

#5에서 상담자는 초점을 놀잇감에 맞추어 반응하고 있다. 놀잇감에 초점을 맞춘 상담자의 반응은 아동이 자신의 행동에 대한 책임을 느끼지 못하게 하고, 자신이 중요한 존재임을 느끼지 못하게 한다. 상담자는 놀잇감에 초점을 맞추는 것이 아니라, '네가' '○○이가'라고 시작함으로써 아동에게 초점을 맞추어 아동이 권한을 가지고 있음을 느끼게 할 수 있다. 따라서 상담자는 "네가 차를 가지고 빙글빙글 돌면서 운전하고 있구나."라고 반응할 수 있다.

아동과의 관계 형성을 위해 처음 몇 회기 동안 아동의 행동을 추적하는 기술은 큰 도움이 된다.

2) 내용 반영하기

내용 반영하기는 상담자가 아동이 이야기한 내용을 약간 다른 용어로 반복하여 재진술하는 것이다. 상담자가 아동이 말한 내용을 재진술할 때에는 아동이 사용한 단어와 억양을 단순히 앵무새처럼 되뇌어서는 안 된다. 내용 반영은 아동이 이해할 수 있는 어휘와 문맥 안에서 상담자 자신의 단어와 음조를 사용해야 한다. 내용 반영하기 기술의 목표는 아동이 말하는 것을 상담자가 귀담아 듣고 있고, 이해하고 있음을 알려 긍정적 관계를 형성하는 것이다. 또한 상담자의 재진술을 들으면서 아동은 자신이 말한 것을 다시 들어볼 수 있는 기회를 갖게 되고, 이는 아동 스스로 자아에 대한 이해를 하도록 돕는다(Giordano, Landreth, & Jones, 2005).

아 동: 조금 있으면 큰 지진이 일어날 거예요. 어느 누구도 지진을 막지 못해요. 슈퍼맨도 막지 못할 거예요.

상담자: 어느 누구도 지진을 멈추게 하지 못하는구나.

아 동: (큰 고무 인형을 두드리면서) 나는 이것을 세게 칠 거예요. 얘는 나를 때릴 수 없어. 내가 더 힘이 세고 강하기 때문에…….

상담자: 너는 걔를 막 때리려고 하는구나. 네가 매우 힘이 세고 강하기 때문에 걔는 너를 때릴 수 없을 거야.

아 동: (아기 인형을 집으면서) 나는 이 아기의 엄마야. 나는 이 아기를 잘 돌봐 주려고 해.

상담자: 너는 엄마가 되려고 하고, 그 아기를 잘 돌봐 주려고 하는구나.

내용 반영하기는 자칫하면 아동의 말을 상담자가 그대로 따라 하는 양상이 펼쳐질 수 있다. 그때 아동들은 "왜 선생님은 항상 내가 한 말을 똑같이 따라 하는 거예요?"라고 물어볼 수 있다. 내용을 반영하는 것은 상담자가 아동에게 집중하고 있고, 아동의 언어적인 것과 비언어적인 것 둘 다에서 의사소통을 하려고 애쓰면서 듣고 있다는 것을 아동에게 알려 주기 위함이다. 일상생활 속에서 많은 사람은 아동의 말이나 비언어적인 면에 늘 관심을 두지는 않는다. 따라서 놀이치료실 안에서 상담자의 태도는 아동이 만나는 다른 어른들과 다르다는 것을 느끼게 한다. 다음은 잘못된 내용 반영하기의 예시다(Giordano, Landreth, & Jones, 2005).

아 동: (플라스틱 컵에 모래를 넣으며) 나는 오렌지 주스에 독을 넣어서 저 사람을 죽일 거야.

상담자: 네가 플라스틱 컵에 모래를 넣기로 결정했구나.

앞의 예시에서 상담자는 아동의 말의 중요성에 반응하지 못하였다. 아동의 대화 내용은 아동의 행동인 플라스틱 컵에 모래를 넣는 것보다 훨씬 중요하다. 비언어적인 행동을 추적하는 것은 아동이 언어적인 대화를 하지 않을 때 활용하는 주요한 반응이다. 초보 상담자의 경우에는 아동의 대화를 듣고 놀라서 언급을 피하려고 할 수 있다. 아동의 상황극에서 '잘못되었다'고 언급하는 것은 삼가는 것이 좋다. 따라서 상담자는 "너는 그 사람을 죽이기 위해 독이 든 오렌지 주스를 원하는구나."라고 반영할 수 있다.

상담과정 중 초기단계에서는 아동과의 관계 형성을 위해 추적하기와 내용 반영하기 기술이 중요하다. 하지만 관계가 잘 형성된 후에는 두 전략을 서서히 줄여 나가는 것이 좋다. 두 기술이 더 깊은 관계를 형성하는 것과 아동의 통찰력을 얻게 하는 데에는 많은 도움이 되지 않기 때문이다. 상담자는 초기단계에서 두 기술을 사용하여 아동과의 관계 형성에 주력한 후 상담이 진행되어 감에 따라 두 기술의 횟수를 줄이고 다른 기술들을 증가시키는 것이 좋다.

3) 감정 반영하기

감정의 반영은 상담기술에서 가장 중요한 것 중 하나다. 아동상담에 놀이, 미술, 음악, 문학 등의 매개체를 활용하는 이유 중 하나는 언어발달이 진행 중인 아동이 아직 자신의 감정을 분명하게 말로 표현할 수 없기 때문이다.

아동의 감정표현을 지도하고, 그들의 감정을 반영하는 것은 아동상담자의 책임이다. 아동은 끊임없이 언어적, 비언어적 방법으로 감정을 표현한다. 그러나 아동은 종종 자신의 감정에 대한 인식이 부족하고, 자신의 감정을 설명하거나 이해하는 능력이 부족하다. 상담은 아동이 자신의 감정을 이해하고 잘 표현할 수 있도록 도와주는 것이다.

상담자는 아동의 정서를 정확하게 반영하기 위해 아동이 전달하는 내용에서 반영할 요소를 잘 파악해야 한다. 아동의 표정, 자세, 몸짓, 상담자와의 거리 등의 비언어적인 요소는 아주 중요한 단서다. 또한 놀잇감의 선택과 놀잇감을 가지고 노는 순서는 아동의 생활에서 어떤 일들이 일어났는지에 대한 많은 정보를 준다. 감정 반영하기의 예시는 다음과 같다.

아 동: (샌드백을 퍽퍽 때린다.)

상담자: 네가 그것을 때리는 걸 보니 화가 많이 났구나.

아 동: (슬픈 표정으로) 선생님, 우리 집 해피가 며칠 전에 죽었어요.

상담자: 해피가 죽어서 ○○이가 아주아주 슬퍼 보이는구나.

아 동: (방방 뛰며) 선생님 오늘은 엄마, 아빠와 동물원에 다녀왔어요!

상담자: 오늘 우리 ○○이가 정말 행복해 보이네. 동물원에서 재미있는 일이 있었나 보다.

아동의 감정을 반영할 때, 상담자는 간단하고 명백하게 핵심 감정을 반영해야 한다. 감정 반영하기는 상담의 관계를 깊게 하고, 감정표현과 자기의식을 증가시키고, 자기이해와 감정적인 어휘를 증가시킬 기회를 마련해 준다. 다음은 잘못된 감정 반영하기의 예시다(Giordano, Landreth, & Jones, 2005).

아 동: (매우 슬픈 목소리로) 우리 선생님이 전근 가셔서 새로운 선생님이 오실 거에요.

상담자: 너는 새로운 선생님을 만날 거라는 것을 알고 있구나.

앞과 같은 상담자의 반응은 내용을 반영하는 것이다. 상담자의 반응이 아동에게 초점을 맞추고 있지만 상담자는 아동이 표현한 감정에 반응할 기회를 놓치고 있다. 이때 상담자가 아동이 한 말의 내용보다는 아동의 감정을 반영하였다면, 놀이치료 회기는 더욱 깊은 단계로 발전하여 아동이 자신의 감정을 인식하고 언어로 표현하는 것을 배우도록 도울 수 있다. 따라서 상담자는 "**너는 선생님이 전근 가셔서 슬프고, 선생님을 무척 그리워하는구나.**"라고 반응하여 아동의 감정을 인정하고, 아동으로 하여금 상담자가 자신을 진정으로 이해한다는 것을 느끼도록 할 수 있다. 상담자는 이로써 아동의 감정이 중요하다는 것을 전달하게 된다.

만약 아동이 인물이나 장난감으로 감정을 표현한다면, 상담자는 인물이나 장난감으로써 표현된 감정을 반영해야 한다. 다음과 같이 반영할 수 있다.

아 동: (부모 인형이 서로에게 고함을 치는 동안에 아동이 인형을 어떤 가구 뒤로 숨긴다.)

상담자: 저는요. 엄마, 아빠가 저 인형들처럼 서로에게 소리 지를 때가 가장 겁나요.

앞과 같이 상담자가 반응할 때, 아동이 이러한 감정을 스스로 인정할 준비가 되었다면 아동은 그렇게 할 것이다. 이처럼 상담자는 감정을 반영할 때 명확히 겉으로 드러나는 감정과 명확하게 겉으로 드러나지 않는 내면 깊이 숨어 있는 감정, 두 가지 모두를 반영할 수 있어야 한다.

4) 아동에게 책임감 돌려주기

책임은 누가 가르쳐 주어서 배우는 것이 아니라 경험을 통해서만 배울 수 있다. 문제 상황에서 성인이 아동을 대신해 생각하고 결정을 내린다면, 아동의 책임감은 잘 발달할 수 없다. 상담의 중요한 목표 중 하나는 아동이 자기책임감을 발달시키는 것이다. 상담자는 아동을 믿고 아동 스스로 의사결정을 하도록 기꺼이 허용하고, 다양한 시도를 해 볼 수 있도록 기회를 제공해야 한다. 아동이 상담자에게 질문을 하거나 도움을 청할 때, 상담자는 아동이 스스로 답변을 찾거나 문제를 해결하도록 하여 책임감을 발달시킬 수 있도록 반응할 수 있다.

또한 아동들은 어떤 과제, 행동, 활동 또는 감정에 대해 상담자가 어떻게 생각하는지에 대해 질문한다. 이때 다시 아동에게 동일한 질문을 함으로써 책임을 되돌릴 필요가 있다. 이 기술의 목표는 자기확신과 의사결정 기술을 강화하는 것이다. 이것은 아동에게 성취감을 경험하게 하고, 상황을 관리 및 통제할 수 있도록 한다. 다음은 아동에게 책임감 돌려주기 기술의 예시다.

아 동: (선반에서 장난감을 집으면서) 이게 뭐예요?

상담자: 네가 원하면 어떤 것이라도 될 수 있어.

아 동: 무엇을 가지고 제일 먼저 놀까요?

상담자: 여기서 네가 원하는 것을 결정하는 사람은 바로 너란다.

아 동: 선생님, 이 병을 열어 줄 수 있으세요? 나는 못 열겠어요.

상담자: 우리가 함께해 볼 수 있을 것 같구나. 이것이 우리가 함께해야 할 첫 번째 일이라고 생각하는데, 너는 어떻게 생각하니?

아동의 질문에서 알아야 할 가장 중요한 것은 말하는 내용 자체가 실제로 아동이

의도한 것이 아닐 수 있다는 것이다(Dodds, 1985; Landreth, 1991). 선반에서 꺼낸 장난감이 공룡처럼 생겼지만 용이었으면 하는 아동이 "이게 뭐예요?"라며 질문할 수 있다는 것이다.

아동에게 책임감 돌려주기 기술을 통해 아동은 주도성을 기르고, 스스로 동기를 유발할 수 있으며, 자신의 생활에서 자기통제감을 느낄 수 있다. 다음은 아동에게 책임감을 돌려주기의 잘못된 예시다(Giordano, Landreth, & Jones, 2005).

아 동: (병원놀이 세트를 들고는) 이게 뭐예요? 어떻게 쓰는거죠?

상담자: 그것은 병원놀이 세트란다. 네가 의사인 것처럼 할 수 있지.

아 동: (청진기를 들고는) 이건 뭐 하는 거죠? (청진기를 귀에 꽂는다.)

상담자: 그것을 귀에 꽂고 심장 소리를 듣는 거란다.

앞의 사례에서 상담자는 아동의 질문에 답함으로써 놀이치료 회기를 상담자가 이끌어 가고 있으며, 상담자의 역할보다는 교사의 역할을 하고 있다. 상담자는 아동의 잠재력 속에 있는 결정권과 선택을 행사할 수 있는 아동의 능력을 촉진해야 한다. 놀이치료실에서 아동은 놀잇감들을 탐색하며 자신이 원하는 방법으로 놀잇감을 활용할 기회를 갖는다. 이러한 경험은 아동으로 하여금 의사결정권, 책임감 등의 기술을 발달시킨다. 따라서 상담자는 다음과 같은 반응을 할 수 있다.

아 동: (병원놀이 세트를 들고는) 이게 뭐예요? 어떻게 쓰는 거죠?

상담자: 너는 그것을 어떻게 쓰는지를 결정하려고 하는구나. 그것은 네가 원한다면 무엇이든 될 수 있단다.

아 동: (청진기를 들고는) 이건 뭐 하는 거죠? (청진기를 귀에 꽂는다.)

상담자: 그것이 뭔지 궁금하구나. 하지만 너는 그것을 어떻게 쓰는지 아는 것 같구나.

상담자는 앞과 같이 반응함으로써 아동이 놀잇감을 탐색하고 자신이 원하는 방법대로 놀잇감을 활용하여 의사결정권을 행사하도록 도울 수 있다.

지오다노 등(Giordano, Landreth, & Jones, 2005)은 아동을 도와줄 때 고려해 볼 4가지 지침을 제시하였다.

- 아동이 하나의 과제를 완성하려고 애쓸 때 바로 돕지 않는다. 아동이 도움을 청할 때까지 기다린다. 상담자는 아동이 도움을 청할 때까지 기다리면서 과제를 해결하려고 노력하는 아동을 격려한다. "너는 그것을 끝내려고 정말로 열심히 하고 있구나." 등과 같은 반응을 활용한다.
- 아동이 연령에 적합한 과제를 스스로 해냈을 때 격려한다.
- 과제를 해결하려고 시도하지 않고 도움을 청하는 아동은 바로 돕지 않고 스스로 해 볼 수 있도록 권한다.
- 만약 아동이 과제를 해결하려고 도움을 청했는데 그 과제가 아동의 연령에 비해 어려워 보인다면, 상담자는 "네가 하려는 방법을 한번 보여 줄래?"라고 반응할 수 있다.

5) 아동의 은유 사용하기

놀이치료실에서 일어나는 대부분의 의사소통은 비지시적인 은유다. 놀이치료실에서 일어나는 많은 행동이 놀이치료실 밖에서 일어나는 다툼, 즐거움, 관계 등을 은유적으로 나타내기 때문에 아동의 은유를 사용하는 것은 중요하다. 때때로 상담자가 이해할 수 있는 은유도 있고, 이해할 수 없는 은유도 있을 것이다. 이것은 실제로 크게 중요하지 않다. 그 이유는 아동의 은유를 다루는 데 있어서 가장 중요한 기술은 그것을 해석하지 않고 기꺼이 은유를 사용하면서 행동을 계속 진행해 나가도록 하는 것이기 때문이다. 놀이치료에서 최상의 과정은 아동의 행동을 해석하지 않고 아동과 의사소통하면서 아동의 은유를 사용하는 것이다. 만약 아동이 곰 가족에 대한 이야기를 했고, 그 동물 가족이 아동의 가족을 상징한다면 상담자는 그 곰 가족이 아동의 가족이라는 제안을 굳이 말로 확인하지 않아야 한다. 상담자는 오히려 아동의 가족에 대한 것보다 곰 가족에 대한 질문과 상호작용을 하는 것이 좋다. 아동은 자신의 현실에서 편안하게 논의할 수 없는 문제나 상황에 대해 대화하려고 주로 은유를 사용한다. 해석하기 또는 은유 '깨기'를 하지 않음으로써 상담자는 아동에 대한 존중과 깊이 있는 대화를 진행해 나갈 수 있다.

6) 제한하기

아동과의 상담관계에서 때때로 상담자는 아동의 행동을 제한할 필요가 있다(Dinkmeyer & Muro, 1979). 제한하기는 놀이상담 관계에서 필수적이다(Ginott, 1961; Moustakas, 1959; Bixler, 1949). 놀이치료실에서 제한해야 할 상황은 일반적으로 다음과 같다.

- 자기 자신, 다른 친구, 상담자에게 신체적인 공격을 가할 때
- 놀이치료실 환경이나 놀이도구를 파괴할 때
- 장난감이나 놀이도구를 가지고 가려고 할 때
- 회기가 끝난 이후에도 머물러 있으려고 할 때

제한 설정은 아동을 보호하고, 상담자를 보호하며, 놀잇감과 놀이치료실을 보호한다. 또한 놀이치료 회기에서 현실로 잇는 역할을 하며, 놀이치료 회기를 구조화한다. 제한 설정은 사회적으로 허용하지 않는 행동을 제한하고, 아동이 자아 통제력을 배울 수 있도록 하는 기능을 가지고 있다(Giordano, Landreth, & Jones, 2005).

제한하기를 진행할 때에는 일관성 있는 방법을 설정하고, 침착하고 인내심을 가지고 단호한 목소리로 설명한다. 랜드레스(Landreth, 2002)가 제시한 제한 설정의 3단계는 다음과 같다.

- 감정을 인정하기(A: Acknowledge the feeling)
  - 아동의 이름을 부르며 관심을 얻는다.
  - 상담자는 아동의 감정을 인정해 줌으로써 아동 스스로 감정을 이해받고 수용받고 있다는 것을 느낄 수 있도록 한다.
  - 감정을 이해한다는 메시지를 전달하는 것은 강한 감정을 완화시킨다.
  - 모든 감정, 욕구, 소망은 수용되나 모든 행동은 수용할 수 없다.
- 제한을 전달하기(C: Communicate the limit)
  - 구체적이고, 분명하고, 정확하게 제한을 전달한다.
  - 논쟁을 하거나 설명을 길게 하는 것은 피한다.

–불분명하게 제한을 할 때, 아동은 책임감 있게 행동하기가 어렵다.

• 대안을 제시하기(T: Target an alternative)
  –상담자가 아동에게 대안을 제시함으로써 아동은 원래 욕구를 표현할 수 있다.
  –상담자는 아동에게 선택을 하게 한다.
  –선택은 이전에 아동이 했던 행동을 또 하느냐 또는 상담자가 제시한 대안적인 행동을 하느냐를 선택하는 것이다.
  –아동은 자아 통제력을 행사할 수 있는 기회를 갖는다.

ACT를 적용한 예시는 다음과 같다.

(아동이 그림을 그리다가 자신이 앉은 의자를 색칠하기 시작한다.)

A: "나는 네가 그것을 칠하고 싶어 하는 것을 안단다."
C: "하지만 의자는 색칠하는 것이 아니야."
T: "너는 대신 이 종이에 색칠할 수 있어."

ACT의 잘못된 예시는 다음과 같다.

아 동: (화난 말투로) 저는 공룡들을 싫어해요. (아동이 공룡을 집어 들고는 다른 쪽으로 던졌다. 그런 후에 플라스틱 방망이로 공룡을 때리기 시작했다. 공룡을 약 10분 동안 때리더니 창문 쪽으로 던지려고 한다.)

상담자: ○○아, 나는 네가 공룡을 창문으로 던지는 것을 가만히 지켜보고 있을 수는 없단다. 이 창문은 매우 비싸고 깨지기 쉽단다.

상담자는 아동이 공룡을 창문으로 던지는 것을 허용할 수 없다고 말했다. 이러한 상담자의 반응은 아동이 무엇을 할 수 있고 할 수 없는지를 상담자가 정한다는 메시지를 전달한다. 상담자는 아동이 자신의 행동에 책임감을 가지도록 해야 한다.

또한 상담자는 아동의 화난 감정을 인정하고 있지 않다. 아동의 감정을 인정하는 것에서부터 시작해야 상담자가 자신을 이해하고 있다고 느끼고, 상담자와 신뢰관계를 형성할 수 있다. 그뿐만 아니라 상담자는 아동의 감정이 중요하다는 것을 아동에게 전달할 수 있다.

그리고 상담자는 아동이 자신의 화난 감정을 표현할 수 있도록 하는 대안적 방법을 제시하지 않고 있다. 아동의 분노를 다른 방법으로 표현할 수 있게 함으로써 상담자는 안전한 치료 환경을 유지시켜야 한다.

따라서 상담자는 "○○아, 공룡에게 무척 화가 난 것 같구나. 하지만 장난감들은 던지는 것이 아니란다. 대신에 찰흙으로 공룡을 만든 후에 그것을 주먹으로 힘껏 칠 수 있단다."라고 반응할 수 있다. 아동의 화난 감정을 즉시 인정하는 상담자의 반응을 통해 아동이 자신의 분노를 인식하고 언어적으로 표현하는 것을 배울 수 있다. 또한 "장난감은 던지는 것이 아니란다."라는 제한을 전달함으로써 상담자는 아동이 놀이치료실의 규칙을 배우고 자신의 행동에 대한 책임감을 갖는 기회를 제공한다. 마지막으로, 상담자는 아동에게 대안적인 방법을 제공하여 아동의 분노를 보다 더 안전한 방법, 사회적으로 통용되는 방법으로 해소할 수 있도록 안내할 수 있다.

6. 놀이치료의 사례

본 사례는 지오다노, 랜드레스, 존스의 사례 중 일부 내용인 유치원 부적응 아동의 사례(Giordano, Lendreth, & Jones, 2005)와 코트만과 셰이퍼의 사례 중 일부 내용인 계부에게는 성 학대를 당하고, 친모에게는 방임을 당한 사례(Kottman & Schaefer, 1993), 밴플리트, 시울락, 스니스칵의 사례 중 일부 내용인 교통사고 이후 외상 경험으로 힘들어하는 아동의 사례(VanFleet, Sywulak, & Sniscak, 2011)이다.

1) 정윤이의 사례(Giordano, Lendreth, & Jones, 2005)

- 인적사항: 정윤(만 4세, 남)
- 의뢰사유: 모의 보고에 따르면, 유치원 선생님이 정윤이가 유치원에서 수업을 방해하고, 장난을 많이 쳐서 모에게 자주 전화가 온다고 함. 최근 유치원에서 진행된 부모 상담에서 선생님은 정윤이가 친구들에게 장난감을 던지고, 친구

들이 기분 나빠 할 말들을 많이 한다고 전함. 며칠 전에는 선생님이 정윤이를 혼내자 정윤이가 의자를 던지고 책상을 넘어뜨렸다고 함. 모는 정윤이가 집에서는 아무 문제가 없다고 하며, 가끔 간식 먹는 것과 잠자는 것에 대한 규칙 지키는 것을 어려워하기는 하지만 대체로 말을 잘 듣는다고 보고함.

- 호소문제: 유치원에서 교사와 친구들과의 갈등, 유치원 부적응 등
- 치료내용: 모의 보고에서는 모와 정윤이가 좋은 관계를 유지하고 있다고 했지만 정윤이는 애착 문제를 가지고 있었다. 상담자는 다음 초기 과정을 통해 정윤이와의 건강한 애착 재형성을 위한 관계 형성에 초점을 맞추고 있다.

[놀이치료 첫 번째 회기 중 일부]

	대화	논평
상담자	안녕, 정윤아! 나는 상담 선생님이란다. 오늘 어머니가 여기 오는 것에 대해 이야기해 주셨니?	
정윤	네, 엄마는 내가 유치원에서 그만 말썽을 피워야 한대요. 그리고 선생님이 제가 말썽부리지 않게 도와주실 거래요.	
상담자	그랬구나. 정윤이도 그렇게 생각하니?	정윤이의 생각을 물으며 상담의 주체가 정윤이임을 느끼게 한다.
정윤	뭐, 조금은요.	
상담자	정윤이도 조금은 엄마랑 비슷한 생각이구나. 그럼 먼저 선생님이 이 상담실을 소개해 줄게. 여기는 상담실이고, 정윤이가 하고 싶은 것들을 할 수 있는 곳이야.	
정윤	(조용히 상담실을 둘러본다.)	아동은 여기서 무엇을 할지 잘 모르고 있다. 많은 아동은 주도권을 가지고 자신의 행동이나 경험을 이끄는 경험을 가져 보지 않았기 때문에 놀이치료 상황에서 주저할 수 있다.
상담자	너는 상담실에 어떤 것들이 있는지 둘러보고 있구나.	아동의 비언어적인 행동을 읽어 준다.
정윤	(흥분된 목소리로) 여기는 신나는 것들이 많이 있어요. 이게 모두 저를 위해 있는 건가요?	
상담자	너는 여기에 있는 모든 것을 사용할 수 있어서 기분이 좋구나.	상담자는 아동의 흥분된 감정을 반영하고 있다. 감정 반영은 아동을 인정하고, 아동이 자신의 감정을 확인하고 의사소통하는 것을 배우게 한다.

[놀이치료 세 번째 회기 중 일부]

	대 화	논 평
정윤	야옹야옹, 전 고양이예요. 저는 집이 없어요. (아동이 상담자 옆으로 기어온다. 아동의 목소리가 슬프다.)	
상담자	고양이 목소리가 무척 슬프게 들리는구나.	상담자는 아동의 은유 사용하기를 이어 가고 있다. 또한 아동의 목소리에서 슬픈 감정을 알아차리고 반영한다.
정윤	(아동이 상담자의 다리 쪽으로 기어가더니 벽을 긁기 시작한다.) 저는 가족이 없어요. 저는 혼자예요.	상담자의 감정 반영으로 아동은 자신이 왜 슬픈지를 설명하고 있다.
상담자	너는 외로워서 누군가가 있길 원하는구나.	상담자는 아동의 외로운 감정을 반영한다.
정윤	네, 저는 절 돌볼 수 있어요. (아동이 아기 침대로 가서 담요로 자신을 덮는다.)	감정 반영은 아동의 새로운 행동 표현을 촉진한다.
상담자	너는 지금 널 돌봐 줄 사람이 없으니 너 스스로를 돌보기로 결정했구나. 그리고 넌 누울 침대와 담요를 발견했구나.	상담자는 아동의 말, 비언어적인 행동, 어려움에 대처하는 기법을 인정하고 있다.
정윤	네, 전 지쳐서 쉬어야 해요.	아동은 상담자가 자신을 이해한다는 것을 느낀다.

2) 미진이의 사례(Kottman & Schaefer, 1993)

- 인적사항: 미진(만 6세, 여)
- 의뢰사유: 미진이는 계부에게 성 학대를 당했고, 경찰에 의해 의뢰되었음.
- 호소문제: 미진이의 친모는 술과 마약중독으로 미진이를 건강하고, 안전한 환경에서 양육하고 있지 않음. 이에 미진이는 엄마에 대해 분노감정과 함께 엄마를 보호해야 할 존재로 인식하는 양가감정을 가지고 있고, 양가감정 속에서 매우 힘들어하고 있음. 특히 미진이의 모는 "오후에 데리러 갈게."라고 약속한 후 오후가 되면 여러 남자와 함께 있느라 연락이 두절된 채로 나타나지 않아 미진이로 하여금 모에게 버림받은 느낌, 언제든지 버려질 수 있는 느낌을 가지게 함.
- 치료내용: 계부에게 성 학대를 당한 외상에 대해 접근하기 전 모와의 관계에 대

해 먼저 다루고 있다. 12회기 쯤, 미진이의 모는 미진이를 만나러 온다고 약속하고는 또 나타나지 않아 미진이는 30분이 넘게 엄마를 기다렸고, 미진이의 모는 끝내 연락이 되지 않고 나타나지도 않았다. 상담실에 도착한 미진이는 "아마도 엄마는 자동차 사고가 났거나 아파서 병원에 있을 거예요."라고 말하며 엄마에게 매우 화가 났지만, 그 분노를 직접적으로 표현하기보다는 다른 이유를 찾으며 회피하고, 모를 이해하려 애쓰는 모습을 보였다. 다음은 이날 진행된 상담 내용의 일부로, 상담자와 미진이는 인형을 통한 은유 사용으로 놀이치료를 진행하였다.

[놀이치료 12회기 중 일부]

	대화	논평
상담자	나는 이 외로운 토끼 때문에 가슴이 정말 아프구나. 아무도 이 귀여운 꼬마 친구를 원하지 않는 것 같아.	상담자는 미진이가 느끼고 있을 버림받음 혹은 거부당함에 대한 감정이입과 동정심을 표현함.
미진	걱정하지 말아요.	미진이는 자신의 감정을 부인하고 회피하고 있음.
상담자	그렇지만 나는 걱정돼. 나는 토끼 엄마가 밖으로 나가서 토끼가 먹을 음식을 가지고 집으로 오는 길에 늑대를 만났다고 생각해. 토끼 엄마는 그 음식을 늑대에게 주고, 늑대와 함께 재미있게 놀고 있을 거야. 아마 자기 아이보다 늑대와 같이 있는 게 더 좋은가 봐. 참 형편없는 엄마야. 모든 엄마들이 다 그런 건 아니야. 세상에는 좋은 엄마들이 아주 많아. 나는 수백 명을 알지.	상담자는 미진이의 해결책(회피)을 받아들이지 않기 위해 미진이의 놀이를 해석하고 토끼 엄마를 '형편없다'라고 평가함. 하지만 세상 모든 엄마들을 일반화하지 말아야 하는 것을 알려 줌.
미진	토끼 엄마는 좋은 엄마예요. 자기 아이들을 사랑해요.	미진이는 여전히 자신의 진실된 감정을 회피함.
상담자	이게 도대체 어떤 엄마니? 왜 그녀는 자기 아이들을 보살피지 않니?	
미진	왜냐하면 토끼 엄마가 늑대에게 먹을 것을 주지 않으면 늑대에게 잡아먹히기 때문이에요. 그러면 토끼는 엄마가 없게 되잖아요.	

상담자	토끼는 '이 엄마'가 없어도 다른 엄마를 찾을 수 있을 거야. 토끼는 귀여운 아기니까 모든 사람이 보살펴 주고 엄마가 되고 싶어 할 거야.	상담자는 미진이가 이모네 집에 가게 될 수도 있는 상황을 준비시켜 주고자 함. 특히 상담자는 토끼가 아닌 토끼 엄마가 잘못이라는 것을 알려 주고자 하고 세상이 토끼를 거부하는 것이 아니며, 토끼는 존재만으로도 사랑스러움을 전하고자 함.
미진	그렇지만 토끼는 다른 사람은 아무도 원하지 않아요. 서로 사랑하기 때문에 자기 엄마만을 원해요.	
상담자	좋아. 그렇다면 만일 꼬마 토끼가 지금 도움이 필요하다면 무슨 일인지 말해 줄래? 꼬마 토끼는 배가 고프고, 아주 화가 났을 거야. 왜냐하면 아무도 먹을 것을 주지 않았기 때문이지. 만일 아무도 나에게 음식을 주지 않는다면 나 역시 화가 날 거야.	기본적인 식사도 챙겨 주지 않는 엄마에게 느끼는 분노가 박탈에 대한 정상적인 반응임을 알려 줌.
미진	그러나 선생님은 몰라요. 토끼도 모르고 엄마도 몰라요. 나는 토끼 아빠가 산꼭대기에서 토끼를 보고 있다는 것을 아는 유일한 사람이에요. 토끼에게 도움이 필요하면 언제든지 아빠가 도와주러 올 거예요. 토끼가 119에 전화를 걸기만 하면 아빠가 올 거예요.	미진이는 자기를 돌봐 주는 아빠가 있었으면 하는 소망을 표현하고 있음.
상담자	토끼는 왜 지금 전화를 걸지 않는 걸까?	
미진	왜냐하면 토끼는 전화를 어떻게 거는지 모르기 때문이에요.	미진이의 자기비난적 사고가 나타남.

3) 민국이의 사례(VanFleet, Sywulak, & Sniscak, 2011)

- 인적사항: 민국(만 5세, 남)
- 의뢰사유: 민국이는 어머니와 함께 교통사고를 당한 뒤에 구급차 관련 사진, 영상, 실제 차를 볼 때마다 소리를 지르고 몸부림을 치며 불안함이 극도로 높은 모습을 보여 어머니와 함께 내방함.
- 호소문제: 교통사고로 인해 민국이는 경미한 부상을 입었고, 어머니는 심각한 후유증이 남을 만큼의 목 부상을 입어 구급차에 실려 병원으로 이송됨. 아버지

가 도착할 때까지 여성 경찰관이 민국이와 함께 있어 줌. 어머니는 병원에 하루 입원한 후 퇴원하여 물리치료를 받았고, 빠르게 회복함. 민국이는 사고가 일어나기 전보다 더 조용해진 것을 빼고는 괜찮은 듯 보였음.

사고 후 한 달이 되었을 때, 가족은 도시 외곽으로 운전해 나가는 길에 반대쪽에서 오고 있는 구급차를 봄. 사이렌 소리가 한 번 울리고 불이 깜빡깜빡 켜짐. 그때 뒷자석에 앉아 있던 민국이가 소리를 지르며 몸부림을 치기 시작함. 부모는 진정시키려 노력했으나 효과가 없었고 매우 힘들어하는 민국이의 행동은 거의 한 시간 가까이 지속됨. 그 후 민국이는 일상생활에서, 텔레비전에서, 심지어 사진에서조차 구급차를 볼 때마다 같은 반응을 보이기 시작하였고, 쉽게 달래어지지 않았음.

• 치료내용: 상담 첫 회기에서 민국이는 상담자에게 거의 말을 하지 않았다. 민국이는 상담실을 탐색하고, 장난감들을 만지다가 몇 가지의 다른 장난감을 가지고 놀았는데, 어떤 장난감도 오래 가지고 놀지 않았다. 상담자는 "네가 그 군인들을 확인하고 있구나." "네가 그것을 찾아서 어떻게 작동되는지 보려고 시도하고 있구나." "펑펑! 그것을 쳤어!" "모래를 손가락 사이로 빠져나가게 하는 느낌이 좋구나."하고 반영했다.

두 번째 회기에서 민국이는 상담실을 좀 더 탐색한 후에 모래상자 앞에 앉았다. 민국이는 의사 인형을 가져오더니 모래상자에 수술실을 만들었다. 그리고 병상에는 여자 인형을 두었다. 다시 한번 상담자는 "네가 무언가를 만들고 있는 것처럼 보이는구나. 의사에게 막 마스크를 씌우려고 하고 있구나. 아, 여자를 수술하고 있는 두 사람이 있네. 그 사람들은 그 여자에게 여러 가지 시도를 하고 있구나. 그녀가 어떤지 걱정하고 있는 것 같다."라고 민국이가 하고 있는 행동, 그리고 표현하는 감정을 반영했다. 상담자의 마지막 말에서 민국이는 상담자를 보고는 고개를 끄덕였다. 그다음부터 민국이는 "이것은 사람들을 잠들게 하기 위해 얼굴에 쓰는 마스크에요. 여자는 자고 있고, 사람들은 이 여자를 고쳐요." 하고 스스로 놀이에 대해 이야기하기 시작했다. 민국이는 이 수술 장면을 만들면서 한 번의 놀이치료 회기를 거의 다 보냈으며, 그것은 교통사고 이후에 민국이의 어머니에게 일어났던 일에 대한 두려움과 관련된 것처럼 보였다.

세 번째 회기에서 민국이는 축 늘어진 큰 인형을 골라 목 주변에 청진기를 댔다. 민국이는 자신이 의사이며, 상담자는 간호사라고 했다. 그리고 민국이는 인형을 가리키면서 이 환자를 진찰해야 한다고 말했다. 병원놀이 세트를 이용해 민국이가 심장 박동과 혈압을 확인할 동안에 상담자는 민국이의 지시에 따라서 인형을 잡고 있었다. 이윽고 민국이가 "지금부터는 반사를 확인해야 합니다. 간호사, 망치를 주세요."라고 말했다. 간호사 역할을 하는 상담자는 민국이에게 도구를 건네면서 "여기 망치 있습니다, 의사 선생님!"라고 말했다. 민국이는 반사를 확인하는 것처럼 인형의 무릎을 쳤다. 민국이는 인형의 다리를 잡아 공중으로 한 번 발차기를 하게 했다. 민국이는 자신의 환자의 무릎을 여러 차례 계속해서 치며 반사를 확인했다. 상담자는 "와, 의사 선생님, 반사에 대해서 여러 번 확실하게 확인하시는군요. 환자가 괜찮은지 확실하게 확인하고 있으시네요."라고 말했다. 그리고 회기의 나머지 시간 동안에 민국이는 펀치 백과 레슬링 시합을 했다.

민국이는 네 번째 회기에서 의사 놀이로 돌아왔는데, 다시 무릎 반사, 심장 박동, 혈압을 확인했다. 이때 민국이는 인형의 여러 부분에 주사를 놓는 척했다. 민국이는 상담 종료 5분 전이라는 신호를 보자 구급차를 꺼내어 불을 켜는 버튼을 누르고는 방 주위를 돌아다녔다. 그리고 구급차보다 더 큰 인형을 위에 태우고는 방 주위를 좀 더 돌아다녔다.

상담자는 민국이의 병원놀이가 사고, 특히 부상이나 어머니와의 분리와 관련된 민국이의 두려움과 직접적으로 연결된다고 믿었다. 민국이는 놀이를 통해 점차 두려움에 숙달되는 듯 보였다. 동시에 부모는 민국이가 구급차에 대해서 덜 반응을 하는 모습을 보인다고 하였고, 몇몇 뉴스나 잡지에서 구급차를 보여 달라고 요청하기까지 했다고 보고했다. 그리고 민국이는 사진들을 찬찬히 살펴봤고, 전처럼 완전히 정서적으로 무너지지는 않는다고 했다.

이후 회기에서 민국이는 의사 놀이와 구급차 놀이를 지속했다. 아홉 번째 회기에서 민국이는 상담자에게 구급차에 타는 사람 역할을 해 달라고 요청했다. 상담자는 민국이가 이끄는 대로 도움이 필요한 인형의 옆으로 다가갔다. 이 회기 이후에 민국이는 더 이상 병원놀이를 하지 않았다. 대신 펀치 백을 가지고 놀거나, 주방 놀이 세트를 가지고 놀거나, 공룡을 가지고 놀았다. 민국이 부모는 민국이가 더 이상 구급차에 대해 반응하지 않는다고 보고하였다. 민국이는 놀이치료에서 불안감을 극복해 왔으며, 이제 스스로에 대한 통제감을 더 느끼게 된 것이다.

활동

1. p. 144 '놀이치료의 구성요소'를 참고하여 나만의 놀이치료실을 꾸며 봅시다. 놀잇감의 종류, 선반의 배치, 놀이치료실의 창문 및 크기 등을 고려하여 만들어 봅시다.

2. 놀이치료의 기본기술을 연습해 봅시다.

1) 추적하기

• 아동이 공룡 인형을 들고는 상담자를 한 번 보고, 토끼 인형을 들고는 상담자를 한 번 본다.

반응: 네가 ______________________________

• 아동이 화가 난 얼굴로 칠판에 엑스(X)를 가득 그린다.

반응: 네가 ______________________________

• 아동이 선반에 정리되어 있는 피규어들의 위치를 마구잡이로 바꾼다.

반응: 네가 ______________________________

2) 내용 반영하기

• 아동이 인형을 가지고 놀면서 "이 인형은 지금 무서워하고 있어요. 그래서 내가 옆에 있어 줄 거예요."

반응: ______________________

• 모래로 높은 성을 만들면서 "세상에서 가장 높은 성을 만들 거예요. 아무도 함부로 올 수 없어요."

반응: ______________________

3) 감정 반영하기

• (상담자를 슬프게 쳐다보며) "저도 이 장난감을 가지고 놀 수 있나요?"

반응: ______________________

• "엄마는 늘 바빠서 이야기할 시간이 없어요."

반응: ______________________

4) 아동에게 책임감 돌려주기

• (아동이 상담자를 보며) "이것으로 무엇을 하고 놀면 좋을까요?"

반응: ______________________

• (아동이 소꿉놀이를 하며) "저녁은 뭘로 할까요?"

반응: ______________________

5) 제한하기

• 아동과 상담자가 공놀이를 하고 있다. 아동이 점차 공을 세게 던지더니 상담자의 얼굴에 공을 던지려고 하는 순간이다.

감정을 인정하기(A): ______________________

제한을 전달하기(C): ______________________

대안을 제시하기(T): ______________________

추천도서

1. 주정일(2007). 한국의 딥스. 서울: 샘터사.
2. Axline, V. M. (1964). *Dibs in search of self*. 주정일, 이원영 역(2002). 딥스. 서울: 샘터사.
3. Hayden, T. L. (1980). *One child 1*. 이희재 역(1998). 한 아이 1. 서울: 아름드리미디어.
4. Hayden, T. L. (1995). *Tiger's child*. 이수정 역(1998). 한 아이 2. 서울: 아름드리미디어.
5. Hayden, T. L. (2005). *Twilight children: Three voices no one heard until someone listened*. 이중균 역(2006). 나 여기 있어요. 서울: 아름드리미디어.
6. Ude-Pestel, A. (1977). *Betty: History and art of a child in therapy*. 오현숙 역(2005). 놀이치료로 행복을 되찾은 아이, 베티. 서울: 학지사.
7. Ude-Pestel, A. (1983). *Ahmet: History of a child therapy*. 오현숙 역(2014). 아메트. 서울: 학지사.

제6장 모래놀이치료

모래놀이치료는 무의식의 영역에 존재하는 인간의 자기치유 능력에 대한 믿음을 전제로 한다. 내담자가 안전하고 보호된 공간에서 모래상자와 다양한 상징을 가진 피규어들, 그리고 물의 사용을 통해 자신의 무의식을 탐색하는 기법이다. 심리치료 과정에서 모래놀이치료는 아무런 해석도 필요로 하지 않기 때문에 언어 표현이 부족하거나 말하는 것을 원치 않는 내담자에게 유용하다(김보애, 2004). 이 장에서는 이러한 모래놀이치료의 치유적 가치와 기법을 알아보고, 구체적인 치료의 실제를 알아보고자 한다.

1. 발달배경

모래놀이치료는 1929년에 영국의 소아과 의사였던 마거릿 로웬펠드(Margaret Lowenfeld)가 어린이를 위한 심리치료를 발표하면서 세상에 알려지게 되었다. 이 당시에는 멜라니 클라인(Melanie Klein)과 안나 프로이트(Anna Freud)로 대표되던 정신분석적 접근이 심리치료의 주류를 이루고 있었다. 로웬펠드는 이러한 정신분석이론에 지나치게 맞춘 해석에 반기를 들었다. 그녀는 웰스(H. G. Wells)의 『Floor games』라는 책에서 영감을 얻어 여러 종류의 작은 장난감, 도형, 구슬을 모아 놓은 상자와 모래와 물을 각각 넣은 상자를 내담자인 아동에게 제공하고 그 속에서 놀잇감을 가지고 놀도록 하였다. 아동들이 자연스럽게 모래상자 안으로 작은 놀잇감들을 가지고 와서 즐겁게 노는 것을 보고 새로운 치료기법이 탄생하게 되었다. 그녀는 이렇게 고안된 치료기법을 '세계기법(world technique)'이라고 명명하였다. 아동은 자신이 만든 안전하고 흥미로운 모래상자 안의 '세계'에서 치료자의 해석이나 전이 없이 스스로 자신을 치료할 수 있다. 아이들은 어른과 달리 사상과 감정, 감각, 기억 등이 엉켜져 있는데, 이러한 복잡한 것을 충분히 표현하기 위해서 시각과 촉각과 같은 감각을 사용하는 기법이 필요했다. 상상력이 풍부한 아동의 내부 세계와 현실의 외부 세계가 균형을 잡을 수 있도록 하는 놀이의 특성을 활용한 것이다. 로웬펠드는 아동의 문제를 말로 표현하기보다는 그들이 직접 보여 주는 방법을 찾으려고 했던 것이다. 그리고 이 기법에서 치료자의 역할은 단지 아동이 모래상자를 꾸미는 것에 대해 기록하고, 그것에 대해 질문하는 관찰자일 뿐이라고 하였다.

이렇게 탄생한 모래놀이 기법을 크게 발전시킨 인물은 도라 칼프(Dora M. Kalff)다. 그녀는 분석심리학의 창시자 칼 융(Carl Gustav Jung)의 제자로, 스위스에서 공부하던 중 1956년 취리히에서 개최된 정신의학회에서 세계기법을 만나게 되었다. 거기서 칼프는 상당한 감명을 받고 런던으로 건너가 로웬펠드, 위니콧(Donald Winnicott)과 함께 작업하면서 융의 분석심리학의 이론을 바탕으로 모래놀이치료를 발전시켰다. 인간의 마음속에 치유와 전체성을 향한 기본적인 욕구가 있다는 융의 가설을 전제로 자신이 배운 기법을 아동의 치료에 활용하였다. 그녀는 로웬펠드의 모래상자에 융의 상징과 원형의 개념을 접목시켜 '모래놀이(sandplay)'라는 새로운 치료기법으로 발전시켰다. 칼프는 아동뿐만 아니라 성인 내담자 모두 모래상자라는 자유롭고 보호된 공간에서 판단 없이 무조건적으로 받아들임을 경험하게 하는 치료 환경이 중요하다고 강조하였다. 즉, 자유와 보호의 공간을 중시하며, 비언어적인 방법을 사용해서 모래놀이를 통해 나타나는 상징의 의미를 이해하는 것이 핵심이다. 칼프의 모래놀이치료는 내담자와 치료자와의 관계를 매우 중요시했다. 이를 '모자 일체성'이라고 표현하며, 이러한 관계가 형성되어야만 치료 과정이 진전된다고 보았다. 내담자가 자신의 내면을 표현하기 위해서는 안정된 치료자와의 관계가 기반이 되어야 하므로 치료자의 역할이 결정적이다. 모래상자를 꾸미는 일은 간단하지만, 그 안에서 자신의 깊은 내면을 표현한다는 것은 안정된 기반이 없이는 불가능하기 때문이다. 대부분 어려움을 호소하는 내담자들은 상징을 통해 자기(self)가 충분히 표현되지 못했기 때문이므로 스스로 정리하고 표현할 수 있도록 관계의 안정이 치료목표가 된다. 그리고 이와 같은 관계가 이루어지고 나면 내담자가 자기치유 능력을 발휘하여 '전체성의 상징', 즉 자기상징을 나타낸다. 이러한 과정이 칼프가 모래놀이치료에서 융의 이론을 적용한 점이라고 볼 수 있다.

모래놀이치료는 일본에서 상당히 널리 활용되고 또한 발전해 있는데, 1965년 가와이 하야오가 소개하면서부터다. 그는 스위스 융 연구소에서 유학하던 중 칼프를 만나 모래놀이치료를 배우게 되었고, 일본으로 돌아와 이 기법을 소개하였다. 하야오는 일본의 전통적인 놀이로서 모래상자 만들기가 있기 때문에 남녀노소 저항감이 적고, 모래놀이치료와 같이 비언어적인 의사소통 방법은 일본인들이 잘하는 것이라고 생각해서 적극 도입하였다. 현재 일본에서는 '상정요법'으로 불리고 있으며, 일본 전역에 보급되어 심리치료의 한 기법으로 자리 잡고 있다.

2. 모래놀이의 치료적 가치

모래놀이치료는 치료를 위한 매개로 '모래'에서의 '놀이'를 활용한다. 아동은 방수가 가능한 파란색 페인트로 바닥과 내부가 칠해진 모래상자에서 모래와 물, 작은 크기의 피규어들(상징물)을 사용하여 의식적인 내용뿐만 아니라 무의식적인 내면을 자유롭게 표현한다.

모래놀이에서 상담자는 내담자가 자신의 내면에서 일어나는 느낌과 감정을 상징적이고 은유적으로 표현하는 것을 안전하게 지켜 주면서 수용하고 담아낼 수 있는 심리적인 용기(psychological container)의 역할을 한다(Boik & Goodwin, 2000). 모래가 내담자의 손에 닿으면서 내담자의 무의식 안으로 침투하여 퇴행을 불러일으킨다. 즉, 모래에서 느껴지는 독특한 감촉은 마치 어머니의 양수 안에서 놀던 그 시기로 내담자를 인도한다. 이러한 과정은 자연스러운 퇴행을 촉진시켜서 억압되어 있던 무의식을 보다 쉽게 표현할 수 있도록 도와준다. 궁극적으로 외부 환경 또는 치료과정 중에 느끼는 내담자의 불안과 분노, 슬픔, 답답함, 자유 등의 정서를 자발적으로 표현할 수 있게 한다(김보애, 2003).

이렇게 모래상자 안에서는 내담자마다 자신의 드라마가 펼쳐진다. 그리고 그들은 스스로 치유된다. 이러한 치유의 힘을 지닌 모래놀이의 치료적 가치를 각 요소별로 살펴보자.

1) 치유적인 공간의 제공

모래놀이치료에서는 모래가 담긴 직사각형의 상자가 제공된다. 그리고 상담자는 아동에게 "피규어들을 가지고 이 상자 안에서 무언가를 만들어 보세요."라고 제시하면 아동이 흥미를 가지고 시작하면서 치료가 전개된다. 모래상자는 단순히 상자라는 물리적인 공간이 아닌 상담자와 아동 사이의 치료적 공간을 의미한다. 칼프는 모래상자를 "자유롭고 보호된 공간"으로 표현하면서 "참된 자유는 언제나 하나의 제한을 전제로 하듯 인간에게 알맞은 크기로 만들어진 상자 자체가 하나의 제한이고, 그 제한 속에서 비로소 인격의 변화가 일어난다."고 언급하였다(Kalff, 1980). 모래상자는 틀을 만들어 공간을 한정하기 때문에 작품을 만드는 내담자를 보호하는 역할을 한다. 동시에 그 속에서 변화가 일어날 수 있도록 지켜 주고 그 변화를 담아내는 그릇의 역할도 하게 된다.

자유롭고 보호된 모래상자라는 공간은 내담자가 가진 내부의 상징성이 나타나도록 촉진시키고, 그렇게 창조된 세계는 내담자의 일부분인 것처럼 느껴진다. 이때 모래상자는 내담자의 내면의 공간이자 동시에 내담자와 상담자가 함께 존재하는 세계이기도 하다. 또한 모래상자는 손상된 모성의 이미지를 치유해 주는 자궁의 이미지를 제공한다. 모래는 자궁 속의 양수다. 자궁과 같은 모래상자에서 자기(self)가 나타나고, 활성화되어 상처가 치유되면 새로운 내면의 아이가 태어나게 된다(Weinrib, 2004). 상담자와 아동은 모래상자 안에서 일어나는 내적인 변화와 탄생을 함께 들여다보고 이해하는 과정을 거치면서 치료가 이루어진다.

2) 한정된 틀의 제공

모래상자가 지니는 또 다른 치료적인 의미는 바로 한정된 틀을 제공한다는 점이다. 한정된 경계선은 심리적인 안정을 의미한다. 자신의 감정을 제어하는 것도 어렵고, 정서가 불안한 내담자들은 한정된 공간 안에서 안정을 느끼고 조심스레 내면의 문을 연다. 또한 과도한 에너지의 확산을 방지하고 보호하는 테두리가 되기도 한다. 만약 활동성에 제한이 없다면, 에너지의 분출이 제어가 되지 못하고 파괴적으로 흐를 수 있어 너무 산만해질 가능성이 있다. 종종 모래놀이치료에서 모래상자 밖으로 상징물을 놓거나 모래를 상자 밖으로 퍼내는 경우가 있는데, 이러한 반응들은 치료의 단서나 목표가 되기도 한다. 제한된 범위를 넘는 행동은 의식적이든 무의식적이든 어떠한 목적이 있다고 이해할 수 있다. 다만, 어린 아동의 경우에는 안과 밖의 경계를 구분하지 못하거나 충동적인 욕구의 조절에 어려움을 겪는 경우가 있음을 고려해야 한다. 상담자와의 관계에서 제한을 시험해 보려는 의도, 힘겨루기, 상자의 범위가 어느 정도 확고한지 또는 어떠한 역할을 하는지를 확인하려는 것일 수도 있다. 상담자는 아동이 어떤 의도와 이유로 모래상자라는 틀을 벗어나는지 그 상황에서 어떠한 에너지가 움직이고 있는지를 파악해야 하고, 신속히 대응하여 자유롭지만 보호된 공간을 보장해 주는 것이 중요하다.

3) 퇴행을 불러일으키는 촉감적인 요소

모래는 치유의 성질을 가지고 있다. 내담자는 모래의 좋은 것을 흡수하고, 모래는 내담자의 나쁜 것을 흡수한다(Weinrib, 2004). 영어로 sand는 모래를 의미하는 단어이자 '메시지를 보내다'라는 의미로도 사용되는데, 이것은 모래가 의식과 무의식이 서로 메시지를 주고받을 수 있도록 상징적인 매개체의 역할을 한다고 볼 수 있다(Shepherd, 2002). 모래는 특수한 성질을 지닌 물질이다. 다른 물질들과 달리 보이는 느낌과 만지는 것에 차이가 상당하다. 분류상 딱딱한 고체이지만 손으로 움켜쥐면 스르르 액체처럼 흘러내린다. 고체이지만 액체와 같은 두 물질의 중간쯤 어느 지점에 있는, 마치 육지와 바다 사이에 존재하는 해변처럼 의식과 무의식의 중간을 연결한다. 흙과는 달리 부드럽고 섬세하지만 한 알 한 알의 제각기 다른 입자들이 모이기도 하고 흩어지기도 하는 유연함을 지니고 있다. 모래가 떠올리게 하는 이미지로는 바닷가의 모래사장, 끝없이 넓은 사막과 같은 오랜 시간 동안 인류와 함께한 자연의 일부다. 어떤 이에게는 어린 시절에 해변에서 모래를 만지던 추억을 떠올리게 하기도 한다. 이러한 특성과 이미지가 모래를 가장 작은 형태의 소우주, 하나의 세계로 삼기에 충분하고, 이와 같은 특성을 이해한 칼프가 내담자의 무의식과 내면의 깊은 세계를 표현하는 매개체로 모래를 선택한 것은 너무나 탁월한 선택이었다.

손은 지성보다 더 많은 것을 알고 있다(김보애, 2003). 손은 육체와 정신을 연결하는 다리 역할을 한다. 모래놀이치료는 손으로 하는 작업이다. 모래놀이치료에서 모래는 단지 놓여 있는 것을 바라보는 것보다는 촉감을 느끼는 것이 더 중요하다는 것을 잊어서는 안 된다. 모래는 특수한 촉감으로 감각을 통해 인간 내면 깊은 곳의 본성과 마주하게 한다. 모래를 손으로 만졌을 때 느껴지는 부드러운 감촉은 내담자로 하여금 양수 안에 있던 때로 그들의 의식을 데려다 놓는다. 그들은 모성을 만나게 되고 자연스러운 퇴행을 경험할 수 있다. 또한 내담자들은 낯선 모래놀이치료실에 들어와서 무언가 만들어야 한다는 압박을 경험하기도 한다. 이때 모래는 익숙한 자연물이자 그 특수한 촉감으로 경계심을 풀어 주기도 한다. 실제 경우에 따라서 아동들은 피규어를 사용하지 않고 온전히 모래 자체만으로도 상자를 만들고 표현한다. 손과 손가락으로 모래 위에 그림을 그리거나 지형을 만들기도 하고 혹은 두꺼비집의 형태를 만들어 손을 모래로 덮으면서 놀이를 하는 경우도 있다. 이러한 경우에 모래의 촉감이 내담자의 마음과 신체를 통합시키고 자연으로 돌아가게 하는 것이다.

4) 상징적인 이미지의 제공

모래놀이치료에서는 의식에서 억압된 심리적인 문제와 인간의 무의식에 있는 자기원형을 모래상자에 다양한 상징으로 드러냄으로써 치유가 시작된다. 즉, 모래놀이치료의 본질은 모래놀이를 통해 자기 안의 부정성과 마주하고 '그림자'를 받아들이는 융의 자기실현 과정이라고 볼 수 있다. 모래상자에서 이러한 내면의 작업을 가능하게 하는 작은 장난감의 형태인 다양한 상징물을 모래놀이치료에서는 피규어라고 부른다.

피규어는 아동의 잠재되어 있는 이미지를 불러일으키는 역할을 한다. 아동이 모래놀이치료실에 들어서서 진열장 안의 피규어들을 둘러보는 순간, 이미 피규어의 치료적 역할은 시작된다. 다양한 피규어는 아동이 의식하지 못하는 이미지와 테마를 자연스럽게 자극한다. 그러면 어떠한 이미지가 떠오르고 그 이미지를 전개시켜 나가며 치료가 촉진된다. 또래관계 문제로 내원하게 된 15세의 소녀는 모래상자 위에 자신만의 방을 꾸미고 싶다고 말하고는 피규어들을 둘러보다 모자 쓴 남자 피규어 앞에 눈길이 멈추더니 몇 회기 뒤에 그 피규어를 집어들어 모래 속에 묻어 두었다. 소녀가 억압하고 잊고 있었던 어린 시절의 성추행의 기억을 떠올린 것이다. 이처럼 피규어는 내담자가 억압하거나 의식적으로 무시하고 있었던 내적인 이미지를 의식의 수면 위로 노출될 수 있도록 활성화시킨다.

피규어는 내담자가 가진 이미지의 표현을 보다 쉽게 하도록 돕는다. 미술치료의 경우에는 그림을 그리는 행위에 부담을 느끼거나 저항이 일어날 수 있는데, 진열장에 전시된 피규어는 단지 선택만 하면 됨으로써 부담이나 저항을 줄여 준다. 게다가 피규어의 위치를 옮기거나 소거함으로써 자신의 표현이나 작품을 손쉽게 변화시킬 수 있다. 또한 언어적인 표현에 한계가 있고 설명하기 어려워하는 아동들은 피규어가 지닌 이미지와 상징성으로 자신의 내면과 감정을 표현할 수 있다.

크고 작은 갖가지 피규어들은 아동을 무한한 상상의 세계로 인도하고 이미지를 불러일으킨다. 이러한 피규어는 각각 보편적인 의미와 상징을 가지고 있는 동시에 아동마다 다의적인 이미지로 다가갈 수 있게 한다. 따라서 상담자는 본인의 시각에 맞춘 이미지로만 피규어의 상징을 국한해서는 안 될 것이며, 각 피규어의 특성을 충분히 파악하여 아동이 나타내고자 하는 개별적인 독특한 이미지를 충분히 존중하고 느끼는 것이 중요하다.

3. 모래놀이치료의 정의

모래놀이치료는 내면의 깊은 곳에 닿는 신비로운 체험을 하는 과정이다. 이 치료가 효과가 있는 이유는 내담자가 자신의 경험을 추상적으로 남겨 두는 것이 아니라 모래상자에 작품으로 표현하면서 드러난 자신의 내면과 마주할 수 있기 때문이다. 모래놀이치료는 인간의 정신, 의식과 무의식의 관계를 다루는 데 주목한다. 억압되어 있는 심리적 문제부터 인간의 근원적인 내면의 세계, 더 깊이는 전체성의 상징인 자기원형까지 포함한다. 이러한 치유적인 효과가 나타나기 위해서는 상담자의 존재가 중요하다. 자유로우면서 보호받을 때 인간은 스스로 안정되려는 힘을 키울 수 있다. 상담자와 아동 모두 서로를 깊이 믿고 혼자가 아니라고 느낄 때 비로소 모래상자에 내면의 의식을 자유롭게 펼칠 수 있다. 이때 상담자는 아동의 모래상자를 해석하는 것에 중점을 두는 것이 아니라 작품을 만들어 내는 과정을 곁에서 지켜보면서 충분히 공감하여야 한다.

즉, 모래놀이치료는 모래상자와 피규어를 가지고 내담자의 내면 세계의 이미지를 구체적으로 표현해 내는 과정에서 자기치유력을 발현시키는 치료기법이다.

4. 모래놀이치료의 구성요소

모래놀이치료실에는 모래상자와 피규어가 전시되어 있는 진열장, 모래놀이를 위한 테이블과 의자, 그리고 물을 사용할 수 있는 싱크대가 구비되어 있는 것이 일반적이다. 또한 상담자는 작품의 이미지를 담아 두기 위한 카메라를 준비하여 둔다. 각 모래놀이치료실의 상황과 상담자에 따라 조금씩 다를 수 있지만 기본적인 소품은 다음과 같다.

그림 6-1 모래놀이치료실 1

그림 6-2 모래놀이치료실 2

1) 모래상자

모래상자의 크기는 학자들마다 조금씩 차이가 있으나 일반적으로 57cm × 72cm × 7cm의 직사각형 모양이다. 이러한 크기는 상담자와 아동이 한눈에 상자 전체를 조망하도록 고려한 것이다. 상자의 모양이 정사각형일 경우에는 의례적으로 중심을 쉽게 찾아 고민 없이 피규어들을 놓게 된다. 즉, 직사각형은 피규어를 어디에 놓을지 고민과 갈등을 유발하기 위한 장치다.

상자의 내부는 파란색 계열의 방수처리된 페인트로 칠하고, 모래는 상자 높이의 2/3 정도로 채워져 있는 것이 좋다. 모래를 파서 바다, 호수, 강, 하늘의 이미지로 형상화할 수 있도록 구상한 것이다. 또한 모래는 땅, 바다와 대비되는 육지의 이미지를 제공한다. 다시 말해, 모래상자는 육지와 바다, 하늘을 가진 하나의 세계가 되는 것이다.

모래상자는 높이가 7cm 정도로 2차원이 아닌 3차원의 공간을 가진다. 너무 많은 양의 모래는 놀이과정에서 넘치거나 부담스러울 수 있고, 너무 적을 때에도 피규어를 놓거나 꾸밀 때 안정감을 주지 못하기 때문이다. 또한 모래상자는 가능하면 두 개 이상 구비하여 마른 모래를 넣은 상자와 젖은 모래를 사용할 수 있는 상자로 구분하여 사용할 수 있게 하는 것이 좋다. 모래상자가 두 개가 있으면 아동에 따라 하나의 상자마다 서로 다른 세계를 표현하고 연결하는 형태로도 사용하기도 한다.

그림 6-3 모래상자

모래상자의 내부는 푸른 계열의 페인트로 칠해져 있는데, 이는 다양한 세계로 표현될 수 있다. 내담자가 모래를 파서 강이나 호수, 바다로 나타낼 때 그곳은 물의 이미지가 된다. 상자 내부의 물리적인 공간을 넘어 깊은 물속의 이미지로 넓혀 가는 것이다. 모래상자의 푸른 바닥은 내담자가 표현하는 대로 깊은 바다가 되고, 때로는 파란 하늘이 되기도 한다. 모래는 땅, 바다와 대비되는 육지의 이미지를 제공하기도 하고, 하늘의 이미지가 되기도 한다. 즉, 모래상자는 육지와 바다, 하늘을 가진 하나의 세계가 되는 것이다.

2) 모래

모래는 상황과 상태에 따라 다양한 촉감과 색감을 느끼게 하는 신비로운 물질이다. 이러한 특성이 인간 본연의 무의식과 본능, 감각을 자극하여 퇴행을 불러일으킨다. 어떤 아동들은 피규어를 사용하지 않고 촉감에 의존하여 오직 모래만으로 상자를 표현하고 회기를 보내기도 한다. 손으로 모래에 그림을 그리거나, 경계를 나누어 바다와 육지를 만들거나, 여러 형태의 지형물을 만들면서 모래상자를 만들기도 한다.

모래는 입자의 굵기, 색, 젖은 상태 등에 따라 다양하게 나누어진다. 로웬펠드는 입자의 크기에 따라 갈색의 굵은 모래와 고운 모래, 하얀 모래를 치료에 사용하였으며, 칼프는 갈색과 흰색의 두 종류의 모래를 사용하였다(김보애, 2003). 보통 모래놀이치료실에서는 마른 모래와 젖은 모래의 두 가지 모래를 사용하는 것이 일반적인데, 경우에 따라 다양한 색모래도 구비할 수 있다. 이러한 다양한 종류의 모래는 각기 다른 자극을 제공하여 내담자로 하여금 풍부한 경험을 할 수 있도록 한다.

마른 모래는 뭉쳐지지 않고 물처럼 흘러내리는 성질을 가지고 있어 마치 정신 에너지의 흐름과도 같다. 내담자가 원하는 방향대로 모래가 흘러가고 쌓이는 것은 내담자의 정신 에너지의 흐름과 양을 의미하기도 한다.

젖은 모래는 축축한 느낌을 주고, 잘 뭉쳐져서 모양을 만들 수 있어 쌓아 올리기가 좋다. 실제로 젖은 모래는 피규어를 세워 놓았을 때 안정적이고 작품을 만들기도 쉽다. 내담자들은 종종 젖은 모래 속에 손을 넣고 두꺼비집을 만든다. 젖은 모래는 모성과 관계가 있다. 모래는 물에 젖으면 흙처럼 색이 진해진다. 이러한 흙의 이미지는 대지를 상징하고, 대지는 모성의 이미지를 상징한다(김보애, 2003). 젖은 모래를 선호하는 사람은 정서적인 관계를 추구할 것이다. 내담자에 따라 젖은 모래를 싫어할 수 있으므로 마른 모래와 물을 따로 준비해 놓는 것이 좋다.

그림 6-4 갈색의 마른 모래(좌)와 젖은 모래(우)

그림 6-5 입자가 고운 흰모래

3) 피규어

모래놀이치료에서 피규어를 사용하여 작품을 만들 때 피규어가 없는 작품보다 아동의 내면 세계가 더 잘 나타난다. 아동이 모래상자 위에 피규어들로 만들어 내는 세계는 현실적이고 구체적인 상징부터 형이상학적이고 추상적인 상징까지 다양하고 광범위하다(김보애, 2003). 각각의 피규어는 보편적인 상징을 가지기도 하지만 내담자마다 독특한 상징을 나타내기도 한다. 피규어는 언어로 표현하기 어려운 내면의 경험과 느낌을 표현한다. 그러므로 상담자는 피규어의 보편적인 의미는 물론이고, 내담자마다 느끼는 특수한 이미지를 깊이 있게 이해하려고 노력해야 한다.

모래놀이치료실에는 가능한 한 많은 종류의 피규어를 갖추도록 한다. 다양한 피규어는 모래놀이치료실에 들어온 아동으로 하여금 여러 가지 이미지를 떠올리도록 자극하기 때문이다. 같은 종류의 소품이라도 개수를 넉넉히 준비하고, 크기, 색에 따라 다수를 준비하는 것이 좋다.

필수적으로 구비해야하는 피규어는 인간의 심리적 영역별로 나누어 볼 수 있다.

첫째, 현실의 의식에서 인간의 삶을 나타내는 다양한 종류의 피규어다. 가족 구성원으로부터 여러 직업을 가진 인간 군상, 신생아부터 노인, 가상의 영웅들까지 의식의 차원에서 다룰 수 있는 사람들과 그들이 사용하는 모든 도구를 포함한다.

둘째, 무의식의 영역으로 표현되는 동물적인 피규어다. 현실 세계에는 존재하지 않는 공룡, 다양한 포유류, 파충류, 어류, 조류의 동물이 필요하다. 유아와 아동의 모래상자에 자주 등장하는 피규어들이다.

셋째, 식물의 영역이다. 식물은 계절에 따라 싹을 틔우고 열매를 맺고 시들고 다시 씨앗이 된다. 이러한 식물은 대자연 그 자체, 그리고 계절의 순환을 의미한다.

넷째, 비현실적 차원의 정신적 영역인 종교적인 피규어다. 이러한 피규어들은 내담자의 깊은 정신적 영역을 표현하도록 도와준다.

기본적으로 구비해야 하는 범주별 피규어는 다음과 같다.

- 사람: 신생아, 가족, 남녀노소, 각종 직업군의 인물상(군인, 경찰, 소방관, 의사, 선생님, 음악가, 운동선수 등), 신랑, 신부, 여러 나라 사람들, 원시인 등등

- 특수한 캐릭터: 공주, 왕자, 마녀, 요정, 난쟁이, TV와 영화에 나오는 각종 등장 인물(슈퍼맨, 스파이더맨, 헐크, 로봇, 아이언맨, 인어공주 등)
- 동물: 개, 고양이, 소, 돼지 등의 가축, 호랑이, 코끼리, 기린 등의 야생동물, 각종 파충류, 곤충, 공룡, 용, 유니콘 등의 상상의 동물 등
- 식물: 침엽수, 활엽수, 과일나무, 시든 나무, 풀, 꽃, 잔디 등
- 자연물: 조개, 바위, 돌, 나뭇가지, 해, 달, 별, 무지개, 불, 동굴 등
- 건축물: 초가집, 한옥, 아파트, 다리, 성, 탑, 우체통, 우물, 표지판, 소방서, 경찰서, 학교 등
- 가구: 침대, 소파, 의자, 피아노, 변기, 시계, 부엌에서 볼 수 있는 가구, 거울, 욕실에서 볼 수 있는 가구, 책상, 보석함 등
- 탈것: 여러 종류의 자동차, 소방차, 경찰차, 포크레인, 화물차, 비행기, 배, 자전거, 오토바이, 마차 등
- 무기: 총, 칼, 대포, 탱크, 군용 트럭, 군함 등
- 종교: 예수, 마리아상, 스님, 십자가, 천사, 성경, 교회, 절 등
- 기타: 음식, 전화기, TV, 삽, 울타리, 구슬, 보석, 무덤, 해골, 각종 괴물 등

그림 6-6 다양한 피규어 1

그림 6-7 다양한 피규어 2

그림 6-8 다양한 피규어 3

그림 6-9 다양한 피규어 4

5. 모래놀이치료의 과정

모래놀이치료는 "여기에 있는 피규어들을 이용해서 원하는 대로 무언가를 만들어 보세요."라고 상담자가 내담자에게 이야기하면서 시작된다. 이러한 치유의 여정에는 일련의 진행과정이 있다.

1단계: 소개와 탐색

아동에게 모래와 피규어를 소개하고 탐색하도록 한다. 이때 내담자의 연령과 개별적 성향에 맞게 소개하여야 한다. 첫 회기 때 모래상자를 소개하고, 모래놀이치료실에 구비된 모래의 종류대로 직접 만져 본 후 아동이 원하는 모래를 자유로이 선택할 수 있음을 알려 준다. 그리고 진열장에 전시되어 있는 피규어를 영역별로 천천히 둘러보도록 한 후 피규어를 모래상자로 가져와서 본인이 원하는 대로 꾸밀 수 있다고 알려 준다. 만약 원하는 피규어가 없다면 언제든지 상담자에게 요구하면 도와줄 수 있음을 알린다. 예를 들어, 아동이 진열장을 둘러본 다음 "스마트폰은 없어요?"라고 하면 상담자는 종이를 작게 오린 다음 그 위에 스마트폰이라고 적어서 스마트폰 피규어를 대신할 수 있다.

2단계: 모래상자 만들기 단계

이 단계에서 상담자는 조용히 과정을 지켜보며 관찰하고 기록한다. 모래상자에 가장 먼저 놓은 피규어, 개수, 종류, 구성, 방향, 아동의 태도와 감정까지 놓치지 않고 집중한다. 모래놀이치료과정에 나타나는 모든 것은 전부 의미가 있다. 간혹 아동이 같이 만들기를 원할 때에는 놀이를 주도하지 않는 선에서 적절한 상호작용을 한다.

3단계: 감상과 느낌 나누기

완성된 모래상자를 아동과 함께 감상하며 이야기를 나누는 단계다. 아동이 모래상자를 완성하면, 함께 천천히 작품을 음미하고 자연스럽게 질문을 한다. 작품에서 중요하게 보이는 부분이 있을 때, 상담자는 "여기에 대해 좀 더 이야기해 줄 수 있을까?"라고 질문할 수 있다. 이때 상담자는 지나치게 많은 질문을 해서는 안 된다.

4단계: 마무리하기

마무리 단계에서는 아동에게 작품을 사진으로 찍어 간직할 수 있음을 알리고 아동이 원하는 위치에서 사진을 찍는다. 또 자신의 작품을 다음 회기 때까지 남겨 두기를 원하는지 아니면 정리하기를 원하는지 물어보고, 보관하기를 원한다면 다음 회기까지 모래놀이치료실 한쪽에 보존해 둔다. 이때 아동은 자신의 세계가 존중받고 소중하게 보호받음을 다시 한번 느끼게 된다.

6. 모래놀이치료의 기술과 기법

모래놀이치료는 상담자와 내담자의 관계가 마치 어머니와 아이처럼 깊게 신뢰하고 사랑하게 될 때, 서로를 향한 단단한 믿음의 관계에서만 이루어질 수 있다. 이러한 공감이 토대가 되면 대상은 누구에게나 적용이 가능하다. 일반적인 놀이를 매개로 하는 치료가 보통 유아와 아동에게 국한된 치료기법이라고 한다면, 모래놀이치료는 어린 유아부터 노인에 이르기까지 광범위하게 활용될 수 있다. 특히 상담에 저항이 심하고 말하기를 거부하는 청소년들에게 굉장히 유용한 접근법이다.

해석기법

모래상자를 완성한 다음 작품에 대하여 섣부른 질문을 해서는 안 된다. 또한 그것에 대하여 해석하려고 하지 않는 것도 중요하다. 왜냐하면 모래상자 만들기가 목적이 아니라 모래상자에서 내담자가 자유롭게 의식과 무의식을 넘나들며 그 흐름에 자신을 맡김으로써 자기치유력을 적절히 발휘하게 하는 것이 바로 치료과정이기 때문이다. 따라서 상담자가 섣부른 질문이나 해석으로 그 흐름을 왜곡하거나 방해하지 않아야 한다.

모래놀이치료는 상징의 체험과정으로 이미지를 통해 치유가 이루어진다. 또한 모래놀이치료는 비언어적이며 직관적인 방법으로 우리를 언어 이전의 깊은 정신의 세계로 데려다준다. 논리적으로 상징을 해석하려고 할 때, 상징이 지닌 다양성의 폭과 강도가 한정되고 약화된다. 그러므로 상담자는 깊은 수준의 공감과 침묵으로 내담자의 치료를 향한 여정에 동행하면 된다. 다시 말하자면, 모래놀이치료에서는 언어보다는 이미지와 상징이 치료의 효과를 가져온다. 그러나 모래상자에서 아동의 내면 세계를 보다 깊이 있게 공감하고 치료의 과정을 이해하기 위해서는 전문적인 기준에서 해석할 필요가 있다.

이미지가 주는 상징의 의미는 매우 다의적이다. 보편적인 의미일 수도 있고, 아동마다 개별적인 특수 상황이나 특성에 따라 다른 의미를 지닐 수도 있다. 상담자가 이러한 점을 간과하고 자의적이거나 권위적인 해석을 해서는 곤란하다. 따라서 모래상자의 해석에는 다음과 같은 3가지의 기준이 있다(김보애, 2004).

첫째, 통합성이다. 즉, 상자에 나타난 이미지가 주는 전체적인 느낌이 통합성이 있는가의 여부다. 상자 안의 세계가 어느 한쪽으로 치우쳐 있지 않고 균형을 이루고 있고, 분리되어 있더라도 각각의 세계가 서로 연결된 느낌을 주고 상호 간의 교류와 관계가 있다면 통합성이 있다고 볼 수 있다. 통합성은 모래상자에 대한 진단과 내담자에 대한 이해에 중요한 요소다.

둘째, 공간의 배치다. 모래상자 안의 공간을 어떻게 활용하는지가 중요한 의미를 지니는데, 이것은 애먼(Ammann)의 이론에 근거한다. 애먼은 내담자의 위치에서 모래상자의 왼쪽 영역은 무의식과 내면의 세계, 피규어와 강 등의 흐름이 일정하게 왼쪽 방향인 경우에는 퇴행을 의미하고, 반대로 오른쪽은 의식과 외면의 세계, 피규어와 강 등의 흐름이 오른쪽일 경우에는 진행을 의미한다고 보았다. 모래상자의 위쪽은 정신적 영역, 미래, 아버지, 하늘을 의미하고, 아래쪽은 육체적 · 물질적 영역, 과거, 어머니, 땅으로 대응된다.

셋째, 주제다. 모래상자에 드러난 주제는 아동의 내면을 이해하는 단서다. 즉, 아동의 자기상이자 세계관이다. 주로 가족, 갈등, 투쟁, 자연, 종교적인 행위와 관련되는데, 각 회기별로 어떠한 주제가 나타나는지로 파악하기도 하고 전체적인 과정에의 변화를 시리즈로 연결 지어 파악하면 흐름을 이해할 수 있다.

칼프(Kalff, 1993)는 앞과 같이 3가지의 기준에 의해 모래상자를 해석할 때 고려해야 할 20가지 사항을 제시하였는데, 그중 몇 가지를 소개한다.

- 내담자의 특수한 개인사와 병리적 특성을 고려해야 한다.
- 모래놀이 과정에서 있었던 내담자의 정서적 반응, 대화 내용, 분위기, 꿈의 내용, 상담자의 역전이 등은 중요한 단서다.
- 모래상자 안의 공간이 어떻게 사용되고 변화하는지 살펴보아야 한다.
- 피규어의 배열된 형태를 살펴본다. 둥근 형태로 된 배열은 여성적 · 감정적 특성을 나타내고, 직선이나 기하학적 형태로 된 배열은 남성적 · 지적 가치를 의미한다.
- 모래상자 바닥의 푸른 면을 사용하는지 관찰한다. 푸른 바닥을 드러내기를 오랫동안 회피한다면, 아동이 깊은 수준의 내면 세계로 들어가는 것을 두려워하

는 것일 수도 있다.

- 반복적으로 사용하는 피규어가 있는지, 피규어 사용을 회피하는지의 여부를 살펴본다. 이는 아동의 내적 상태를 의미하는 중요한 상징이다.
- 피규어 간의 연관성과 상호작용을 관찰한다. 이는 아동이 타인과 소통하고 관계하는 모습을 드러낼 수 있다.
- 모래 위에 나타난 표현이 정적인지, 동적인지 관찰한다. 작품의 역동성은 정신적 · 물리적 에너지의 흐름이 원활한지를 나타내는 지표다.
- 표현된 주제가 일상적인 현실인지, 상상의 세계인지를 살펴본다.
- 피규어가 구체적으로 상징하는 의미를 이해한다.
- 모래상자를 전체의 맥락으로 이해해야 한다. 즉, 이전과 앞으로 진행될 작품과의 연계선상에서 해석되어야 한다.
- 내면의 발달단계에 기반하여 해석한다. 앞서 살펴본 노이만의 무의식의 발달단계를 참조한다.

7. 모래놀이치료의 사례

본 사례는 부모님의 이혼으로 인한 불안을 겪는 아동의 사례와 학교에서의 부적응의 문제를 가진 아동의 사례, 대인관계에서 잦은 다툼 등의 행동화 문제를 보이는 아동의 사례를 다루고자 한다. 다음의 모래놀이치료 사례는 터너의 사례(Turner, 2009) 중 일부 내용이다. 각 사례는 여러 회기를 합쳐 새롭게 구성한 내용이다.

1) 은지의 사례(Turner, 2009)

- 인적사항: 은지(만 5세 반, 여)
- 의뢰사유: 은지의 부모는 이혼의 과정 중 많은 갈등을 겪었고, 이로 인해 초래된 불안을 다루기 위해 치료에 의뢰됨. 부모는 이혼 전부터 수년간 서로 대화를 하지 않았고, 은지는 지금 어머니와 함께 살고 있고, 아버지는 주말에 몇 시간 방문해서 만남.

- 호소문제: 은지는 정서적으로 불안한 모습을 보이며 말수가 급격히 줄어들고 위축된 모습을 보임.
- 치료내용: 총 12번의 모래상자를 만들었다. 은지의 모래작업은 부모의 격렬한 이혼 논쟁으로 인한 심각한 정신적인 불균형을 해결하기 위한 시도에 초점이 맞추어져 있다. 은지의 정신은 심각하게 분열되어 통합되지 못했고, 그것을 반영하듯 은지의 부모님처럼 한 공간에 같이 존재할 수 없는 두 개의 개별적인 모래상자 세계를 만들었다.

  종결 회기에 만든 11번과 12번 상자는 같은 날 만들어진 것이다. 은지는 두 개의 세계를 만들고 나서 11번과 12번 상자의 오른쪽 모서리 끝에 두 세계를 연결하는 다리를 조심스럽게 놓았다. 내적으로 분리된 두 세계를 다시 연결하려는

모래상자 1a - 1회기

모래상자 1b - 세부사진

그림 6-10 은지의 1회기

출처: Turner (2009).

모래상자 11 - 종결 1년 후

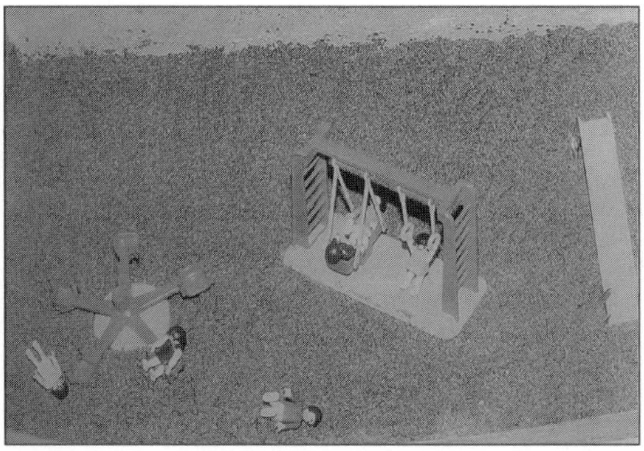
모래상자 12 - 동일 회기

그림 6-11 은지의 1년 후 모래상자

출처: Turner (2009).

정신적 다리를 놓은 것이다. 두 세계를 이어 주는 다리가 나타났다는 것은 은지가 자신의 내적 세계의 균열을 스스로 고칠 수 있게 되었음을 시사한다.

다행스럽게도 은지의 다리는 부모님의 관계에 관한 선경지명과도 같았다. 수년이 흐른 뒤, 추후의 모래놀이에서 엄마와 아빠가 자녀를 예쁘게 키우기 위한 협동적인 태도를 취할 수 있게 되었다는 좋은 소식이 담겨 있었다.

2) 병진이의 사례(Turner, 2009)

- 인적사항: 병진(만 8세, 남)
- 의뢰사유: 병진이의 가정은 만성적인 부모의 불화를 겪고 있었음. 그러던 와중에 아버지가 집을 나가고 가정 환경은 더욱 혼란해져서 치료에 의뢰됨.
- 호소문제: 병진이는 학교에서 집중을 잘하지 못하고 소심하며 친구가 없음.
- 치료내용: 총 6번의 모래상자를 만들었다. 병진이의 1, 4, 6번의 모래상자는 강한 자아 구조를 확립해 가는 정신의 움직임을 나타낸다. 1번 상자는 혼란스러운 상황과 빈약한 자아 구조를 보여 준다. 4번 상자에는 가운데에 놓인 큰 산의 정상에 깃발을 꽂음으로써 자아가 확립되었음을 시사하는 것으로 볼 수 있다. 6번 상자는 자아가 확립되어 감에 따라 병진이가 자신의 힘을 어떻게 움직이기 시작했는지를 보여 준다. 아쉽게도 병진이의 치료는 6회기에서 갑작스럽게 종결되었지만, 그는 행동을 개시할 수 있는 능력과 치유를 위한 내적 자원을 끌어낼 수 있는 능력이 상당히 진전되고 있음을 보여 준다.

모래상자 1

모래상자 4

그림 6-12 병진이의 1회기

출처: Turner (2009).

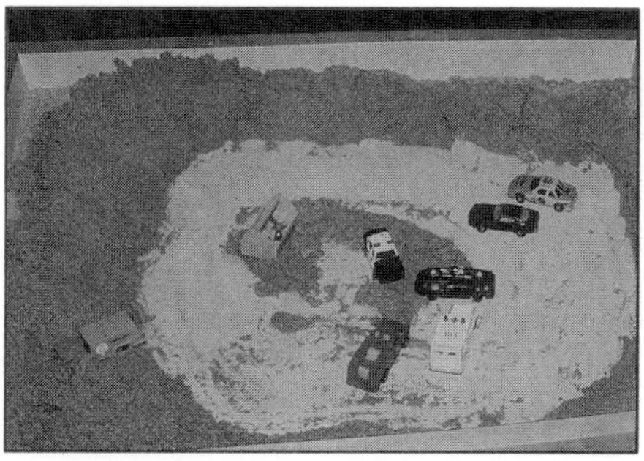

모래상자 6

그림 6-13 병진이의 종결 후 모래상자

출처: Turner (2009).

3) 해진이의 사례(Turner, 2009)

- 인적사항: 해진(만 7세 반, 여)
- 의뢰사유: 해진이는 편모의 4남매 중 둘째로, 해진이의 가정은 재정적으로 어려움을 겪고 있었고 어머니가 혼자서 경제적인 문제와 아이들의 양육으로 인한 힘든 점을 호소하며 치료를 의뢰함.
- 호소문제: 학교에서의 대인관계, 학업 등의 문제와 가정에서 형제와의 잦은 다툼과 행동화 문제를 호소함.
- 치료내용: 총 7번의 모래상자를 만들었다. 해진이의 첫 번째 상자에는 찻잔 세트가 놓여 있는 테이블 주변에 공상 속의 사람들과 동물들이 아무렇게나 무질서하게 놓여 있다. 주변 요소들이 흩어져서 서로 관계가 거의 없는 데 반해, 중심에 놓인 테이블은 관계를 맺는 구심점이 되고 있다.

  해진이는 5번 째 모래상자에 보석을 두 줄로 나열했는데, 이것은 공주가 따라 걸어갈 눈부신 길을 만든 것이다. 1~4번까지의 모래상자에 나타났던 무질서하고 혼돈된 에너지가 조직화되고 형태를 갖춤으로써 이런 대열의 등장은 해진이의 분명하고 희망적인 미래를 의미한다.

모래상자 1

모래상자 2

그림 6-14 해진이의 1회기

출처: Turner (2009).

모래상자 3

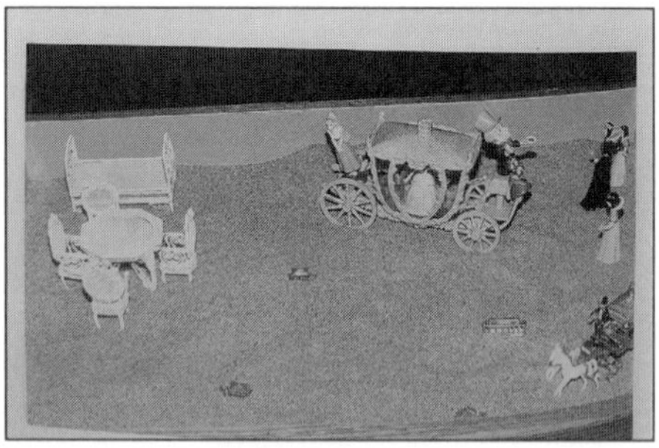

모래상자 4

그림 6-15 해진이의 2주(좌), 4개월 후(우)

출처: Turner (2009).

모래상자 7

그림 6-16 해진이의 종결 후

출처: Turner (2009).

추천도서

1. 김유숙 역(2005). 모래놀이 치료의 본질. 서울: 학지사.

2. 김태련, 강우선, 김도연 공역(2009). 모래놀이치료 핸드북. 서울: 학지사.

3. 문채련(2010). 모래상자 이야기. 서울: 이담북스.

4. 이보섭 역(2012). 도라 칼프의 모래놀이. 서울: 학지사.

제7장 미술치료

“미술은 인류가 존재하면서부터 인간의 삶과 함께 해 왔기 때문에 따로 분리될 수 없다”(Canaday, 1984). 이처럼 미술은 고대부터 오늘날에 이르기까지 인간의 무의식과 의식을 표현하는 도구로 사용되어 왔고, 남녀노소 누구나 쉽게 다가갈 수 있는 매체다. 이러한 미술매체를 활용하여 아동이 자신의 내면을 표현하고 자아성찰을 통해 문제를 해결하도록 돕는 것이 미술치료다. 또한 미술치료는 뇌, 언어, 판단과정, 현 시점에서의 상상의 세계, 직관, 영감 등에 덜 의존하는 창의적인 방식 중 하나다(Silverstone, 2012). 이 장에서는 미술치료의 구체적인 개념과 여러 기법을 소개하고, 이 기법들이 어떠한 치료 과정을 거쳐 실제 어떻게 활용되는지 알아보고자 한다.

1. 발달배경

미술치료의 기원을 찾아가면 선사시대로 거슬러 올라간다. 고대부터 인류는 동굴이나 바위에 자신들의 생각이나 소망을 그림으로 표현하였고, 왕의 무덤에는 사후 세계에 대한 두려움과 샤머니즘 의식을 그려 넣기도 했다. 이것은 고대 인류가 상징적 의미를 미술을 통해 표현하면서 치료적 의미를 인식한 것으로 볼 수 있다.

19세기 말 아동과 정신질환자의 그림에서 나타나는 특징에 관심을 가지게 되면서 환자의 심리적 · 육체적 상황과 관련이 있다는 것을 인식하게 되었고, 미술의 치료적 측면에 대한 관심과 이해가 본격적으로 시작되었다.

1887년 리치(Ricci)의 아동화에 대한 해석을 시작으로, 1926년 굿나프(Goodenough)는 '인물화에 의한 지능검사'를 사용했다. 독일의 정신과 의사인 프리츠호른(Prinzhorn)은 1922년에 정신병원의 환자들이 그린 5,000여 장의 그림, 소묘, 콜라주, 조소 등을 수집하여 『정신병자들의 그림』이라는 책을 발간했다. 그는 인간의 무의식에 관심을 가지고 미술활동을 통해 내적 세계를 이해 및 분석하려고 노력했다. 또한 정신병원에서 작업치료로서 미술을 적극 활용한 결과 심리적 · 정서적 효과가 있다는 것을 알렸는데, 독일에서의 미술치료 발전에 중요한 역할을 하였다.

20세기 중반 미술치료는 프로이트와 융의 이론을 근거로 하여 본격적으로 성장하게 되었다. 프로이트는 꿈을 통해 표현되는 상징적인 이미지로 인간의 무의식의 개념을 발전시켰는데, 이러한 꿈의 이미지가 언어적 표현을 대신하기는 하였으나 그림이나 미술을 직접 사용하지는 않았다. 인간의 무의식에 관해 프로이트의 영향을 받은 융은 인류의 보편적인 집단무의식과 원형의 이미지를 강조하였는데, 그 상징적인 이미지를 그림으로 분석하고 들여다보는 기법을 치료에 이용하였다. 그는 정신치료에서 명상을 하고 난 후 그림을 그려 무의식의 이미지를 표현하게 하였다. 그림을 그림으로써 감정을 활성화시키고, 창조적 정신의 기능을 자극하게 됨으로써 치료에 도움이 된다고 보았다.

1940년대에 나움버그(Naumburg)는 이러한 정신분석적 치료의 매개체로 미술을 이용하였다. 미술을 표현병리나 진단적 수단으로 사용하던 이전의 방식과는 달리 적극적으로 치료에 이용하였다. 그녀는 정신분석이론을 바탕으로 내담자들이 자유연상을 하고 자발적으로 그림을 그리도록 하였다. 내담자의 그림에서 나타난 상징을 해석하고, 치료자와의 관계에서 나타나는 전이와 역전이를 중요하게 다루었다.

1950년대에는 크레이머(Kramer)가 나움버그의 뒤를 이어 정신분석적 틀 안에서 미술치료 연구를 지속하였다. 크레이머는 내담자의 그림에 나타난 상징을 해석하기보다는 언어적 개입이 없는 미술의 창조적 과정 그 자체를 중시하였다. 즉, 내담자의 부정적인 감정을 예술적인 행위로 승화시키고 욕구를 통합하는 창조적 작업

과정인 심리적 과정에 존재하는 미술치료의 치유 잠재력을 믿었다(Malchiodi, 2008).

울만(Ulman)은 1960년대에 활동하며 1961년에 발표된 『미술치료회보』의 창간호에 미술치료라는 용어를 처음 사용하였다. 그림을 매체로 이용하는 치료적 측면을 강조한 나움버그의 견해(치료에서의 미술, art in therapy)와 미술 자체의 창조적 측면을 강조한 크레이머의 견해(치료로서의 미술, art as therapy)를 모두 인정하고 통합하여 절충적인 미술치료 접근을 고안해 내어 미술치료의 발전에 크게 이바지하였다. 이렇듯 미술이 지니는 치료적인 힘은 역사적으로 오랫동안 알려져 왔으나 임상적인 학문적 역사는 그리 오래되지 않았다. 우리나라에 본격적으로 소개된 것은 1982년에 정신과 의사들이 주축이 되어 정신의학계의 산하단체로서 '한국임상예술학회'가 창립된 이후 예술치료가 시작되었다. 이후 1992년 한국미술치료학회가 창립되었고, 한국미술치료학회를 중심으로 임상에 활용하면서 빠르게 발전하여 치료의 한 분야로 자리매김하고 있으며, 많은 임상미술전문가와 미술치료사가 양성되고 있다.

2. 미술의 치료적 가치

미술치료는 대상과 장애의 정도, 장소에 따라 여러 가지 형태로 다르게 사용될 수 있다. 치료 매체로서뿐 아니라 증상의 진단과 평가를 위한 도구로 사용되기도 한다. 정신병원 등의 의료기관에서는 집단의 심리치료로 활용되고, 특수학교와 상담기관에서는 장애의 정도에 따라 치료교육으로 이용하기도 하며, 일반 아동의 정서조절과 대인관계 등의 적응 행동을 위한 도구로 활용되기도 한다. 또한 요즘은 노인복지시설에서 집단치료로 자주 활용하는 매체다. 특히 어린 아동들은 자신의 생각과 감정, 상상력을 자유롭게 펼칠 수 있으며, 감각적인 미술활동을 선호한다. 미술치료를 통해 아동은 작업의 결과와 외부 환경에 대한 두려움 없이 부정적인 감정과 욕구를 표출하고, 소망을 상징적으로 성취하기도 하고, 대인관계를 창조하기도 한다(Rubin, 1984). 이렇듯 아동은 미술매체와 관련 도구를 사용하고 통제하는 것을 익힘으로써 그들의 정서와 환경을 통제하는 것을 배우게 된다. 이러한 미술이 지닌 치료적 가치를 자세히 살펴보자.

1) 심상의 표현

미술은 심상(image)의 표현이다. 심상은 내담자의 경험을 이해하게 하고, 자각하지 못하고 있던 무의식을 의식으로 드러낼 수 있다. 미술은 언어적 표현보다는 내담자 내면의 욕망과 꿈, 환상을 직접적으로 표현할 수 있다. 또한 언어로 표현하는 것에 한계가 있는 유아나 아동의 경우에는 미술을 통해 자신의 상태를 더 잘 알릴 수 있으며 내면의 상처나 감정 능력까지 보여 줄 수 있다. 이렇게 표현된 정서를 내담자가 외부에서 객체로서 관찰할 수 있게 되면 자신의 정서를 보다 명확하게 이해하고 통찰을 가능하게 한다.

2) 방어의 감소

미술은 비언어적인 매체로, 이성적 통제를 덜 받는다. 즉, 언어적 표현이 지니는 자기검열 기능과 방어가 약화되어 억제나 왜곡되어 있던 무의식이 그림에 투사될 수 있다. 즉, 자신도 알지 못했던 깊은 내면의 세계가 미술을 통해 드러나게 되면, 억눌린 자아를 회복하고 성숙한 정신세계를 지향할 수 있도록 해 준다. 이러한 방어의 감소는 치료과정을 촉진시킨다.

3) 구체적인 자료의 형성

내담자는 미술활동을 통해 눈에 보이고 만질 수 있는 구체적인 유형의 자료를 즉시 얻을 수 있다. 미술작품으로 나타난 내담자의 세계를 치료적 대화의 매개체로 활용할 수 있고, 자신의 작품을 통해 드러난 감정을 객관적으로 바라보게 한다.

4) 작품의 영속성

내담자가 표현한 미술작품은 형태를 지닌 유형의 자료로서 보관이 가능하여 영속성이 있다. 미술작품의 영속성은 내담자로 하여금 언제든지 그 감정을 회상하여 재검토할 수 있게 하고, 작품의 변화 과정을 통해 치료과정을 확인할 수 있도록 한다. 이러한 점은 내담자의 통찰을 도와 치료효과를 높이는 요인이 된다.

5) 공간성

미술적 표현은 공간성을 지닌다. 미술의 조형 요소인 공간, 색, 선, 형태 등을 통해 상호관계를 표현할 수 있기 때문이다. 따라서 가깝고 먼 거리, 결합과 분리, 공간 속에서 나타나는 연관성, 시공간의 초월, 유사점과 차이점, 개인과 가족, 또는 집단의 역동을 표현하고 이해하게 한다. 예를 들어, 가족을 묘사하는 그림이나 조소에서 공간성을 통해 반영된 가족의 생활모습과 경험, 상호작용 정도를 이해할 수 있다.

6) 에너지 유발

신체적인 에너지가 떨어져 있는 내담자가 미술치료를 통해 토론하고 감상하는 등의 작업을 하면서 에너지의 변화를 느끼고 창조적인 에너지를 발산할 수 있다. 미술치료는 작업과정 자체가 즐겁고 흥미 있으며, 놀이와 열정이 있는 창조의 에너지를 유발한다.

7) 창조성

미술이 가지고 있는 창조적 속성은 심리치료에서 매우 중요한 요인이다. 무언가를 창조해 내는 일은 무기력하고 무가치하다고 느끼는 내담자에게 새로운 에너지와 의미를 부여한다. 자신이 만들어 내는 작품을 통해서 성취감과 즐거움을 경험하게 되고, 그 자체로도 삶의 질이 향상될 수 있다. 이는 치료로서의 미술을 주장한 크레이머의 견해와 일견 부합한다. 그림을 그리는 작업은 내담자의 갈등과 무의식적인 충동을 안전한 방법으로 표출하고 해결한다. 즉, 미술이 가진 창조적 활동의 힘이 치료적 속성을 지니고 있어 내담자를 치료할 수 있는 것이다. 어떠한 미술 매체인지, 어떠한 재료인지, 어떠한 주제인지에 따라 창조성이 촉진되므로 상담자는 내담자가 지닌 잠재된 창조성을 충분히 발휘하도록 환경을 조성해야 한다. 또한 상담자는 내담자의 작품이 오롯이 자신의 것임을 받아들이도록 존중하고 격려해야 한다.

3. 미술치료의 정의

미술은 인류의 시작과 함께 역사를 걸어왔다. 인류는 문자가 생기기 이전부터 미술을 통해 내적 표현을 함으로써 카타르시스를 경험할 수 있었다. 미술은 인간의 내재된 그림자를 안전하게 표출하고 이를 수용할 수 있게 한다. 미술은 비언어적 표현 활동으로, 자신을 표현하는 소통의 수단이다. 이러한 미술의 장점을 활용하여 전문적인 지식과 임상경험을 가진 상담자가 내담자의 심리적 · 정서적 문제와 신체적 어려움을 돕는 것을 미술치료라고 부른다. 미술치료는 예술치료의 한 분야로, 미술 매체와 기법을 치료에 적용해 내담자가 작품을 만드는 과정을 통해 궁극적으로 내담자의 긍정적인 변화와 성장을 추구한다. 다시 말해, 미술치료란 미술을 매개로 이루어지는 다양한 미술작업의 과정에서 나타나는 내담자의 심리내적 반응과 정서, 욕구의 인식과 통찰을 포함하여 내담자와 상담자 간의 치료적 상호작용이 이루어지는 정서적 · 인지적 · 행동적 변화를 말한다.

이 장에서 미술치료는 미술을 매개로 아동의 문제를 파악하고, 이를 치유하고 성장시켜서 적응적인 삶을 영위하도록 돕는 활동을 일컫는다.

미술치료는 자기 내면과의 대화를 촉진시키는 활동이다. 작품을 만드는 과정에서 무의식 속의 갈등이 의식화된다. 미술은 생애 초기의 무의식이나 언어로 표현하기 어려운 감정 또는 경험을 상징적인 방법으로 드러낼 수 있는 시각적인 매체로서 결과물을 타인과 공유할 수 있다. 이때 내담자는 자신의 결과물을 통해 자신의 내면을 바라볼 수 있는 기회를 갖게 되고, 이것은 치료적이다(임정기, 이성도, 김황기, 2006). 또한 창의적인 창조의 경험은 사고의 유연성을 촉진시키고, 사회적 관계를 융통성 있게 맺는 데 도움이 될 뿐 아니라 내적 풍요로움과 즐거움을 맛보게 한다. 이러한 점은 궁극적으로 내면의 성장을 이끌어 적응적 삶을 영위하도록 한다. 이와 같은 힘을 지닌 미술치료는 아동상담장면에서 평가, 정화, 성장의 목적으로 사용된다.

그림은 정서와 연결되어 있어 색이나 형태, 위치와 선으로 정서를 그대로 드러낼 수 있다. 따라서 아동이 그려 내는 인물화, 가족화, 학교 생활화, 나무, 집, 사람 그림은 아동의 정서적인 측면을 관찰하고 내적 문제를 진단하며 평가할 수 있는 도구가 되고, 그들의 부모와의 관계와 대인관계, 또래관계까지도 알 수 있다. 또한 미술작품의 변화와 진보를 통해 상담의 종결을 가늠할 수 있다. 미술기법을 활용한 평가도구로는 인물화 검사, 집-나무-사람 검사, 가족화, 동적 가족화, 물고기 가족화, 난화게임법, 빗속의 사람 등이 있다. 열거한 기법들은 주제와 내용이 모두 다르지만, 아동으로부터 추가적인 정보를 얻고 문제를 개념화하는 데 그 목적이 있다.

상담자는 아동이 느끼는 부정적인 감정과 욕구를 다양한 미술기법을 활용하여 안전한 방법으로 표출할 수 있도록 격려함으로써 감정 정화의 경험을 하도록 도와야 한다. 풍선을 이용하여 화난 감정을 불어넣고 터트리고 난 다음 그 조각들로 새로운 감정을 재구성하거나 과거의 힘들고 속상했던 감정을 떠올리며 점토를 두드리고 폭발하는 화산으로 표현하는 방법, 신문지를 이용하여 억압되었던 감정을 찢어서 표현하는 등의 방법을 활용할 수 있다. 또 분노의 감정뿐 아니라 슬픔과 두려움, 죽음 등의 수많은 상황과 문제를 다루는 다양한 미술치료 기법이 성공적으로 적용되고 있다.

미술 표현은 아동의 창의적이고 발달적인 성장을 촉진시킨다. 아동은 시각, 촉각 등의 여러 감각을 사용하여 정신적인 창작 활동을 통해 그림, 조각 등의 작품을 만들어 낸다. 이러한 과정에서 만족감과 성취감, 자신감을 느끼게 되고, 인지적·발달적 능력 또한 향상시키게 된다. 아동은 다양한 매체를 선택할 수 있고, 다채로운 색감과 재료를 사용하며, 스스로 결정하고 만들면서 성장해 나간다.

4. 미술치료의 구성요소

1) 미술치료실의 환경

미술치료를 위한 치료실은 수용적이고 지지적인 분위기여야 한다. 다른 장소 및 환경과 달리 치료실은 치유적인 공간이므로 내담자의 비밀이 유지되고, 심적 안정을 유도할 수 있도록 조용하고 아늑하며 편안한 장소이어야 한다. 적당히 넓은 공간과 충분한 채광이 필요하고, 물의 사용이 용이한 곳으로, 다양한 미술도구가 구비되어 있는 것이 중요하다. 미술치료 작업은 책상이나 이젤에서 이루어지지만 바닥이나 벽에서 할 수도 있으므로 바닥과 벽은 청소하기가 편한 재질이 좋다. 또한 작품을 보관할 수 있는 보관장이 있어야 하는데, 이는 내담자의 작품을 소중히 보관하는 것으로 존중감을 느끼게 할 뿐만 아니라 자신의 작품의 변화 과정을 지켜보면서 자신의 내면과 변화를 알 수 있게 한다. 휠체어로 이동하는 내담자의 경우를 감안하여 턱이 없는 출입문의 고려도 필요하다. 치료실의 크기를 규정하는 데 어려움이 있으나, 집단치료가 가능한 시설이어야 한다.

2) 미술치료의 매체

미술매체는 미술치료를 가능하게 하는 핵심요소로 미술치료 과정 자체이며, 매체와 도구 없이는 미술치료가 존재할 수 없다. 미술치료실에 놓인 모든 재료는 아동이 세상과 자신을 표현할 수 있는 도구가 된다. 다양한 재료를 관찰하고 선택하고 그것을 접촉하고 다루어 창작하는 과정은 내면의 감정을 불러일으키며 치유적인 요소가 될 수 있다. 또한 미술매체 자체가 창작의 의욕을 유발하고, 창작 과정에서 미술매체에 대한 내담자의 인지적·정서적 반응을 통하여 내담자의 내적 심상을 탐색할 수 있다. 또한 아동의 개인적인 경험에 따라 같은 매체라도 인지적, 정서적으로 다른 반응을 일으킬 수 있다. 예를 들어, 점토가 주는 느낌이 자유롭고 유연하고 부드러워서 긴장을 완화시키고 해방감을 주기도 하지만, 자폐 아동의 경우에는 접촉을 기피할 수도 있고, 어떤 아동은 더럽고 불쾌한 기분을 느끼기도 한다. 모든 미술매체를 다 갖추어야 하는 것은 아니지만 가능한 한 많을수록 표현의 가능성도 증대된다. 그림 그리기를 싫어하거나 주저하는 아동도 점토나 만들기는 시도하고자 한다. 그러므로 상담자는 매체의 실용적인 측면뿐만 아니라 매체가 지니는 상징적인 측면도 고려해서 준비해야 하며, 아동이 미술재료를 어떻게 다루는지도 유심히 관찰해야 한다.

(1) 매체의 종류

- 건성재료: 연필, 목탄, 색연필, 사인펜, 크레파스, 파스텔, 볼펜
- 채색재료: 투명 수채 물감, 핑거페인트, 템페라, 아크릴, 유화, 수묵화, 먹물
- 바탕재료: 한지, 켄트지, 티슈, 골판지, 인쇄 종이, 마분지, 우드록, 캔버스, 천, 헝겊

- **점토재료**: 흙, 찰흙(청기토, 옹기토, 백토), 지점토, 종이 찰흙, 고무찰흙, 컬러믹스, 모래, 스펀지 찰흙, 슬라임, 밀가루 반죽
- **혼합재료**: 각종 인쇄물, 사진, 자연 오브제(나뭇잎, 나뭇가지, 낙엽, 돌멩이 등), 인공 오브제(플라스틱, 비닐, 각종 장난감 등), 음식재료, 종이 상자 등의 재활용품
- **접합재료**: 수용성 테이프나 접착체(풀, 아교, 목공용 본드), 글루건

(2) 매체의 특성

미술치료에서 매체는 내담자의 심리적 방어와 저항의 정도를 조절하고 내면을 외부로 표출하는 촉매제의 역할을 한다. 따라서 상담자는 각 재료의 특성과 활용방법에 대해 제대로 숙지하고 있어야 치료가 더욱 성공적이 될 것이다. 미술재료의 특성에 따라 심리적 자아 통제성이 가장 낮은 재료 유형인 점토부터 가장 높은 연필까지 각 매체의 통제 수준을 고려하여 내담자의 심리와 발달 상태에 맞게 적절한 매체 유형을 선택하는 것이 필요하다.

젖은 점토	그림물감	부드러운 점토	오일파스텔	두꺼운 펠트지	콜라주	단단한 점토	얇은 켄트지	색연필	연필
1	2	3	4	5	6	7	8	9	10

← 가장 낮은 통제 　　　　　　 가장 높은 통제 →

그림 7-1 미술매체의 특성

출처: Landgarten (1987).

(3) 매체 활용 시 유의할 사항

아동의 성격, 호소하는 문제 유형과 심각한 정도, 치료목표 등에 따라 재료 선택에 세심한 주의를 기울여야 한다. 예를 들어, 물감이나 핑거페인트, 물기가 많은 점토 등은 단순하고 기본적인 재료로, 긴장을 완화하고 퇴행을 촉진시키기 쉬우므로 경직된 아동에게 유용하다. 하지만 지나치게 충동적이거나 자아 경계가 불분명한 아동에게는 충동적 성향을 더욱 가중시킬 수 있다. 반면에 색연필, 사인펜과 같은

딱딱한 느낌의 재료는 높은 통제력을 지닌 재료로서 충동적 성향을 통제하기가 용이하다. 아동의 성격과 반대되는 느낌의 재료를 사용하는 것은 내면 세계에 억압된 부분을 재통합하는 기회를 줄 수 있다. 또한 쉽게 부서지거나 찢어지는 재질의 재료는 오히려 아동에게 좌절감이나 스트레스를 유발하기도 하므로 상담자의 세심한 고려가 필요하다.

아동이 용도, 특성, 사용방법을 잘 알고 있는 익숙한 재료에서부터 점차 적절하게 새로운 재료를 소개하여 활용 범위를 넓히고, 종이나 크레파스 등의 기본적인 재료는 아동이 스스로 사용할 수 있도록 손이 닿는 곳에 배치해 두고, 위험한 재료는 반드시 상담자와 함께 사용할 수 있도록 손이 닿지 않는 곳에 배치한다.

회기별 재료의 수와 종류는 내담자의 수용능력을 충분히 고려하여 결정하여야 한다. 동시에 제공되는 많은 양의 도구와 재료는 오히려 질리게 할 수도 있고, 선택에 혼란을 초래하기도 한다. 아동의 인지 수준이 3~4세 수준이면 두세 가지 정도의 재료를 제공하는 것이 적당하다.

상담자는 미술치료의 회기가 진행됨에 따라 때때로 미술재료에 변화를 줄 필요가 있다. 예를 들어, 그림 작업을 주로 하는 아동의 경우에는 기초가 되는 평면재료인 종이의 크기나 모양, 색상에 변화를 주면 아동의 흥미와 표현 욕구가 현저히 상승할 수 있다. 미술치료가 진행됨에 따라 아동이 자발적으로 원하거나 또는 상담자가 의도적으로 재료의 변화를 주어야 한다.

재료는 주변에서 구하기 쉽고, 경제적으로 부담 없이 사용할 수 있는 재료일수록 좋다. 아동이 표현하기에 익숙하고 친근한 재료, 주변에서 쉽게 구할 수 있는 재료로 선택할 때 아동이 두려움이나 거부감 없이 흥미와 관심을 가지고 작업을 진행할 수 있으며, 자신의 감정을 자연스럽게 다룰 수 있다.

재료는 질이 좋은 것을 사용하여야 한다. 잘 부러지는 연필, 굳어 버린 물감, 구겨진 종이, 뻣뻣한 붓 등은 아동의 심리나 표현의 욕구를 위축시켜서 좌절감을 경험하게 할 수 있다. 또한 위생적이고 안정성이 보장되는 재료를 사용하여야 한다.

5. 미술치료의 과정

미술치료의 기간은 치료목표나 대상, 방법에 따라 다양하게 결정된다. 대체로 주 1~2회로 이루어진다. 그러나 아동의 성향이나 환경, 위기 상황일 경우에는 융통성이 발휘되어야 한다. 예를 들면, 성격이 경직되고 강박적인 성향의 아동인 경우에는 특별히 시간을 제한하지 않고 작품의 완성 시간을 기준으로 할 수도 있고, 충동적이고 산만한 아동의 경우에는 시간제한을 엄격히 지키도록 하는 것이 좋다. 일반적인 치료 시간은 대개 40~50분 정도이나 집단의 크기에 따라 더 길어지기도 하며, 아동의 연령과 집중력의 정도에 따라 짧아질 수도 있다.

미술치료의 진행과정은 일반적으로 미술매체의 소개와 함께 도입, 미술활동을 통한 창작과정인 결과물, 즉 구체적으로 표현된 작품을 통한 심리적 피드백을 제공하는 토론의 순서로 진행된다. 그러나 간혹 아동에 따라 질문은 최소화하고, 활동과 창작과정 자체로 치료를 종결하기도 한다.

1단계: 도입

상담자와 아동이 라포를 형성한 후 편안한 분위기에서 상담자가 회기에 이루어질 프로그램 주제와 미술매체에 대해 소개하고, 전체 회기에 대한 설명과 규칙도 이 시기에 제시한다. 또한 아동에 대한 정보를 파악하고, 간단한 그림 검사를 실시하여 아동과의 라포를 형성하는 것을 주된 목표로 한다. 무엇보다 치료과정에 대한 동기유발을 할 수 있는 미술매체와 활동이 준비되어야 하며, 이 과정에서 아동에 대한 새로운 문제를 재탐색하기도 한다. 이 시기에 상담자와 아동 사이에 치료적 의사소통이 점차 진행되면서 여러 문제에 직면하게 되는데, 이러한 직면은 저항과 방어를 유발하기도 한다. 아동이 자신의 그림에 상담자나 주변 인물을 우스꽝스럽게 묘사하거나 비인격적인 표현으로 나타내기도 한다.

2단계: 진행

본격적인 미술활동을 통한 창작과정이 일어나는 시기다. 이 단계에서 아동은 내면의 억압된 모습을 표출하기도 하는데, 이때 상담자는 이를 지속적으로 유도하여 아동이 자신의 문제를 통찰하고 점차 자아의 새로운 이미지를 통합하고 발달시키도록 돕는다. 아동은 미술작업 과정을 통해 내면의 부정적인 감정과 위축된 자아와 놀이하고, 유능한 자아를 분리하고 통합할 수 있으며, 새로운 인식을 할 수 있다. 그러므로 상담자는 아동이 적극적으로 자신만의 작업에 집중하고 몰입하는 경험을 할 수 있도록 불필요한 대화나 질문, 관여는 삼간다.

3단계: 토론과 피드백

이 단계에서는 치료목표가 이루어지는 시기로, 아동과 상담자가 변화를 느끼며 실제 현실 상황과 생활에서 변화가 이루어진다. 자신의 작품을 다시 살펴보는 과정에서 상담자 또는 집단 구성원 간에 상호 피드백을 통한 통찰이 이루어져 아동이 자신의 내적 문제, 미해결 과제와 만나 해소할 수 있는 기회가 마련된다. 이 과정에서 상담자는 '작품을 시작할 때와 만들 때, 그리고 끝났을 때의 느낌은 어떠한가?' '어떠한 부분이 특히 마음에 드는가?' '그 이유는 무엇인가?' '만약 작품을 수정한다면 어느 부분을 어떻게 수정하겠는가?' 등을 질문할 수 있다.

미술은 언어보다 간접적인 방법으로, 자아의 검열을 덜 받아 무의식의 내용이 잘 드러나기 때문에 자신의 작품을 통찰하고 피드백을 받는 과정에서 자신도 모르는 내면에 직면하고 진솔한 내용과 만날 수 있다. 무엇보다 이 시기에 종결을 준비해야 하는데, 이것은 매우 중요한 일이다. 상담자는 종결과정에서 아동이 상담자와의 헤어짐에서 느끼는 상실의 감정을 잘 극복하도록 도와야 한다.

6. 미술치료의 기술과 기법

아동 미술치료에서 사용되는 기법은 크게 진단 목적으로 사용되는 기법과 치료적 목적으로 사용되는 기법 두 가지로 나눌 수 있다. 많은 미술치료 기법이 계속해서 개발 및 연구되고 있는데, 여기서는 임상 현장에서 가장 많이 활용되는 미술치료 기법을 중심으로 소개하고자 한다.

1) 진단도구로서의 미술치료 기법

(1) 집-나무-사람 검사(House-Tree-Person: HTP)

이 검사는 가장 널리 알려진 투사적 그림검사 중 하나로서 1948년에 존 벅(John Buck)에 의해 개발되었다. 4장의 종이에 집, 나무, 사람(남성, 여성)을 그리는 검사로서 집과 나무, 사람은 남녀노소 모든 연령층에게 친숙한 소재다. 이 검사는 무의식적 상징이 잘 드러나며, 아동이 자신과 주변 환경에 대한 이미지를 반영하기 때문에 아동의 상태와 성격, 가족관계에 대한 지각과 정보를 제공해 준다. 한 장의 종이를 가로로 제시한 후 "집을 그리세요."라고 지시한다. 집을 그리고 나면 새로운 종이 한 장을 세로로 제시하면서 "나무를 그리세요."라고 지시한다. 나무를 그리고 나면 새로운 종이 한 장을 세로로 제시하면서 "사람을 그려 보세요. 단 사람을 그릴 때 막대 인물상이나 만화처럼 그리지 말고 사람의 전체를 그리세요."라고 지시한다. 사람을 그리고 나면 새로운 종이 한 장을 세로로 제시하면서 "앞에 그린 사람과 반대되는 성별의 사람을 그리세요."라고 지시한다. 이 검사에서는 앞의 지시어 외에 다른 부가적인 설명이 없기 때문에 집과 나무, 사람의 크기, 형태, 위치 등에 대한 세부사항은 모두 피검자가 스스로 알아서 결정한다. 집, 나무, 사람을 전부 그리고 나면 각각의 그림에 대해 질문을 한다. 내담자가 그림을 그릴 때 상담자는 그림 그리는 과정을 잘 관찰하여 상담과정에서 이야기를 나눌 필요가 있다.

집은 일반적으로 아동의 현실을 나타내고, 나무는 아동의 성장과정을 반영하며, 인물은 아동의 자아상에 대한 정보를 제공한다. 다음에 간단한 해석지침을 소개한다.

• **집**: 집 그림은 피검자가 성장해 온 가정 상황을 나타내며, 과거와 현재의 가정생활과 가족관계에 대한 인식과 감정, 미래의 이상적인 가정에 대한 환상을 나타낸다.

  지붕: 정신, 공상의 영역으로서 지붕이 과도하게 크면 공상이 과도하고, 대인관계에 문제가 있을 수 있으며, 지붕의 기왓장을 면밀하게 그리는 것은 강박적 성향을 암시한다.

  출입문: 환경과의 능동적 상호작용 및 대인관계의 태도를 의미하며, 출입문이

작으면 사회성의 결핍과 소극적 성향을 나타내고, 출입문이 크면 적극적인 대인관계를 희망, 혹은 타인에 대한 의존성을 나타낸다.

창문: 외부 환경과의 수동적 접촉을 의미하며, 창문과 출입문 모두를 그리지 않는 경우는 회피와 외부와의 차단을 의미한다.

굴뚝: 굴뚝을 그리지 않는 것이 일반적이나 여러 개를 그렸다면 친밀한 대인관계에 대한 욕구를 나타내고, 연기가 많이 나오고 있다면 가정에 대한 갈등을 암시할 수도 있다.

- **나무**: 나무 그림은 피검자의 무의식적인 자아상을 나타낸다.

줄기: 나무의 중심부로서 나무줄기가 굵고 크면 적극적인 행동 혹은 공격적인 성향을 나타내고, 반대로 가는 줄기는 자아의 무력감을 나타낸다. 나무줄기에 그려진 옹이는 피험자의 정서적 충격과 상처를 의미한다.

가지: 위로 뻗은 무성한 나뭇가지는 공상적 · 희망적 · 활동적 · 정열적인 성향을 나타내고, 밑으로 늘어진 나뭇가지는 소극적, 비활동적, 의기소침, 무력감 등을 나타낸다.

나뭇잎: 나무줄기와 가지의 크기에 비례하여 알맞게 무성하면 정열적이고 희망적이라는 신호이며, 지나치게 크면 과도한 욕구를 지닌 것으로 해석할 수 있다.

뿌리: 현실 지배력에 관한 관심의 표현으로서 지나치게 강조된 뿌리는 불안감과 자신감 결핍을 나타난다. 또한 지면의 선을 강조하고 뿌리를 과도하게 크게 그린 경우에는 현실 적응에 장애가 있음을 시사한다.

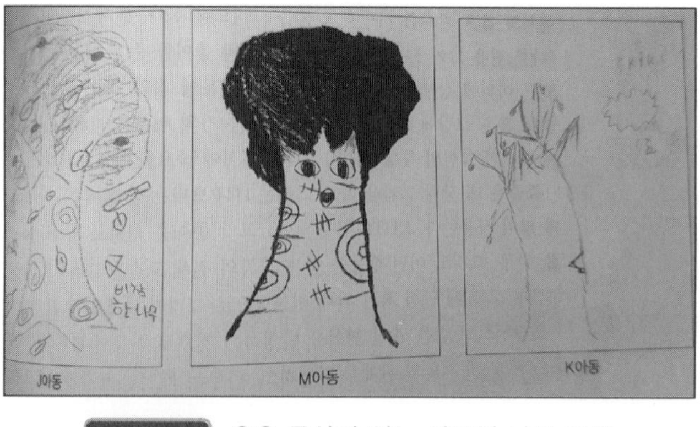

그림 7-2 우울 증상이 있는 아동의 나무 그림

출처: 김춘경(2004), p. 269.

• **사람**: 사람 그림은 나무 그림과 마찬가지로 자아상을 나타내는데, 나무 그림보다 조금 더 무의식적인 자아를 드러낸다.

자신과 다른 성별의 사람을 먼저 그린 경우에는 이성에 대한 관심의 증가나 성 정체성에 관한 문제가 있을 수 있다.

머리: 머리를 크게 그린 경우에는 지적 욕구가 강하고 공상적인 성향을 나타낼 수 있다. 지나치게 머리를 크게 그린 경우에는 팽창된 자아, 나르시시즘의 성향을 나타내기도 한다.

얼굴: 외부와의 접촉의 통로이자 내면의 창으로 강조된 눈은 적극성을 의미하고, 지나치게 큰 눈은 경계심을 나타낸다. 또한 감은 눈은 외부와의 차단을 의미한다. 입을 크게 그리거나 치아를 그려 강조한 경우에는 공격적 성향이나 유아기의 퇴행을 의미하고, 입을 그리지 않은 경우에는 우울과 말하고 싶지 않는 상태를 나타낸다. 코를 강조한 그림은 성적 호기심을 의미한다.

몸: 옷의 모양에 지나치게 신경을 써서 그린 경우에는 사회로부터의 인정 욕구를 나타낸다. 팔을 밖으로 뻗은 형태로 그린 경우에는 환경에 대한 공격적 욕구를 의미하고, 팔을 몸에 붙게 그린 경우에는 수동적 · 방어적 성향을 나타낸다. 손을 그리지 않은 경우에는 무력감을 나타내고, 주머니에 넣은 손은 도피, 자위 행위를 의미하기도 한다.

그림 7-3 7세 6개월 남자아이의 그림: 정서적인 어려움을 암시하는 다리를 그리지 않음

출처: Koppitz (1972).

(2) 동적 가족화 검사(Kinetic Family Drawing: KFD)

동적 가족화는 가족화에 움직임을 첨가한 투사 검사다. 가족 안에서 자신과 다른 가족 구성원에 대한 지각을 파악하고 가족 간의 상호작용과 역동성을 파악하기 위한 목적으로 개발되었다. A4 용지, 연필, 지우개를 제시하고 "너를 포함한 가족 모두가 무엇인가 하고 있는 그림을 그려 보세요. 만화나 막대기 같은 사람이 아닌 완전한 사람을 그리세요. 무엇이든 어떠한 활동을 하고 있는 그림을 그려야 합니다." 라고 지시한다. 시간 제한은 하지 않아도 되지만 30분 정도 소요된다. 그리는 도중에 여러 가지 질문을 하면 "그리고 싶은 대로 그리세요."라고 하고 어떠한 단서도 주지 않도록 한다. 상담자는 내담자가 그림을 그리는 동안에 그림 그리는 순서나 그리는 태도 등의 과정을 주의 깊게 관찰한다. 만약 가족 중 그리지 않은 사람이 있을 경우에는 "누구는 없네. 그려 볼까?"라고 상담자가 제안하여 나중에 다시 그려 넣도록 유도해서는 안 된다. 그림을 그린 후 상담자는 그린 순서, 인물의 나이, 하고 있는 행위, 생략한 사람, 가족 이외에 그린 사람이 있는지를 질문한다. 아동의 그림을 보면서 그림을 그린 뒤의 느낌이나 자신이 생각하는 가족의 특성, 가족 간의 관계 등에 대해 상담자가 질문하고 이야기하도록 한다. 관련 그림은 사례의 그림을 참조할 수 있다.

이 그림검사는 다음의 5가지 요소로 해석의 지침을 삼는다.

- 인물상의 행위: 이것은 가족 구성원 간의 상호작용을 나타내는데, 가족 모두가 상호작용을 하는지 또는 일부만 상호작용을 하는지 알 수 있다. 또한 그림에 나타난 인물상의 행위를 살펴보면 가족 안의 역할 유형을 알 수 있다. 주로 아버지, 어머니, 자기상을 중심으로 살펴보는데, 부모는 아동의 성격 형성에 중요한 요소이기 때문이다. 대개 아버지는 소파에 앉아 텔레비전 보기, 어머니는 주방에서 음식 준비하기, 자기상은 핸드폰하기, 공부하는 모습으로 나타난다.
- 양식: 일반적인 양식은 우호적인 가족관계에서 느끼는 감정과 신뢰감 등을 나타내고, 선을 통해 특정 인물을 분리하는 경우, 또는 특정 인물을 선으로 둘러싸는 경우 등은 가족관계가 단절되어 있거나, 분리하고 싶거나, 분리되어 있는 상태를 표현하는 것이다. 가장자리를 따라 인물을 용지 주변에 나열해서 그리는 경우에는 상당히 방어적이며, 문제를 회피하려는 경향 또는 친밀한 관계를

맺는 것에 대한 강한 저항을 암시한다.

- 상징: 동적 가족화에서 보편적으로 그려지는 사물들이 상징하는 임상적 의미를 지닌다. 먼저 공 등의 던지는 물체나 빗자루 등은 공격성과 경쟁심을 의미하고, 태양, 전등, 난로 등이 적절한 정도일 때는 애정적 · 희망적 정서를 나타내고, 강렬하고 과도할 때는 증오나 양육의 욕구를 의미한다. 또 칼, 총 등은 분노, 적개심을 드러내고, 비, 바다, 호수, 강 등은 우울의 감정을 의미한다.
- 역동성: 그림에서 전체적인 맥락을 파악할 수 있는 부분으로서 인물 묘사의 순위(일상적 서열), 인물상의 위치(리더와 복종의 상하관계), 인물상의 크기(존재 태도), 인물 간의 거리(친밀도), 인물상의 방향(가족관계의 방향), 인물상의 생략(갈등, 회피), 타인의 묘사(가족 간의 거리감 혹은 타인과의 친밀감) 등이 있다.
- 인물상의 특징: 그림에 묘사된 가족상에 대한 특성은 그 가족 구성원에 대한 감정과 정서 등을 나타낸다. 특정 신체 부위에 대한 음영은 그 부위에 대한 고착과 불안을 시사하고, 윤곽선의 형태는 강박적 사고와 관련이 있다. 특정 신체 부위의 확대 또는 과장은 그 부위의 기능에 대한 집착을 나타내고, 간혹 신체를 투명하게 보여 주는 그림은 현실의 왜곡, 빈약한 현실 감각, 정신장애 가능성을 암시한다. 인물의 표정은 직접적인 감정을 나타내고, 의복의 단추나 액세서리의 강조는 애정 욕구 불만 또는 의존성을 암시한다.

(3) 물고기 가족화 검사

이 검사는 어항을 그린 도식을 주고 그 안을 자신이 자유롭게 꾸미게 하는 것이다. 가족관계의 역동성을 들여다볼 수 있으며, 현재 심리적 갈등을 일으키는 주제를 파악하는 데 유용하다. 어항은 투명하게 들여다보이는 사생활이 없는 상태를 의미하며, 저항 없이 자신의 가족 내의 역동을 표현할 수 있게 한다. 어항을 그린 도식을 주거나 직접 그리게 한 다음 물고기 가족을 그리게 한다. 반드시 물고기 가족이 뭔가를 하고 있는 그림을 그리게 한다. "자신이 꾸미고 싶은 것이 최대한 표현될 수 있도록 그려 주세요."라고 지시한다. 단, 자신의 집에 있는 수족관이나 어항 등의 실물을 보고 그려서는 안 된다. 그림을 해석하기 전에 반드시 그림에 대한 아동의 설명을 듣고 가족관계, 또래관계, 성격 등을 이해해야 하며, 다른 검사와도 병행하여 단식판단을 해서는 안 된다. 먼저 그리는 어항 안의 물의 높이, 물고기를 그리는 순서,

물고기 사이의 거리 등을 눈여겨본다. 자신을 상징하는 물고기를 중심으로 위쪽에 위치하면 권위적 · 지배적인 인물을 의미하고, 수평과 아래에 위치하면 친밀 또는 친절한 인물임을 의미한다.

다음에 물고기 가족화의 간단한 해석 지침을 소개한다.

- **물고기의 형태**: 지나치게 크면 자기중심적 · 외향적인 성격을 나타내고, 지나치게 작으면 위축된 자아와 내향적인 성향을 나타낸다. 어항의 아래쪽에 물고기를 그렸다면 사고적 성격, 어항의 위쪽에 물고기를 그렸다면 활동적인 성격을 의미한다. 이를 드러낸 물고기는 억압이나 공격적 성향을 나타내며, 임신한 물고기, 아기물고기 등은 유아기적 퇴행과 모성 회기 욕구를 의미한다.
- **어항의 형태**: 어항에 손잡이나 받침을 그린 경우에는 불안한 정서를 나타내고, 외부로부터 도움을 원하는 안전에 대한 욕구를 표현한 것으로 볼 수 있다. 어항에 아무런 장식이 없이 물고기만을 그린 것은 인간관계에 대한 과도한 고민을 나타내고, 장식에 치중한 경우에는 사회화에 대한 관심을 나타낸다.
- **물풀과 자갈**: 물풀과 자갈이 물고기를 가릴 정도로 과도하면 숨고 싶은 비사회화의 상태나 감정, 열등감 등을 의미하고, 물 위의 연잎 등은 소극적인 성향 및 대인관계의 문제를 암시한다.
- **산소기와 기포**: 간혹 산소기를 그리는 경우가 있는데, 이는 의존적인 성격을 의미하고, 큰 기포는 감정의 둔감함, 작은 기포는 민감한 성격을 의미한다. 어항 밖으로 연결된 물 호스의 표현은 억압된 감정을 분출하고자 하는 욕구의 표현

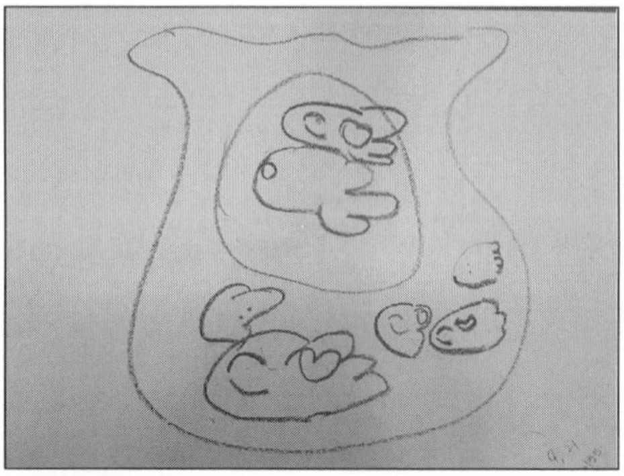

그림 7-4 경계선 지능장애를 겪는 9세 남아

으로 해석된다.

• 집과 먹이: 어항 속에 집을 그리는 경우는 휴식에 대한 갈망과 보호에 대한 욕구를 나타내고, 안정된 집에 대한 소망을 나타낸다. 물고기에게 주는 먹이를 그린 경우에는 애정과 보살핌에 대한 욕구를 의미한다.

(4) 동물 가족화

이 검사는 동적 가족화와 비슷한 목적으로, 가족의 성격 특성 및 가족 간의 역동성을 파악할 수 있다. 가족 구성원의 성격, 역할, 가족 내에서의 위치 등을 생각하게 한다. 이 검사 역시 물고기 가족화와 마찬가지로 직접적으로 가족을 그리는 것보다 좀 더 간접적인 방식으로 가족을 표현하고, 동물로 표현된 가족의 상징을 이해하며 정보를 얻을 수 있다. "옛날이야기에서는 동물이 사람으로 변하기도 하고, 사람이 동물로 변하기도 하지요. 자, 가족이 동물로 변했다고 상상해 보세요. 가족을 어떤 동물로 표현할 수 있을까요? 자신은 물론 가족을 동물로 그려 보세요."라고 지시한다. 아동이 그림을 그리지 못할 경우에는 동물 그림을 주고 오려 붙이도록 하는 방법도 있으나 되도록 직접 그리도록 권유한다. 같은 동물이라도 표정, 크기, 방향 등이 다를 수 있으므로 직접 그리는 것이 아동으로부터 더욱 세밀한 정보를 파악할 수 있다. 그림의 모양이나 크기, 위치, 방법에 대해서는 어떠한 단서를 주어서는 안 되며, 아동이 질문할 경우에는 "하고 싶은 대로 자유롭게 하면 됩니다."라고 말해 준다. 그림을 그린 후 그린 순서와 그림 속의 인물이 누구인지에 대해 적게 한다. 그

그림 7-5 동물 가족화

출처: 김춘경(2004), p. 261.

후 그림에 대한 설명을 듣고 관련된 질문을 하고 난 다음 내담자의 반응에 대해 이야기를 한다. 대개 아버지는 호랑이, 코끼리, 사자, 말, 개 등으로 표현되고, 어머니는 토끼, 새, 고양이, 개, 캥거루 등으로 표현되는데, 아동이 동물의 어떠한 특징을 가족에게 연결시켰는지 충분한 면담을 통해 알아보아야 한다.

(5) 풍경구성법(Landscape Montage Technique: LMT)

이 검사법은 1969년에 나카이 히사오(中井久夫) 교수에 의해 창안되었는데, 아동의 의식과 무의식을 탐색하고, 치료 가능성을 평가한다. 4면이 테두리로 그어져 있는 구조화된 공간에 통합적 지향성을 가지고 하나의 전체를 구성하는 구성적 표상을 살펴보는 방법이다. 상담자가 검은색 펜으로 용지에 테두리를 그려 내담자에게 제시한다. "지금부터 풍경화를 그릴 거예요. 그림을 잘 그리거나 못 그리는 것은 중요하지 않습니다. 내가 말하는 순서대로 그려 주세요. 10개의 항목으로 하나의 풍경화를 만드는 것입니다."라고 지시한다. 상담자가 10개의 항목[강, 산, 논(밭), 길, 집, 나무, 사람, 꽃, 동물, 돌]을 차례대로 불러 주면 내담자는 검은색 펜으로 순서대로 풍경을 그린다. 그림을 그릴 때 10가지를 미리 제시하지 말고 하나씩 하나씩 불러주도록 한다. 그림을 다 그렸으면, "그 외 추가로 더 그려 넣고 싶은 것이 있으면 그리세요."라고 말한다. 그런 다음 원하면 색칠하도록 한다. 색칠은 반드시 해야 하는 것은 아니다. 작품이 완성되었으면 상담자와 내담자는 그림을 보면서 계절이나 날씨, 강이 흐르는 방향, 사람과 집, 논 등의 관계에 대해 묻고 싶은 부분을 질문한다. 상담자는 풍경 전체의 느낌을 중요시하고, 작품에 대한 평가나 상징을 분석하기보다는 내담자와의 교감이 중요하다는 것을 잊지 않아야 한다. 또한 내면의 상황과 갈망이 풍경화에 투영되어 있으므로 앞으로의 변화 가능성을 엿볼 수 있다.

풍경화를 구성하는 항목에 대한 간단한 해석 지침을 소개한다.

- 강: 무의식의 흐름을 상징한다. 강물이 흘러넘치거나 강을 크게 그린 경우에는 무의식에 지배되어 있거나 신경증을 가지고 있음을 암시한다.
- 산: 극복해야 하는 문제의 수, 주어진 상황과 앞으로의 전망을 나타내는 상징으로 산의 크기, 모양, 수를 주의 깊게 살펴야 한다. 앞길을 가로막고 있으면 곤란한 문제나 장애로 답답함을 의미하고, 산이 완만한 경우에는 힘든 일을 잘 넘어

갈 수 있음을 의미한다.

- 밭: 발병 시기, 즐거웠던 시절, 때로는 미래를 암시하기도 한다. 곡식이 익어 가는 밭은 풍요로운 미래, 성공한 미래를 지향하고 있음을 의미하고, 벼 이삭을 한 알씩 세심하게 그린 경우에는 강박적 성향을 나타내기도 한다.
- 길: 의식적인 영역으로서 방향을 의미하고, 인생의 길로 명확하게 의식되는 것을 표현하는 경우도 있다. 길이 험하거나 힘든 곳과 이어져 있으면 힘든 길을 간다는 것을 의미하고, 강 위의 다리와 연결되어 있으면 안심할 수 있다.
- 집: 가족 상황, 가정 환경, 가족관계에 대한 것을 나타낸다. 현재의 가정에 대한 감정을 그대로 투영하거나 미래에 바라는 이상적인 가정의 모습을 나타내기도 한다.
- 나무: 기본적인 자아상을 의미하며, 자기 자신의 모습을 무의식적으로 표현한 것으로 볼 수 있다.
- 사람: 풍경화에 나타나는 사람은 자신의 현실상 혹은 이상적인 상을 나타내며, 의미 있는 인물 또는 일반적인 인간상을 어떻게 인지하고 있는지를 나타낸다.

그림 7-6 풍경구성법

출처: 김춘경(2004), p. 277.

• **꽃**: 아름다움과 사랑을 의미하는 것으로서 일반적으로 여성스러움을 의미하고 강조하는 경우에 그리는 일이 많다. 간혹 높은 산봉우리의 꽃, 장례식용 꽃, 길가에 핀 빨간색 꽃은 자신의 영혼에 공감하는 꽃을 의미하며, 부모의 죽음을 애도하는 그림에서 나타나기도 한다.
• **동물**: 동물 그림은 각 동물이 지닌 속성 자체로서 상징성을 지닌다. 풍경의 다른 그림은 작게 그리고 동물 그림만 크게 그린 경우에는 작아진 현실을 보상하려는 욕구를 의미한다. 등교 거부 아동은 소나 말을 그리는 경향이 있고, 학교폭력 피해 아동은 고양이에게 물려 있는 쥐를 그리기도 한다.
• **돌**: 돌은 단단함, 불변성을 상징한다. 일반적으로 무수히 많아 존재를 쉽게 알아차리기 어려운 경우가 많은데, 큰 돌이나 바위가 그림의 전방에 위치하면 현실의 어려움이나 장애를 의미한다.

(6) 빗속의 사람(Person In The Rain: PITR)

인물화에 비가 오는 장면이 추가된 것으로, 현재 겪고 있는 스트레스 정도와 대처 능력을 알 수 있는 기법이다. A4 용지, 연필, 지우개를 제시하고 "비가 내리고 있습니다. 빗속에 있는 사람을 그려 주세요. 만화나 막대기 같은 사람이 아닌 완전한 사람을 그리세요."라고 지시한다. 내담자의 질문에는 "그리고 싶은 대로 하면 됩니다."라고 말하고, 그림의 모양이나 크기, 위치, 방법에 대해 어떠한 단서도 주어서는 안 된다. 그림을 그린 후 상담자는 그린 순서와 그림 속의 인물이 누구이며, 그 사람이 무엇을 하고 있는지에 대해 질문하고 기록한다. 그런 다음 그림에 대해 내담자와 이야기를 나눈다. 비는 환경적 스트레스에 대한 은유로, 그런 상황에서의 대처자원이나 방식을 통해 개인의 강점을 찾을 수 있다. 다음에 간단한 해석 지침을 소개한다.

• **빗줄기의 양**: 비는 스트레스를 의미하며, 빗줄기의 양은 아동이 받고 있는 스트레스의 정도를 의미한다. 비가 조금 내리는 것으로 묘사한 경우에는 스트레스에 민감하지 않은 것으로 해석하는 반면, 빗줄기가 세차고 굵다면 받고 있는 스트레스의 정도가 그만큼 심하다는 것을 의미한다.
• **비에 대한 대응**: 그림 속 사람의 비에 대한 대응은 아동의 스트레스에 대한 대

응 방식이다. 우산을 쓰고 있거나 처마 밑에 피해 있는 등 비에 대응을 하고 있다면 아동이 스트레스에 적절히 대응하고 있음을 의미한다. 만약 무방비 상태로 내리는 비를 맞고 있다면 스트레스에 적절히 대응하지 못하고 있음을 의미한다.

- 사람: 그림에서 사람의 크기는 아동의 자아에 대한 크기다. 그림 속 사람의 표정이 스트레스를 받으면서 나타나는 자아의 모습으로 힘든 표정을 하고 있다면 스트레스로 인해 힘들고 지쳤음을 의미한다.
- 기타: 가로등의 등장은 애정, 지지, 관심에 대한 욕구를 나타낸다. 우산의 크기는 아동의 스트레스에 대한 대응이 어느 정도인지를 말해 준다. 지나치게 우산을 크게 그렸다면 스트레스를 처리하는 데 아동이 너무 많은 에너지를 소비하고 있다는 의미다. 천둥과 번개는 피검사자가 현재 상당한 스트레스에 직면해 있다는 것을 알 수 있다. 타인에게 우산을 씌워 주는 그림은 아동이 타인의 스트레스까지 떠안으려고 하는 것을 의미한다.

(7) 동그라미 중심 가족화(Parent-Self-Circle-Drawing: PSGD)

부모상과 자기상을 한꺼번에 하나의 원 안에 그려 분석하는 방법으로서 부모와 자신의 관계를 파악하고, 그 관계를 통해 자기 자신을 이해한다. 원을 그린 종이를 제시하고, "원의 가운데에 아버지와 어머니, 그리고 자기 모습을 그려 주세요. 막대기나 만화 같이 그리지 말고 몸 전체를 그려 주세요. 그리고 아버지, 어머니, 자기 주위에 아버지, 어머니, 자기와 관련하여 연상되는 것은 무엇이든지 그려 주세요."라고 지시한다. 부모와 자신에 관해 연상되는 상징을 원 주위에 그리게 한다. 시간 제한은 하지 않아도 되지만, 10~30분 정도 소요된다. 그리는 도중에 여러 가지 질문을 하면, "그리고 싶은 대로 자유롭게 그리세요."라고 대답하고, 그림에 대한 암시를 주어서는 안 된다. 그림을 그린 후, "당신이 그린 그림에 대해 설명을 해 주시겠어요?" "이 그림은 무엇입니까?"라고 그림에 대해 질문을 하고, 자신이 생각하는 부모의 특성과 부모와의 관계 등에 대해 이야기를 나누도록 한다.

(8) 동적 학교생활화(Kinetic School Drawing: KSD)

아동이 학교에서 그들과 관계되는 인물, 즉 자신과 친구와 선생님이 무엇인가 하고 있는 그림을 그리게 하여 친구, 선생님과의 관계에 대한 아동의 지각을 측정하는 투사기법이다. 어떤 아동은 학교에서 자신의 어떤 태도가 학교생활을 즐겁지 않게 하는지 인식하지 못하는 경우가 있다. 이때 상담자는 KSD에 나타난 그림을 보면서 학교에서 일어난 역동을 아동이 이해하고 통찰할 수 있도록 도울 수 있다. 상담자가 종이와 연필, 지우개를 준비하여 제시하고, "자신을 포함하여 선생님과 한 명 이상의 친구가 학교에서 무엇인가 하고 있는 그림을 그려 보세요. 만화나 막대기 같은 사람이 아닌 완전한 사람을 그려 주세요. 모두가 무엇이든 하고 있는 그림을 그리도록 하세요. 자신도 그리는 것을 잊어서는 안 됩니다."라고 지시한다. 용지의 방향은 내담자가 자유롭게 선택하도록 하며, 시간 제한은 하지 않아도 되지만 30분 정도가 소요된다. 그리는 도중에 여러 가지 질문을 하면, "자유입니다. 그리고 싶은 대로 그리세요."라고 하고 어떠한 단서도 주지 않도록 한다. 그림을 그린 후 그림을 그린 순서와 그림 속의 인물이 누구이며, 그 사람이 무엇을 하고 있는지에 대해 질문을 하고 기록한다. 그림을 보고 친구와의 관계, 교사와의 관계, 학교생활에 대해 질문을 하며 이야기를 나눈다. KSD의 분석은 인물 간의 행동, 특징적인 외형, 인물 간의 거리 등 매우 상식적인 해석이 가능하다. 예를 들면, 선생님과의 갈등을 지속해 온 아동은 자신은 작게 그리고 선생님은 크게 그릴 것이고, 또래관계에 문제가 있는 아동은 책상에 혼자 엎드려 있는 모습을 그릴 것이다. 이러한 기법들은 제한된 시간에 아동에 대한 여러 정보를 제공함으로 유용하다.

2) 치료 도구로서의 미술치료 기법

치료 도구로서의 미술치료 기법에는 크게 심리적 긴장의 이완을 도와주는 미술치료와 정서 표현을 도와주는 미술치료, 긍정적인 자아 확립을 위한 미술치료, 행동조절을 도와주는 미술치료 등으로 나누어서 살펴볼 수 있다.

(1) 심리적 긴장의 이완을 도와주는 미술치료

난화 그리기 7세 이상의 아동에게 실시하기 적합하며, 아동의 심리적 긴장을 이완시키고 발달을 촉진시켜서 자신의 감정이나 생각을 풀어놓을 수 있게 도와준다. 난화를 그릴 때 내담자의 감정을 마음껏 표현하도록 편안한 분위기를 만들어 주는 것이 중요하므로 그림을 그리기 전에 몸을 율동적으로 움직여 보게 하는 것도 좋다. 그리고 경험한 움직임을 종이 위에 옮긴다는 기분으로 선을 그려 보도록 유도한다. 그런 다음 선이 그려진 종이를 이리저리 돌려 다양한 각도에서 그림을 바라보게 한다. 그 과정에서 어떤 이미지가 떠오르거나 발견되면 선을 더하거나 색을 더 칠해서 발견한 이미지를 좀 더 구체화시킬 수 있다.

핑거페인팅 손가락에 물감을 찍어 그리는 미술 기법으로, 아이들뿐만 아니라 성인들에게도 좋은 치료방법이다. 다양한 색채와 자유로운 표현이 가능한 핑거페인팅은 느낌을 표현하는 방법으로 심리적 카타르시스를 경험하게 한다. 미리 준비해 둔 여러 개의 대야나 용기에 핑거페인팅용 물감을 조금 넣고 물을 부어서 물감을 녹인다. 또는 수채화 물감을 대야나 용기에 짜 넣은 뒤에 물을 붓고 묽은 밀가루 풀을 함께 섞어 준다. 이렇게 만든 물감을 손바닥에 묻힌 다음 종이 위에 찍거나, 바르거나, 문지르는 등 자신이 하고 싶은 대로 행동한다. 손가락이나 옷이 더렵혀지는 것에 부담을 느끼기도 하는데, 이 점 때문에 속박된 아이를 자발적이고 자유롭게 해주며, 감각적 경험을 통해 정서가 안정되어 저항을 감소시키고 심리적으로 이완되는 효과를 얻을 수 있다.

데칼코마니 데칼코마니의 장점은 미술로 표현하기를 부담스러워하거나 어려워하는 아동도 쉽게 작품을 만들 수 있다는 점이다. 아동의 에너지 수준에 따라 도화지의 크기나 형태를 결정한 다음, 반으로 접어 한쪽 면에 그림물감을 자유롭게 짜 넣고, 그 물감이 마르기 전에 종이의 다른 한쪽 면을 접어 눌렀다가 펴서 대칭적인 무늬를 만들어 내는 미술 기법이다. 처음부터 어떤 모양을 의도해도 좋고, 일부러 연출하지 않고 마음대로 물감을 짜서 찍어내도 좋다. 종이를 펼쳐 보면 상상한 것 이상으로 신비롭고 아름다운 무늬가 나타난다. 의도하지 않은 결과를 우연히 얻게 함으로써 색다른 즐거움과 재미를 준다. 농도가 진한 물감의 강렬한 색상과 끈적거리는 느낌은 시각과 촉각을 자극한다. 나타난 형태에 대해 이야기를 나누고, 더 꾸미고 싶은 부분이 있으면 데칼코마니를 응용하여 그림을 완성할 수도 있다. 완성된 작품에 자신이 생각하는 제목을 붙이고 그 의미에 대해 이야기 나눈다.

점토를 이용한 미술 활동 점토는 부드럽고 촉촉하고 차진 촉감을 가지고 있어서 아동이 놀이를 하듯 만지고 주무르면서 심리적 긴장을 이완하고 억압된 감정을 쉽게 발산할 수 있도록 해 준다. 점토를 두드리고 치대는 작업을 통해 공격성과 감정을 분출하기도 한다. 또 원하는 형태를 자유자재로 만들어 낼 수 있으므로 창의성 계발에도 도움이 된다. 특별한 시설이나 기술이 필요 없으며, 점토를 반복하여 사용할 수 있다는 것 또한 장점이다. 처음부터 완성도가 높은 작품을 만들어 내기는 쉽지 않으므로 단순히 점토를 가지고 논다는 느낌이 들도록 마음껏 주무르게 하는 것이 좋다. 점차 점토를 다루는 것이 익숙해지면 공이나 뱀 등의 단순한 모양을 만들어 본다. 상담자는 아동이 상상력을 발휘해 자신이 원하는 모양을 만들도록 격려하고 완성된 작품에 대해 이야기를 나눈다.

만다라 그리기 만다라(mandala)는 본래 불교의 성전이나 사찰에서 중생의 성불을 위해 제작되는 것으로, 미술치료에서도 큰 의미를 가진 치료 기법 중 하나다. 이 기법의 치료적 효과를 처음으로 제안한 사람은 융으로, 만다라의 목적은 내담자에게 만다라를 제작하게 함으로써 분열된 자신을 통합하여 삶의 본질에 이르도록 하는 것이다. 내담자는 만다라 제작의 준비과정인 명상과 제작에서의 몰입을 통하여 자신과 작품이 하나가 되는 일체감을 경험함으로써 자신의 무의식적 내면의 치료를 경험할 수 있다.

아동상담에서는 만다라 그리기를 통해 심리적 불안에서 벗어나 정신을 집중하는 동시에 이완하면서 긴장을 완화시킬 수 있다. 색연필, 사인펜, 크레파스, 색종이, 나뭇잎이나 돌과 같은 자연물을 사용할 수도 있다. 자유연상으로 그려도 좋으나, 아동을 치료할 때에는 문양이 그려져 있는 여러 가지 만다라 중 선택하여 사용하여도 좋다. 이 만다라 문양은 인터넷이나 책을 통해 쉽게 구할 수 있다. 먼저 몇 가지 만다라 형태를 충분히 들여다보고 마음에 드는 것을 고르게 한다. 그런 다음 잠시 눈을 감고 마음속으로 몇 가지의 색깔을 떠올리게 한 다음에 색을 칠하게 한다. 이때 조용한 음악을 들려주면 더 효과적이다. 완전히 다 색칠하지 않고 흰 부분을 남겨 둬도 좋다.

(2) 정서표현을 도와주는 미술치료

물감 뿌리기 미술치료 기법을 통해 안전하고 보호된 공간에서 허용되는 방법으로, 분노와 공격성을 표출하여 감정을 해소할 뿐 아니라 작품으로 승화시켜 새로운 결과물을 만드는 경험은 아동을 성장시킨다. 억압된 정서를 표현하는 단계를 거치면서 상담자를 통해 그 감정을 인정 및 수용받음으로써 스스로 정서를 조절하는 방법도 점차 배워 가게 된다. 물감 뿌리기는 우연의 효과를 이용한 표현 기법으로, 물기를 머금은 물감을 종이에 떨어뜨린 뒤 입으로 이리저리 불어서 자유롭게 모양을 만들거나, 붓에 물감을 잔뜩 묻힌 다음 그대로 내리치듯이 종이 위에 뿌린다. 또는 붓 대신 손가락에 물감을 듬뿍 묻힌 뒤 튕겨서 뿌린다. 색이 번지는 효과를 보려면 이미 채색된 부분의 가장자리 쪽에 물을 묻혀서 퍼뜨리면 된다.

신문지 찢기와 종이 죽 작업 많은 양의 신문지를 준비한 다음 한 장씩 들고 마음대로 찢도록 한다. 신문지가 경쾌하게 쭉 찢어지는 소리, 찢어지는 행동으로 아동의 부정적인 정서 표현을 돕고, 스트레스를 경감시킨다. 다양한 방법으로 신문지를 찢은 뒤, 그 신문지 조각들을 날려 보게 한다. 신문지 조각을 둥글게 뭉쳐서 던지거나, 신문지 더미 위에 누워 보거나, 신문지 더미를 덮어 써도 좋다. 신문지 조각으로 할 수 있는 놀이를 해 본 다음에는 찢어진 신문지를 플라스틱 통에 넣고 물과 풀을 넣고 섞어 종이 죽을 만든다. 이 종이 죽을 나무판 위에 놓고 입체적인 형태로 만든다. 작품이 완성된 뒤 아크릴 물감으로 색을 칠해도 좋다. 작업이 끝난 뒤 느낌과 감정에 대해 이야기를 나눈다.

콜라주 콜라주는 미술적 표현력이 부족한 아동뿐 아니라 누구나 부담 없이 할 수 있는 기법이다. 또 몰입하기 좋은 미술치료 기법으로, 미술에 대한 거부감을 줄이고, 분노의 탈출, 희망에 대한 상징 등 다양하게 활용할 수 있다. 잡지나 그림, 달력, 사진, 헝겊, 낙엽, 색실 등 우리 주변에서 쉽게 구할 수 있는 재료를 찢거나 오리거나 잘라 붙여 작품을 완성하는 것이다. 가위질이 어려운 아동일 경우에는 미리 잘라 놓은 것을 붙이게 해도 좋다. 먼저 주제를 정한 뒤 구상을 하고 종이에 밑그림을 그린다. 그리고 사진과 그림 자료가 풍부한 잡지를 펼쳐 보면서 관심을 끄는 사진이나 그림을 골라 밑그림 위에 붙이고, 색실이나 철사, 풍선, 천이나 옷 조각, 각종 반짝이 등의 다양한 재료를 적절히 활용하면 자신의 상태와 감정을 더 정확히 표현할 수 있다.

감정 차트 만들기 아동의 감정을 노출시킬 수 있는 기법으로, 네 장의 종이를 준비한 뒤 각각의 종이에 기쁨과 슬픔, 분노, 그 밖에 표현하고 싶은 감정을 그림으로 그리게 한다. 또는 한 장의 종이에 색깔에 대한 느낌을 적는다. 예를 들어, 빨간색은 어떤 느낌인지, 검은색은 어떤 느낌인지 적는 것이다. 감정 차트에는 아동이 원하는 색깔을 아동이 느끼는 주관적인 정서와 감정에 연결되어 표현된다.

행복한, 슬픈, 화난 감정 표현하기 아동에게 세 가지 서로 다른 표정을 가진 행복한 얼굴, 슬픈 얼굴, 화난 얼굴을 그리게 한다. 그리고 언제 행복했는지, 슬펐는지, 화가 났는지를 떠올리게 한다. 행복했을 때, 슬펐을 때, 화가 났을 때를 그림으로 그리거나 글로 나타내도록 한 다음, 그림이나 글을 가지고 아동과 상담자가 이야기를 나눈다. 감정에 대해 이야기함으로써 누구나 다양한 감정을 가질 수 있음을 알게 하고, 그것을 표현할 수 있게 한다.

명화 따라 그리기 명화집에서 작품 하나를 선택하여 복사한 다음 아동에게 준다. 그리고 복사한 명화에 색을 칠하게 하거나, 잡지나 색종이를 오리거나 찢어서 원하는 곳에 붙이게 한다. 말풍선을 만들어 명화에서 얻은 느낌을 직접 적어 보게 하는 방법도 좋다. 명화 속 인물과 상황에 자신의 감정을 이입해 봄으로써 내면의 억압된 감정을 발산할 수 있게 해 준다.

(3) 긍정적인 자아 확립을 위한 미술치료

신체 윤곽 그리기 이 기법은 전지를 준비한 다음 그 위에 아동을 눕히고 자신의 전신상을 본뜨게 하는 것이다. 신체상을 본뜨고 난 후, “너는 이 그림이 누가 되기를 원하니?”라고 물어보고 자신이 원하는 그림으로 완성시키도록 한다. 또는 신체의 일부분이나 손과 발의 본을 뜨기도 한다. 본뜬 신체 그림을 색칠하거나 마음껏 장식해 본다. 수채화 물감을 이용하여 손바닥과 발바닥 찍기 놀이를 하거나 지문을 찍어 볼 수도 있다. 이러한 활동으로 긍정적인 신체 이미지와 자아상, 자아존중감을 갖게 할 수 있다. 신체 윤곽 그리기는 신체 접촉이 일어날 수 있으므로 아동과 충분한 라포가 형성되고 난 후에 실시하는 것이 좋다.

셀프박스(self box) 만들기 빈 상자를 이용하여 바깥쪽은 다른 사람이 보는 '나'를, 안쪽은 내가 보는 '나'를 표현하게 한다. 이 기법은 아동에게 외부세계의 요구나 자신에 대한 기대 때문에 자신의 내적인 욕구에 얼마나 소홀한지 통찰해 주며, 안과 밖이 균형 있게 발전할 수 있도록 촉진한다.

내가 만일 거인이 된다면 아동에게 만일 거인이라면 어떤 일을 하고 싶은지 종이에 그리게 한다. 이것은 눈에 보이지 않는 투명 인간이 되는 것과는 다른 의미로 접근해야 한다. 거인이 되는 것에는 공격 욕구의 표출도 들어 있지만, 성장 욕구 강화 프로그램으로 보는 것이 더 적합하다.

여러 가지 자화상 그리기 다양한 크기의 상자를 만들고 그 위에 자신의 자화상을 여러 가지 모습으로 그리게 한다. 그런 다음 각종 채색 도구로 자화상을 꾸며 보게 한다. 자화상이 그려진 여러 모양의 상자를 본드를 이용해 액자에 붙인다. 이 기법은 자신이 느끼는 '나'를 직접 그리면서 자아존중감에 접근할 수 있게 해 준다. 또한 다양한 모습의 자화상을 그려 봄으로써 내 안의 '나'가 하나가 아니라 여러 개 존재하고 있음을 알게 한다. 궁극적으로는 내적 통합을 이뤄야 한다는 것을 깨닫게 한다.

나의 좋은 점 아동에게 종이의 위쪽에 '나의 좋은 점'이라고 쓰게 한다. 종이의 가운데에 자기 모습을 그리게 한다. 자신이 할 수 있는 것, 좋아하는 것, 잘하는 것, 외모 중에서 좋아하는 곳 등을 자기 모습 주변에 글이나 그림으로 표현하게 한다. 아동의 좋은 점들에 대해 이야기를 나눈다. 이를 통해 아동의 긍정적인 측면을 알게 하여 자존감을 향상시킨다.

웅덩이 아동에게 종이에 U자 모양의 웅덩이를 그리게 하고, 웅덩이 안에 있는 자신의 모습을 그리게 한다. 웅덩이 위쪽에는 아동이 웅덩이 밖으로 나오는 데 도움을 줄 수 있는 사람을 모두 그리게 한다. 아동이 밖으로 나오기 위해서 무엇을 할 수 있는지를 그림으로 그리도록 한다. 아동에게 절망감을 느낄 때 자신을 도와줄 사람이 있음을 알게 하여 희망을 가지게 한다.

(4) 행동 조절을 도와주는 미술치료

화난 모습 상담자는 아동에게 어떤 상황에서 화가 나는지, 그 느낌은 어떤 것인지 떠올리게 한다. 종이의 가운데에 화난 얼굴을 그리게 한 다음에 아동을 화나게 만드는 것들을 화난 얼굴 주변에 그리거나 글로 표현하게 한다. 가장 화나게 만드는 것은 무엇인지, 화가 났을 때 어떻게 하는지, 가장 자주 사용하는 해결 방법은 무엇인지, 화를 제대로 잘 표현할 수 있는 방법은 무엇인지 등 내담자와 화에 대한 이야기를 나누고, 적절한 방법은 어떤 것이 있을지 함께 모색한다.

테두리법 이 기법은 아동이 보고 있을 때 용지에 테두리를 그어 건네 주는 방법으로, 묘화를 자극하고 공포를 줄일 수 있어 자아가 허약한 아동에게 많이 사용된다. 테두리를 그릴 때에는 자를 사용하지 않는다. 원을 그려서 주고 원 안에 그림을 그리거나 채색하게 함으로써 과잉 행동, 주의 산만 등을 통제할 수 있는 기법이다.

화의 해결사 아동과 화를 다루어 주는 해결사로 어떤 것이 있는지 이야기해 보고, 해결사의 그림을 그리게 한다. 아동이 선택한 해결사의 특징은 무엇인지, 화를 다루는 데 그 해결사의 어떤 면이 도움이 되는지 등 해결사의 그림을 가지고 아동과 상담자가 이야기를 나눈다. 8세 이상의 아동에게 활용할 수 있고, 화난 모습을 다룬 이후에 화의 해결사 활동을 수행한다.

3) 미술치료의 유형

(1) 지시적 방법과 비지시적 방법

주제와 재료의 선택에 있어서의 결정권에 따라 아동이 자유롭게 주제와 재료를 선택하는 비지시적 방법과 상담자가 주제와 재료를 구조화하여 제시하는 지시적 방법이 있다. 이는 아동의 성향, 집단일 경우에는 집단의 크기, 치료기간, 치료의 진행단계 등에 따라 달라진다. 비지시적 방법은 대체로 치료기간이 장기이고 아동의 자아능력이 충분할 때 적합하다. 이에 반해 지시적 방법은 치료기간이 단기이거나, 아동의 자아능력이 미성숙하거나, 치료 초기에 선택을 부담스러워하거나, 시작에 어려움을 보이거나, 미술에 대한 부담감이나 고정관념을 가지고 있는 등 저항을 보이는 아동에게 유용한 방법이다. 지시적 방법을 사용할 때에는 상담자가 아동의 상황에 맞게 프로그램을 적절하고 신중하게 선택해야 한다. 그러나 일반적으로 미술치료에서는 어느 한 가지 방법으로만 구성하기보다는 지시적 방법과 비지시적 방법을 함께 적절히 병행하는 경우가 많다.

(2) 개인미술치료와 집단미술치료

개인미술치료는 상담자가 프로그램 시작 전에 아동의 건강상태에 대한 파악과 인터뷰 및 사전검사를 통해 아동의 주 호소문제와 치료의 방향을 정확히 파악하는 것이 중요하다. 먼저 사례를 개념화하고 치료목표를 정한 후에 적절한 미술치료 프로그램의 구성과 미술매체를 결정해야 한다. 이러한 개인미술치료의 장점은 각 개별 아동의 성격과 특성을 고려하여 맞춤형으로 프로그램을 구성할 수 있어서 차별화된 치료가 가능하다는 것이다. 따라서 치료에 대한 거부감과 저항이 심하거나 자폐 성향, 청각장애 등의 언어장애가 있는 경우에 개인미술치료 방법의 적용이 알맞다.

집단미술치료는 집단치료와 미술치료를 통합한 형태로, 대개 도입, 활동, 토론의 순서로 진행된다. 먼저 도입 부분에서는 서로 친밀해지기 위한 편안한 분위기 형성이 중요하다. 그리고 활동단계에서는 집단 구성원이 미술작업에 몰입하여 자신의 무의식을 표출할 수 있도록 한다. 마지막으로 토론의 시간에는 자신과 다른 집단 구성원의 작품을 살펴보며 소통하는 시간을 갖는다. 집단미술치료의 장점은 모든 대상자가 함께 미술치료에 참여함으로써 집단 구성원 간에 상호작용이 일어나 효과적인 결과를 얻을 수 있다는 점이다. 또한 집단 구성원 간에 교류로 친밀감이 생기면 자연스럽게 미술치료에 흥미를 느끼게 되고, 더욱 적극적인 참여를 유도할 수 있으며, 작업의 집중력 향상을 가져올 수 있다. 미술활동 후에 자신의 작품을 친구들 앞에서 발표하면서 얻은 공감과 지지는 아동의 자신감을 향상시킬 수 있다. 집단치료를 하게 되면 매체를 공동으로 사용하거나 협동작품을 하는 경우에 서로 의견을 조율하고 돕는 과정에서 사회성이 길러지고 자신의 존재감을 인식할 수 있다. 이러한 점은 집단 안에서 소속감과 안정감을 느끼고, 자존감을 향상시킬 수 있는 계기가 될 수 있다.

7. 미술치료의 사례

본 사례는 동생의 출생 후에 우울을 호소한 사례와 폭력적인 아버지와의 마찰로 자해를 시도하는 아동의 사례를 먼저 다루고, 기타사례로 증상별 아동들의 그림을 다루고자 한다. 각 사례는 여러 회기를 합쳐 새롭게 구성한 내용이다.

1) 혜미의 사례

- 인적사항: 혜미(만 7세, 여)
- 의뢰사유: 혜미의 동생이 태어나자, 혜미의 부모님은 두 아이의 양육에 대한 어려움과 맞벌이 문제로 큰 아이였던 혜미를 외갓집과 친가를 번갈아 보내어 양육하고 있었음. 학교에서 또래들과 잘 어울리지 못한다는 담임 선생님의 보고를 받고 어머니와 함께 내방하였음.
- 호소문제: 여동생의 탄생과 함께 부모님과 떨어져서 지낸지는 1년 남짓 정도 되었는데 최근 들어 말수가 줄어들고 짜증을 자주 내며, 작은 일에도 눈물을 보이는 등 우울을 호소함. 또한 부모님에 대한 그리움과 미움의 양가적인 감정을 가지고 있음.
- 치료내용: 미술치료는 크게 초기, 중기, 후기 3단계로 나누어 실시하였는데, 초기에는 내담자 탐색 및 친밀감 형성을 목표로, 자유화와 LMT를 실시하였고, 중기에는 욕구표현 및 감정표출을 위해 물고기 가족화, 난화, 찰흙 놀이, 데칼코마니, 파스텔 자유화, 물 풍선 터뜨리기 등의 프로그램을 실시하였다. 후기에는 자아상 형성과 대인관계 개선을 중심으로, 가면 꾸미기, 왕관 꾸미기, 자아상 꾸미기, 가족 꾸미기, 가족 장점 찾기 등의 작업을 하였다.

  치료 초기에는 말수도 적고 감정표현을 잘하지 않던 혜미가 점차 표정이 밝아지고 말수가 늘었으며, 4회기 이후부터 어머니에 대한 공격성과 부정적인 감정이 줄어들고 미술활동의 결과물을 가지고 이야기를 나누고 칭찬받고, 또 집에 가서도 흥미 있었던 작업을 같이 해 보는 등의 방법을 통해 어머니와 긍정적인 상호작용이 가능해졌다.

그림 7-7 혜미의 사전인물화

그림 7-8 혜미의 사후인물화

[그림 7-7]은 여동생의 탄생과 함께 우울을 호소하며 방문한 8세 여아의 상담초기의 H-T-P 검사 중 인물화의 그림이다. [그림 7-7]에서 혜미는 손발을 표현하지 않고 동생처럼 기어 다니는 퇴행적 모습을 그렸다. 상담이 진행되고 호소문제가 개선되어 종결을 앞두고 다시 그린 [그림 7-8]에서는 손발을 다 그리고 풍부한 표정과 자신을 채색하고 꾸미는 자신감이 넘치는 모습을 볼 수 있다.

2) 호진의 사례

- 인적사항: 호진(만 13세, 남)
- 의뢰사유: 호진이의 부모님은 결혼 초부터 갈등이 심하여 자주 다툼을 하였고, 아버지의 폭력성과 독재적인 성향에 호진이 어머니는 부부간의 갈등이 심해지면서 아버지에 대한 분노와 원망을 호진이에게 투사하여 자주 화를 내었다고 함. 호진이는 중학생이 되면서 또래와의 사이에서는 잘 지내는 편이나, 교사와 부모님에게 거부적이고 적대적인 태도를 보여 어머니와 초등학교 4학년인 여

동생과 함께 내방함.

- 호소문제: 밤에 잠을 깊게 못자고, 무기력함을 호소하였음. 부모님에 대한 적대감이 강하였고 특히 아버지에 대한 분노가 상당하였음. 학교는 가나, 과제나 학원 등의 모든 학습에 대한 거부와 이로 인한 부모님과의 마찰이 심하게 있을 때마다 자신의 팔에 상처를 내는 등의 자해를 시도한다고 호소함.
- 치료내용: 미술치료 프로그램은 4단계로 나누어 실시하였다. 1단계에서 내담자 탐색 및 라포 형성을 위해 자유화와 LMT를 실시하였고, 2단계에서는 욕구 표현 및 부정적 감정표출을 위해 물고기 가족화, 난화, 접시 깨기, 풍선 터뜨리기, 파스텔 자유화 등의 프로그램을 실시하였다. 3단계에서는 문제인식을 위해 자화상, 내가 잘 하는 것, 주제화, 자유화를 다루었고 4단계에서는 호진이의 정서 행동문제 개선 및 자존감 향상을 목표로 학교생활화, 가족 꾸미기, 가족 장점 찾기, 선물 만들기 등의 프로그램을 구성하여 작업하였다.

  3회기까지 상담자와 눈을 잘 맞추지도 않고 단답 형태의 대답만을 하던 호진이는 점차 미술 작업으로 자신의 감정과 내면을 표현하는 데 흥미를 보였고, 프로그램의 후기로 접어들면서 부모님에 대한 공격적인 언행과 반항적인 행동이 많이 줄어들었다고 하였다.

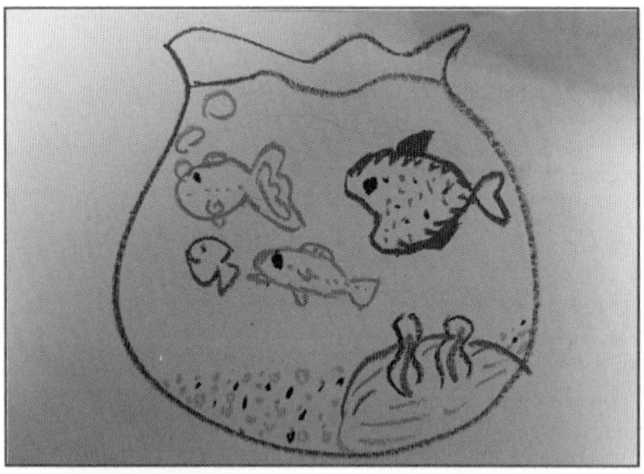

그림 7-9 호진이의 물고기 가족화

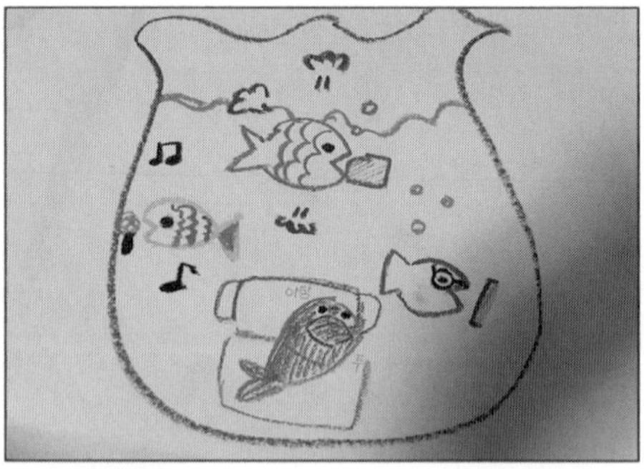

그림 7-10 호진이 동생의 물고기 가족화

[그림 7-9]와 [그림 7-10]은 남매 사이인 각각 15세 남아와 11세 여아의 물고기 가족화이다. 상담자는 여동생과 서로 다른 공간에서 물고기 가족화를 그려 보게 하였다. [그림 7-9]의 오빠의 그림에서는 자신과 마찰을 자주 빚는 아버지를 날카로운 지느러미와 큰 입으로 무섭게 표현하고 있고 나머지 가족은 작고 힘이 없는 모습

이다. [그림 7-10]의 여동생의 그림에서는 아래쪽에 누워서 쉬는 모습의 물고기를 아버지로 묘사했고, 가장 위쪽에 화난 듯이 표현한 물고기를 오빠 물고기로 묘사했다. 물고기는 전부 다른 방향을 보고 각자의 일을 하고 있다. 각각의 그림에서 나타난 오빠가 바라보는 가정과 여동생이 바라보는 가정에 대한 관점의 차이가 눈여겨 볼 점이다.

3) 기타 사례(증상별): 우울증

- 인적사항: 현수(만 12세, 남)
- 호소문제: 현수는 가정폭력을 일삼는 아버지와 어머니, 여동생과 살고 있다. 담임교사와의 상담 시간에 심한 우울감을 느끼며 식욕도 없고, 가출하고 싶은 마음이 자주 든다고 호소하여 내방하였음.

그림 7-11 현수의 그림

현수는 그림을 그리고 나서 비가 아주 세차게 오고 있는 밤에 엄마와 여동생과 함께 집을 나와 밤길을 걸었던 적을 회상하며 그렸다고 하였다. 스트레스 강도는 비가 세차게 내리는 것과 같이 힘든 상태이지만, 다행히 어머니와 여동생에게 친밀감을 느끼며 함께 하고 있고 각자 우산을 써서 자신을 보호하고 있는 모습이다.

4) 기타 사례(증상별): ADHD

- 인적사항: 윤석(만 6세, 남)
- 호소문제: 윤석이는 유치원에서 산만하고 공격적인 행동을 자주 보여서 유치원 교사의 권유로 병원에 내원하였고 ADHD로 판정을 받았다.

[그림 7-12]는 윤석이의 동적 가족화(KFD)이다. 가족화에 아버지의 모습은 없다. 아버지는 같이 살고 있지만 주로 아이가 잠든 밤에 늦게 귀가하시고 아이들과 교류가 적고 산만한 아이를 자주 혼을 내는 편이라 하였다. 과장된 자신의 팔과 큰 손은 공격적이고 산만한 아이의 성향을 드러낸다.

그림 7-12 윤석이의 동적 가족화(KFD)

- 인적사항: 보영(만 8세, 여)
- 호소문제: 보영이는 집에서 동생을 괴롭히고 학교에서도 잦은 신체적, 언어적 폭력성을 보이고 충동적이다. ADHD로 판정을 받았다.

[그림 7-13]은 보영이의 인물화이다. 등과 몸에 날카롭고 큰 칼을 장착하고 있다. 얼굴에서 외부와의 접촉을 나타내는 눈은 크게 그려 적극적이고 공격적인 성향을 드러내고, 벌어지고 큰 입 역시 공격적인 성향을 드러낸다.

그림 7-13 보영이의 인물화

5) 기타 사례(증상별): 선택적 함묵증

- 인적사항: 유리(만 9세, 여)
- 호소문제: 초등학교 2학년인 유리는 선택적 함묵증으로 내원한 케이스이다. 어릴 적부터 소심한 편이였으나, 집안 사정으로 1학년 말에 다른 학교로 전학을 온 뒤로부터 집에서 가족에게는 이야기를 하지만 학교에서는 누구와도 말을 하지 않는다.

[그림 7-14]는 H-T-P 검사 중 유리의 인물화 그림으로 대게 자신의 성을 먼저 그리는데, 오빠라고 지칭한 남자의 그림을 먼저 그렸다. 이 아동은 어릴 때부터 오

그림 7-14 유리의 인물화

그림 7-15 유리의 집 그림

빠와 비교되고 늘 주눅이 들어 있었다. [그림 7-15]는 이 아동의 집 그림으로 집에는 외부와 소통할 수 있는 문과 창문은 전혀 나타나 있지 않다. 다른 사람과 소통하지 않고 함묵하려는 아동의 심리가 반영되어 있다. 모든 그림에서 전체적으로 낮은 필압과 흘리듯 힘없이 그린 그림에서 낮은 에너지 수준을 알 수 있다.

6) 기타 사례(증상별): 자폐스펙트럼

- 인적사항: 우범(만 7세, 남)
- 호소문제: 우범이는 경도의 자폐스펙트럼 증상을 가진 8세 남아이다. 우주와 별자리에만 관심을 가지고 있어 별자리의 이름을 모두 외우지만 사회적인 관계에는 관심이 없다.

우범이에게 집을 그리라고 하자 "우리가 살고 있는 지구"라고 이야기하며 [그림 7-16]을 그렸다. 한 가지에 깊이 몰두하는 자폐스펙트럼의 성향이 그대로 나타난다. H-T-P 검사 중 어떤 것에도 반응하지 않고 우주 그림만 그렸다.

그림 7-16 우범이의 그림

활동

1. 다양한 색의 아이클레이를 준비하여 자신의 모습이나 자신이 좋아하는 것 또는 먹고 싶은 것, 갖고 싶은 것 등 원하는 것을 자유롭게 만들도록 합니다. 점토 작업을 할 때에는 자유롭게 할 수 있도록 합니다. 이때 상담자도 자연스럽게 자신이 만들고 싶은 것을 만들어 봅니다. 작업이 끝난 후 서로 자신의 결과물에 대해 이야기를 나누어 봅시다.

2. 잡지나 신문 등에 있는 그림 또는 사진, 가위, 풀, 종이를 준비합니다. 한 장의 종이에는 내가 좋아하는 얼굴을, 다른 종이에는 내가 싫어하는 얼굴을 준비된 재료를 이용하여 오려 붙이도록 합니다. 작품을 완성한 후 작품명을 지어 보고, 좋아하는 얼굴과 싫어하는 얼굴에 대한 이유를 이야기해 봅시다. 또 주위나 가족 중에 좋아하는 얼굴이나 싫어하는 얼굴을 닮은 사람이 있는지 이야기 나누어 봅시다.

(내가 좋아하는 얼굴) 작품명:

(내가 싫어하는 얼굴) 작품명:

추천도서

1. 김선현(2007). 미술 치료의 실제 만다라. 서울: 미진사.
2. 김진숙 역(2004). 가족 미술 심리치료. 서울: 학지사.
3. 유미, 정선화(2011). 가족미술치료와 물고기 가족화의 해석. 서울: 이담북스.
4. 유시덕(2005). 5세에서 7세의 아이들이 말하는 엄마 아빠 내 그림이 말을 해요. 서울: 여름솔.

제 8 장 음악치료

음악치료(music therapy)는 음악(music)과 치료(therapy)의 합성어다. 심리치료에 음악을 매체로 활용하는 것을 말하며, 음악치료자(music therapist)가 음악을 활용하여 인간의 심리적 문제를 치료하기 위한 모든 활동을 의미한다. 음악이 치료매체로 활용될 수 있는 것은 음악에 대한 인간의 선천적인 반응과 행동 때문이다. 이러한 인간이 지닌 음악에 반응하고자 하는 내재된 성향을 '음악아이(music child)'라고 일컫는다(Nordoff & Robbins, 1977). 이와 같은 특성으로 음악은 인간의 행동과 정서에 독특하고 강력한 영향을 미치고, 장애인과 환자의 바람직한 행동을 유도하며, 잘못된 행동을 변화시키는 데 도움을 줄 수 있다(Gaston, 1968). 이 장에서는 음악치료의 역사와 구체적인 개념과 여러 기법을 소개하고, 이 기법들이 어떠한 치료 과정을 거쳐 실제 어떻게 활용되는지 알아보고자 한다.

1. 발달배경

인류는 음(音)이 태초부터 존재하였고, 언어의 형태를 갖춘 대자연의 요소라고 믿었다. 음악치료의 기원을 알려면 음악의 기원으로 거슬러 올라가야 하는데, 음악의 기원은 인류가 존재하기 이전에 소리가 있었으며, 그것은 언어의 형식을 취하며, 전 세계 많은 천지창조신화에 음(音)이 중요한 역할을 하였다는 기원설이 문헌에 기록되어 있다.

원시시대의 음악치료는 주술적이고 샤머니즘적인 방법으로 사용되었다. 원시시대의 예술은 주로 종교의식과 마술에 음악을 활용하였다고 할 수 있다. 이 시대의 예술은 종합예술로서 음악, 미술, 무용이 한데 어우러진 것이라고 할 수 있다. 대개 환자에게서 병을 몰아내는 의식에서 음악은 보조 역할을 하거나 육체적 건강을 회복하려는 의지를 돋우기 위한 목적으로 사용되었다.

고대 그리스의 철학자들은 병의 원인을 정신적 본성과 인간 신체의 부조화로 보고, 건강은 육체와 마음이 조화된 하모니에 달려 있다고 믿으며 카타르시스를 느끼게 해 주는 음악의 기능을 강조하였다(Grout, 1980). 또한 아리스토텔레스는 음악은 영혼의 감정이나 상태를 직접적으로 표현하는 것으로, 인간의 도덕성에 미치는 영향력이 강력함을 주장했다(Grout, 1980).

르네상스 시대에는 의학이 과학적인 접근 방식으로 방향을 잡게 되고, 음악치료에 대한 관심이 급속히 높아져 의사들에게 음악이 고유의 속성대로 사용되기 시작했다. 즉, 전염병이 돌 때 질병에 저항하기 위해 정서적 안정의 도구로 음악을 사용하였고, 긍정적이고 희망적인 감정을 고취시키는 음악 활동과 감상을 추구하였다(Carapetyan, 1948).

17세기 바로크 시대에는 갈릴레오, 뉴턴 등에 의한 과학적 대발견이 일어나면서 사물에 대한 인과적 관계가 강조되기 시작했다. 이러한 사회적 의식의 변화가 이루어짐에 따라 의사들은 음악의 치료 가치에 대해 그리스의 철학적·윤리학적 관점에서 생리학적·심리학적 관점으로 시각의 변화가 일어나기 시작했다.

18세기에는 음악이 인간의 생리적인 변화에 미치는 영향에 대한 연구들이 많이 이루어졌다. 음의 높낮이, 강도, 리듬, 장단조 선법 등이 공통적으로 순환과 호흡, 떨림 등의 신체 기능은 물론이고, 인간의 감정과 정서에 영향을 미치는 것으로 보고되었다(Diserens, 1948). 또한 펜실베니아 대학교의 벤자민 러쉬(Benjamin Rush)는 실제 임상현장에서 음악을 치료매체로 활용하여 생리적 변화를 유도하는 다양한 연구 사례를 발표하며 음악치료의 임상적인 효과성을 알리는 데 큰 기여를 하였다(Carlsen, 1981).

19세기에 들어서서 음악치료는 의학 전반에서 떨어져 나와 정신과적 증상과 심인성 질환을 치료하는 데 집중하게 되었고, 신체적 질병의 경우에는 그것이 정신적 질병의 간접적인 결과로 생긴 것이라고 여겨질 때에만 사용되었다. 1882년과 1889년에 정신과 의사들(Beardsley와 Wimmer)이 논문에서 신경증과 정신과적 증상의 치료를 위한 음악의 치료적 사용에 대해 발표하였다. 이러한 논문들의 발표와 함께 음악이 정신과 관련 기관에서 유의한 치료 프로그램이 될 수 있음을 인정받게 되었고, 실제 병원에서 정식 프로그램으로 제공되기 시작했다. 또한 이러한 음악치료 프로그램이 제공되면서 음악치료의 효과성 입증에 대한 과학적 연구도 활발해졌다.

20세기에 발발한 제1, 제2차 세계 대전 이후 정신적, 신체적으로 어려움을 호소하는 군인들을 대상으로 음악치료가 시행되면서 본격적으로 의료영역으로 들어오게 되었다. 음악의 생리적 · 심리적 반응에서 시작하여 증상과 장애별에 따른 다양한 음악치료 적용 방법도 연구되기 시작하였다. 이러한 임상적 발달로 내담자의 개별적 요구에 따라 음악과 활동이 선택되었고, 음악의 심리치료적 기능이 부각되게 되었다.

본격적인 치료의 한 분야로 자리 잡은 오늘날의 음악치료는 1940년대 미국에서 캔사스 대학의 학부 강의 개설과 함께 발전하였다. 학부에 음악치료 전공이 정식으로 개설되면서 학문적인 체계와 교육과정이 제대로 갖추어진 것이다. 사실 19세기까지의 음악치료는 현재 치료의 개념과는 거리가 있었다. 오늘날의 음악치료는 이론과 치료의 실제 등 여러 측면에서 과거의 음악치료와는 다음과 같은 이유로 차이가 있음을 알 수 있다.

첫째, 실험적인 데이터가 뒷받침되어 지속적인 치료가 진행되고 그 효과성이 입증이 된 과학에 근거한 치료적 실천이다.

둘째, 음악을 '하는' 행위가 음악을 '듣는' 행위보다 치료적으로 더 강조되고 있다. 다시 말해, '행동(activity)'으로서 음악치료가 중요하게 된 것이다. 이전의 음악치료는 대부분 환자에게 음악을 들려주는 수준이었으나, 최근의 음악치료는 감상과 동시에 연주와 활동이 이루어지며 치료적으로 중요하다는 것을 인식하고 있다.

셋째, 음악치료자라는 전문적인 능력을 배양한 치료자의 활동이다. 이처럼 음악치료는 시대의 변화에 따라 각 시대의 시대상을 반영하여 발전 및 성장했고, 그 영향력 속에서 계속되어 왔음을 알 수 있다.

2. 음악의 치료적 가치

다양한 음악 활동은 사람의 행동과 심리 상태에 여러 가지 반응을 일으킨다. 박자가 일정하고 리듬이 있는 음악은 어깨를 들썩이게 만들고, 잔잔한 멜로디의 느린 서정적 음악은 평화로운 장면을 떠올리게 한다. 또 여러 사람들이 모여서 합창을 할 때 음악은 사람 사이의 유대관계를 형성하게 만든다. 이렇듯 음악은 인간의 생리적 · 심리적 · 사회적 반응을 유발시킨다. 이와 같이 음악이 인간의 행동 변화에 영향력을 지닌다는 사실은 음악치료의 이론적 근거를 형성한다.

1) 선천적 음악성

아동이 음악에 반응하고, 음악이 치료적 도구로 활용될 수 있는 것은 바로 인간이 가지고 있는 선천적 음악성에 근거한다. 인간은 태아일 때부터 양수 환경에서 엄마의 언어적 특성에 적응해 간다. 즉, 태아는 엄마가 사용하는 언어의 음색, 높낮이, 강도 빠르기 등을 통해 엄마의 정서 상태를 간접적으로 경험한다. 이렇듯 인간은 출생 전부터 긍정적인 정서를 표현하는 소리와 그렇지 않은 것을 구별할 수 있는 능력을 갖고 태어난다. 소리와 리듬은 인간의 정상적인 성장과 발달에 반드시 필요하며 만족되어야 하는 본능적인 욕구 중 하나다. 그래서 자장가는 전 세계적으로 비슷한 리듬과 느낌을 주는데, 엄마와 아이를 음악으로 연결하는 기능을 하며, 아이의 불안을 극복하기 위한 방어책으로 사용된다.

2) 총체적 경험으로서의 음악

노래하기, 악기 연주하기, 작곡이나 음악 감상을 하려면 모든 감각 기관을 활용해야 하고, 기본적인 지각 및 인지 과정을 거쳐야 한다. 또한 정서를 체험 및 나눠야 하고, 자신의 생각과 느낌을 표현할 수 있어야 하며, 타인의 음악 세계와도 교감할 수 있어야 한다. 이렇듯 음악은 일종의 총체적인 체험이라고 할 수 있다. 이러한 이유로 음악 활동은 아동의 발달에 중요한 요소임을 알 수 있다. 다시 말하자면 음악은 아동의 감각운동, 지각 및 인지 과정을 통합하고, 사고와 정서를 자극하여 변화시키며, 자신을 표현하고, 창의력을 발휘하고, 이를 통해 사회성을 강화시키는 매개체로 기능한다.

3) 표현도구로서의 음악

음악은 사람과의 관계를 조화롭고 균형 있게 만들며, 언어적 대화로 표현할 수 없는 감정이나 생각 등을 표현하는 도구로서 매우 중요한 역할을 한다.

개스톤(Geston)은 음악이 사람과의 관계에서 사회적 기능으로 사용될 수 있는 측면을 주로 연구한 음악치료의 대표적인 학자다. 그에 의하면, 음악은 건강을 유지하기 위해 표현해야만 하는 감정을 드러내는 데 매우 유용하게 쓰이고, 항상 사람들을 위해 무언가를 대신해 주며, 언어로는 표현할 수 없는 것을 대변해 준다고 하였다(김수지 외, 2002). 사회적 관점에서 음악을 통한 '치료자와 환자, 그리고 환자 간의 교류를 통한 관계의 확립 또는 재확립'을 강조하였다. 또 심리적 관점에서는 '자아성찰을 통한 자긍심의 증진'을 강조하였으며, 신체생리적 관점에서 '음악은 에너지와 질서를 가져오는 리듬의 특유한 능력이 결합된 것'이라는 사실을 주장하였다(김춘경, 2004).

- 사회적 영역: 관계의 확립 내지는 재확립
  - 음악은 비언어적 교류의 수단으로서 언어로 표현할 수 없는 것을 자연스럽게 표현할 수 있도록 도와준다.
  - 음악은 사회적인 상황을 묘사하거나 미래의 방향을 예견하는 도구의 역할을 한다.
  - 음악의 힘은 개인보다 집단을 통해 더욱 강력해진다.

- 심리적 영역: 자기성찰을 통한 자긍심의 증진
  - 음악은 즐거움과 자기만족의 원천이 된다.
  - 음악은 비경쟁적으로 성취할 수 있는 자원으로서 그룹 속에서 자신에 대한 바람직한 자아상을 갖도록 돕기 때문에 자기성찰을 통한 자긍심을 증진시킬

수 있다.

• 생리적 영역: 에너지와 질서의 원천으로서의 리듬
  –음악은 구조적으로 잘 짜인 현실이다.
  –리듬은 사람으로 하여금 함께 모이도록 해 주며, 동시에 조직자이자 에너지원이 된다.

4) 경험의 과정으로서의 음악

경험의 과정으로서의 음악치료는 성공적인 경험을 하게 해 주고, 다른 사람에게 필요한 존재가 되는 느낌을 제공하며, 함께 참여하는 타인에 의해 자긍심이 증진되는 기회를 제공하며, 더 나아가 음악을 통해 자아를 각성시키며, 감정의 긍정적인 배출구를 제공한다(Sears, 1968). 생리적 관점에서는 음악이라는 '구조 속에서의 경험'을 말하고, 심리적인 관점에서는 '자신을 조직화하는 경험'을, 사회적 관점에서는 '타인과 관련된 경험'을 강조하였다(김춘경, 2004).

• 생리적 영역: 구조 속에서의 경험
  –음악은 시간에 입각한 행동을 요구한다.
  –음악은 능력에 따른 행동을 허용한다.
  –음악은 정서적인 행동을 불러일으킨다.
  –음악은 감각과 관련된 행동을 이끌어 낸다.

• 심리적 영역: 자신(me)을 조직화하는 경험
  –음악은 자기표현을 하도록 한다.
  –음악은 장애인을 위한 보상적 행동을 제공한다.
  –음악은 사회적으로 허용되는 것과 그렇지 않은 행동을 위한 기회를 제공한다.
  –음악은 자신의 자랑을 증대시키도록 한다.

• 사회적 영역: 타인(you & me)과 관련된 경험

–음악은 사회적으로 허용되는 자기표현의 방법을 제공한다.
–음악은 집단에서 개인적 반응의 선택의 기회를 제공한다.
–음악은 자신과 타인에 대한 책임감을 받아들이는 기회를 제공한다.
–음악은 언어적 · 비언어적인 사회 교류와 의사소통을 강화시킨다.
–음악은 일반적인 치료 환경에 필요한 즐거움과 오락을 제공한다.
–음악은 사회적으로 허용되는 형태로 협동과 경쟁의 경험을 제공한다.
–음악은 기관과 지역사회에서 허용되는 현실적인 사회적 기술과 개인적 행동의 패턴을 학습하도록 돕는다.

이와 같이 음악치료는 우리의 정서에 영향을 미쳐 다양한 차원에서 긍정적인 효과를 낳는다. 음악 활동을 통하여 불안감을 감소시키고 나아가 자아존중감을 향상시킬 수 있으며, 음악 활동은 안전한 환경 안에서 자신의 역할과 가치를 발견하도록 도우며, 심리적 안정을 도모할 수 있다.

3. 음악치료의 정의

음악치료는 인류의 역사와 함께 오래전부터 임상의 영역에서 활용되어 오면서 지금의 음악치료로 학문적인 입지를 다지는 동안 지속적으로 다양한 변화와 발전을 해 왔다. 또한 치료 대상의 범위도 아이부터 노인까지 광범위하고, 정신질환에서 발달장애, 노인질환에 이르기까지 다양하며, 음악치료에 사용하는 요소도 멜로디, 하모니, 리듬, 음색, 세기, 형식으로 매우 복잡하다. 게다가 기법적인 측면으로 들어가면 감상, 연주, 작곡, 노래 부르기 등의 다양한 방식이 존재한다. 이러한 음악치료의 영역과 역사적 변화에 따른 철학에 따라 학자마다 정의에 차이가 있지만 공통적인 개념을 정리하면 다음과 같다. 음악치료는 음악을 이용하여 내담자의 역동적인 변화를 유도해서 목표된 신체적 · 정신적 건강을 성취할 수 있도록 도와주는 체계적인 치료 과정이다(Bruscia, 1998).

다음은 국가별로 음악치료협회에서 내린 음악치료에 대한 정의다.

- 미국음악치료협회(America Music Therapy Association): 음악치료는 치료를 목적으로 정신과 신체 건강을 복원 및 유지시키거나 향상시키기 위해 음악을 사용하는 것을 말한다. 이것은 치료하는 환경에서 치료 대상자의 행동을 바람직한 방향으로 변화시키기 위한 목적으로 음악치료자가 음악을 체계적으로 사용하는 것이다.
- 캐나다음악치료협회(Canadial Association for Music Therapy): 음악치료는 개인의 신체적 · 심리적 · 정서적 통합을 돕고 질병과 결함을 치료하는 데 음악을 사용하는 행위다. 이것은 다양한 치료 형태를 가지고 모든 연령의 환자에게 적용된다. 음악은 비언어적 속성을 지니고 있지만 언어와 소리 표현에서는 광범위한 기회를 제공한다.
- 프랑스음악치료협회(French Association for Music Therapy): 음악치료는 심리치료적 관계(psychotheraperic relation) 형성을 위해 음악과 소리를 사용하는 것이다.
- 한국음악치료학회(Korean Music Therapy Association): 음악치료는 음악 활동을 체계적으로 사용하여 사람의 신체와 정신 기능을 향상시켜 개인의 삶의 질 향상을 추구하고, 더 나은 행동의 변화를 가져오게 하는 음악 활동의 전문 분야를 일컫는다.

4. 음악치료의 구성요소

음악은 아주 단순한 형식으로 구성되어 있더라도 감정의 변화를 일으킬 수 있으며, 우리 삶을 의식적 또는 무의식적으로 표현하는 도구가 된다. 음악은 범세계적인 현상으로, 모든 문화권에서 모든 연령층의 사람이 음악을 듣고 연구하고 창조하고 즐긴다. 어떤 이들은 음악을 만들거나 연주하는 것을 좋아하고, 어떤 이들은 단순히 음악을 듣는 것만으로도 즐거움을 느낀다. 이렇듯 음악은 다양한 방법과 참여로 융통성 있는 매체가 된다.

음악을 구성하는 소리의 높이나 강도, 음색, 화성, 리듬 등과 같은 요소는 음향적인 부분으로, 모든 생물은 이에 대해 반응을 나타낸다. 이것들은 사실 상징적이거나 지적인 의미를 갖고 있지 않더라도 음악이라는 정서적 감동의 힘으로 막강한 영향력을 행사한다(Boxill, 1985). 이 요소들은 모두 긴장과 이완적 성질을 내포하고 있는데, 이것이 음악치료 과정에서 효과적인 자극이 될 수 있다. 인간의 신체 및 정신적 활동도 긴장과 이완이 순환하는 내적인 질서를 가지고 있는데, 이러한 공통된 성질로 음악이 치료매체로서의 역할을 수행하게 되는 것이다. 이렇듯 음악의 모든 부분이 음악의 치료적 요소가 되는데, 실제 음악치료 과정에서 구체적으로 어떠한 역할을 담당하는지 살펴보고자 한다.

1) 음정

음정은 음의 진동수에 대한 물리적 요소다. 진동수가 많으면 높은 음이 나고, 반대로 진동수가 낮으면 낮은 음이 난다. 진동의 빠르고 느린 변화에 따라 신경의 긴장과 이완이 유도된다. 낮은 진동수의 음악은 듣는 사람으로 하여금 긴장을 풀어 주어 긴장 완화에 도움을 주고, 높은 진동수의 음악은 자극과 활력을 준다. 또한 특정한 음정은 서로 밀거나 당기려고 유도하려는 성질을 지니므로 이는 곧 감정의 진행, 갈등, 해결로 구성되는 인간의 삶과 닮아 있다. 이것은 음정이 만들어 내는 화성적 효과라고도 할 수 있다. 결국 해결되어 끝나는 방식은 감상자와 연주자에게 모두 만족을 느끼게 한다.

2) 강도

강도는 진동의 폭에 따라 결정되며, 음량도 이에 비례하여 진폭이 크면 음량도 불어나 소리의 전달력이 커진다. 강도는 음악의 정서 표현에 있어 매우 효과적이다. 때로는 소리의 강도만으로도 듣는 이로 하여금 만족감을 주기도 한다. 이러한 강도는 리듬과 함께 작용할 때 더욱 효과적이다. 부드러운 음향은 친밀감을 느끼게 하고, 소극적인 사람에게는 안전한 환경을 제공해 준다. 시각장애나 자폐 스펙트럼을 가진 아동은 소리에 민감하게 때문에 큰 강도의 음악은 주의해야 한다. 이렇게 음악의 강도는 적용 대상과 상황에 따라 의미가 달라지므로 음악 환경을 조성할 때에는 이러한 점을 유념하여야 한다.

3) 음색

음색은 소리의 질을 나타내며, 여러 악기의 특성과 사람의 음성을 구별시키는 음악의 요소다. 동일한 작품을 수준이 같은 두 연주자에 의해 연주 혹은 노래로 불린다고 할지라도 연주가의 성악적 · 기악적 음색의 차이로 청중들에게는 매우 다르게 들릴 수 있다. 이러한 음색의 차이는 연주자와 청중 사이에 고유한 커뮤니케이션의 채널을 형성하기 때문에 음악에서 매우 중요한 의미를 지니게 된다. 음색은 소리의 강도나 음정처럼 측정하고 표시하는 단위가 없어 사람마다 주관적인 설명에 의존하게 되는 점이 특징이다. 음악치료에서 음색의 활용을 살펴보면, 두 가지의 악기 소리를 구분하는 것이다. 즉, 청지각 능력과 청각의 분별력을 키울 때 사용되는 직접적인 방법으로 주위 환경 소리와 다른 사람의 소리를 구별해 내는 인지의 능력을 개발시켜 준다. 이는 환경에 대한 인식을 일깨우는 첫걸음이 된다. 청감 능력을 향상시키기 위해 악기 소리를 구분하고, 각 악기에 따른 그림이나 동작 또는 글자를 인지하도록 훈련하는 것은 환경에서 나는 소리와 다양한 사람의 목소리를 구별하고 인지하는 능력, 즉 인간과 그 이외의 환경에 민감해지는 능력으로 전환될 수 있다. 또한 치료 대상자가 특정 악기에 대한 관심을 보이면 그와 악기와의 관계가 긴밀해지고, 나아가 상담자와의 관계도 긴밀해져서 타인과의 관계 개선에도 도움을 줄 수 있다.

4) 화성

화성은 서로 다른 음정들의 동시적인 울림으로, 화음과 선율 사이의 관계를 통해 음악의 짜임새를 제공한다. 서양 화성학이론에 의하면, 어떤 화음은 그것이 소속된 음조직에 의해 서로 끌어당기거나 반발하며 또는 무관심한 채로 존재하게 되는데, 이러한 역동과 갈등, 해결의 현상은 인간의 삶의 모습과 겹치기도 한다. 불협화음을 통해 자극이나 초조, 불안을 유발시키며, 종국에 이르러서는 협화음으로 해결된다. 화성의 변화는 음악이 추구하는 의미를 전달하고, 음악의 시작과 끝으로 흐르는 시간적 진행을 맡는다. 또한 과도한 협화음은 불쾌감을 일으키며, 지나친 불협화음은 듣는 이의 감정을 좌절시키거나 불안하게 만들기도 한다.

5) 리듬

리듬은 이완 시기 사이사이에 존재하는 규칙적이고 반복되는 박자나 악센트로 특징짓는 흐름이나 움직임을 말한다. 시간적으로 움직이는 모든 것을 질서 있게 조성하는 것으로, 음악에 있어서는 활력을 공급하는 필수적인 요소다. 즉, 리듬 없이는 음악이 존재할 수 없다고 볼 수 있다. 이러한 리듬의 역할은 조직력과 에너지에 있다. 인간은 태내에서부터 호흡과 맥박의 생리적인 리듬을 경험하면서 자란다. 그러므로 리듬은 인간의 생존에도 연결되어 있다고 볼 수 있다. 같은 템포와 같은 음향이 반복되는 강한 리듬은 신체와 정서에 안정적인 효과를 가져다준다(정은애, 1999). 또한 리듬은 신경질적인 행동을 유발하거나 깊은 수면에 빠질 수 있는 운동성을 지지하고, 이를 최면술적인 효과로 사용할 수 있다. 리듬은 치료적으로는 개인의 리듬적 기능을 향상시키기 위해 사용되는데, 운동의 영역과 걸음걸이 훈련과 긴장이완의 방법 등이 있다. 대개 조심스럽고 부드러운 리듬은 생기를 주고 때로는 충동적이고 예견치 못한 돌발적인 감성을 줄 수도 있다. 이처럼 의식하지 않아도 영향을 받아 반응을 보일만큼 음악은 사람의 마음에 작용하는 힘이 있다.

6) 가사

가사는 노래가 중심이 되는 음악치료에서 분리될 수 없는 요소다. 노래의 가사는 정서를 이완시키고, 경험과 느낌을 회상하게 하는 수단이며, 상상력을 자극한다. 가사는 기존의 것을 그대로 사용할 수도 있고, 상담자나 아동이 즉흥적으로 만들 수도 있다(Boxill, 1994). 언어 사용이 자유로운 아동에게는 즉흥적인 가사가 자신의 내면 세계를 투영해 내는 하나의 수단이 되므로 이후에 아동에게 자신이 만든 가사에 대해 어떻게 생각하는지, 왜 그런 가사를 썼는지에 대해 이야기를 나누는 것이 치료적이다.

5. 음악치료의 과정

음악치료 계획을 세우기 위해서는 대상 영역을 구체화해야 한다. 여기서 '대상'이란 음악치료를 시행하는 내담자를 의미한다. 예를 들어, 공격성을 보이는 아동, 우울한 아동, 비행청소년, 초등학교 저학년 아동 등으로 기술한다.

음악치료의 상담이 이루어지는 과정을 살펴보면 다음과 같다(최병철, 2000).

1단계: 진단평가 및 치료목표 설정

상담자는 내담자에게 음악치료를 시행하기 전에 반드시 내담자의 현재 상태와 내담자가 필요로 하는 것을 알아야만 한다. 따라서 진단평가를 실시한다. 상담자는 진단평가에서 나타난 내담자의 문제점을 의논한 후, 내담자의 전체적인 치료 목표 달성을 위해 음악치료를 통해 이룰 수 있는 목표를 선택한다.

2단계: 활동계획 및 치료적응계획서 작성

상담자는 설정된 목표를 달성하기 위해 내담자에게 어떤 음악 활동을 적용하여야 하는지를 결정한다. 사용되는 방법으로는 음악치료 적용 기술 외에도 즉흥연주 음악치료, 적극적인 음악 감상과 상상, 창작, 작곡, 노래 만들기, 음악연주그룹 등의 방법이 있다.

치료적용계획서(music therapy application plan)는 반드시 회기를 시작하기 전에 작성되어야 하며, 이 계획서대로 음악치료 활동이 시행되어야 한다. 일반적으로 4R이라고 하는 일관성(Routine), 반복(Repetition), 이완(Relaxation), 해결(Resolution)의 중요성을 잊어서는 안 된다.

3단계: 치료 활동의 적용과 내담자의 반응 평가

상담자는 진행 상황을 매 회기마다 평가하여 치료 방향이 제대로 설정되었는지, 계획된 음악 활동이 내담자의 수준이나 기능적 상태에 적절한지 등을 확인해야 한다.

6. 음악치료의 기술과 기법

음악치료를 시행하기 위해 상담자는 기본적인 음악적 능력을 갖추고 있어야 한다. 음악을 다루는 치료이므로 능수능란한 수준의 음악적 능력이 필요한 것은 아니지만 최소한 음악적 관심은 있어야 할 것이다. 다음은 음악치료를 위한 상담자의 3가지 태도다(Gumaer, 1984).

- 음악에 가치를 두어야 한다.
- 음악의 기능적인 목적의 사용을 이해하고 있어야 한다.
- 음악의 질, 아름다움 등의 기준에 비추어 어느 한 유형의 음악이 다른 모든 종류의 음악보다 더 좋다거나 더 나쁘다고 보지 않아야 한다.

이외에도 높낮이가 익숙한 노래를 따라 부르는 능력, 높낮이에 맞지 않는 것을 알아차리는 능력, 간단한 리듬에 맞춰서 노래하고 손뼉치고 춤추며 걷을 수 있고, 내담자의 음악적 재능, 기호, 음악 환경 등을 파악할 수 있는 능력을 갖추어야 한다.

음악치료는 상담자가 치료적인 목적을 위해 아동과의 관계에서 음악을 매체로 사용하는 것을 말한다. 이때 치료의 목표는 아동의 행동 및 정서의 변화와 관련되는 음악외적인 목적이 되며, 음악 자체가 목적이 되어서는 안 된다. 이러한 점이 음악교육과는 다른 점이다. 따라서 상담자는 음악치료를 하기 전에 반드시 아동의 증상과 상태를 정확히 파악하고 난 후에 적절한 치료 방법을 선택하여야 한다. 음악치료의 대표적인 기법들은 다음과 같다.

1) 즉흥연주

음악치료에서 가장 널리 활용되는 방법 중의 하나가 즉흥연주다. 즉흥연주는 넓은 의미로 사용되는데, 일반적으로 즉흥적인 연주나 소리 또는 음악의 형태를 만들어 내는 음악적인 활동이 진단평가, 치료평가의 방법으로 사용되는 경우를 일컫는다. 이것은 개인의 경험을 즉각적으로 표현하고, 감정을 배출함과 동시에 사물의 상징하는 작업을 음악이라는 매체를 통해 즉흥적으로 만들어 가는 기법이다. 이 기법은 음악적 훈련을 요구하지 않으며, 단순히 소리를 가지고 원하는 패턴이나 형태, 구조 등을 이루거나 그러한 소리들이 그들이 의미하는 것을 표현해 낼 때까지 연주하는 것으로서 소리를 가지고 자유연상을 하며, 소리에 자신을 투사하는 방법이라고 할 수 있다(Bruscia, 1993). 즉흥연주의 특별함은 즉각적인 상징과 직접적인 행동으로의 표출인데, 이 특별함은 참여한다는 인식 없이 감정적인 에너지를 신체를 통해 해소를 할 수 있기 때문에 강한 감정의 표현에 정신적인 자유를 제공할 수 있다(Ostwald, 1968). 게다가 순간적인 상황에 대처하고, 무기력한 감정을 해소하며, 자기표현을 증진시킴으로써 면역성의 기능에 긍정적인 영향을 주어 정서적 건강뿐만 아니라 신체적 안녕감에 작용할 수 있다.

즉흥연주를 통해 아동들은 이전에 경험하지 못했던 자기표현의 가능성을 깨닫게 되고 자신의 내면에 감추어진 것을 표출하는 자유로운 연주를 함으로써 자신과 외부 환경을 대하는 아동만의 독창적인 방법을 알아가게 된다(Nordoff & Robbins, 1977). 이러한 감정 표현의 과정을 통해 감각의 세련화, 현실에의 적응, 창조력, 질서와 협동심 등을 받아들이게 된다. 또 특별한 기술 없어도 악기 연주를 성공적으로 해 본 경험을 가지게 되면 성취감과 자신감을 느낄 수 있다.

(1) 방법

아동의 상황과 능력에 맞게 멜로디, 리듬, 노래나 악곡을 즉시에서 연주나 노래로 음악을 만드는 방법이다. 상담자는 아동에게 필요한 지침과 시범을 보여 준 후 즉흥 창작을 격려하고 자극하는 연주나 노래의 반주를 해 주어 아동이 즉흥 창작을 구상할 수 있는 아이디어를 제시할 수 있다.

(2) 치료적 목적

- 비언어적 의사소통과 언어적 의사소통의 가교를 형성한다.
- 자기표현과 정체성의 형성을 위한 방법을 제공한다.
- 타인과 관련된 자신의 자아에 대한 다양한 측면을 탐색할 수 있다.
- 타인과의 친밀감의 역량을 발달시킨다.
- 집단과 함께하는 기술을 발달시킨다.
- 창의성과 표현력, 즉각성 및 유쾌성을 증진시킨다.
- 감각을 자극 및 발달시킨다.
- 지각 능력과 인지 기술을 발달시킨다.

(3) 치료 대상

강박, 신경증, 자폐 스펙트럼, 공격성 및 충동성 성향의 아동과 우울감을 호소하는 아동, 발달지체나 신체 부자유 아동에 이르기까지 다양하다.

(4) 즉흥연주의 형태

- 즉흥 노래: 노래에 따라 즉각적으로 가사 또는 멜로디, 가능하다면 반주도 만든다. 노래에서 두드러진 멜로디가 주어지면 멜로디와 가사의 밀접한 관계, 혹은 다른 즉흥연주자의 참여가 더해지기도 한다.
- 비관련적 즉흥 성악: 말이나 이미지를 가지지 않는 즉각적인 성악적 즉흥으로, 솔로, 듀엣, 그룹 성악이 있다.
- 비관련적 기악: 소리나 음악 이외에는 어떠한 관련도 짓지 않고 악기를 사용하여 즉흥적으로 창작해 나간다.
- 관련적 기악: 음악 외적인 것을 소리로 구상화하기 위해 악기를 사용하여 즉흥연주를 하는 것이다.
- 신체 즉흥: 몸을 치면서 손뼉치기, 손가락으로 스냅, 두드리기 등의 각종 신체음을 내는 것으로 즉흥연주를 한다.
- 복합 매체 즉흥: 목소리, 신체음, 악기 및 합성음을 이용하여 즉흥연주를 한다.

그림 8-1 북을 이용한 즉흥연주 모습

그림 8-2 피아노를 이용한 즉흥연주 모습

2) 재창조 연주

재창조 연주의 형태는 악기를 배우고 가르치는 활동과 핸드벨이나 그 외 그룹악기 연주 활동, 성악 활동을 포함한다. 음악치료자가 악기를 가르치거나 합주 그룹을 인도하지만 그것은 일반 음악 활동과 다르다.

(1) 방법

재창조에서 아동은 미리 작곡된 성악이나, 악곡을 배우거나, 연주 또는 모델로 삼아서 일종의 음악 형태를 재생해 간다. 아동은 특정한 역할을 맡아 수행하고는 구조적 음악 활동과 게임을 하게 된다. 여기서는 연주보다는 재창조라는 용어를 사용하여 청중이 있든 없든 상관없이 일부 또는 모든 뮤지컬 모델을 부여하여 실행한다.

(2) 치료적 목적

- 감각운동 기술을 발달시킨다.
- 시간에 입각한 행동과 적응적 행동을 발달시킨다.
- 주의집중력과 현실 감각을 향상시킨다.
- 기억의 기술을 발달시킨다.
- 타인과의 일체감, 감정이입을 촉진시킨다.
- 자신의 생각과 감정을 해석하고 전달하는 기술을 발달시킨다.
- 다양한 대인관계 상황에서 구체적인 역할을 학습할 수 있다.
- 상호 교류 기술을 향상시킨다.

(3) 치료 대상

특정한 기술과 역할 행동을 개발하기 위해 구조가 필요한 아동으로, 자신의 정체성을 이해하고 타인의 생각과 감정을 이해하며 적응적 행동이 필요한 경우가 해당된다. 또한 공동의 목표를 위해 협력하는 자세가 필요한 아동도 해당된다.

(4) 재창조의 형태

- 기악 재창조: 지정된 방식으로 악기를 사용하는 것으로, 악보를 보면서 연주하

고 연주를 모방하여 녹음하는 것으로 미리 작곡된 음악의 내용을 재현하는 것이다.

- **발성적 재창작**: 지정한 방식으로 발성 연습, 시창, 합창, 멜로디, 발성, 모방 또는 녹음, 노래 립싱크 등을 하는 것이다. 이는 음악적 소재나 미리 작곡된 노래를 목소리로 재현하는 것이다.
- **음악적 재생**: 아동은 경연대회, 뮤지컬, 연극이나 드라마 등 청중이 있는 음악 연주에 참여하여 관련된 모든 준비를 한다.
- **지휘**: 악보나 기타 기본법이 지시하는 바와 같이 연주자에게 몸, 동작을 사용한 큐(사인)를 제시함으로써 음악 공연을 지휘한다.

그림 8-3 재창조 연주 모습 1

그림 8-4 재창조 연주 모습 2

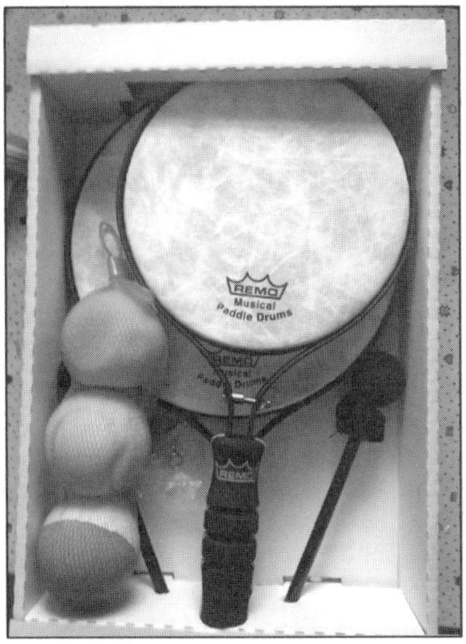

그림 8-5 음악치료에 쓰이는 다양한 악기

3) 창작적 경험

아동은 상담자의 지도 없이도 자연스럽게 음악 활동을 수정한다. 이러한 창작적 경험의 형태에는 노래 가사를 만들어 보거나 고쳐 부르기, 새로운 멜로디를 만들어 보거나, 새로운 악기를 만들어 본다든지 등이 있다. 창작적 음악치료는 상담자가 치료적 음악과 상황을 연속적으로 창조하고, 내담자가 적극적인 음악 만들기에 참여하는 것이다. 이 접근 방법은 소극적이며 수용적인 것보다는 적극적이고 표현적인 것에 초점을 맞춘다. 창작적 음악치료에서 음악은 치료적 성장을 위해서 자극과 반응으로 사용되고, 언어적 상호작용은 최소한으로 줄인다.

(1) 방법

작곡 활동에서 상담자는 아동이 노래 가사나 악곡 창작, 뮤직비디오, 음악 파일 등의 음악적 생산물을 만드는 일을 돕는다. 상담자는 이 과정에서 기술적인 부분을 책임지는데, 아동의 음악적 재능의 참여 정도를 파악해야 한다.

(2) 치료적 목적

- 조직력과 기획력을 발달시킨다.
- 창조적 문제 해결 능력을 발달시킨다.
- 책임감을 증진시킨다.
- 내면의 경험을 기록하고 전달하는 능력을 발달시킨다.
- 노래 가사를 통한 치료 주제를 모색하도록 한다.
- 부분을 전체로 연합시키고 통합하는 능력을 발달시킨다.

(3) 창작적 경험의 형태

- **노래 개사:** 멜로디와 기본 반주는 그대로 두고 기존의 노랫말과 어구 또는 전체 가사를 바꾼다.
- **성악, 기악곡의 작곡:** 상담자의 기술적인 지원을 받아 독창적인 노래나 기악곡을 일부 또는 전부를 작곡해 본다. 절차는 완성품의 악보나 녹음도 포함한다.
- **기보 활동:** 악보법을 만들고, 그것을 이용하여 곡을 작곡하거나 이미 작곡된 곡의 악보를 적는다.
- **음악콜라주:** 아동이 자신의 문제를 탐구하기 위해 녹음을 할 때, 소리, 노래, 음악, 마디를 선택하거나 배열하는 것이다.

그림 8-6 창작 연주 모습 1

그림 8-7 창작 연주 모습 2

4) 감상적 경험

감상 활동은 다양한 정서 반응을 유도하여 기억과 회상 또는 퇴행의 촉진, 심상을 유발하여 자신의 무의식을 탐색하는 것에 그 목적이 있다. 음악은 상처받은 정서를 치료해 주며 지적, 정서적, 도덕적으로 안정되고 조화로운 인간으로 성장할 수 있도록 한다(최병철, 2000). 그러므로 음악 감상은 부정적인 정서 상태에서 긍정적인 자극으로 재초점화하여 불안과 고통을 약화시키는 기분 전환의 한 유형이다(Jacox, Carr, & Payne, 1994). 따라서 음악 감상은 스트레스를 감소시키고, 걱정과 불안에서 벗어나게 도와주며, 안정된 심신을 유지하는 데 효과가 있다고 볼 수 있다.

(1) 방법

아동에게 음악을 듣고 자신의 경험을 침묵이나 말, 또는 다른 방법으로 반응하게 한다. 사용되는 음악으로는 아동이나 상담자의 생음악이나 녹음된 즉흥곡, 연주곡, 자작곡 또는 여러 장르의 음악일 수 있다. 감상적 경험은 음악의 물리적 · 감정적 · 지적 · 미학적 · 영적 측면을 강조할 수 있고, 아동의 반응은 치료적 목적에 따르게 된다.

(2) 치료적 목적

- 수용성을 촉진시킨다.
- 특정 신체 반응을 유발한다.

- 청각/운동 기술을 발달시킨다.
- 정서적 상태와 경험을 유발한다.
- 타인의 의견과 생각을 탐구하게 한다.
- 기억, 환기, 회귀를 유발시킨다.
- 심상과 상상을 유발시킨다.
- 감상자를 지역사회와 문화 단체에 연계시킬 수 있다.
- 감정을 고조시키고, 영적 경험을 자극한다.

(3) 치료 대상

주의력과 수용성이 필요한 아동과 음악에 대한 반응을 통해 치료적 도움을 받을 필요가 있는 아동이 해당된다.

(4) 감상의 형태

- **명상적 감상**: 명상을 지원하거나 특정한 아이디어에 주목하기 위해 음악을 사용한다.
- **자극적 감상**: 감각을 자극하여 주목하게 만들고, 현실 감각이나 환경을 일깨우고, 에너지의 정도를 증가시키며, 감각 활동을 증대시킨다.
- **유리드믹스 감상**: 아동의 운동 행동을 리듬적으로 조직하고 따라가도록 하는 것이다.
- **지각적 감상**: 청각적 주의력, 지각 구별, 보존, 그리고 청각과 다른 감각 방식 간의 관련성을 향상시키기 위한 훈련으로 사용한다.
- **중개적 감상**: 학습과 정보 회상의 중개적 전략으로 음악을 사용하는 것이다. 다양한 정보의 종류나 특정한 경험과 연합이 견고히 기억되고 회상적으로 유도한다.
- **노래 회상**: 아동의 과거의 삶의 사건이나 경험을 불러 일깨우는 것으로, 음악은 성악 또는 기악, 녹음된 것일 수 있으며, 과거의 기억과 연관된 것으로 상담자에 의해 선택된다.
- **노래 커뮤니케이션**: 상담자는 아동에게 치료의 주제와 연관되게 자신을 가장 잘 표현하고 나타낼 수 있는 노래를 선택하거나 가져오도록 한다. 감상 후, 아동

이 치료 주제에 대해 이야기하는 것이 무엇인지 탐구한다.

- **투영적 감상**: 상담자는 소리나 음악을 제시하고 아동에게 그것을 언어적, 비언어적으로 확인하고 묘사하고 해석하고 연상시켜 보도록 제안한다.
- **상상적 감상**: 비일상적 상태에서 상상적 과정이나 내면적 경험을 일깨우고 지지하기 위한 음악 감상의 사용이다.

(5) 치료적 목적을 위한 선곡

질환	작곡자	곡명
일반적인 치료	모차르트 하이든 모차르트 모차르트 라흐마니노프	클라리넷 5중주 3악장 교향곡 101번 '시계' 2악장 피아노 협주곡 21번 2악장 플루트와 하프를 위한 협주곡 2악장 피아노협주곡 2번 2악장
고혈압	브람스 드보르자크	현악 4중주 제2번 E단조 신세계 교향곡
불면증	베토벤 슈베르트	로망스 A장조 자장가
편두통 (스트레스성)	쇼팽 보로딘	환상 폴로네즈 이고르 공 중 타타르인의 춤
열등감	베토벤 브람스	교향곡 제9번(합창) 환상곡 제4번(간주곡)
불안, 초조, 공황장애	비발디 메시앙	사계 중 가을 교향시(새들의 기상)
우울증	차이코프스키 베토벤	우울한 세레나데 크리올란 서곡
자살 충동	모차르트 베토벤	교향곡 제40번 교향곡 제5번(운명)

출처: 정영조(1990).

7. 음악치료의 사례

본 사례는 어릴 때부터 복지시설에서 생활했던 심각한 정서적인 문제를 가진 아동의 사례와 간질 증세가 있는 아동의 사례, 아버지의 죽음으로 상실과 혼란을 겪는 아동의 사례를 다루고자 한다. 다음의 음악치료 사례는 윌리엄과 그펠러, 타우트의 책에서 케리 버크의 사례(Burke, 1991) 중 일부 내용, 파멜라 바트럼의 사례(Bartram, 1991) 중 일부 내용과 노도프와 클라이브의 사례(Aigen, K. 1998) 중 일부 내용이다. 각 사례는 여러 회기를 합쳐 새롭게 구성한 내용이다.

1) 민우의 사례(Davis, Gfeller, & Thaut 2000)

- 인적사항: 민우(만 9세, 남)
- 의뢰사유: 심각한 정서 문제를 가진 9살 소년 민우는 출생 당시 10대 소녀였던 미혼모에게 버림받고 복지시설로 맡겨짐. 규제와 규칙을 받아들이지 못하고 공격적이고 파괴적인 행동으로 소아정신병원에 입원 중 음악치료를 접하게 됨.
- 호소문제: 잦은 시설의 이동으로 사람들과의 관계를 맺을 기회가 없었던 민우는 대인관계에 문제를 보였고, 우울감을 호소하며, 충동성과 과잉행동을 다루는 데 어려움을 겪고 있었음.
- 치료내용: 민우의 음악치료는 총 14개월 동안 120회기로 진행되었다.

[음악치료 첫 번째 회기 중 일부]

첫 회기 때 기대에 찬 얼굴로 치료실에 들어와 오토하프를 만지더니 연주를 하려고 도전했다가 두 번째 시도에서 실수를 하자 피크를 바닥에 던지고 나가려고 했다.

	대화	논평
민우	제기랄, 멍청이가 됐나! 더 이상 여기 못 있겠다.	민우는 욕구 불만의 첫 단계에서 바로 포기하는 패턴을 보였다.

상담자	나는 어디에서도 그것을 볼 수 없는데, 너는 볼 수 있니?	민우를 여기에 붙잡아 놓는 것이 중요하다고 생각되어 바닥을 기어다니며 카펫을 들춰 보고 난로 밑을 보는 괴상한 행동을 했다.
민우	아니요! 이봐요, 선생님! 머리가 어떻게 된 거 아니에요?	
상담자	넌 아니? 나는 그 멍청이가 막 도망쳐 나갔다고 생각한단다. 중요한 건 네가 멍청하게 행동했다는 사실을 아는 거야. 여기 있는 아이 중 너처럼 연주하는 법을 터득한 애는 많지 않아.	상담자는 음악적 실수는 몇 초 후면 잊혀지기 때문에 중요하지 않다는 것을 이해하게 했다.

이후 민우는 가끔 일어나는 음악적 실수를 점차 포용할 수 있게 되었다. 몇 주 후에 민우는 의도적인 실수를 하더니 상담자가 전에 했던 행동을 되풀이했다. 그러고는 마지막에 "뭐야, 멍청이가 또 도망갔잖아?" 하고 말했다.

어머니에게 버림받고 시설에서 잦은 이동을 하며 깊이 있는 인간관계를 맺어 본 경험이 적었던 민우는 음악치료에서 상담자와 많은 회기 동안 지속적이며 수용적인 관계를 맺는 경험을 하면서 차츰 정서적으로 안정되어 갔다. 또한 다양한 악기를 통한 새로운 경험과 상담자가 준비해 온 음악의 아름다운 청각적인 자극이 민우에게 즐거운 정서를 느끼게 해 주며 정서를 편안하게 해 주었다. 처음에 리듬과 박자를 따라 하는 것도 쉽게 포기하고 짜증을 내던 민우는 회기가 진행되면서 점차 흥미를 느끼고 성취감을 느끼며 즐거워하였다.

[음악치료 71~120회기]

민우의 또래관계를 개선하기 위해 집단음악치료를 진행하였고, 민우가 좋아하는 소녀가 일주일에 두 번씩 회기에 참여하게 되었다. 회기가 원활이 진행되기 시작했을 때, 2명의 아동이 더 참여하였다.

	활동	효과
집단음악치료	지휘, 음악 빙고, 반영, 북치기, 리듬 작업, 팬터마임, 인형극, 무용	음악 놀이를 통해 민우는 보다 나은 참을성을 길렀고, 집단 구성원과 상호작용하는 법을 배우기 시작했다.

심한 정서적 문제를 겪고 있던 민우는 음악과 관련한 예술을 통한 치료로 많은 진전을 보였다. 집중력이 늘어나고, 불만 없이 순서를 기다릴 수 있게 되었고, 향상된 사회성을 보였다. 이후 2년 뒤 민우는 입양되었다.

2) 우영이의 사례(Davis, Gfeller, & Thaut, 2000)

- 인적사항: 우영(만 6세, 남)
- 의뢰사유: 우영이는 간질 발작 증세가 있고, 리듬과 악기에 관심을 보이며, 비경쟁적인 환경에서 성취감을 느낄 필요가 있다고 판단되어 음악치료를 의뢰함.
- 호소문제: 학교에서 집중력이 없고, 반항적이며, 학습을 수행하기 어렵고 대인관계에 문제가 있어 자주 벌을 받음.
- 치료내용: 우영이의 음악치료는 총 37번의 회기로 이루어졌다.

[음악치료 첫 번째 회기 중 일부]

	대화	논평
우영	(누워 있는 험티 덤티 인형에게 말한다) 야, 험티, 넌 정말 나쁜 아이야. 정말 나쁜 아이라고.	우영이는 인형 험티에게 늘 비난받는 자신을 투영한다.
상담자	시간이 됐는데도 늘 누워만 있어서?	
우영	(말이 없다)	
상담자	죽어서 쓰러져 버렸네.	험티의 모습을 읽어 준다.
우영	(우영이 긴 두 다리로 험티를 붙잡고 계속 돌린다)	넘어지고 뒹굴고 장난을 치며 노는 자신의 모습처럼 험티를 가지고 논다.
상담자	오, 불쌍한 험티! 굉장히 어지러울 텐데…….	
우영	와, 와!(험티를 계속 돌린다)	
상담자	더 빨리 돌리고 있네. 그럼 굉장히 어지러울 거야.	
우영	이봐!(험티를 보고 웃으며) 이봐, 너 전부 엉켜 버렸어.	돌리는 장난은 결국 그를 어지럽게 하고 엉키게 한다.
상담자	음, 돌리니까 그렇게 되지. 완전히 엉켜 버렸어.	
우영	(걱정스럽게) 어떻게 해야 원래대로 되죠?	어떻게 하면 어지럽지도 않고, 장난스럽거나 엉키지도 않는 다른 뭔가가 될 수 있을지 우영이 질문하는 것이다.

처음 치료실에서 우영이는 음악치료를 받지 않고 자꾸 나가려고 하였다. 치료 상황을 거부하고 짓궂은 장난 같은 행동은 우영이의 감정을 이해하기 위한 실마리를 제공하였다.

[음악치료 2~37회기]

	활동	효과
음악치료	차임벨, 징과 드럼 등 타악기 연주, 즉흥연주 활동	즉흥연주의 자유로움이 내면의 감정을 드러나게 하고, 징과 드럼 등의 타악기가 일으키는 울림과 반향을 느끼면서 상담자와 상호작용하는 법을 배운다.

우영이는 회기를 진행하는 내내 시종일관 장난을 치면서 치료를 거부하며, 뒹굴고 어지럽히며 간혹 음악치료를 하는 도중에 상담자를 상호작용으로 끌어들였다가 조급하게 중간에 멈추는 등의 행동을 보였다. 이는 우영이의 집중력 부족과 대인관계를 해치는 결과로 나타나는 문제점이었다. 이러한 문제점을 개선하도록 돕기 위해 우영이 자신이 징이 되어 울림으로 파장을 일으키고, 다시 그 파장이 자신에게 되돌아오는 경험을 반복적으로 하도록 하였다. 이러한 상담자의 노력은 효과가 있었고, 우영이 또한 리듬과 상담자의 연주에 상호작용하는 방법을 배워가면서 회기가 지날수록 점차 가족과 학교생활에서 관계의 문제에 개선을 보였다.

3) 연지의 사례(Aigen, K. 1998)

- 인적사항: 연지(만 12세, 여)
- 의뢰사유: 연지는 정서적으로 미성숙한 중도 수준의 인지적 손상이 있는 12세의 소녀임. 다른 수업시간에는 집중을 하지 못하나 음악 수업시간에는 적극적이고 즐겁게 참여하여 음악치료를 시작하게 됨.
- 호소문제: 연지는 심성은 착하나 정서적으로 불안정하고 감정의 표현에 어려움을 겪고 있었음. 또한 연지는 성인들과는 적절한 교류가 이루어지나 또래들과는 잘 어울리지 못함. 일상적인 여러 활동에서 주변의 도움을 받아야 수행할 수 있는 것이 많아 자립에 어려움이 있고 잦은 긴장과 불안, 공포, 충동적인 요

소가 연지의 전반적인 정서적 어려움의 주 호소문제임.

• 치료내용: 총 11회기를 진행하였는데 처음 여섯 회기는 개별 치료, 나머지 다섯 회기는 유성이라는 소년과 함께 진행되었다. 회기는 4~10개 정도의 구조화된 노래와 북과 심벌즈 등을 활용한 즉흥연주로 구성되었다.

첫 회기에서 연지의 북 연주는 긴장되고 충동적이어서 자신의 표현이 표현하고자 하는 바를 신중하고 의미 있는 단위로 조직하지 못함을 나타내고 있었다. 또 연지에게 노래하도록 시도했을 때 한 음정을 지속하고, 심지어 입을 크게 벌리지도 못하였다. 상담자들은 노래하기를 싫어하고 음정이나 음량에서 저음을 내는 것은 제한된 정서와 내적인 불확실성의 신호라고 이해하고 연지가 두려움과 압박을 벗어나서 노래의 즐거움과 자유를 경험하도록 치료의 방향을 잡았다. 음악 게임을 통해 리듬의 패턴을 경험하게 하는 시도도 이루어졌다.

치료가 진전됨에 따라 연지는 상담자의 박자와 빠르기는 따라가게 되었지만 여전히 긴장되고 경직된 자세가 신체에서 명백히 나타나고 자신의 음악으로 전이되어 나타났다. 연지가 좀 더 유동적으로 연주하도록 돕기 위해, '자유롭게 팔 흔들기'라는 노래와 활동을 하였다. 이를 통해 연지의 연주는 좀 더 유연하고 자신감 넘치고 정교해지게 되었다.

노래하는 방법도 모르고 싫어했던 연지는 음악치료를 통해 음악을 이해하고 신뢰하게 됨으로써 새로운 상황에서 자발성이라는 요소를 가지고 자신감을 배웠다. 또한 신체적 긴장과 경직, 충동적인 부분도 많이 개선되었다.

활동

1. 다양한 타악기와 건반악기 등을 준비합니다. 상담자가 먼저 여러 악기를 소리 내어 보고 연주하여 봅시다. 슬플 때, 화날 때, 기쁠 때, 행복할 때를 떠올리며, 그 느낌을 여러 악기를 이용하여 소리로 표현해 보도록 합시다. 자유로운 감정 연주가 끝난 후, 언제 그러한 감정을 느끼는지 이야기를 나누어 봅시다. 또 연주하고 난 후의 소감을 나누어 봅니다.

2. 상담자는 서정적인 곡, 경쾌한 곡, 리듬이 빠른 곡과 느린 곡 등을 준비하고, 아동에게 다양한 체험을 하도록 유도합니다.
"가장 편한 자세로 앉아 주세요. 이제 몇 분간 음악을 듣게 될 것입니다. 어떤 것이 떠오르면 그것을 상상하세요. 자, 의자가 내 몸을 편안하게 받치고 있다고 상상해 보세요. 의자에 내 몸을 완전히 의지하고 음악 소리에 집중해 보세요. 음악 속에서 그려지는 이미지를 따라가세요. 무엇이 보입니까?"

1) 음악을 듣고 아동과 대화를 나누어 봅시다.
2) 각각의 음악을 들으며 어떠한 것이 떠올랐는지, 어떠한 느낌이 들었는지 이야기를 나누고, 그 느낌을 그림으로 표현해 봅시다.

인상 깊었던 음악을 듣고 난 후 그림으로 표현해 보기

추천도서

1. 김영신, 김동민 공역(2009). 노드프 로빈스 음악치료 초기사례 연구. 서울: 학지사.
2. 홍주영 역(2016). 피아니스트의 뇌. 서울: 끌레마.
3. 황은영, 장문정, 이은선, 위아름, 박지선, 고은진(2017). 올 댓 청소년 음악치료. 서울: 학지사.
4. Swallow (2018). 듣는다는 것. 서울: 너머학교.

제9장 독서치료

독서치료의 가장 큰 매력은 특별한 장치가 없어도 환경적인 제약에 크게 구애받지 않는 상황에서 실행이 가능하다는 점이다. 내담자와 치료자 사이에 책 한 권이 주어지면 어떤 상황에서도 독서치료는 진행될 수 있다. 상담학 사전에서는 독서치료(bibliotherapy)를 "문제 진단, 그에 관한 처치 등을 이해하는 데 유익한 도서를 매개체로 하는 치료에 대한 총칭으로서 심리적 성장 및 심리 치유를 목적으로 하는 모든 독서 관련 행위"라고 정의하고 있다. 독서(讀書)라는 말 그대로 '책을 읽는' 것만으로도 사람의 마음은 치유되고 성장할 수 있다. 기원전 1000년 경 고대 그리스 테베(Thebes)의 도서관 현판에 '영혼을 치료하는 장소'라는 말을 새긴 것도 아마 같은 의미일 것이다. 이 장에서는 독서가 실제 치료에서 어떤 가치가 있는지부터 적용 사례까지 살펴보면서 독서치료의 치료적 효용에 대해 알아보고자 한다.

1. 발달배경

독서치료는 책이 주는 '심리적 · 정서적 치료 효과'에 주목한다. 고대 그리스 철학자 아리스토텔레스도 비극이 주는 인간 감정의 카타르시스 효과를 말했고, 중세 스위스 성 갈(St. Gall) 수도원 도서관에는 '영혼을 위한 약상자'라는 글귀가 새겨져 있기도 하다(이영식, 2006). 정신분석학의 창시자인 프로이트(S. Freud) 또한 문학을 정신질환 치료에서 무의식으로 다가갈 수 있는 매체로 받아들였다.

독서에 치료라는 말을 붙이고 심리적·정서적 치유의 관점에서 제대로 논의가 시작된 것은 20세기에 접어든 이후부터다(선애순, 이형선, 2010). 이때부터 독서는 신경증 및 정신의학적 치료의 보조 수단, 사회 활동과 관련된 여러 행동 수정의 치료적 매개로 활발히 적용되었고, 독서치료에 대한 정의도 정립되었다.

고대에는 막연히 '영혼'을 치유한다고 여겨졌던 독서의 치료적 효과는 근대를 거쳐 현대에 이르는 동안 여러 심리치료의 장에서 구체적으로 증명된다. 독서치료라는 용어가 처음 사용된 기록은 크로더스(S. Crothers)가 『Atlantic Monthly』에 게재하면서부터다(Moody & Limper, 1971; 김현희 외, 2004). 초기에는 미국을 중심으로 병원 도서관이 활성화되면서 독서치료가 성황을 이루게 되었고, 이후 독서치료의 선구자로 불리는 델라니(S. P. Delaney)가 독서치료 주제의 논문을 발표하면서 독서가 심리적인 병을 치료하는 데 효과가 있음이 실제로 증명되었다. 1973년에 미국시치료협회(National Association for Poetry Therapy)가 창립되면서 독서치료는 더욱 활성화되었다(선애순, 이형선, 2010). 현재는 상호작용적 독서치료(Hynes & Hynes Berry, 2011), 발달적 독서치료 등, 치료 형태에 따라 세분화되어 발달되고 있다.

우리나라에서도 1964년 유중희의 논문 발표로 독서치료가 소개된 후 독서치료에 대한 연구가 지속적으로 이루어지고 있다. 특히 1980년대에 교육학 분야와 문헌정보학에서 독서치료에 관한 연구 논문들이 연이어 발표되면서 아동 및 청소년에게 독서치료를 활용하는 사례가 자주 등장했다.

2000년 이후 현재 독서치료는 아동학, 심리학을 비롯한 여러 분야에서 그 기반을 더욱 단단히 하면서 발전하고 있다(선애순, 이형선, 2010). 지역적으로는 부산, 서울, 대구 등을 중심으로 활발한 독서치료 관련 모임들이 활성화되고 있다. 뿐만 아니라 2000년을 전후하여 독서치료를 목적으로 하는 자가치유서가 다수 출판되고 있다(김정근 외, 2007).

독서치료가 특히 아동을 대상으로 해서 발달하는 이유는 김정근의 주장처럼 '우리 가정에서 흔히 있을 수 있고, 무심코 저지르기도 하는 일들이 어린이에게는 상처가 된다'(김정근, 2001년 10월 15일 교수신문)는 어린 세대의 심리적 취약성과 언어발달이 채 완성되지 않아서 매체 없이는 자기를 설명하기 힘든 어린 세대의 표현적 취약성이 책이라는 매체로 보완될 수 있기 때문이다.

2. 독서의 치료적 가치

독서치료는 '상담자-문학작품-참여자'의 형태로(김현희 외, 2003), 문학작품이 매개가 되기 때문에 내담자가 문제를 직접 대면하는 보통의 상담보다 더 안전한 환경을 만든다.

문학 작품에 재현된 인간의 내면은 독자가 자기를 돌아볼 기회를 마련한다. 동시에 직접 겪고 있는 문제에 대한 거리를 확보해 객관적 판단을 내릴 수 있도록 도와준다. 책은 마음의 상처를 확인하고 그 상처를 치유하는 데에 도움을 준다(신주영, 2004).

> 인간은 생애를 통해 이야기를 만들어 가는 존재다. 그리하여 한 인간의 생애 전체가 하나의 사건이 된다. 그러나 그 사건은 누군가 언어로 정리할 때라야 정당한 의미의 사건이 된다. … 아울러 남들의 행동에 대해서도 의미를 부여한다. … 그 의미를 해석하고 그 결과를 자기이해를 위해 수용하는 것이 서사적 존재로서 인간이 지닌 특성이다(우한용, 2001).

'남들의 행동'이 곧 책에 나오는 주인공의 행동이 되고, 거기에 의미를 부여하는 것이 자기를 반영하는 문학의 치료적 기능이 된다. 특히 아직 성장 중인 아동의 경우, 자기 통찰 능력이나 자기 문제 인식이 성인에 비해 부족한 상태라고 볼 때, 문학작품은 아동이 겪을 수 있는 여러 가지 변화와 관련된 두려움, 죄의식, 부끄러움 등의 부정적인 감정들과 쉽게 만날 수 있게 돕는다.

1) 동일시

독자는 독서 과정 중에 자기 경험이 작품과 상호작용을 일으키는 과정을 겪고, 주인공과 등장인물들에 대해서 동질적인 감정을 느낀다. 이것이 '동일시'이다. 동일시

가 일어나면 적당한 거리감도 가지게 되어 독자는 자기를 더 객관적으로 관찰할 수 있다(윤선희, 2016).

비만으로 대인관계 곤란, 자존감 결여, 우울감 등의 문제를 겪고 있던 10세 남아에게 『어디, 뚱보 맛 좀 볼래?(Ma vengeance sera terrible)』(Moka & Vaugelade, 1999)라는 작품으로 독서치료를 실행한 결과 주인공 앙리의 경험에 참여자의 동일시가 일어났고, 자기 문제를 객관화시켜 바라보는 여유까지 가지게 되었다. 상담자가 명확한 목적을 가지고 참여자의 문제에 적절한 문학작품을 제시할 수 있을 때, 그 작품과의 상호작용을 통한 동일시만으로도 충분히 치료적 효과를 얻을 수 있다.

2) 카타르시스

상담에서의 카타르시스는 참여자의 내면에 쌓여 있는 욕구 불만이나 심리적 갈등을 언어나 행동으로 표출시킴으로써 억눌린 정서 및 감정을 발산시키는 것을 뜻한다(장혜경, 2009: 선애순, 이형선, 2010: 임성관, 2019).

사람은 누구나 사회 및 문화적 규범에 의한 억압이 어느 정도 일어난다. 특히 아동은 정상적인 발달 과정 중에라도 매 순간 억압이 일어나기 마련이다. 그렇게 쌓인 부정적 정서나 억눌린 욕망이 적절히 해소되지 못한 채 포화 상태가 되면, 사회적으로 부적절하거나 공격적인 언어 및 행동이 갑자기 조절 불가능한 상태로 터져 나오게 된다. 또한 아동은 자신 혹은 타인의 정서 및 행동의 형태와 반응에 대해 어른이 느끼는 것보다 불안과 두려움의 수준이 훨씬 높다(김현희 외, 2003). 하지만 아동은 자기감정 상태 인식이 불완전하고 불안의 원인을 제대로 파악하지 못하기 때문에 문학작품 속 등장인물의 행동과 변화를 통해서 이해를 도울 수 있다(김현희 외, 2003). 작품 속 등장인물들에게 자기를 투사하여 카타르시스를 경험하게 되면, 부정적인 감정이 구체적으로 확인되고, 응어리졌던 감정의 덩어리가 해소되어 자유로운 해방감을 맛볼 수 있다(장혜경, 2009).

할아버지를 여읜 후 죽음에 대한 공포가 생기면서 일상생활에 곤란을 겪고 있던 9세 여아에게 『눈사람 아저씨(Snowman)』(Briggs, 1997)로 독서치료를 실행했다. 죽음을 처음 접한 충격으로 충분한 애도 과정을 거치지 못했던 참여자는 눈사람이 사라지는 과정에 상실의 슬픔과 할아버지와의 즐거웠던 경험까지 투사하여 죽음에 대한 공포를 해소하는 경험을 하게 되었다. 이와 같이 카타르시스는 독자의 개인 경험과 텍스트가 만나는 고유한 지점에서 일어난다.

3) 통찰과 문제 해결

통찰을 한다는 것은 어떤 일이 발생했을 때 그 일에 대해 다양하고 깊이 있는 사고를 함으로써 문제의 원인을 찾고 해결책을 찾는 고찰의 과정(윤선희, 2016)이며, 그 안에서 자기가 느끼는 감정을 정확하게 깨닫게 된다는 뜻이다. 아동은 쉽게 자기중심적 사고를 하게 되어 다른 사람의 입장을 살펴보거나 다른 관점으로 사태를 바라보는 것이 어렵다. 아동은 문학작품을 통해서 모델로 삼을 수 있는 여러 등장인물에게 자기를 투사하고, 자기와 유사한 문제에 직면한 등장인물들의 경험과 해결 과정을 습득한다.

동생이 태어나면서 엄마의 사랑을 뺏겼다는 상실감에 힘들어하던 8세 여아에게 『나는 너랑 함께 있어서 좋을 때가 더 많아』(Mebs & Berner, 1999)로 독서치료를 실행했다. 동생에 대한 시기와 질투를 느끼면서 그런 자신이 '나쁜 아이'라는 죄의식까지 느끼던 참여자는 주인공의 변화와 성장을 통해서 동생에 대한 감정 변화를 일으켰을 뿐만 아니라, 스스로 누나의 역할까지 습득하게 된다.

4) 성장과 예방

테일러(B. Taylor)는 문학 경험이 조기 경험을 풍부하게 하고, 정확한 개념, 명료한 사고, 지식 및 새로운 사고에 대한 자극 구축, 경험 등을 공유하도록 만들어 건강한 사회적 관계를 수립하도록 돕는다고 했다(공인숙 외, 2013).

발달 과정의 특성상 아동에게는 교육적 가치가 매우 큰 자리를 차지할 수밖에 없다. 교실 환경 속에서 교사가 교우관계에 대해 직접 지시를 하는 것보다 사회적 관

계의 중요성이 주제가 되는 이야기 하나를 골라 함께 나누는 것이 훨씬 효과적이다.

『마당을 나온 암탉』(황선미, 2002)을 대구 ○○초등학교 5학년 교실 현장에서 협력하여 아동극으로 바꾸는 활동을 하고, 그에 대한 느낌을 각자 시로 쓰는 수업을 실행했다. 그 수업을 진행한 교사는 그 수업 이후, 아이들이 서로의 입장을 이해하는 수준이 높아졌을 뿐만 아니라, 교실 내 폭력적 상황이 줄어들었으며, 몇몇 학생의 경우 절대적으로 옳고 그른 것은 없다는 철학적 사유까지 가능해졌다고 말한다. 아동의 긍정적 성장은 결국 심리적 차원의 예방까지 보장한다.

3. 독서치료의 정의

김정근은 독서치료를 '책 읽기를 통해 아픈 마음을 치유하는 방법'이라고 말했다(김정근 외, 2007). 독서치료 현장이 일반적인 교육 장면이나 예방 장면이라고 하더라도 치료에서 주목하는 것은 그에 수반되는 부정적인 상황이나 감정이다. 아동의 부정적인 상황이나 감정을 다룰 때 독서치료를 활용하기 위해서는 상담자가 그 개념을 명확히 알고, 독서치료의 목적과 한계에 대해서 파악하고 있어야 한다.

독서치료를 간략히 정의하면 "사람에게 책을 통해 도움을 주는 것"이라는 번스타인(D. Bernstein)의 말을 빌려 올 수 있다(Rudman, 1989). 이 말을 좀 더 상세하게 풀어 보면 여러 학자의 정의를 종합하여 양재한(2005), 장혜경(2009), 김현희(2004) 등이 "발달 문제 혹은 특정하고 심각한 문제를 가지고 있는 내담자가 다양한 책을 매개로 하여 상담자와 일대일이나 집단으로 토론, 글쓰기, 그림 그리기 등의 방법으로 상호작용을 통해 자신의 적응과 성장 및 당면한 문제를 해결하는 데 도움을 얻는 것"이라고 말한 내용이 된다.

주어진 목적에 따라 발달적 독서치료와 임상적 독서치료로 구분해서 정의하기도 한다. 발달적 독서치료는 그 대상이 비교적 정상 범위에 속한 사람들로, 현실 생활에서 발생하는 일상의 일들을 내담자 스스로 해결하고 적응과 성장을 도와 더 나은 삶을 영위하도록 하는 것이 목적이다. 그에 비해 임상적 독서치료는 인지 · 정서 · 행동 · 신체적 면에서 심각하거나 특정한 어려움을 겪고 있는 사람들을 대상으로 한다. 따라서 문제 상황이나 상태에 있는 개인의 증상 완화 및 치료적 개입을 목적으로 삼는다(임성관, 2019). 아동의 경우에는 정상 발달 과정에서 일어나는 문제를 치료하기 위해 책을 읽고 토론하는 것이 강조되는 것은 발달적 독서치료로 보고, ADHD나 정신치료 같이 특정 문제에 중점을 두는 경우에는 임상적 독서치료로 본다(양재한, 2005).

독서치료는 자신의 문제를 직접 대면하지 않고 작품이라는 매개체를 활용하기 때문에 아동이 내면 정서를 표현해야 할 때 비교적 자유로운 환경을 조성해 준다. 하지만 이런 자기표현은 치료에 적용하는 문학이 아동이 현재 호소하고 있는 문제와 잘 맞을 때, 상담자가 아동의 치료 목표를 제대로 설정했을 때 가능하다. 아동을 대상으로 하는 독서치료는 현재 아동의 삶뿐만 아니라 성장 이후 다가올 미래의 삶에도 지속적인 영향을 미친다(김동례 외, 2018)는 점을 감안하여 그 목적을 잘 알고 실행에 임해야 한다.

독서에서 오는 감동과 힘은 인격을 바꾸고 독자의 내면 세계를 변화시킨다. 따라서 어떤 내담자가 어떤 작품을 어떻게 읽고 어떻게 반응하여 어떻게 문제를 해결해 나가는가를 상담자가 정확하게 파악하고 있어야 독서치료가 성공적으로 실행될 수 있다.

이러한 독서치료에 대해 여러 학자가 다양한 시각에서 그 목적을 제시하고 있다. 그중에서 파르덱 부부(J. T. Pardeck & J. A. Pardeck)는 첫째, 문제에 대한 정보 제공, 둘째, 문제에 관한 통찰 제공, 셋째, 문제에 대한 토론 자극, 넷째, 새로운 가치와 태도 제공, 다섯째, 유사한 문제를 겪고 있는 사람들이 있음에 대한 정보 제공, 여섯째, 문제에 대한 해결책 제시 등의 6가지를 목적으로 삼았다.

구머(J. Gumaer)의 경우에는 다른 입장에서 네 가지로 독서치료의 목적을 제시하였다. 첫째, 장기적으로 아동의 정신 상태를 건강하고 풍부하게 한다. 둘째, 단기적으로 상황적인 위기와 중요한 결정을 현실적으로 검토해 보도록 도와준다. 셋째, 자신을 보는 방법을 개선시키고, 조정되거나 변화시킬 수 없는 발달 상황에 창조적으로 대응하는 것을 배우게 하여 문제를 예방한다. 넷째, 재교육과 통찰력의 신장으로 문제를 해결한다.

4. 독서치료의 구성요소

독서치료는 다른 매체 치료와 달리 특별한 환경이나 장치 및 도구가 갖춰지지 않아도 책 한 권만으로 얼마든지 실행이 가능하다. 독서치료를 구성하는 요소는 그 대상이 되는 내담자, 매체인 문학작품, 상담자 이 셋이 전부다. 치료 장면에 따라 내담자의 특성을 고려하여 이외에 요소를 더 첨가하거나 다른 매체를 같이 활용할 수 있다.

1) 대상

아동을 대상으로 하는 독서치료는 크게 세 유형으로 나눌 수 있다(임성관, 2019).

- 정서 문제를 가지고 있는 아동
- 적응에 문제가 있는 아동
- 성장 발달 과정 중에 있는 전형적인 문제를 가지고 있는 아동

양재한(2005)은 발달 과정에서 나타나는 문제를 가진 아동, 심리적 · 사회적 위기에서 나타나는 문제를 가진 아동, 정신장애로 인한 문제를 가진 아동 등으로 나누었다. 김현애(2004)는 발달적 및 환경적 위기에서 비롯되는 문제를 가진 아동과 심리, 정서 및 정신장애로 인한 문제를 가진 아동으로 양분하였다. 또 치료의 형태에 따라 개인을 대상으로 하느냐, 집단을 대상으로 하느냐에 따라 나눌 수도 있다.

어떤 목적으로 대상을 어떻게 나누든 독서치료는 언어이해능력이 필수적이기 때문에 사전에 대상에 대한 면밀한 진단을 먼저 하는 것이 바람직하다.

대상을 진단할 때에는 부모 면접, 교사 면담, 의뢰자 면담, 내담자 면담과 같은 접수 면접을 먼저 실시하고, 그와 함께 표준화된 진단도구를 써서 진단검사를 하는 것이 원칙이다. 독서치료 대상자 진단도구로는 지능검사, 언어평가, 기초학습기능검사, 독서태도 및 능력평가, 자기보고형질문지, 투사법검사, 신경심리검사, 발달검사, 행동평가 등이 있다. 독서치료 대상을 진단할 때에는 대상자의 문제 요인과 주변 상황, 생활 환경 등에 대한 정보를 가능한 한 자세히 수집하고 필요한 평가를 해

야 한다(김현애, 2004). 아동기는 신체뿐만 아니라 심리사회적 · 정서적 발달에 있어 급격한 변화를 보이는 시기이면서 아동은 성인에 비해 자기 인식이나 표현이 불완전한 경향이 있기 때문에 성인 내담자들보다 더욱 면밀한 진단이 필요하다. 특히 아동이 어릴수록 유형에 따른 표준화된 진단을 내리는 데 신중을 기해야 한다.

2) 문학

독서치료는 문학을 매개체로 활용하여 내담자의 문제를 확인하고 개선해 나가는 과정이기 때문에 문학에 대한 이해가 필수적이다. 아동은 작품 속 등장인물과 동일시를 일으키고 카타르시스를 경험하여 자기통찰과 문제 해결의 단계에까지 이른다. 작품에 대한 이해나 내담자가 작품과 일으키는 상호작용에 대한 이해가 부족하면 성공적인 치료를 실행하기 힘들다.

조수웅(2008), 베이컨(F. Bacon, 2014), 이대균(2009), 노운서(2015) 등의 정의를 모아 보면 문학은 인간의 정서와 사상을 언어로 나타냄으로써 다른 사람의 마음을 이해하고 무한한 가능성으로 확장시킬 수 있는 것(김동례 외, 2018)이라고 할 수 있다. 이 중에서 아동을 대상으로 하고, 아동이 향유하는 것이 아동문학이다.

아동문학에 대한 정의나 조건도 학자들에 따라 조금씩 다르지만, 그들의 공통된 점을 추려 보면 아동문학은 다음과 같이 정의할 수 있다(김숙이 외, 2016; 김동례 외 2018).

- 아동문학의 대상은 아동이다.
- 아동문학은 아동에게 즐거움을 주어야 한다.
- 아동문학은 문학으로서의 보편적 특성을 지녀야 한다.
- 아동문학은 예술성을 지녀야 한다.
- 아동문학은 교육적 속성을 동반해야 한다.

일반 문학을 형태적 특성이나 속성에 따라 시, 소설, 극 등으로 나누는 것과 마찬가지로 아동문학도 분류에 따라 종류를 구분할 수 있다. 하지만 공상적 수법이 많이 사용되고, 글감이 동심의 세계를 주로 다루고 있다는 것이 일반 문학과 다른 점이다(이재철, 2014).

아동은 자라면서 서서히 사라지기는 하더라도 환상과 현실의 구분이 어른보다 덜 엄격하고, 마술적 사고를 더 많이 한다. 따라서 아동문학은 아동의 꿈과 소망, 끝없이 이어지는 영원성 등을 주로 다룬다.

이러한 아동문학을 김자연(2003)은 서정, 서사, 극이라는 기본 문학의 갈래에 따라 나누고, 니콜라에바(Nikolajeva, 2005)는 여러 관점을 조합하여 입으로 전해지는 민담, 전래동화, 신화, 마법과 초자연성을 주로 다루는 판타지, 글감의 특성으로 동물과 장난감 이야기, 언어적 특성으로 유머와 난센스, 역사를 소재로 하는 역사 픽션, 일상을 다루는 일상적 사실주의 픽션, 이야기의 틀을 중시하는 형식주의 픽션, 문화적 관점에서 다문화 도서, 십대 후반이라는 발달 특성으로 구분하는 청소년 소설, 표현 특성으로 따로 나누는 그림책 등과 같이 세분화된 분류를 하고 있다.

이외에도 여러 학자가 다양한 관점에서 아동문학의 종류를 나누고 있는데, 여기서는 문학비평적 관점에서의 장르적 구분보다는 치료적 매체로서의 문학에 무게를 싣고 있기 때문에 분류를 단순화하여 매체의 특성에 따라 구분한 공인숙 등(2013)의 입장에 약간 보완된 관점으로 그림책, 전래동화, 환상동화, 사실동화, 정보동화, 동시(동요 포함), 동극 등으로 구분하고자 한다.

- 그림책: 그림과 글이 함께 조화를 이루는 책으로, 글보다 그림에 비중이 더 많다. 따라서 글이 주가 되는 동화의 삽화와는 구별된다. 다음에 제시된 두 그림 중 첫 번째는 그림책, 두 번째는 삽화에 해당한다. 그림책은 그림이 우선적인 시각적 효과를 냄으로써 언어적 이해에 도움을 준다. 장르 구분과 상관없이 주로 미취학 아동 및 저학년을 대상으로 해서 그림이 글보다 더 많은 공간을 차지하는 형태를 가지면 그림책으로 볼 수 있다.

- **전래동화**: 입에서 입으로 전해진 이야기로, 옛이야기라고도 한다. 구전(口傳)이라는 특징 때문에 리듬과 균형 잡힌 패턴이 특징적이고, 반복적이고, 대립적이다. 신화, 전설, 민담으로 나눌 수 있다. 우리나라의 경우로 예를 들면, 신화는 『단군신화』가 대표적이고, 전설은 『삼년고개』처럼 자연물에 증거가 남아 있는 이야기, 민담은 『콩쥐팥쥐』 같은 "옛날 옛날에…"로 시작하는 이야기를 말한다.
- **환상동화**: 실제로 일어나지 않고 현실에 존재하지 않아서 볼 수 없는 것을 독자가 이해할 수 있도록 만든 이야기를 말한다. 마술적이고 모험적인 특성을 지닌다. 『해리포터』 시리즈나 『나니아연대기』가 대표적인 환상동화다.
- **사실동화**: 아동의 일상적인 삶에 관한 실제적 내용을 담은 이야기를 소재로 삼는다. 『나는 싸기 대장의 형님』 『빨간머리 앤』 등이 사실동화에 속한다.
- **정보동화**: 특정한 주제에 대한 사실과 정보를 전달하는 것이 목적인 이야기다. 논픽션 도서로 분류할 수 있다. 과학을 소재로 하고, 그 지식을 정보 조합이 아니라 이야기 형태로 전달하는 경우에 정보동화가 된다. 리사 스틱클리(L. Stickley)의 『동생이 생겼어요!』(2018)는 '에디스'라는 주인공에게 동생이 생긴 사건을 소재로 삼아 생후 1년간 인간의 성장에 대한 과학적 정보를 전달한다.

- 동시: 동요와 함께 서정시로부터 발전한, 아동을 독자로 삼아 쓰거나 아동이 쓴 시를 뜻한다. 멜로디가 함께 나오면 동요가 된다.
- 동극: 아동이 주체가 되고, 아동이 향유할 수 있는 연극이다.

아동문학은 특정한 문제나 증상을 겨냥한 구체적인 치료 목적에서의 활용뿐만 아니라, 아동에게 다양한 정서와 감정의 세계를 경험하게 하고, 상상력을 키워 세계에 대한 꿈을 간직하게 하는 교육적 효과도 지니고 있다. 이 또한 예방의 측면으로 볼 때 치료적이다.

작품 속 등장인물은 아동이 동일시하고 모델링하는 대상이 되기 때문에 아동의 정신 성장을 촉진하고, 아동에게 삶을 영위해 나갈 수 있는 힘을 제공하며, 간접 경험을 하게 함으로써 삶을 더욱 풍부하게 만든다. 이런 점들을 종합해서 아동문학이 지녀야 할 전반적인 요건을 정리하면 다음과 같다(황은순 외, 2015: 김동례 외 2018).

- 아동의 삶에 대한 태도와 의미를 심어 준다.
- 아동에게 생태학적 환경을 이해할 수 있도록 도와준다.
- 아동의 상상력이 세련될 수 있도록 도와준다.
- 아동에게 긍정적 독서 태도와 관심을 갖도록 한다.
- 아동에게 미적 감수성을 기르도록 돕는다.

아동문학은 '어린이를 위한 동심(童心)의 문학'이다. 이때 동심이라는 말은 미숙함과 자기중심적이라는 부정적인 성향과 순수함과 모든 사물이 살아 있다고 믿는 환상적 사고, 낭만성 등과 같은 풍부한 상상력을 지니고 있다는 긍정적인 성향이 동시에 담긴 이중적 의미를 담는다(신헌재, 2014).

아동기는 인생에서 신체적으로나 정신적으로 가장 활동적인 성장이 일어나는 시기로, 이 때의 아동은 일반적인 기대치를 벗어나는 어마어마한 힘으로 많은 것을 수용하고 경험하면서 하루가 달리 변화한다. 이 시기에 아동들이 만나는 문학작품들은 성인이 된 이후의 삶에 대한 가치관과 세계관을 결정하는 데 큰 영향을 미치게 된다.

3) 상담자

독서치료를 전문으로 실행하는 상담자라고 해도 일반 상담자의 자질을 기본적으로 모두 갖추고 있어야 한다. 그 위에 독서치료에 대한 전문가적 자질을 더해야 바람직한 독서치료사라고 할 수 있다. 우선 일반 상담자로서 전반적인 상담이론에 대한 전문적 지식과 진단 및 평가에 대한 지식, 그리고 상담자의 윤리적 자질을 갖추고, 가능한 한 다양하고 전문적인 상담기법을 익혀 어떤 상담 환경에 처하든 내담자를 도울 준비를 갖추고 있어야 한다.

독서치료사로서 고유한 전문성을 가지기 위해서는 기본 상담자의 자질 위에 다음과 같은 자질을 더해야 한다(양재한, 2005).

- 적절한 작품 선택이 독서치료의 핵심이므로 문학작품에 대한 전문적 지식과 다양한 정보를 갖고 있어야 한다.
- 독서치료가 지니고 있는 학제적 성격을 이해하고, 문학뿐만 아니라 문헌정보학, 상담학, 교육학, 종교학, 철학 등과 같은 관련 학문에 대해 깊이 있는 지식을 갖추고 있는 것이 좋다.
- 상담자 스스로가 자신의 자질에 적합하다고 여길 수 있는 맞춤형 치료 방식을 개발할 능력을 갖추고 있어야 한다.

지금까지는 주로 청소년 집단이나 성인을 대상으로 독서치료가 이뤄졌고, 아동을 대상으로 하는 독서치료는 양적으로 많이 이뤄지지는 않고 있다(정진, 박신형, 2005). 성인과 비교할 때 정서 표현 및 반응, 자기통제력, 자아 개념, 외부 환경과의 상호작용 등에서 아동만의 특이성이 있음을 감안할 때, 아동을 대상으로 하는 독서치료사는 신체, 정신, 심리 등 아동에 대한 총체적이고 전문적인 지식까지 겸비하고 있어야 한다. 뿐만 아니라 아동문학에 대해서도 일반 성인문학에 대한 관점으로 접근을 하기보다는 그것만의 특수성을 충분히 이해하고 적용할 능력을 갖춰야 한다.

5. 독서치료의 과정

독서치료가 많이 활성화되었다고는 하지만 여전히 이상적으로 표준화된 치료모델이 제시된 상황에는 이르지 못했고, 신체뿐만 아니라 정신적으로도 변화무쌍한 성장기에 해당하는 아동기의 특수성으로 인해 치료모델을 정형화시키는 데에도 어려움이 있다. 하지만 여러 학자의 견해를 종합해 보았을 때, 독서치료는 주로 읽기 전 단계, 읽기 단계, 읽기 후 단계 등의 세 단계로 나눠 진행되는 것이 일반적이며, 아동을 대상으로 할 때에도 이 단계에는 별 차이가 없는 듯하다.

독서치료는 전 단계를 거치는 동안에 문학작품을 통해 내담자의 잠재 능력을 발휘시킬 수 있다는 것을 전제로 한다(선애순, 이형선, 2010). 아동의 경우에도 다르지 않다. 다만 인지적 · 도덕적 발달 단계에 따라, 처한 상황에 따라 아동의 수용 능력이 현저히 다르다. 따라서 치료가 시작되기 전에 상담자는 내담자의 특성을 충분히 파악하고 치료 목표를 분명히 설정하여야 한다. 치료 계획을 수립할 때도 돌발 상황에 대비한 대안까지 마련할 필요가 있다.

공인숙 등(2013)은 아동 독서치료의 유형을 크게 대상, 상호작용, 상황에 따라 나누었는데, 대상의 유형은 발달적 독서치료와 임상적 독서치료로, 상호작용의 유형은 반응적 독서치료와 상호작용적 독서치료로, 상황의 유형은 개별적 독서치료와 집단적 독서치료로 나눈다. 치료 유형이 어떻게 나뉘든 독서치료는 읽기 전, 읽기, 읽기 후 등의 세 단계로 나뉘고, 작품을 읽고 느끼는 동안에 동일시, 카타르시스, 통찰의 세 과정을 거친다.

1단계: 읽기 전 단계

아동을 대상으로 하는 독서치료는 특히 상담자의 사전 준비 단계가 매우 중요하다. 문학을 매체로 하는 만큼 독서치료는 이 준비 단계에서 어떤 작품을 선별하느냐가 치료의 성패를 좌우한다고 해도 과언이 아닐 것이다. 읽기 전 단계는 아동에 대한 정보를 파악해서 치료 목표를 정하고, 그에 적합한 문학작품을 골라 성공적인 치료를 위해 아동과 신뢰관계를 구축하는 과정이다. 아동은 성인에 비해 돌발 상황이 자주 발생한다는 것을 유념하여 사전에 그에 대한 대비책도 마련되어 있어야 한다.

① 아동에 대한 정보 파악

치료에 활용될 작품을 고르기 위해서는 아동에 대한 이해가 필수적이다. 아동의 나이, 성별, 아동이 겪고 있는 문제의 종류, 인지적 능력, 발달 수준, 아동의 독서 능력, 개인의 독서 취향 등과 같은 요인을 철저히 파악하고 작품을 골라야 치료가 성공적으로 실행될 수 있다.

대상이 되는 아동에 대한 전반적인 파악이 끝나고 나면 그 아동이 처한 특수한 상황과 주 호소문제를 고려하고, 문제의 특성과 중요성, 위급성 등을 검토하여 치료 목표를 세운다. 주로 내담자가 되는 아동을 면접하여 이런 정보들을 수집하게 되는데, 필요하면 심리검사를 실시해서 참고할 수도 있다. 치료 목표는 실행이 가능한 구체적인 범주 안에서 세워야 하고, 실질적인 변화의 결과물을 낼 수 있어야 한다.

목표 설정이 끝나고 나면 발달적 · 상황적 요인을 참고하여 작품을 선별하는데, 선별한 작품이 치료 목표에 합당한지 확인하는 절차를 거쳐야 한다.

② 작품 고르기

작품을 고를 때 최우선으로 고려되어야 하는 것은 아동의 문제가 발달적 문제인지 상황적 문제인지를 먼저 파악하고, 아동의 문제와 해결에 적합한 작품인지를 면밀히 따져 보는 것이다. 아동의 독서 취향 파악도 중요하다. 아무리 문제에 적합하다고 해도 작품 자체에 흥미를 보이지 않으면 치료 효과를 기대하기가 어렵다. 아동의 발달적 · 인지적 특징을 고려하여 아동 개인의 독서 능력에 맞는 수준의 작품을 골라야 한다는 점 또한 간과해서는 안 된다.

상담자가 그 작품에 대해서 얼마나 이해를 하고 있는지도 매우 중요하다. 작품이

치료 목표에 얼마나 맞는지, 작품의 수준이 내담자의 이해 수준에 맞는지, 작품의 주제가 현대적이고 실제적인지, 내담자의 관심을 끄는 요소가 있는지, 신뢰할 수 있는 주인공과 상황이 표현되어 실제로 희망적인 결론을 내고 있는지, 작품의 문체가 아동의 눈길을 끌 수 있는지, 아동의 정서를 불러일으킬 힘이 있는지 등을 상담자가 면밀히 파악하고 있어야 한다.

물론 모든 문학작품을 상담자가 훤히 꿰뚫고 있을 수는 없으므로 작품을 고를 때에는 사서와 같은 전문가의 도움을 받을 수도 있고, 인터넷이나 선행 연구자들의 자료 목록 등을 참고하여 작품을 고를 수도 있다. 상담자가 어떤 작품을 고르든 문학 자체의 질적 가치를 고려해야 하지만, 무엇보다 우선시해야 하는 기준은 작품 본연의 문학성보다는 치료적 기능과 치료적 요소에 맞춰야 한다. 내담자의 문제 상황에 대해 성공 가능한 해결책을 제시하면서 긍정적인 방향으로 문제를 해결하는 과정이 담긴 작품을 선택하는 것이 좋다(김현희, 2008).

치료에 활용되는 작품은 상담자가 고르는 것이 일반적이지만, 경우에 따라 상담자 및 양육자와의 협의 과정을 통해 내담자가 되는 아동이 직접 고를 수도 있다. 아동 독서치료에서는 아동이 자신의 상황을 작품 속 등장인물과 내용에 무리 없이 연결시키는 과정이 중요하기 때문에 아동이 직접 책을 고르면 주인공과의 동일시를 더 쉽게 일으킬 수 있다.

③ 아동과 상담자 간의 신뢰 형성하기

작품 선정이 끝나고 나면 상담자는 내담자인 아동이 상담자를 믿고 치료에 참여할 수 있도록 신뢰가 바탕이 되는 관계를 먼저 만들어야 한다. 신뢰관계를 만들고 나면 아동이 독서에 관심을 가지고 치료에 참여할 수 있도록 상담자가 도와야 한다. 독서 자체에 관심이 없으면 독서치료를 진행하는 데 무리가 따른다. 본격적인 독서치료가 진행되기 전에 주제와 관련하여 작품이나 문제에 관련된 이미지 작업을 해 보는 등의 웜업 과정을 거치면 독서에 흥미를 일으키는 데 도움이 되기도 한다.

또 한 가지 중요한 것은 아동이 어떤 질문을 할지 미리 예상해 보고, 그에 대해 여러 방편의 대비책을 준비해 두는 것이다. 명료하고 진솔한 설명을 할 수 있어야 신뢰가 흔들리지 않는다.

2단계: 읽기 단계

읽기 단계는 아동에게 상담자가 고른 작품을 제시하고 이해를 조성하면서 동일시, 카타르시스, 통찰의 과정을 거쳐 문제 해결에 이르는 단계다. 작품을 읽으면서 진행이 되는 독서치료의 핵심 과정이 이 단계에 들어 있다. 앞선 단계에서 아동이 작품에 충분히 몰입할 준비가 되도록 한 후, 상담자가 이야기를 읽어 준다. 상황에 따라서 아동이 읽을 수도 있고, 집단인 경우에는 나눠 가면서 읽을 수도 있다.

① 자료 제시

치료 목표와 아동의 상황 및 수준에 따라 고른 작품을 읽기 시작한다. 비교적 짧은 시간 동안에 진행이 되지만 아동이 지루해하거나 이해를 도울 필요가 있는 경우에는 계획된 다른 활동들을 중간에 끼워 넣을 수도 있다. 예를 들어, 주인공의 표정을 떠올려 보게 한다거나 주인공과 닮은 피규어를 가지고 상황극을 만들 수도 있다. 더 나은 몰입을 돕기 위해 동영상이나 음악, 비디오 등과 같은 시청각 자료를 활용할 수도 있고, 감각적 자료나 미술 관련 보충자료를 쓸 수도 있다(김현희, 2008). 아동의 읽기 수준이나 집중 능력 정도를 감안하여 내용을 나눠 읽어가며 진행하기도 한다.

② 동일시

김현희(2008), 선애순과 이형선(2010)은 이 단계부터 통찰의 단계까지를 '이해 조성의 단계'로 이름하고, 인식 · 고찰 · 병렬 · 병치 단계로 세분하였는데, 작품을 이해하고 그것을 아동의 문제에 대입시킨다는 기본 원리에서는 별 다름이 없다.

작품을 읽는 동안에 아동은 등장인물의 삶, 감정, 생각, 결정, 행동 등을 보면서 자신도 모르는 사이에 자신의 억압된 소원이나 감정이 그 등장인물의 것과 같다는 것을 느낀다. 독서의 과정은 책을 읽으면서 일어나는 아주 사적인 감동을 불러일으키기 때문에 주변과 상관없이 자신의 문제에 몰입할 수 있도록 한다. 이 동일시를 통해서 아동은 등장인물에게 자신의 감정을 전이하고, 감정을 해방시키고, 그 과정에서 객관적인 시선을 가질 기회를 갖게 된다. 이는 기존의 지식 위주 독서에서 비롯된 수동적인 입장의 독자가 아니라, 독자 스스로의 느낌과 반영을 중시하는 독서과정인 독자반응이론이 독서치료의 기반임을 나타낸다(김현희, 2008).

쉽게 동일시가 일어나지 않는 경우나 작품과 아동 자신과의 연결성을 잘 찾지 못하는 경우에는 개방형 질문하기, 주인공이나 소재에 관련된 마인드맵 그리기, 뒷이야기 이어 만들기, 찰흙으로 만들기, 동극으로 만들기 등과 같은 여러 활동으로 아동의 몰입을 도울 수 있다.

③ 카타르시스

동일시는 다른 말로 표현하면 일반화다. 처음에는 아동이 자신만의 특수한 문제로 고립된 상황에서 작품의 등장인물을 만나지만, 그 등장인물이 겪는 과정을 읽어가면서 다른 사람도 자신과 같은 문제를 가질 수 있다는 생각을 하게 된다. 자신이 처한 문제가 자신만의 특수한 상황이 아니라 누구라도 겪을 수 있는 일반적인 상황이라는 것을 인식할 수 있게 된다는 말이다. 이러한 인식은 응어리진 부정적인 감정을 해소시킨다. 이를 카타르시스라고 한다.

동일시가 일어나면서 아동의 내면에서는 카타르시스가 일어난다. 등장인물이 보여 주는 행동과 감정 표출 등에 공감을 일으키면서 자기감정의 억압도 풀어 내고, 자기표현을 방해하던 사회적인 장벽에서도 벗어나 자유롭게 된다. 드레이어(S. Dreyer)가 말하는 독서치료 3단계 과정 중에서 동일시가 일어나는 보편성 단계와 카타르시스 단계가 읽기 단계의 치료 효과가 나타나는 단계다(김춘경, 2004).

④ 통찰

아동뿐만 아니라 책을 읽는 모든 독자는 읽는 과정을 거치면서 자기 자신과 세계에 대한 인식을 새롭게 할 수 있는 기회를 얻는다. 문자로 표현된 작품을 통해서 자신의 문제와 떨어져 거리를 갖게 되고, 억압된 감정과 미처 드러내지 못했던 자기표현이 작품 속에서 대리되어 카타르시스를 경험하고 나면 감정에 휘둘리는 데에서 벗어나 객관적 시선을 가질 수 있게 된다. 이 과정에서 자신과 주변 세계에 대한 통찰이 일어나고 합리적 사고가 가능한 상태가 된다. 여기까지 이르러야 일차적으로 치료 목표에 도달했다고 할 수 있다.

3단계: 읽기 후 단계

상담자의 역할이 가장 부각되는 단계가 작품을 읽은 후 모든 관련 활동이 끝나고 아동에게 의미 있는 피드백을 해 주어 성공적인 치료의 결말을 향해 가는 읽기 후 단계다. 이 단계는 활동의 성격에 따라 다시 작품에 대한 반응단계, 작품과 관련해서 자신의 문제를 다루는 단계, 평가단계 등의 세 과정을 거치게 된다.

① 작품에 대한 반응단계

작품을 읽고 나면 아동이 그 작품과 어떤 상호작용을 하였고, 어느 부분에서 어떤 요소로 마음이 움직였는지를 살펴보아야 한다. 이를 위해서는 작품에 대한 전반적인 인식에 관한 질문을 던지거나, 얼마나 작품을 이해하였는지, 작품이 아동에게 다가간 의미는 어떤 것인지에 대해 개방형 질문을 할 수 있다. 아동이 주인공을 비롯한 등장인물이 겪는 사건과 전체 스토리를 이해하는 과정은 곧 동일시를 향해 가는 과정이 된다.

이 과정에서 상담자는 작품의 주제나 상담자의 관점에서 비롯되는 고정적인 해답 혹은 방향성을 지니는 것보다는 개방적이고 다각적인 시각으로 아동의 반응에 주목하면서 융통성 있는 물음을 던져야 한다.

② 자신의 문제를 다루는 단계

독서치료의 근본적인 목표는 작품을 통해 아동이 안전한 환경에서 자신의 문제에 다가가 문제 해결을 할 수 있도록 돕는 것이다. 등장인물이 겪는 사건과 자신의 경험과의 유사성, 등장인물의 감정과 자기감정의 비교 등을 통해서 자신의 문제에 문학작품을 잘 적용할 수 있도록 상담자가 다양한 방법을 제시할 수 있다. 상담자는 주인공에게 편지 쓰기, 마인드맵, 역할극 등을 활용하여 자연스럽게 아동이 자신의 문제에 다가갈 기회를 마련해 준다.

③ 평가단계

모든 심리치료가 그러하듯, 통찰이 곧 성공적인 치료의 결말은 아니다. 치료의 성공은 실제 생활과 행동의 긍정적 변화다. 아무리 작은 변화라도 구체적인 행동의 변화를 찾아 그에 대한 평가를 할 수 있어야 아동이 치료과정을 경험하면서 자신이 성장하고 개선되었음을 인식할 수 있다. 아동의 아주 사소한 변화 하나에도 상담자는 그 변화의 가치를 인정해 주고, 앞으로의 계획에 대해서 논의할 수 있어야 한다.

이렇게 평가의 단계까지 거치고 나면 독서치료의 전 단계는 마무리된다. 이후 치료 효과의 지속, 치료 종료 시 세운 계획의 실천 정도, 생활 태도 개선 등을 확인하기 위해서 다른 상담 및 심리치료에서와 마찬가지로 일정 기간 이후에 추후 면접 시간을 거침으로써 아동의 변화를 확인하는 기회를 가질 수도 있다.

아동 독서치료의 유의사항

독서치료 현장에서 아무리 좋은 문학작품을 치료매체로 사용하더라도 작품 자체가 상담의 주요 기법이 되지는 않는다. 또 어떤 작품이 아동의 어떤 문제에 적합한지에 대한 개인의 주관적 판단은 매우 위험할 수 있다. 따라서 독서치료를 실행할 때에는 몇 가지 주의사항을 반드시 고려해야 한다. 여기서는 구머(Gumaer, 1984)가 소개한 모세스와 자카리아(Moses & Zaccaria)의 의견을 제시해 본다.

- 독서치료의 본질, 역동성, 주요개념, 기본 기술을 사전에 검토하고 적용하고자 하는 상담이론과 잘 맞는지를 고려한다.
- 내담자의 특성과 문학작품의 특성이 잘 맞는지를 고려한다.
- 모든 독서치료는 내담자와 전문성을 갖춘 상담자 사이에서 진행되어야 한다.

6. 독서치료의 기술과 기법

독서치료 과정은 주어진 문학작품과 내담자의 치료적 상호작용이 가장 핵심이 된다. 상담자는 이 상호작용을 원활하게 이끌어 내담자가 치료 목표에 맞는 독서를 할 수 있도록 여러 기법을 써서 도와주는 역할을 해야 한다.

독서치료의 기술이나 기법이라고 하면 대개 동일시, 카타르시스, 통찰 등을 손꼽는데, 이는 기법이라기보다는 독서 과정에서 나타나는 치료 효과라고 판단되어 앞서 이미 설명을 했다. 지금까지는 독서치료에서 고유하게 쓰이는 기법이 따로 정리되어 있지는 않지만, 독서치료의 성공적 실행을 돕기 위해 주로 쓰이는 상담기법을 소개하면 다음과 같다.

1) 투사

투사(projection)는 정신분석학적 개념으로, 동일시를 일으키는 기법이다. 내담자는 독서를 하면서 문학작품 속의 등장인물에게 자신의 문제나 억눌린 감정을 대입하여 그 인물에게 자신을 투영한다. 이렇게 투사가 일어나면 등장인물과 동일시가 되고, 그 인물이 거치는 과정을 마치 자신의 것처럼 느끼게 된다. 이 과정에서 내담자는 부정적인 감정을 해소하는 동시에 자신의 문제에 대한 해결책까지도 찾아낼 수 있다.

아동은 자신의 문제나 감정을 제대로 인지하지 못하는 경우가 많고, 자신의 부정적 측면을 타자에게 투사하는 경우가 흔하다. 친구를 때리고는 자기가 아프다고 우는 경우가 대표적인데, 아동의 이런 특성 때문에 독서치료의 대상이 아동이 되면 투사가 유효한 기법이 될 수 있다.

불우한 가정 환경 때문에 혼자 있는 시간이 많아 늘 우울한 상태가 지속되는 12세 여아에게 숀 탠(Shaun Tan)의 『빨간 나무』(2001)를 읽게 했을 때, 상담자가 특별한 메시지를 전달하지 않았어도 자신의 우울감을 책 속의 등장인물에 투사할 수 있었다. 이런 투사는 아주 짧은 시간 안에 인간의 내면 깊숙이 숨은 정서를 체험할 수 있게 도와준다.

2) 내사 혹은 흡입

투사와 방향성이 대립되는 개념으로 외적 상황을 자신의 내면으로 흡수하는 것을 뜻한다. 아동은 독서 과정 중에 주인공을 비롯한 작품 속 등장인물의 상황 및 감정, 혹은 문제 해결 능력 등을 자기 내면으로 받아들이게 된다. 이 과정을 겪으면서 자기도 주인공처럼 곤란한 상황이나 어려운 문제를 해결할 수 있다는 자신감을 얻을 수 있고, 주인공의 감정을 자신의 것처럼 받아들여 카타르시스를 경험하기도 한다.

신체적 열등감에 시달리던 10세 남아에게 시공사에서 출간한 우리나라의 옛이야기 『반쪽이』(2006)를 읽어 주었다. 이 아동은 반쪽이에게 일어나는 사건과 주변 인물들에 대한 반쪽이의 반응을 그대로 흡입하여 감정을 분출하였고, 반쪽이의 긍정적인 자세를 내사하여 자신도 반쪽이처럼 잘 자랄 수 있을 것이라고 믿게 되었다.

기제의 방향이 서로 반대가 되지만, 내사(introjection) 혹은 흡입도 투사와 마찬가지로 동일시에 쓰이는 기법이다. 투사는 자기감정을 주인공에게 반영하고, 내사는 주인공의 감정을 자기에게 흡수한다.

3) 개방형 질문

개방형 질문은 독서치료에서만 쓰이는 것이 아니라 상담과 심리치료에 널리 쓰이는 기법이다. 이영식은 도로시 리즈(D. Leeds)의 경영학적 관점에서의 질문의 중요성이 일반 상담에서도 마찬가지로 발견된다고 말하면서 리즈가 말하는 7가지 질문의 힘을 소개하였다(이영식, 2006).

- 질문을 하면 답이 나온다.
- 질문은 생각을 자극한다.
- 질문을 하면 정보를 얻는다.
- 질문을 하면 통제가 된다.
- 질문은 마음을 열게 한다.
- 질문은 귀를 기울이게 한다.
- 질문에 답하면 스스로 설득이 된다.

이와 같은 질문의 힘을 기반으로 하여 독서치료에서는 텍스트 해석, 동일시, 카타르시스, 통찰, 자기 문제 해결에의 적용 등에 관련된 개방형 질문 형식의 발문을 기법으로 쓴다. 그 예시는 다음과 같다.

(1) 텍스트 해석 기반 발문

독서치료에서는 책을 읽는 과정에서 내담자의 과거의 상처에 대해 깊은 정서적 경험을 유발하도록 하는데, 이를 위해서는 작품 속 등장인물, 사건, 문제 등에 관련된 중요한 문제들을 검토하는 단계가 필요하다. 주인공의 문제, 행동 방식, 해결 과정 등을 이해하게 되면 내담자가 자기 자신에게 적용하기가 쉽기 때문이다. 하지만 아동의 경우에는 스스로 이런 과정을 경험하기가 힘들다. 그래서 상담자가 주어진 독서 텍스트 이해에 관한 질문을 하여 전반적인 인식을 돕는다. 김현희 등(2004)이 말하는 전반적인 인식을 돕는 질문이 이에 해당한다. 텍스트 해석에 관련된 발문의 예시는 다음과 같다.

- "지금 이 장면에서 주인공이 뭘 하고 있을까?" (작품의 내용 중 치료에서 중요하게 활용될 부분을 기억하도록 돕는다.)
- "왜 주인공이 이런 행동을 했을까?" (앞뒤 맥락을 파악하면서 아동이 그 내용을 어떻게 추론하는지를 파악하는 데 도움을 준다.)
- "이 장면을 연극으로 바꾸면 어떨 것 같니?" (아동이 문제를 장면으로 전환하여 사고함으로써 자기 문제를 색다른 방향에서 볼 수 있도록 한다.)
- "이 이야기를 끝까지 읽고 나니까 어떤 생각이 드니?" (아동이 스스로 작품에 대한 평가를 내릴 수 있는 기회를 준다.)

(2) 동일시 촉진 발문

독서치료는 동일시에서 시작된다. 특히 아동의 경우에는 감정이입이 어른보다 쉬워 등장인물에 대한 투사나 내사를 잘 일으키는 편이다. 하지만 아동은 자신의 문제가 심각할수록 직접 대면하기가 어렵기 때문에 동일시가 일어나더라도 회피하려고 할 수 있다. 이럴 때 다음과 같은 발문을 활용하여 텍스트에 등장하는 인물의 이야기를 통해 안전하게 동일시가 일어날 수 있도록 도울 수 있다.

- "만약 이 이야기를 연극으로 만든다면 너는 어떤 역할을 하고 싶니?"
- "이런 상황에서 주인공은 어떤 기분을 느낄 것 같니?"
- "이야기 속에서 너랑 비슷한 사람이 있니? 있다면 제일 비슷한 것은 누구일까? 왜 그렇게 생각하니?"
- "이 이야기에 나오는 사건과 비슷한 일을 겪은 적이 있니? 그때 네 기분은 어땠니?"
- "혹시 주변에 이 이야기에 나오는 인물이나 사건과 비슷한 경우를 본 적이 있니? 있다면 네가 왜 그 인물이나 사건을 이 이야기와 비슷하다고 생각하니?"

(3) 카타르시스 촉진 발문

독서치료 과정에서 동일시가 일어나고 나면 아동은 등장인물에게 자신을 투사하거나 등장인물의 감정을 자기 것으로 내사하여 응어리진 부정적인 감정을 풀어 낼 기회를 가지게 된다. 하지만 억압이 심하거나 상처가 깊을 때에는 아동 스스로 그 단계에 들어가기가 힘들 수 있다. 그럴 경우에는 다음과 같이 카타르시스를 촉진하는 발문으로 아동을 도울 수 있다. 이런 발문은 아동이 자신의 부정적인 감정이나 정서를 안전하게 해소해도 된다는 상징적 신호가 될 수도 있다.

- "(　　)가 …했을 때 (　　)는 기분이 어땠을까?"
- "네가 (　　)의 입장이었다면 너는 기분이 어땠을 것 같아?"
- "(　　)에게 하고 싶은 말이 있니? 있다면 왜 그 말을 해 주고 싶은 걸까?"
- "이 이야기에서 제일 마음에 안 드는 인물이나 장면이 있니? 있다면 왜 그럴까?"
- "이 이야기에서 가장 인상 깊었던 장면이나 인물이 있니? 있다면 왜 그럴까?"

(4) 통찰 촉진 발문

성인의 독서치료와 달리 아동을 대상으로 한 독서치료에서는 내담자의 통찰을 일으키기가 쉽지 않을 수 있다. 아동은 성인에 비해 반영적 사고가 쉽지 않아서 스스로 독서 전후의 변화를 알아채지 못하기도 하는데, 이럴 경우에 상담자는 아동이 통찰을 잘 일으킬 수 있도록 발문을 만들어 도움을 주어야 한다. 통찰을 촉진하는 발문을 할 때에는 추상적인 면보다는 구체적인 변화를 인식할 수 있도록 해야 아동이 변화를 체감할 수 있다.

- "이 이야기를 읽고 나서 읽기 전과 읽은 후에 너에게 달라진 점이 있니? 있다면 어떤 것일까?"
- "이야기를 읽고 생각이 변한 것이 있니? 있다면 그게 뭘까?"
- "혹시 이 사건의 결말 이외에 주인공에게 다른 해결 방법도 있었을까? 그렇다면 네 생각에는 그것이 어떤 것이었을 것 같니?"
- "너는 이 이야기 속에서 어떤 인물이 가장 바람직하다고 생각하니? 그 이유는 무엇일까?"

4) 독후 활동 기법

독서치료는 텍스트를 읽는 과정이 주가 되기 때문에 각 회기별로 주어진 텍스트를 읽고 나서 여러 독후 활동을 통해 치료 효과를 높일 수 있다. 책을 읽는 활동만으로 진행될 때 특히 아동은 지루함을 쉽게 느껴 성공적인 치료가 되지 못할 수도 있다. 이런 경우에는 독서치료 이외에 문학치료 기법이나 타 예술 관련 활동들을 가미하여 아동의 주의를 집중시킴으로써 치료를 용이하게 해야 하는데, 이와 관련된 기법을 독후 활동 기법이라고 한다. 치료 효과를 증대시키기 위해서는 제한 없이 얼마든지 다른 분야의 기법들을 활용할 수 있겠지만, 아동을 대상으로 하는 독서치료에서 주로 많이 쓰이는 독후 활동 기법들을 정리하자면 다음과 같다.

(1) 주인공에게 편지 쓰기

아동 내담자가 동일시한 주인공이나 자신에게 인상적이었던 등장인물에게 편지 쓰기는 가장 손쉬운 독후 활동 기법이다. 이는 일종의 감상문으로 내담자가 주인공의 행로를 따라가면서 느꼈던 동일시, 카타르시스, 통찰의 과정을 직접 편지로 쓰면서 다시 한 번 확인함으로써 내담자 내면의 변화를 구체화시키는 효과가 있다. 반쪽이를 내사했던 10세 남아에게 상담 마지막 회기에서 반쪽이에게 편지 쓰기 활동을 행했다. 편지를 쓰면서 반쪽이의 긍정적 반응에 대한 자기감정을 확인했고, 자신도 '너(반쪽이)'처럼 잘해 보겠다는 약속으로 이후 생활의 계획까지 세울 수 있었다.

(2) 결말 바꿔 쓰기

주어진 작품의 결말에 대해서 "만약 …였다면" "만약 …아니었다면"과 같은 제시문을 주어 내담자가 다른 상황에서 이끌어 내는 또 하나의 결론을 직접 글로 쓰게 만드는 기법이다. 이 활동으로 내담자는 사건에 대한 인과관계를 파악하여 통찰로 나아갈 수 있는 기회를 얻는다. 아동의 가장 큰 자원은 상상력이다. 주어진 텍스트와 다른 결말을 상상하면서 새로운 문제 해결 능력을 키울 수 있고, 본인에게 일어난 사건에 대한 인식도 바꿀 수 있다.

학교에서 따돌림으로 힘들어 하던 12세 남아에게 『어디, 뚱보 맛 좀 볼래?』를 읽고 주인공이 "만약 씨름하는 영상을 보지 못했다면?"이라는 발문을 준 다음 결말 바꿔 쓰기를 해 보았다. 아동은 주인공은 아마 끝까지 자기는 그냥 뚱보 못난이라고만 여기고 평생 우울했을 것이라는 결론을 내렸다. 이 아동은 이 저서의 주인공 뚱보 앙리가 변할 수 있었던 씨름 영상이 자신에게는 상담이었다면서 변화는 아주 작은 인식의 전환에서 시작된다는 생각을 도출해 냈다.

(3) 기타

이외 독후 활동에는 주인공 표정 그리기, 나의 작은 책 만들기, 주인공의 기분을 색깔로 표현하기 등과 같은 미술 활동, 주어진 이야기에 어울리는 배경 음악 고르기와 같은 음악 활동, 보드게임과 같은 놀이, 이야기를 시나 극으로 바꾸기 등과 같은 독서치료 이외의 문학치료 기법이 있다. 이런 활동들은 아동에게 제시한 텍스트의 이해를 돕고 아동이 독서치료 과정을 통해서 통찰을 쉽게 일으키기 위한 보조도구가 된다.

7. 독서치료의 사례

본 사례는 하버드대학교 부속병원 캠브리지 헬스 얼라이언스(Cambridge Health Alliance)의 전임의 멘델(M. R. Mendel) 등이 파르텍 부부의 관점을 바탕으로 진행한 「Bringing Bibliotherapy for Children to Clinical Practice(아동 독서치료 임상 사례)」(Mendel et. al., 2016)를 요약 및 정리한 내용이다.

- 인적사항: 단테(가명, 7세, 남아)
- 의뢰사유: 학교생활 문제, 또래끼리의 갈등, 주의력 문제, 학교 교사 지시 불이행 등의 문제를 보임.
- 호소문제: 낮은 자존감, 단테 스스로 자기를 나쁜 아이라고 여김. 단테의 엄마는 단테가 정신과 진단을 받거나 처방을 받을 경우 주의력 결핍 및 과잉행동장애(ADHD)라는 낙인이 찍힐까봐 두려워함.
- 치료내용: 치료사는 단테의 부정적 자기상(self-image)을 인지하고 단테가 과잉행동성이 높다는 점에 우선 집중하여 치료를 진행함.

1단계: 읽기 전 단계

멘델은 아동을 대상으로 하는 독서치료의 큰 틀을 작품 선정 단계(읽기 전 단계), 동일시 및 투사의 단계, 카타르시스 혹은 소산의 단계(읽기 단계), 통찰 혹은 통합의 단계(읽기 후 단계)로 설정하면서, 치료 성공을 위해 아동의 문해능력과 증상에 맞는 도서 선정 단계가 매우 중요하다고 말한다.

아동 정보 파악 및 작품 고르기 독서치료의 첫 번째 단계는 아동에게 적합한 도서를 선정하는 일이다. 아동은 자기가 겪고 있는 문제를 오직 자기만 겪는 특별한 문제라 여기지만, 실제로는 누구나 겪을 수 있고, 같은 문제를 겪고 있는 이들이 있다는 것을 알려 주는 '일반화(universalization)' 작업을 할 수 있는 도서를 선정해야 한다. 독서치료에 활용되는 도서는 아동의 심리치료 과정뿐만 아니라 추후 삶의 여정을 잘 안내해 줄 수도 있어야 한다. 멘델은 '7세인 단테가 이야기를 이해할 수 있는가?' '주인공이 겪는 사건, 생각, 감정 등이 단테가 처한 어려움과 관련이 있는가?' '주인공의 문제 해결 및 극복의 과정이 단테에게 적용가능한가?' '단테가 그 이야기에 흥미를 가질 수 있는가?' '그 도서가 단테가 읽을 수 있는 분량인가?' 등과 같은 점들을 고려하여 후보가 될 만한 몇 권의 도서를 골랐다.

단테의 경우, ADHD 아동 관련 도서인 『Cory Stories(코리 이야기)』를 우선 선정하였다. 치료사는 주인공 코리가 직면한 문제와 코리가 주의집중력을 키우고 자기 강점과 재능을 부각시키기 위해서 시도한 여러 노력이 단테에게도 적용가능하다는 것을 알려 주는 것이 최우선 과제라고 여겼다.

아동과 상담자 간 신뢰 형성하기 치료사는 단테 엄마의 불안을 함께 다루기 위해, 엄마를 치료에 참여시키고 이 도서를 엄마가 단테에게 읽어 주는 방법을 선택하였다. 또한 치료사는 책을 읽는 동안 엄마의 무릎에 단테를 앉혀 놓으면 좋겠다는 제안도 했다. 이런 제안은 단테가 치료사에 대해 신뢰를 가지도록 해 줄 뿐만 아니라, 단테 엄마가 품고 있었던 치료에 대한 거부감이나 낙인의 두려움에 대한 처방이 되기도 한다.

2단계: 읽기 단계

자료 제시 및 동일시 안전이 보장된 치료실 안에서 치료사 입회하에 엄마가 책을 읽어 주는 동안 단테는 동일시, 투사 등을 경험하면서 일반화라는 치료 초기 목표에 이른다. 단테의 엄마는 단테를 무릎에 앉히고 등 뒤에서 안은 자세로 담담히 코리의 이야기를 읽어 나갔다. 이야기 끝자락 즈음에 이르자 단테는 스스로 "내가 ADHD인 거예요, 엄마?"라고 묻고, 코리를 가리키며 "이건 나잖아!"라고 말했다. 이런 동일시가 일어나고 나면 등장인물에게 자기를 투사하고, 등장인물의 생각, 감정, 행동 등에서 일어나고 있는 심리적 과정을 내사하여 자기 것으로 만들 수 있다.

카타르시스 및 통찰 이어지는 회기에서 단테는 코리가 겪고 있는 어려움에 대해서 더 알고 싶어 하게 되었다. 읽기 단계에서 일어나는 변화 중 가장 중요한 것은 카타르시스다. 주인공과의 동일시를 경험하고 나면 아동은 자기 내면의 부정적 정서를 소산(abreaction)시키면서 더 열심히 주인공을 탐색할 에너지를 얻는다. 안전한 공간으로서 치료실 내에서의 이런 경험은 언어적이든 비언어적이든 간에 과거의 억압된 감정을 풀어낼 수 있게 만든다. 멘델은 이 단계에서 치료사, 가족, 교사가 협업하여 단테를 원조하는 것이 중요하다고 강조한다.

억압된 감정이 풀리고 나면, 아동은 자기 문제에 대한 객관적 거리를 확보하고 통찰의 단계에 이른다. 단테는 자신이 보이는 여러 일상의 과잉 행동이나 주의력 문제들이 코리의 경우처럼 자기 연령대에서 흔히 일어날 수 있는 발달 문제라는 것을 인식했고, 문제 해결에 대한 의지를 보이기 시작했다. 읽기 단계를 거치는 동안 단테의 엄마도 치료에 대해 더 깊이 긍정적으로 수용할 수 있었다.

3단계: 읽기 후 단계

멘델은 ADHD 관련 증상을 보이는 아동이 사회 혹은 학교에서 경험하는 어려움은 그 아동 몸 안에서 '스위치 끄기(off switch)'라고 할 수 있는 무언가를 발견하지 못하기 때문이라고 말했다. 이야기 속에 등장하는 주인공 코리가 스위치를 끄는 방법이나 과정을 관찰하는 동안 단테는 동일시와 투사라는 독서치료의 기법을 경험하였고, 안전한 상황에서 자기 문제에 다가갈 수 있었다. 이런 읽기 단계까지의 독서치료 작업이 제대로 효과를 내고, 생활 및 행동에까지 변화를 일으키기 위해서는 책을 모두 읽은 후 치료사와 아동이 이야기를 나누는 시간이 있어야 한다. 단테는 읽은 작품에 대해 치료사와 이야기를 나누면서 그 작품과 어떤 상호작용을 하였는지 스스로 탐색할 수 있었고, 주인공을 통해서 본 자기 문제에 대한 평가 단계를 거칠 수 있었다. 자기 문제 및 앞으로의 변화에 대한 통찰까지 경험한 후 단테의 독서치료는 종결되었다.

작품에 대한 반응 단계 및 자기 문제를 다루는 단계 단테는 코리의 경험을 통해서 자기 문제와 만나고, 스스로 자기 문제를 인지한 후, 코리가 보여 주는 개선의 시도들과 그 성과들에 몰입하면서 코리와 유사한 문제 해결 방법을 찾아서 사용하는 데까지 이르렀다. 치료실 내에서의 이런 경험들은 치료를 모두 마친 후 일상생활 속에서의 행동변화에 동기를 부여하고 긍정적 행동 변화를 이룰 수 있도록 도왔다.

평가 단계 치료사는 단테와 코리에 대한 이야기를 나누면서 단테 스스로 코리의 문제와 자기 문제를 병치시키고, 코리처럼 단테도 자기감정과 상황을 새로운 방식으로 바라볼 수 있는 기회를 얻도록 이끌었다. 자기 문제와 감정에 대한 평가 과정에서 통찰이 일어난다. 이런 통찰과 통합의 읽기 후 단계에서 단테는 자기 문제를 해결할 힘을 얻고 치료실을 나갈 수 있었다.

아동 독서치료에서의 어려움 본 사례 논문의 결언 앞에 멘델은 'Pearls and Pitfalls of Bibliotherapy With Children(아동 독서치료의 진주와 함정)'이라는 제목의 표를 실어 두었다. 그는 아동의 발달 특성상 양육자와 멀티미디어의 도움을 받을 수 있다는 것이 아동 독서치료에서의 이점이라고 소개하는 반면, 치료사가 먼저 읽지 않은 책을 선정하거나, 아동의 문해능력 혹은 언어 장애를 파악하지 못한 채 아동에게 접근하는 것은 금하고 있다. 뿐만 아니라 아동이 치료사가 고른 책을 거부하거나 읽기 자체를 거절하는 경우를 대비해서 대체 가능한 저서를 준비해 두고 다음 회기로 넘어가서 다시 권해 보는 방법을 제시하기도 했다.

활동

1. 자신의 어린 시절 중 다루고 싶은 사건이나 기억에 대해서 독서치료 과정에 맞춰 환경을 설정해 봅시다.

<table>
<tr><th>항목</th><th colspan="7">내용</th></tr>
<tr><td>인적사항</td><td>성명</td><td></td><td>남 / 여</td><td>연령</td><td></td><td>의뢰</td><td></td></tr>
<tr><td>의뢰사유</td><td colspan="7"></td></tr>
<tr><td>호소문제</td><td colspan="7"></td></tr>
<tr><td rowspan="11">치료내용</td><td>치료 목표</td><td colspan="6"></td></tr>
<tr><td>치료 기간</td><td colspan="6"></td></tr>
<tr><td rowspan="9">치료 과정</td><td rowspan="3">읽기 전 단계</td><td>정보 파악</td><td colspan="4"></td></tr>
<tr><td>작품 선택</td><td colspan="4"></td></tr>
<tr><td>관계 형성</td><td colspan="4"></td></tr>
<tr><td rowspan="3">읽기 단계</td><td>작품 소개</td><td colspan="4"></td></tr>
<tr><td>작품 읽기</td><td colspan="4"></td></tr>
<tr><td>정서 해소</td><td colspan="4"></td></tr>
<tr><td rowspan="3">읽기 후 단계</td><td>반응</td><td colspan="4"></td></tr>
<tr><td>문제 다루기</td><td colspan="4"></td></tr>
<tr><td>평가</td><td colspan="4"></td></tr>
</table>

2. 아동문학 중 치료에 쓸 수 있다고 생각하는 작품 선정표를 만들어 봅시다.

<table>
<tr><th>제 목</th><th colspan="2">도서 정보</th><th colspan="3">참여자 정보</th></tr>
<tr><td rowspan="4">8세
남아</td><td rowspan="2">기본 정보</td><td rowspan="2">• 분량
• 그림 유무
• 대상 독자 연령</td><td rowspan="2">1회 독서
수준</td><td>분량</td><td></td></tr>
<tr><td>시간</td><td></td></tr>
<tr><td>주제</td><td></td><td>호소문제</td><td colspan="2">교내 따돌림</td></tr>
<tr><td>주인공
정보</td><td></td><td>아동 적용</td><td colspan="2"></td></tr>
<tr><td rowspan="4">10세
여아</td><td rowspan="2">기본 정보</td><td rowspan="2"></td><td rowspan="2">1회 독서
수준</td><td>분량</td><td></td></tr>
<tr><td>시간</td><td></td></tr>
<tr><td>주제</td><td></td><td>호소문제</td><td colspan="2">부모의 재혼으로 인한 우울감</td></tr>
<tr><td>주인공
정보</td><td></td><td>아동 적용</td><td colspan="2"></td></tr>
<tr><td rowspan="4">11세
여아</td><td rowspan="2">기본 정보</td><td rowspan="2"></td><td rowspan="2">1회 독서
수준</td><td>분량</td><td></td></tr>
<tr><td>시간</td><td></td></tr>
<tr><td>주제</td><td></td><td>호소문제</td><td colspan="2">외모 열등감으로 인한 등교 거부</td></tr>
<tr><td>주인공
정보</td><td></td><td>아동 적용</td><td colspan="2"></td></tr>
</table>

3. 앞의 자료 중 하나를 골라 독서치료 기법에 맞춰 여러 가지 개방형 질문의 발문을 만들어 봅시다.

도서 정보		내담자 정보	
제목		이름	
분량		성별	
주제		나이	
		연령	

텍스트 해석 기반 발문	
동일시 촉진 발문	
카타르시스 촉진 발문	
통찰 촉진 발문	

추천도서

김민주(2009). 어린이의 상한 마음을 돌보기 위한 독서치료. 경기: 한울아카데미.
선애순, 이형선(2010). 아동독서치료: 이론과 실제. 경기: 양서원.
임성관 외(2015). 어린이를 위한 독서치료 1. 서울: 시간의 물레.
임성관 외(2016). 어린이를 위한 독서치료 2. 서울: 시간의 물레.

제10장 글쓰기치료

글쓰기는 말하기와 다르다(Bolton, 2004). 글을 쓰는 것은 일반적인 사람들이 아니라 글에 관련된 재능을 타고 난 사람들의 특별한 작업인 것처럼 여기는 경우가 많다. 하지만 사람은 생각보다 훨씬 글과 밀접한 생활을 하고 있고, 부지불식간에 글을 쓰고 있다. 초등학교 시절 크레파스로 한 장면의 그림을 그리고, '참 좋았다' '참 재미있었다' '속이 상했다'처럼 뻔한 문장으로 마무리했던 그림일기장을 오래된 책장에서 만날 때, 당시의 어린 자신을 만나면서 우리는 무슨 생각을 할까? 사춘기 시절, 손톱만한 간이자물쇠가 달린 딱딱한 표지의 노트에 아무에게도 말하지 않은 비밀을 써 놓고 서랍 속에 숨겨 두었던 기억과 마주할 때 우리는 어떤 마음이 들까? 아담스(K. Adams)는 자신의 사랑, 고통, 승리, 상처, 성장과 변화를 모두 알고 있는 가장 유능한 치료사를 2천 원짜리 스프링노트라고 말했다. 글쓰기치료의 가장 큰 힘은 자신의 마음, 정신, 영혼의 내면을 명료화시켜서 글쓴이의 눈앞에 분명하게 보여준다는 점일 것이다(Adams, 1990). 이 장에서는 이런 글쓰기치료의 전반에 대해 알아보고자 한다.

1. 발달배경

소설 『컬러 퍼플(The Color Purple)』(1982)의 작가 워커(A. Walker)는 "나는 내 생명을 구하기 위해 글을 썼다."라고 고백했다. 워커의 이 말은 글쓰기가 인간의 정신과 신체 건강을 회복시키고 자아를 실현시키는 힘을 가지고 있다(고명수 외, 2010)는 것을 여실히 보여 주는 증거가 된다.

글쓰기치료의 기원을 말할 때 대부분 고대의 주술적인 영역과 종교적인 의식에서 그 뿌리를 찾고, 그리스 아폴론 신전의 신탁과 글의 관계를 설명한다. 고대 이집트 민족은 신이 문자에 직접적으로 힘을 행사해서 저주를 받거나 기억을 지워 버리는 무시무시한 힘을 지닌 것이 글쓰기라고 생각하기도 했다(Bolton, 2004). 하지만 글을 쓴다는 행위가 워커의 고백에서처럼 인간의 개별 정신 및 실제 생활 속의 문제에 치료적 영향을 미칠 수 있다는 생각을 하게 된 것은 인간의 감정, 특히 부정적인 경험에서 비롯된 감정이 표현되지 못하고 비밀로 가슴 깊이 간직되거나 무의식 속으로 억압되어 남아 있을 때 그것이 우리의 몸과 마음, 일상에까지 영향을 미친다는 사실이 밝혀진 이후이다.

19세기 초 미국에서는 병원을 중심으로 정신적으로나 육체적으로 건강하지 못한 사람들에게 독서와 글쓰기를 권장하는 활동이 있었고, 이후 시 쓰기, 일기 쓰기, 전기나 생애사 쓰기, 전쟁을 경험한 군인들의 외상 회복을 위한 트라우마 기술하기 등과 같은 글쓰기가 심리치료에 부분적으로 삽입되기 시작했다(채연숙, 2010).

본격적인 치료 행위로서의 글쓰기는 1960년대에 프로고프(I. Progoff)가 집중저널치료(Intensive Journal Method)라는 이름으로 개최한 워크숍을 기점으로 삼는다. 그는 심리공책(psychological notebook)이라는 3공바인더 공책을 제작하여 집중글쓰기에 활용하였다. 이때부터 저널치료는 독립적인 하나의 치료 영역으로, 글쓰기치료의 다른 이름이 되어 전 세계로 퍼져 나가기 시작했다.

그중에서도 1980년대에 아담스, 페너베이커(J. Pennebaker) 등이 창조적 글쓰기, 감정표현 글쓰기와 같은 분야를 개척했고, 현재는 인지치료를 비롯한 많은 상담 현장뿐만 아니라 교육 현장에서도 효과적인 기법으로 글쓰기가 활용되고 있다. 아담스는 삶 속의 여러 구체적인 문제를 글로 쓰기 위해 사용할 수 있는 글쓰기 기법들을 모아서 '저널 도구상자'를 제시하였다(고명수 외, 2010).

미국의 경우에는 1980년대 이후 저널쓰기를 수업에 활용하여 사고 기술의 향상을 불러일으켰고, 그루웰(E. Gruwell) 같은 교사는 일기 쓰기를 활용한 교육의 결과를 『Freedom writers diary』라는 책으로 출판하기도 하였다. 1990년대 후반에는 미국 초등학교 교실에서 등교 이후 정규 수업을 하기 전까지 15분을 할애해서 글쓰기에 활용하는 '일일 저널(daily journal)'이 급속도로 확산되기 시작했다. 뿐만 아니라 5세부터 15세까지의 아이들을 대상으로 하여 그림과 글쓰기를 결합시킨 '아동을 위한 창조적 글쓰기(Creative Journal for Children)'가 미국을 넘어 캐나다까지 퍼져 나가게 되었다(고명수 외, 2010). 이런 움직임은 특히 왕성한 발달을 보이는 아동기의 성장과 발달에 글쓰기가 큰 영향을 끼칠 수 있다는 반증이다.

다른 예술치료 분야보다 글쓰기치료가 좀 늦게 태동되었다고 할 수 있지만, 그간 약 20여 년간의 연구로 면역체계의 기능 향상, 만성 질병 환자의 증상 개선, 스트레스 완화, 단기 및 장기 정서의 긍정적인 변화, 행동양식의 변화 등과 같은 과학적 결과들이 확인되고 있다(Pennebaker, 2004). 우리나라에서는 이봉희, 채연숙, 고명수 등이 글쓰기치료 활동과 그에 대한 연구를 활발히 하면서 후학을 양성하고 있지만 여전히 기존의 외국 이론과 기법에 많이 의존하고 있는 상황이다.

2. 글쓰기의 치료적 가치

글쓰기가 지닌 가장 큰 치료적 가치는 글이 인간의 억압된 감정과 사고를 드러낸다는 데 있다. 아담스가 일기장을 '펜 끝에서 만나는 친구'(Adams, 1990)라고 할 만큼, 글을 쓰는 사람은 자기 자신에 대한 깊은 정서적 체험을 할 수 있고, 자기 자신을 깊이 있게 들여다볼 수 있는 기회를 갖게 될 뿐만 아니라 그 세계를 표현할 기회를 갖게 된다(채연숙, 2010). 특히 아동은 성인에 비해 방어기제가 덜 형성되어 있기 때문에 글을 쓰는 과정에서 훨씬 쉽게 자기를 드러낸다. 다만, 입시 중심의 우리나라 교육 환경에서는 아이들이 글쓰기를 자기표현의 도구가 아니라 학업 부담으로 느낀다는 사실이 안타까운 문제가 되기도 한다.

1) 카타르시스

글쓰기가 치료적 행위로서 독립적인 입지를 구축한 것이 트라우마 연구와 함께 한 것은 우연이 아니다. 글쓰기는 외적 압력에 의해 행해지는 면이 있기는 하지만, 강한 감정을 풀어내는 정화적인 효과를 제공한다(김춘경, 2004). 볼톤(G. Bolton)은 언어는 그 자체로 상징이고 이미지라고 말하면서, 글쓰기라는 형태로 언어를 사용할 때 강력한 힘을 가진 마법을 행사한다고 주장하였다(Bolton, 2004).

아이들은 어른들보다 환경이 주는 자극에 취약해서 이사, 부모의 이혼이나 별거, 애착 인물과의 이별, 전학이나 사고로 인한 친구 상실, 반려동물과의 이별, 왕따나 학대 등과 같은 예기치 못한 상황에 노출되어 감정적 위기를 맞으면 감정 처리에 곤란을 겪는 경우가 많다. 이런 아동들에게 글쓰기는 판단, 잔소리, 비난 같은 부정적 평가가 배제된 안전한 상황에서 마음껏 자신의 감정을 표현할 수 있는 도구가 된다(Adams, 1998).

2) 자기이해

자기를 이해한다는 것은 "자신의 심신에 관한 여러 가지 상태, 대인관계의 질과 양, 가치관 및 이와 관련된 자신의 행동 등에 관하여 현실적으로 이해하는 것"을 말한다. 인간은 사회적 환경에 처해 있는 시간이 많아 자신을 돌아볼 기회를 자주 갖지 못한다. 특히 아동은 더 그렇다. 글쓰기는 문제를 직접 인지하지 못한 상황에서도 무의식으로 가는 출입구를 제공해 주기 때문에 아동의 자기이해에 도움을 줄 수 있다(임성관, 2019).

아동이 자신의 고유성을 인식하지 못한 채 타인의 기대에 부응하려고만 하다가 보면 자존감이 떨어지고, 급기야 자기를 잃어버리기도 한다. 글쓰기를 통해서 자신의 생각과 감정을 마음껏 표현하게 해 주었을 때 아동의 자기이해 수준을 향상시킬 수 있다. 누구의 눈치도 보지 않고, 점수와 같은 수치 평가와 관계없이 행하는 글쓰기는 자신의 감정을 자유롭게 표현하고 탐구하게 해서 타인과 비교되지 않는 독특한 개성을 지닌 자기만의 가치를 발견할 기회를 준다(고명수 외, 2010).

3) 자기수용

자기수용이란 "자기 자신의 느낌, 생각, 행동 등 여러 가지 현상을 있는 그대로 받아들여 자기의 것으로 인정하고 책임지는 것"을 말한다(임성관, 2019). 어린 시절 타인과의 끊임없는 비교 속에서 자기를 평가받게 되면 성인이 되어서도 고유한 자기에 대한 가치를 스스로 인정하지 못하고 열등감을 가지게 된다. 혹 타인보다 비교 우위에 서게 되더라도 언제 타인보다 못한 위치가 될지 몰라 불안해하면서 항상 평가와 타인의 시선을 두려워하게 된다. 있는 그대로 고유한 개성을 가진 자기를 인정하고 받아들이는 작업은 건강한 아동의 성장에 꼭 필요한 활동이다. 글쓰기는 이러한 수용을 가능하게 하는 활동의 일환이 된다. 안전한 환경에서 글을 쓰는 경험은 스스로에 대해서 솔직해질 수 있는 기회를 마련하여 자기를 수용하게 만든다.

4) 의사소통

글쓰기는 직접 말로 하기 어려운 문제나 감정을 전달하는 아주 효과적인 방법이다. 아동은 감정 조절 능력이 어른에 비해 아직 성숙하지 못한 상태이기 때문에 대상이나 사건에 대한 자신의 의사나 감정을 여과 없이 그대로 발산시키는 경우가 많다.

같은 사실이나 감정을 전하더라도 글을 쓰는 과정을 거칠 때, 건전하게 자신을 개방할 가능성이 높고, 직접 대면한 대화의 상황보다는 자신의 의사를 안전하게 전달할 수 있다. 글은 말에 비해 시간적인 여유를 가질 수 있어서 충분히 교정이 가능하고, 상대방에게 전달되기 전에 자기가 쓴 것을 다시 확인하는 과정을 거칠 수 있다. 따라서 부정적인 감정을 완화할 시간을 가질 수 있고, 그 대상이나 사건에 대해서 객관적 판단을 할 수 있는 여유가 생기기 때문에 타인에 대한 이해도가 높아져 의사소통 능력을 신장시킬 수 있다.

5) 기타

아동은 성장 과정 중에 있기 때문에 글쓰기를 통해서 특정한 증상이나 문제를 해결하는 치료 효과 이외에 부가적 가치를 더 얻을 수 있다. 고명수 등(2010)은 잠재된 재능 개발, 창의력 개발, 자존감 향상, 작문 실력 향상, 스트레스 해소, 면역력 강화, 동기 부여 및 학습 능력 향상, 현실 적응력 강화, 장래희망과 재능 탐구 등을 글쓰기로 얻어 낼 수 있는 치료적 가치 안에 포함시켰다.

3. 글쓰기치료의 정의

톰슨(K. Thompson)은 글쓰기치료를 심리적 · 정서적 · 신체적 치유를 촉진하기 위해 목적지향적으로 실행하는 계획적 · 반영적 · 과정적 글쓰기의 총칭이라고 말했다(Bolton, 2004).

치료적 글쓰기의 출발은 저널쓰기에서 시작되는데, 저널(journal)이라는 용어는 '하루'라는 뜻을 지닌 프랑스어 journée에서 나온 말로, 17세기까지는 '하루의 여행' '하루 동안 일어난 일의 기록'이라는 뜻을 가지고 있었다. 이 어원으로 볼 때 저널이라는 말은 지속성과 변화, 시간성과 공간성, 목적성과 실천성 등의 의미를 담고 있다. 톰슨은 이 말을 사람과 삶의 관계에 대한 은유로 보고 "저널은 목소리를 찾아가는 하나의 길, 즉 여행"이라고 정의하였다(Bolton, 2004). 우리나라의 고명수 등(2010)은 "글쓰기치료에서 말하는 글쓰기는 그 출발이 어떠하든 내담자의 표현적 · 성찰적 글쓰기"라고 정의하였다.

글쓰기치료가 표현치료라는 측면에서는 '글을 쓰고 그 글을 성찰하는 행위를 치료에 사용하는 것'이라고 정의되기도 하고, 문학치료의 하위 분야로 보았을 때에는 '문학을 매개로 하는 상담자와 내담자 간의 상호작용 중의 글쓰기'라고 정의할 수도 있다.

어떤 시각에서 글쓰기치료를 정의하든 글쓰기치료는 내담자들에게 다양한 치료적 논제점과 과제로 글쓰기를 활용하는 것이고, 효과적인 치료 행위가 되기 위해서는 내담자가 자기가 쓴 글을 잘 소화하고 습득해서 온전히 자신의 것으로 만드는 과정을 경험할 수 있도록 그 능력을 잘 고려하여야 한다. 글쓰기치료를 실행할 때, 규칙에 매이지 않고 자유롭게 글을 쓰도록 허용하고 쓴 글에 대해서는 어떤 판단이나 비판도 하지 않고 수용하는 것이 글쓰기치료사의 가장 중요한 자세다(Adams, 1998).

글쓰기치료가 어떤 상황에서 적용이 되든 그것의 궁극적 목적은 내면의 감정을 표현하고 자기를 만나는 것으로 수렴된다. 글쓰기치료의 전신이 되는 저널치료에서는 정신, 육체, 그리고 감정의 건강과 행복을 증진시키는 것을 목적으로 삼는다(고명수 외, 2010). 대상을 아동으로 한정할 때 글쓰기치료의 목적은 더 광범위할 수 있다. 글쓰기가 자신을 표현하고 발견하는 가장 좋은 방법이라면, 아동들에게 행하는 글쓰기치료의 목적은 특정 증상 및 문제 치료를 목적으로 하는 경우 이외에도 숨겨 둔 혹은 표현되지 못한 감정과 경험, 생각 등을 드러내어 표현하도록 도와주고, 아동의 꿈이나 재능을 탐구하여 개발할 수 있도록 도와주는 것도 목적이 될 수 있기 때문이다.

여러 관점에서의 글쓰기치료 중에서 글을 쓰는 행위 자체를 누군가에게 의존하지 않고도 언제든 그 자리에서 실행할 수 있는 치료 행위로 본 톰슨의 견해에 따라 글쓰기치료의 목적을 제시하면 첫째, 억압된 감정 및 정서의 카타르시스, 둘째, 자기 경험의 확인, 셋째, 자기와의 소통, 넷째, 자기 존재의 확인, 다섯째, 행동과 감정의 명료화 등으로 볼 수 있다(Bolton, 2004).

4. 글쓰기치료의 구성요소

글은 언제든지, 자발적으로, 타인의 간섭 없이, 어떤 곳에서라도, 얼마든지 쓸 수 있다. 이런 까닭으로 성인을 대상으로 하는 글쓰기치료는 간단한 지침서만으로 행해지는 자가치료기법으로 그 범위를 넓혀 가고 있다. 하지만 대상이 아동인 경우에는 상담자의 개입과 지도가 성공적인 치료에 필수요인이 된다. 뿐만 아니라 문제의 성격과 대상의 특성에 따라서 글쓰기 기법을 달리할 필요도 있기 때문에 글쓰기치료를 구성하는 요소에 대해서 파악해 둘 필요가 있다.

1) 대상

원칙적으로 글을 쓸 수 있고, 그 의미를 이해할 수 있는 연령이라면 누구나 글쓰기치료의 대상이 될 수 있다. 하지만 자발적 글쓰기가 되지 않거나 글을 쓰는 능력에 제한이 있는 경우에는 글쓰기치료의 적용이 어려울 수 있다.

아동이 글쓰기치료의 대상이 될 때에는 너무 쓰기에 집중하기보다는 자기만의 공책을 갖도록 해 주고, 쓰기 이외에도 자유롭게 공책을 사용하게 하는 것이 효과적이다. 글자를 모르는 어린 아동의 경우에는 아동이 하고 싶은 말을 상담자가 대신 받아 적는 방법을 사용하기도 하지만(고명수 외, 2010), 이런 경우에는 원칙적으로 글쓰기치료로 보기 힘들다.

글쓰기치료 대상을 아동으로 한정할 때에는 반드시 아동의 문해 능력을 검증하여 확인하고, 그 능력 정도에 맞춰 치료 계획 및 목표를 세워야 한다. 상담자가 아동의 문해 능력과 작문 능력을 제대로 파악하지 못하면 글쓰기치료 진행 자체가 어려워진다. 따라서 본격적인 글쓰기치료에 들어가기 전에 상담자가 대상 아동의 문해 능력을 파악했다면, 그에 맞춰 아동에게 사적 자유와 한계에 대한 지도안을 고지하고, 아동의 글이 어떤 형태이든 수용할 준비를 하고 있어야 한다. 아동은 어릴수록 일관된 글쓰기가 어렵고, 오랜 시간 집중하기가 힘들다는 점도 염두에 두는 것이 좋다.

아동은 자신이 솔직하게 쓴 글로 인해서 자신 혹은 누군가가 피해를 입을지도 모른다는 두려움을 가질 수도 있기 때문에 솔직하고 자연스러운 글을 쓰기 힘들어 할 수도 있다. 상담자는 아동이 쓴 글을 비밀 장소에 보관하거나 비밀 서랍 같은 것을 마련해서 잠가 두는 등과 같은 대안을 갖고 있는 것이 좋다.

2) 글쓰기 환경 및 규칙

글쓰기치료는 문학치료의 다른 하위 분야와 달리, 구성요소에 특별한 매체가 포함되지 않는다. 글쓰기 환경을 촉진하기 위한 부수적인 요소로 다른 매체를 함께 사용할 수는 있으나, 글쓰기치료 자체에서는 매개 구성요소가 없다. 하지만 글쓰기치료를 성공적으로 이끌기 위해서 상담자는 반드시 치료 진행 전에 대상 아동에게 글쓰기가 어떤 것인지를 고지하여야 한다. 고명수 등(2010)은 특히 아동 집단을 글쓰기치료 대상으로 삼을 때, 글쓰기에 대한 소개와 더불어 글이 곧 마음속 이야기를 풀어 내는 것이기 때문에 조용한 분위기를 갖춰야 한다는 약속을 해야 한다고 말했다.

안전한 환경과 규제나 평가가 없는 글쓰기가 글쓰기치료의 전제조건이지만, 글쓰기치료에 규칙이 전혀 없는 것은 아니다. 아동을 대상으로 하는 효과적인 글쓰기치료 진행을 위해 고명수 등은 다음과 같은 10가지 규칙을 제안하였다(고명수 외, 2010).

- 날짜를 적는다.
- 문법, 맞춤법, 띄어쓰기, 글씨체 등에 구애받지 않고 쓴다.
- 나만의 비밀 글이라는 것을 잊지 말고 하고 싶은 말을 마음껏 쓴다.
- 자신이 원한다면 공개할 수 있다. 원하지 않으면 선생님, 부모님 어떤 누구에게도 보여 주지 않을 수 있다.
- 글을 모두 쓰고 나서 마음이 불편하면 쓴 글을 찢어 없애도 된다.
- 글을 잘 써야 한다는 생각을 하지 않는다.
- 나의 감정에 대해 두려움이나 죄책감을 갖지 말고 솔직하게 털어놓는다.
- 글을 쓰면서 남에게 칭찬받으려는 생각을 하지 않는다.
- 마음을 편하게 하고 즐겁게 쓴다.
- 정해진 시간에 써도 되지만, 마음에 어떤 생각이 떠오르면 그때마다 언제든 일기장에 써도 된다.

3) 상담자

성인의 경우에는 자가치료적 글쓰기가 확산되고 있지만, 대상이 아동인 경우에는 내담자와 상담자 간의 상호작용이 글쓰기치료의 성공을 좌우하는 경우가 지배적이다. 따라서 상담자는 글쓰기치료에 대한 전문성을 반드시 갖추어야 한다.

미국의 경우, 글쓰기치료사가 되기 위해서는 상담자 지원자가 먼저 1년 이상의 기간 동안 저널을 쓰고 체험하는 과정을 필수적으로 거쳐야 한다(고명수 외, 2010). 글쓰기가 쉽게 접할 수 있는 치료적 도구라고 해도 상담자는 치료 과정에 대한 슈퍼비전을 받아야 하고, 글쓰기치료의 규칙에 대해서도 먼저 숙지하고 있어야 한다.

고명수 등(2010)은 아동을 대상으로 글쓰기치료를 하고자 하는 상담자들은 다음과 같은 점을 유념해야 한다고 제안하였다.

- 상담자는 아동이 자신을 솔직하게 표현할 수 있도록 믿음을 줄 수 있는 인격을

갖추고 있어야 한다. 말과 태도, 눈빛 등을 따뜻하게 해야 한다.
- 상담자는 아동이 스스로 문제점을 찾아낼 수 있도록 도와주는 촉진자이자 안내자가 되어야 하므로 아동의 심리 흐름을 잘 관찰하고 이후 과정을 준비해야 한다.
- 상담자는 프로그램 진행 중에 조급해 하면 안 된다. 여유를 가지고 아동이 자유롭게 자신의 문제를 만나 해결책을 찾는 데 조력자가 되어야 한다.
- 아동의 태도나 행동이 성의 없거나 예의에서 벗어나는 경우가 있더라도 심하게 야단을 치거나 꾸짖어서는 안 된다. 격려하고 참여할 수 있도록 이끌어 주는 자세를 취해야 한다.
- 유도문을 주거나 상담자가 의도하는 방향과는 다른 내용을 쓰겠다고 고집을 피우는 아동의 경우에는 아동의 의사를 존중하여 그 글 속에서 아동이 자신의 문제를 잘 드러낼 수 있도록 이끌거나, 아동의 창의성이 발휘될 수 있도록 돕는다.

5. 글쓰기치료의 과정

자기 내면의 감정을 드러내는 것만으로도 치료 효과가 있다는 것을 프로고프가 확인한 이후 글쓰기는 여러 상담 현장에서 많은 이론 및 기법과 함께 활용되고 있고, 자발적 자가치유 글쓰기를 위한 워크북들도 양산되고 있다. 글쓰기치료 초기에 프로고프는 3공바인더 공책을 제작하여 글쓰기 과정을 한꺼번에 볼 수 있도록 했다. 그 뒤 아담스는 약 2주간 하루에 30분씩 매일 지속적으로 글쓰기를 하는 감정표현 글쓰기 방법을 창안했고, 페너베이커는 적어도 4일 동안 매일 20분씩 글을 쓴 다음 스스로 글을 분석하고 수정하는 집중적 글쓰기를 실천했다.

하지만 대상이 아동인 경우에는 아동의 쓰기 능력 및 집중력을 감안하여 아동을 위한 치료 환경을 따로 마련할 필요가 있다. 톰슨이 제시한 글쓰기치료 다섯 단계가 아동에게 적용하기에 유리하리라고 판단하여 다음에 소개한다(Bolton, 2004).

글쓰기(writing) → 피드백(feedback) → 인식(recognition) →
내 것으로 만들기(owning) → 통합(integrating)

톰슨이 제시한 이런 구성은 글쓰기치료가 쓰는 행위만큼이나 그것을 통해 내담자가 자신을 들여다보는 작업을 얼마나 무게 있게 다루어야 하는지를 확인시켜 준다.

1단계: 글쓰기

글쓰기치료를 시작하려면 아동이 마음을 열고, 글을 쓸 수 있는 분위기를 형성하고, 비판단적 환경에서 자신의 비밀이 보장될 것이라는 상담자와의 신뢰관계를 형성하는 것이 매우 중요하다.

① 준비단계

개별로 진행을 하든, 집단으로 진행을 하든 글쓰기 활동 이전에 글을 쓰는 환경을 먼저 조성해야 한다. 글을 쓸 도구와 글쓰기에 병행할 다른 활동에 대한 준비를 사전에 모두 철저히 해 둔다.

공간은 가능한 한 조용하고 아늑한 곳이 좋다. 좋은 글을 쓰는 것이 아니라 자기 내면에 담아 둔 감정을 풀어내는 작업을 한다는 사실을 아동에게 알려 주고, 아동이 쓴 글은 비밀이 보장된다는 사실을 확인시켜서 안전감을 느끼도록 한다. 글을 쓸 지면은 줄이 있는 것을 쓸 수도 있지만, 아동이 어릴수록 빈 지면이 더 편안하게 느껴질 수 있으며, 그림을 그릴 공간도 확보된다.

글쓰기에 부담이 큰 아동들은 바로 글을 쓰게 하는 것보다는 준비단계에서 '마음대로 낙서하기' 같은 방법을 써서 글에 대한 부담감을 없애 주는 것이 좋다. 이 단계에서 글을 잘 써야 한다는 중압감에서 벗어날 수 있다. 또한 이 낙서가 다음 단계의 글과 연관되는 경우도 있고, 낙서에 대한 대화를 하면서 아동의 문제에 접근하게 되는 경우도 있다.

물론 다른 심리치료나 상담과 마찬가지로 글쓰기치료에서도 준비단계에서 아동의 문제를 파악하고 치료 목표를 설정해야 한다.

② 글의 종류 선별

상담자는 본격적으로 글을 쓰기에 앞서 아동이 느끼는 글에 대한 부담의 정도가 얼마나 큰지를 파악해야 한다.

글쓰기치료는 글을 쓸 줄 알고 그 의미를 이해할 수 있다면 얼마든지 실행할 수 있다. 하지만 아동의 문자 이해 능력과 작문 능력에 따라서 치료에 적용할 글쓰기 기법을 달리 하여 효과를 증대시킬 수 있으므로 아동의 문자 이해 및 작문 능력에 대한 세밀한 파악이 중요하다.

글을 쓰는 데 큰 어려움이 없는 아동의 경우에는 바로 글을 쓰게 할 수 있지만, 부담이 있는 아동의 경우에는 그림이나 이미지를 활용하여 글에 자연스럽게 다가갈 기회를 준다.

③ 글쓰기

아동이 준비가 되면 글쓰기에 들어간다.

글쓰기에 부담이 있는 아동의 경우에는 유도문이나 미완성 문장을 주어 글쓰기를 이끌어 갈 수도 있고, 이미지 작업으로 자연스럽게 글쓰기로 이어 갈 수도 있다. 아동이 어릴 경우에는 인형이나 그림 등을 활용하여 글과 연결시킬 수도 있다.

아동이 글을 쓰는 동안은 가능한 한 상담자가 개입하지 않고 기다린다. 아동이 문법이나 맞춤법 등에 대해서 물을 때에는 거기에 너무 구애받지 말고 자신이 전하고자 하는 대로 쓰고 싶은 내용을 마음 편히 쓰라고 권유한다. 아동이 글을 이어 가지 못하는 경우라도 상담자는 생각할 여유를 주는 것을 우선으로 하고, 꼭 필요한 경우에는 개방형 질문으로 아동의 글쓰기 의도를 파악하고 그에 대한 간접적 도움을 주는 것이 좋다.

구조화된 글쓰기를 적용했을 때, 아동이 그 구조에 맞지 않는 글을 쓴다고 해도 그대로 인정하고 수용해 주는 것이 원칙이다.

2단계: 피드백

아동의 글쓰기치료는 아동이 쓴 글을 중심으로 상담자와 어떤 대화를 나누느냐에 따라 성패가 좌우된다고 볼 수 있다. 아동이 자유롭게 글을 쓰고, 자신이 독자가 되어 자신의 글을 읽고, 상담자가 묻는 질문에 대한 답을 하거나 자신의 글에 대한 부연 설명을 하는 과정에서 아동은 자신의 문제에 한발 더 다가간다.

① 자신의 글 읽기

일대일로 진행할 경우에는 아동에게 자신이 쓴 글을 소리 내어 읽도록 하고, 다 읽은 후 상담자는 아동에게 자신의 글에 대한 느낌을 묻는다. 집단으로 진행할 경우에는 자신의 글을 다른 구성원이 대신 읽어 줄 수도 있고, 글을 쓴 아동이 직접 자신의 글을 읽을 수도 있다. 쓴 글을 읽고 나면 글에 대한 다른 구성원의 느낌을 묻는다. 아동의 글에 대한 피드백은 평가나 비판이 아니라 그 글에 대한 느낌을 말하는 것이다. 예를 들어, "뭔가 빠져 있는 것 같아." "처음 부분에 이런 표현을 하는 것이 좋은 것 같아."가 아니라 "네 글은 꼭 파란 하늘 같은 기분이 들어."라는 식의 느낌을 표현하도록 한다.

아동이 자신의 글에 대한 느낌을 말할 때는 있는 그대로 수용하고, 글의 수준에 대한 평가는 절대 하지 않는다. 자신의 글이 평가받는 느낌이 들거나 자신의 글에 대해 부끄러운 마음이 들면 아동은 솔직하고 자연스러운 글을 쓰기 힘들 뿐만 아니라 자신의 문제로 다가갈 기회를 잃게 될 수도 있다.

간혹 자신의 글을 읽는 중에 감정이 복받쳐 울음을 터뜨리는 경우가 생기기도 하는데, 이럴 경우에는 충분히 울 수 있도록 시간적 여유를 주는 것이 좋다. 다만 아동이 조절 불가능한 지경에 이르지 않도록 잘 관찰하고 있다가 스스로 감정 통제가 어려워지는 순간이 되면 상담자가 조절을 해 줄 수 있도록 준비를 한다.

혹시 읽기를 거부하는 아동이 있을 때에는 억지로 읽게 하지 않는다. 원한다면 상담자나 집단 구성원 중에 한 명이 대신 읽어 줄 수도 있고, 원하지 않으면 그대로 넘어가도 된다.

② 대화

아동이 쓴 글을 읽고 자신의 느낌을 말하고 나면, 상담자는 아동이 자신의 문제에 다가갈 수 있도록 여러 가지 개방형 질문을 한다. 단, 아동이 쓴 글을 매개로 하여 대화를 이끌어 나간다. 비록 아동이 성실하게 대답을 하지 않더라도 상담자는 그대로 인정하고 아동이 자신의 문제에 스스로 다가갈 수 있도록 여유 있는 마음으로 도우미 역할을 한다.

대화를 하면서 필요하다면 아동의 글에 연관을 시켜 미완성 문장을 제시하고, 그 문장을 완성하는 과정에서 아동이 자신의 문제를 드러낼 수 있도록 돕는다.

3단계: 인식

자신의 글을 읽고 상담자 혹은 집단 구성원과 피드백을 나누면서 자신의 문제에 다가간 아동은 인식단계에 이르러 자신의 문제와 대면할 기회를 갖는다.

아동은 성인보다 방어기제가 약하기 때문에 자신의 문제에 쉽게 접근할 가능성이 크다. 문제를 인식하고 나면 문제를 해결할 방안을 찾는다. 만약 아동의 문제가 어떤 대상과 관련이 있다면 그 대상에게 '보내지 않는 편지 쓰기'를 할 수도 있고, 글을 이어서 쓰는 과정이 힘든 아동의 경우에는 빈 의자 기법 같은 것을 함께 써서 감정을 해소하는 과정을 거치는 것도 좋다. 이런 활동 이후에 아동에게 이전과 달라진 점이나 활동에 대한 느낌을 쓰거나 말하도록 돕는다. 아동의 느낌이나 감상에 대해서는 어떤 평가도 해서는 안 된다. 있는 그대로 수용하고 다음 단계를 준비한다.

한 가지 유의할 것은 자신의 문제를 대면할 준비가 되지 않은 상황에서 상담자가 섣불리 아동의 문제를 인식시키려고 해서는 안 된다는 점이다. 다소 시간이 걸리더라도 다양한 활동을 하면서 아동이 충분히 감당할 준비가 되었을 때 문제와 대면하도록 해야 한다.

4단계: 내 것으로 만들기

이 단계에서는 대개 글을 고쳐 쓰는 경우가 많다.

문제에 함몰된 상태에서 썼던 글을 다시 읽으면서 아동 스스로가 이뤄지기를 원하는 대로 글을 고쳐 쓰면 어떨지에 대해 상담자가 제안 형식으로 묻는다. 그렇지 않으면 원래 썼던 글을 두고 다른 형식의 글을 하나 더 쓸 수도 있다. 예를 들어, 이야기 이어 쓰기를 했던 아동의 원래 글에서 주인공이 비극적 결말을 맞도록 썼다면, 주인공이 문제를 해결하고 고난을 극복하는 방향으로 고쳐 쓸 수도 있고, 자신에 대한 10가지 목록에서 다시 생각해 보았을 때 아니라고 판단되는 점들을 확인하고 고쳐 쓸 수도 있다. 혹은 '하지만'이라는 접속사를 활용해서 먼저 쓴 글에서 자신이 느낀 것을 쓰고 난 뒤, '하지만 나는…'으로 이어지는 긍정적인 느낌을 다시 써 보도록 도울 수도 있다.

5단계: 통합

마지막 통합단계에 이르면 전체 치료 회기 동안에 자신이 쓴 글을 모두 확인하고 수정한 것을 다시 보면서 전 단계에 대한 아동의 감상을 글로 쓰도록 한다. 이때 상담자도 함께 감상을 글로 써도 좋다. 회기를 마무리하면서 상담자의 감상을 아동에게 선물로 주는 것도 매끄러운 회기 종료에 도움이 된다.

아동이 자신의 문제를 인식하고 자기감정을 풀어낸 것이 치료의 완성은 아니다. 통합단계에서는 치료에서 확인한 여러 가지 긍정적인 면을 어떻게 실제 생활에서 활용할 수 있을지를 논의하고, 아동이 실행 가능한 앞으로의 계획을 세우면서 마무리한다.

아동이 어릴 경우에는 통합단계에까지 이르지 않을 수도 있다. 그럴 때에는 표현되지 못한 여러 가지 생각과 감정을 안전한 환경에서 충분히 표현해 본 경험만으로도 의미가 있음을 아동에게 전달한다.

글쓰기치료에서 상담자가 가장 주목해야 하는 것은 아동이 얼마나 자신을 표현하느냐다. 또 가장 중요한 요소는 아동이 마음껏 자신을 드러낼 수 있는 안전한 환경이다. 평가받거나 검사받는다는 느낌이 들면 아동은 자신을 자유롭게 드러내지 못한다. 모든 글쓰기가 학업과 관련된 것으로 인식되고 있는 우리나라 교육 환경에서는 글쓰기에 대한 부담이 더욱 크기 때문에 이 점을 무엇보다 유의해야 한다.

아동이 지니고 있는 발달 과정상의 독특함은 치료과정의 구조화를 어렵게 만든다. 그렇기 때문에 아동의 상태를 잘 관찰하고, 주어진 기법이나 단계에 억지로 끼워 맞추려고 하지 말고 아동이 당면한 상황이나 환경에 따라 유연하게 대처하는 것이 더 효과적인 글쓰기치료가 될 것이다.

6. 글쓰기치료의 기술과 기법

아담스나 페너베이커는 집중적 글쓰기, 감정표현 글쓰기라는 이름으로 자기성찰이 가능한 어느 정도의 자발적 글쓰기 능력과 지속성을 갖춘 글쓰기 기법을 소개하였다.

아담스(Adams, 1998)는 문장 완성, 5분간 전력질주, 구조화된 글쓰기, 클러스터기법, 공동 글쓰기, 100가지 목록, 가나다 시 짓기, 순간포착, 보내지 않는 편지, 인물 묘사, 대화, 관점의 변화, 스프링보드, 시 짓기, 내면의 지혜와의 대화, 꿈, 자유로운 글쓰기 등을 글쓰기 기법으로 소개[1]하였다. 또 페너베이커(Pennebaker, 2004)는 기본적인 글쓰기치료 기법으로 4일간의 글쓰기를 제안하였는데, 4일간의 글쓰기를 마치고 나서 내담자가 자신의 글을 보면서 관점을 바꾸고 명사부터 시작해서 글을 다시 바꾸는 연습을 하도록 지도한다. 그 외에 의식의 흐름 수법에서 반자동 글쓰기를 소개하기도 하였다. 단, 그는 플립아웃법칙(Flip-out rule)[2]을 반드시 지키라고 말했다[3].

이와 같은 기법들은 성인을 주 대상으로 삼고 있기 때문에 이 책에서는 고명수 등이 『창의력 향상과 자아성장을 위한 어린이 글쓰기치료』(2010)에서 아동을 대상으로 제안한 글쓰기치료 기법들을 정리해서 소개하고자 한다.

그림 10-1 그림일기 예

1) 그림 저널 쓰기

주로 글을 쓰는 것이 자유롭지 않은 아동들을 대상으로 삼는 기법으로, 그림과 글쓰기를 병행한다. 그림일기가 대표적인 형식이다. 그림이 주가 되고, 글은 다섯 줄 이내의 단문이 되는 경우가 많아 글보다 그림에서 아동의 문제나 심리적 상태가 드러나기 쉽다. 상담자는 아동의 글뿐만 아니라 그림에 담긴 여러 단서를 놓치지 않도록 유의해야 한다.

---

1) 이에 대한 자세한 설명은 Adams(1998)의 *The Way of the Journal*. 강은주 외 역(2006). 저널치료의 실제, 서울: 학지사 참조.

2) 플립아웃법칙이란 참여자가 다루기 힘든 주제를 만났을 때 참여자가 아직 준비가 되어 있지 않다면 그 주제에 대해서는 쓰지 않는 것을 원칙으로 하고, 특별히 고통스러운 주제는 일단 접어 두고 다른 주제에 대해 글을 쓰고, 참여자 스스로 준비가 되었을 때 그 주제로 돌아가야 한다는 법칙이다(Pennebaker, 2004).

3) 이에 대한 자세한 설명은 Pennebaker, J. W. (2004). *Writing to Heal: Guided Journal for Recovering from Trauma & Emotional Upheaval*. 이봉희 역(2011). 글쓰기치료. 서울: 학지사 참조.

2) 구조적 글쓰기

글쓰기에 거부감이 있거나 자기표현에 익숙하지 않은 아동에게 유용하다. 혼자서 글 쓰는 것을 부담스러워할 때 상담자가 글쓰기의 시작을 도와주는 기법이다. 3행시, 가나다 시 쓰기, 미완성 문장 완성하기[4], 스프링보드 등이 여기에 포함된다.

학교 폭력으로 내방한 한 사례에서 상담 초기에 글을 쓰기 싫다고 거부하던 8세 남아 민수(가명)의 경우에 상담자의 이름으로 3행시를 써 보자는 제안에 재미있다는 반응을 보이면서 글을 쓰기 시작했다. 이후 글을 쓰는 행위에 대한 부담을 줄이고 마음껏 써도 된다는 인식의 전환을 할 수 있었다.

3) 시 쓰기

아동을 대상으로 하는 글쓰기치료에서 가장 흔히 사용되는 방법이다. 아동은 상상력이 풍부하여 창조적인 생각으로 이어지는 경우가 많다. 상담자는 아동 개인의 독특한 표현을 그대로 인정하면서 자유롭게 표현할 수 있도록 돕는다. 시를 쓰는 형식은 한 낱말 시 쓰기, 한 문장 시 쓰기처럼 아주 짧은 시부터 3행시 쓰기처럼 행이나 연의 개수를 정해 주는 시, 기존의 시를 바꿔서 쓰는 패러디 시, 시조처럼 글자 수를 맞춰서 쓰게 하는 정형시 등 여러 가지가 있다. 정형시의 외형률이 주어지면 형식을 맞추는 데 집중하여 방어하는 태도가 느슨해지는 효과가 있기 때문에 무의식적으로 글의 내용에 아동의 문제가 자연스럽게 드러나기도 한다. 이외에도 이야기를 듣고 시로 바꾸거나 사진이나 그림을 보고 시로 표현하도록 할 수도 있다.

4) 유도 문장 활용하기

바로 글쓰기를 힘들어하는 아동이라면 평소에 좋아하는 노래 가사, 책 속의 문장, 동시 등에서 일부를 골라 그 문장으로 글을 시작하도록 유도할 수 있다. 아무것도 주어지지 않은 상황에서는 무얼 쓸지 몰라 당황하더라도 기존의 문장들이 촉매가

---

4) '내 마음에 가장 먼저 떠오르는 것은 (　　　)' '내 마음을 불편하게 하는 것은 (　　　)'처럼 제시문을 미완성인 상태로 주고 뒤를 이어 쓰게 하는 글쓰기치료 기법.

되어 아동의 상상력을 자극하는 효과가 있다. 아동이 글쓰기에 저항이 있거나 부담을 느낄 때 상담자가 먼저 몇 줄 정도의 이야기를 쓰거나, 시에서 첫 행이나 첫 연 정도를 써서 제시하고 난 후 아동이 그 뒤를 이어 완성하도록 격려하는 기법이다.

성적 스트레스로 우울감을 호소하던 12세 여아 영미(가명)는 3회기가 지나갈 때까지 글쓰기를 거부하여 상담자가 그림이나 음악 등 다른 활동으로 신뢰관계를 형성하고 있었는데, 평소 영미가 방탄소년단의 노래를 즐겨 듣는다는 것을 확인하고 〈불타오르네(Fire)〉의 가사 중 '해가 지고 난 후 비틀대며 걷지'라는 부분을 서두에 써 주고 이어 쓸 수 있는지 물어보자 '해가 지고 난 후 비틀대며 걷지/비틀대다 넘어지지/넘어져 일어나지 않지/그냥 일어나고 싶지 않지'와 같은 글을 쓰면서 자신의 억눌린 감정을 풀어낼 수 있었다.

유도 문장을 제시하고 글을 이어 가도록 할 수도 있지만, '만일 …라면'과 같이 조건을 제시하고 이에 대한 이야기를 완성하도록 하는 기법도 있다. 아동의 가장 큰 능력 중 하나는 상상력이고, 상상의 이야기는 아동이 지니고 있는 환상 속 무의식을 드러나게 만든다. 아무것도 없는 상황에서 어떤 이야기를 만들어 내라고 하는 것은 글에 익숙하지 않으면 성인이라고 해도 당황스러운 일이지만, 조건문을 제시하면 상상을 일으킬 수 있는 도화선이 되어 이야기를 만들기가 쉽다. 고명수 등(2010)이 실시한 아동 글쓰기치료 사례 중에는 "만일 내게 1억이 있다면……"이라는 조건을 제시하여 아동에게 글쓰기를 하도록 한 경우가 있다. 아동의 경우에 꼭 심리 문제가 있지 않더라도 이런 제시문은 상상력과 창의력을 개발하는 데 도움이 된다.

5) 이미지 활용하기

글쓰기를 거부하거나 글쓰기에 익숙하지 않을 때에는 그림이나 사진 등과 같은 이미지로 내면의 생각을 이끌어 낼 수도 있다. 사진이나 그림 속에 있는 여러 사물은 아동의 상상력을 자극하여 그 아동만의 독특한 의미를 생산하고, 독창적인 글쓰기가 가능하도록 이끈다. 실제로 아동은 아주 작은 구석의 이미지에서도 자기 내면의 이야기를 투영하여 표현하기도 한다. 어릴 적 사진을 매개로 하여 당시 기억나는 일화를 쓰면서 아동이 자연스럽게 자기표현을 할 수 있도록 도울 수도 있고, 아동이 좋아하는 풍경이나 사물 그림에 대한 느낌을 쓰게 할 수도 있고, 그 이미지를 단서로 하여 이야기를 만들게 할 수도 있다. 고명수 등(2010)이 8세 여아에게 굴뚝에서 연기가 나고 있는 집을 바라보고 있는 사람이 그려진 그림을 제시하고 자신이 작가가 되어 마음대로 이야기를 만들어 보라고 하자 다음과 같은 글을 썼다.

[불쌍한 소녀]

이 소녀는 불쌍한 소녀다. 간신히 집을 봐서 집 꼭대기 사다리를 타고는 별 생각을 했다. 이 소녀는 무서운 게 많다. 왜냐하면 엄마 아빠가 밖으로 쫓았다. 그래서 밖에서 잠을 자고 새벽에 밥을 먹었다. 밥을 아침에 안 먹고 새벽에 먹는다. 그래서 참 불쌍한 소녀다.

한 장의 그림에서 창작된 이야기이지만, 이 이야기는 내담아동의 문제를 고스란히 드러내고 있다.

6) 자서전 쓰기

아동이 대상이므로 분량은 1~3쪽 정도로 하고, 자신의 생활 중에서 중요한 사건들을 중심으로 쓰는 것이 효과적이다. 현재까지의 발달단계에서 찍은 사진들을 함께 첨부해도 좋다. 자서전은 아동이 자신을 노출하는 데 도움이 되고, 지나온 삶을 한 번에 볼 수 있다는 이점이 있다. 자서전이 지니고 있는 특성상 너무 어린 아동에게 적용하기는 힘들겠지만, 십대에 들어서서 자신이 지나온 시간들을 돌아보면서 현재 상황과는 다른 예외적 상황을 발견하거나 과거에 어려움을 극복했던 사건을 다시 기억하여 치료에 도움을 줄 수 있다. 학교 폭력 피해자였던 12세 여아 난이는 자서전 쓰기를 하다가 7세에 자전거를 처음 배웠을 때를 떠올렸다. 정말 포기하려고 하였다가 딱 한 번만 더해 보자 하고는 마지막 시도를 해서 결국 자전거를 타게 된 사건을 떠올리면서 현재 자기가 처한 상황도 이겨 낼 수 있을 것이라는 힘을 얻게 되었다.

7) 10가지 목록 쓰기

성인의 경우에는 100가지 목록을 글쓰기치료 기법에서 활용하지만, 아동은 그만큼 많은 양을 소화하기에는 무리가 따르므로 자신의 긍정적인 면을 찾아서 10가지 목록 쓰기를 한다. 자신에 대한 긍정적인 면들을 탐색하는 활동을 하는 동안에 자아를 조금 더 긍정적인 시각으로 바라볼 수 있게 된다. 자신에게는 긍정적인 면이 없다고 하는 아동의 경우에는 집단 구성원이나 상담자가 "너는 목소리가 아주 상냥하구나."라든가 "너는 늘 다른 사람의 의자를 챙겨 주잖아."와 같이 그 아동이 지니고 있는 아주 구체적이고 현실적으로 관찰이 가능한 장점을 언급해 줌으로써 아동 스스로도 긍정적인 요소를 찾을 수 있도록 도움을 줄 수 있다.

8) 유언, 사망 기사, 비문 쓰기

이 기법은 아동의 상상력을 이용하여 현재를 넘어서는 통찰력을 발달시키는 효과가 있다. "마지막으로 남길 말은 무엇일까?" "너는 가족이나 친구들에게 어떤 사람이었을까?" "어떻게 기억되기를 바라니?" 등과 같은 질문은 아동의 사유 초점을 자기 자신에게 맞출 수 있도록 만든다. 삶이 끝나는 순간에 남기고 싶은 한 문장, 혹은 한 문단의 글 속에 담고 싶은 자기는 결국 어떤 사람으로 살고 싶은지를 드러내기 때문에 상담의 최종 목적을 이루는 데 도움을 줄 수 있다.

9) 책 만들기

상담자가 아동의 특정 문제를 다루면서 아동이 그와 관련된 내용으로 책을 만들도록 하는 기법이다. 상담자와 내담아동이 공동 작업을 할 수도 있다. 이때 상호작용이 일어나면서 문제를 객관화시킬 수 있다. 책 만들기를 할 때 상담자는 책의 완성도에 집중하지 말고, 아동이 글쓰기보다 더 활동적인 역할을 하는 것에 초점을 두어야 하므로 너무 어려운 과정보다는 간단하면서도 쉽게 접근할 수 있는 미술 재료들을 활용하여 흥미를 유발하는 과정이 효과적이다. [그림 10-2]는 12세

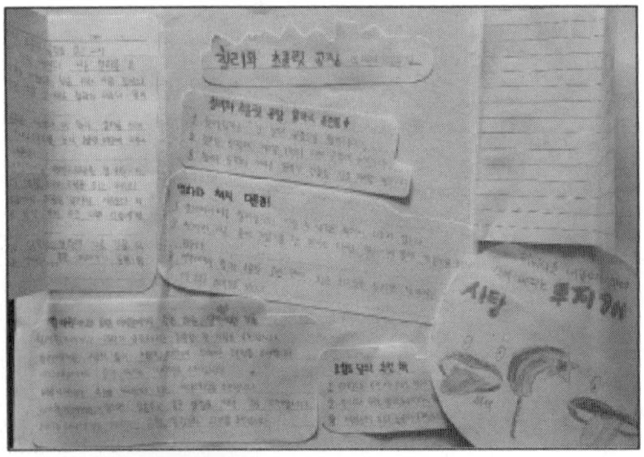

그림 10-2 감상문 책 만들기 예

아동이 로알드 달(Roald Dahl)의 『찰리와 초콜릿 공장』을 읽은 후 자진해서 만든 감상문 책이다.

10) 편지 · 메일 · 일기 쓰기

성인의 글쓰기치료에서도 '보내지 않는 편지'와 같은 기법이 있다. 아동이 치료 현장에서 미처 전하지 못한 것을 편지로 써서 상담자에게 전달할 수도 있고, 보내지 않는 편지로 자기가 하고 싶은 말이 있는 대상에게 자유롭게 자기표현을 할 수도 있다. 일기의 경우에는 아동의 지속적인 자기성찰이 가능하도록 하는 유용한 글쓰기 기법이다. 다만 우리나라의 교육 환경에서는 아동이 일기 쓰기를 숙제로 여기는 부담이 문제로 작용할 수도 있다.

11) 마인드맵

클러스터기법 혹은 웹기법이라고도 불리는 마인드맵은 브레인스토밍(brainstorming)의 일환으로, 한 가지 주어진 주제나 사건에 대해서 마음속에 흩어져 있던 생각 및 정보를 하나의 다발이나 나뭇가지가 번져 가는 모양으로 연결된 지도를 그리는 방법이다. 주어진 지면 한가운데에 동그라미를 그리고 그 안에 주제 및 사건에 대한 핵심 어휘를 먼저 쓴다. 이후 자유연상을 시작하면서 연상되는 모든 생각을 직선으로 이어 가면서 써 나간다. 마인드맵은 머리로 알고 있던 지식을 정리하고 체계화하면서 다양한 어휘를 사용하기 때문에 어휘력을 높이는 효과도 있지만, 자유연상을 하기 때문에 무의식적으로 자기 내면을 드러내는 데에도 효과가 있다. '새 학기'라는 주제를 주고 두 학생에게 마인드맵을 그려 보게 했는데, 종호와 준현이의 관심이나 생각이 전혀 다르다는 것이 마인드맵을 통해서 그대로 드러났다(고명수 외, 2010). 상담자는 이와 같은 마인드맵을 통해서 상담의 목표를 서로 달리 설정하여 효과적인 상담 진행에 도움을 얻을 수 있다.

7. 글쓰기치료의 사례

본 사례는 네덜란드 암스테르담대학교 임상심리학부 오어드(S. Van der Oord) 교수 등이 집단으로 진행한 임상 보고서 「Treatment of Post-Traumatic Stress Disorder in Children Using Cognitive Behavioural Wiring Therapy(외상 후 스트레스 장애 아동 인지행동 글쓰기치료)」(Oord et al., 2010)를 정리 요약한 것이다. 본 사례의 경우, 회기는 집단으로 구성되었으나 참여 아동의 글쓰기 활동에 대한 치료사의 피드백은 아동 개인별로 이루어졌다.

- 인적사항: 네덜란드에 거주하면서 한 번 이상의 외상 경험이 있는 8세부터 18세까지의 아동 23명.
- 의뢰사유: 외상 후 스트레스 장애 증상, 우울 증상, 외상 관련 인지 및 범 행동 문제 등
- 호소문제: 외상 경험으로 인해 또래관계를 제대로 형성하지 못하고, 사회나 타인을 향한 공격성을 보이는 등의 문제를 보임. 아동기 외상 관련 문제들이 청소년기 이후까지 이어질 가능성을 보임.
- 치료내용: 아동용과 성인용으로 구분하여 참여 아동들과 부모들에게 사전 검사로 외상 경험 관련 불안장애 면접(Anxiety Disorder Interview Schedule: ADIS)을 실시한 후, 인지행동을 기반으로 하는 글쓰기치료를 실시함.

1단계: 글쓰기

준비 단계 본 사례에서는 본격적인 글쓰기에 들어가기 전에, 참여 아동들의 외상 후 스트레스 장애 진단검사로 ADIS를 먼저 실시하였다. 결과에 따라 5가지 이상의 외상 후 스트레스 관련 증상을 보이는 참여 아동, 외상 후 스트레스 장애 세 개 군에서 각각 한 가지 이상의 증상을 보이는 참여 아동, 표면적으로는 외상 후 스트레스 장애 관련 증상이 보이지 않으나 임상적으로 의미 있는 손상을 경험한 참여 아동 등으로 구별하였다. 검사 결과 정신질환 진단 및 통계편람(DSM-IV-TR) 기준 외상 후 스트레스 장애 관련 증상에 전혀 부합되지 않는 아동들은 배제시켰다. 부가적으

로 분리불안 및 공격성 행위 등과 관련된 참여 아동의 자기보고도 사전 검사에 포함시켰다.

사전 검사 결과에 따라 집단 구성을 마친 후, 부모에게 치료 내용을 고지하고 설문지를 작성하여 본 사례가 연구 보고서로 작성된다는 것을 알렸다. 이에 대해 서면 동의를 얻은 후 본격적인 치료를 시작했다. 첫 회기에서는 참여 아동과 부모들에게 외상 후 스트레스 장애 증상에 대한 교육을 실시하고 치료의 필요성을 고지하였다. 참여 아동들이 무사히 자신들이 첫 회기를 마쳤다는 데에 동의하는 것으로 첫 회기를 마무리하였다.

글의 종류 선별 본 사례에서 선택한 글은 외상 관련 경험 진술하기로, 글의 종류는 자서전쓰기에 가깝다. 치료사는 정신 교육, 표현, 인지 재구조화, 대처 기술 및 사회적 공감 진작 등을 치료 목표로 수립하고, 참여 아동의 연령과 개별 발달 과정을 고려하여 참여 아동의 글에 대한 개별 피드백을 주는 방식을 선택하였다. 또한 현대 아동의 주 표현 매체가 손으로 직접 쓰는 수기보다는 컴퓨터를 이용한 타자라는 점에 주목해 컴퓨터를 쓰기 매체로 선택하여 쓰기에 대한 아동의 부담을 줄이고자 했다.

글쓰기 자기표현이 가능한 12세 이상 연령대의 아동은 우선 혼자서 컴퓨터로 자기 이야기를 쓰기 시작하고, 그보다 어린 아동들이나 복합 외상을 경험하여 관찰이 필요한 아동들의 경우에는 치료사와 함께 글쓰기를 시작하였다. 회기를 시작하면서 참여 아동은 우선 이완 활동을 한 후 치료사의 안내에 따라 기억 환기 작업에 들어갔다.

그 다음 단계로 가장 큰 외상 경험이 되었던 사건을 정하고 제목을 썼다(예를 들어, '엄마의 자살에 대한 이야기'). 이후부터 그 사건에 관하여 기억나는 대로 가능한 상세하게 글을 써 나갔다. 외상 사건에 대한 글쓰기는 분량과 관계없이 하나의 완결된 이야기가 되는 데서 마친다.

2단계: 피드백

본 사례의 치료사는 글쓰기치료를 집단으로 진행하면서도 대부분의 회기에서 참여 아동들의 글에 대해 개별 반응을 해 주었다. 또한 참여 아동들이 외상 경험과 관련된 글쓰기를 하던 중에 심한 불안을 보이는 등, 필요한 경우에 따라서는 부모와 아동이 함께 하는 회기를 마련하여 부모의 원조를 받아 참여 아동의 불안 수준을 낮춘 후 글쓰기 작업을 이어가기도 했다.

자기 글 읽기 아동의 이름과 나이, 가족 상황, 치료실에 오기까지의 과정 등을 포함하는 사건에 대한 개략을 쓰고 나면, 참여 아동은 천천히 소리 내어 자기 글을 읽었다. 자기 글을 읽는 과정은 참여 아동이 자신의 외상을 객관적으로 판단할 수 있는 기회를 만든다. 참여 아동들은 매 회기마다 자기가 쓴 글을 읽는 과정을 거치면서 노출 기법에 의해 정서적 민감성을 떨어뜨리는 경험을 하기도 했다.

대화 다음 단계에서 치료사는 외현화 질문이나 다른 아동들의 유사한 경험 등에 관한 이야기를 건네면서 참여 아동이 외상 관련 생각, 감정, 행동 등을 자세히 써 내려갈 수 있도록 도왔다. 참여 아동들은 외상 사건에 대한 하나의 스토리라인에 외상 경험과 관련된 과거의 생각, 감정, 행동 등을 다시 세분하여 글을 써 나갔다. 이 과정으로 참여 아동들은 그때의 자기 상처에 대해서 객관적 거리를 만들 수 있었다. 글을 쓰는 과정에서 재현된 외상 기억 때문에 심한 불안을 보이는 아동들의 경우에는 부모가 참여하여 정서적 안정을 취할 수 있도록 도왔다. 이 작업을 마치고 나서 치료사는 참여 아동들에게 외상 관련 글쓰기를 마친 '지금 여기'에서의 현재 감정이 어떤지, 앞으로 어떻게 대처할 것 같은지를 글의 끝에 쓰도록 했다.

3단계: 인식

참여 아동이 외상 경험에 관련된 자기 생각, 감정, 행동 등에 대한 상세 묘사를 모두 마치고 나서, 치료사는 참여 아동의 자기에 대한 부적절한 사고 혹은 외상이나 외부 세계에 대한 왜곡된 인식 등을 다시 재구조화할 수 있도록 이끌었다. 이럴 때는 소크라테스 질문법과 같은 인지행동 기법을 사용할 수도 있다. 참여 아동이 직접 말로써 자기 생각이나 문제에 대해서 재구조화를 할 수 있도록 도와주었을 때 자기 서사를 더욱 건설적이고 유익하게 고쳐 써 나가기 시작했다.

4단계: 내 것으로 만들기

참여 아동은 자기가 쓴 글을 매 회기 소리 내어 읽으면서 과거에 경험한 외상을 다시 만나고(노출), 다음 이야기를 이어갔다. 이런 과정은 그 사건을 더욱 객관적으로 볼 수 있게 하였다. 이어지는 회기에서 치료사는 참여 아동이 스스로에게 "그 일이 다시 일어나면 난 어떻게 해야 하지?"라는 질문을 하도록 하여 아동 내면에 잠재된 자원을 끌어냈다. 자기에 대한 부정적 사고나 사건에 대한 왜곡된 기억들을 인식하고 인지적 재구조화를 마친 아동들은 치료사의 질문을 통해서 미래에 대한 사유가 가능해진다. 이런 질문에 대한 답은 곧 그 아동의 미래 대처 전략이 되고, 아동이 쓰는 이야기는 긍정적이고 건설적인 방향으로 마무리된다. 치료 과정 중에 외상으로 인한 증상이 다시 재발하는 아동의 경우, 치료사는 그 아동에게 자신이 쓴 글을 다시 읽도록 했다. 이는 아동으로 하여금 노출과 객관화를 재경험하게 해 주기 때문에 정서적 안정의 효과가 있었다. 아동이 어느 정도 정서적 안정을 이루고 나면 회기를 이어갔다.

5단계: 통합

치료 막바지에 이르러 참여 아동은 '사회적 공감'의 단계에 들어갔다. 글이 완결되고 난 후 치료사와 아동이 의논하여 주변 인물 중에서 아동이 쓴 글을 누가 읽어주었으면 좋을지 고르도록 했다. 독자로 선정된 그 중요한 타인(아마도 대부분 부모)은 아동이 없는 자리에서 그 글을 읽었다. 이런 과정은 부모와 같은 중요한 타인이 추후 치료사에게 도움을 요청하기 용이하도록 해 주기도 하지만, 무엇보다 아동의 경험과 감정, 아동이 지나온 치료 과정 등에 대해 유의미한 타자의 공감을 일으켜 아동이 이해받고 수용받고 있음을 느끼게 만든다.

이 모든 과정들이 최소 3회기에서 11회기까지 소요된다. 본 사례의 경우 증상에 따라 종료 시점이 달랐기 때문에 평균 5.5회기 정도에서 종료될 수 있었다. 추후 주 양육자의 보고[아동행동 체크리스트(Child Behavior Check List, CBCL)]와 내면화 문제(Internalizing Problems), 외현화 문제(Externalizing Problems), 범 행동 문제(Total Behavioural Problems)와 관련된 광범위 척도검사를 실시하여 본 사례에 참여한 아동들의 행동 및 정서 문제 관련 증상들이 유의미하게 감소하였고, 그 결과가 지속되고 있음을 확인하였다.

활동

1. 본인이 현재 해결하고 싶은 문제를 하나 선정하여 글쓰기치료 과정에 맞춰 환경을 설정해 봅시다.

<table>
<tr><th>항목</th><th colspan="7">내용</th></tr>
<tr><td>인적사항</td><td>성명</td><td></td><td>남 / 여</td><td>연령</td><td></td><td>의뢰</td><td></td></tr>
<tr><td>의뢰사유</td><td colspan="7"></td></tr>
<tr><td>호소문제</td><td colspan="7"></td></tr>
<tr><td rowspan="10">치료내용</td><td>치료 목표</td><td colspan="6"></td></tr>
<tr><td>치료 기간</td><td colspan="6"></td></tr>
<tr><td rowspan="8">치료 과정</td><td rowspan="3">글쓰기
단계</td><td>준비단계</td><td colspan="4"></td></tr>
<tr><td>글의 종류
선별</td><td colspan="4"></td></tr>
<tr><td>글쓰기</td><td colspan="4"></td></tr>
<tr><td rowspan="2">피드백
단계</td><td>자신의 글
읽기</td><td colspan="4"></td></tr>
<tr><td>상담자와
대화</td><td colspan="4"></td></tr>
<tr><td>인식
단계</td><td colspan="5"></td></tr>
<tr><td>내 것으로
만들기
단계</td><td colspan="5"></td></tr>
<tr><td>통합
단계</td><td colspan="5"></td></tr>
</table>

2. 본인의 100가지 목록표를 만들어 본다. 단, 장점 10개당 단점은 하나로 써 봅시다.

번호	나의 장점	번호	나의 단점
1		1	
2			
3			
4			
5			
6			
7			
8			
9			
10			
11 ⋮ 20		2	
⋮		⋮	
100		10	

3. 내면의 감정을 표현할 수 있는 미완성 문장을 10개 만들어 봅시다.

감정	미완성 문장
슬픔	
억울함	
서러움	
부끄러움	
외로움	
화남	
우울함	
두려움	
불안함	
미움	

추천도서

고명수 외(2010). 창의력 향상과 자아성장을 위한 어린이 글쓰기치료. 서울: 학지사.

Adams, K., Barreiro, M. (2013). *The Teacher's Journal: A Workbook for Self-Discovery*. 이봉희 역(2015). 교사를 위한 치유저널. 서울: 학지사.

Pennebaker, J. W. (2004). *Writing to Heal: A guided journal for recovering from trauma & emotional upheaval*. 이봉희 역(2007). 글쓰기치료. 서울: 학지사.

Pennebaker, J. W. (2014). *Expressive Writing: Words That Heal*. 이봉희 역(2017). 표현적 글쓰기. 서울: 엑스북스.

제11장 이야기치료

사람의 사적인 정신 세계를 방어 없이 드러내는 수단이 어른에게는 꿈이라면, 아동에게는 환상이다. 아동은 자신의 환상을 놀이로 실행하고 언어화한다. 상담자는 아동의 환상을 공유하여 그 이야기의 주제나 놀이의 주제를 이해하고, 이야기 속 아동의 역할, 심리역동성, 상담자에게 주어지는 혹은 기대되는 역할에 대한 통찰이 있어야 한다. 아동의 환상이 이야기로 드러날 때, 아동의 자아 상태를 진단하고 이야기를 치료적 방향으로 끌어갈 수 있는 길이 열린다. 특히 언어 능력 발달 상태가 완성되지 않은 어린 아동들에게 환상은 현실을 반영하는 은유가 되는데, 이런 은유로 상담자와 이야기(story)를 만들어 가는 과정은 아동 심리치료에 큰 효과를 발휘할 수 있다. 리쾨르(P. Ricoeur)는 허구의 이야기가 은유가 되어 그 줄거리는 어떤 행동의 재현(mimesis)이 된다고 말하면서(Ricoeur, 1983), 경험 세계와 이야기하기 및 해석이라는 단계를 거쳐 서사적 소통이 이뤄지는 과정을 미메시스로 설명하였다(최성민, 2008). 이 장에서는 이런 이야기가 치료에서 어떻게 활용되는지를 알아보고자 한다.

1. 발달배경

이야기가 치료에 활용될 수 있었던 가장 큰 속성은 은유(metaphor)다. '하나의 사물을 넘어(meta) 옮긴다(phora)'는 의미를 지닌 그리스어에 기원을 둔 은유는 아리스토텔레스의 『시학』에서 비롯된 개념이다. 이 은유가 치료 도구가 될 수 있었던 것은 레이코프와 존슨(G. Lakoff & M. Johnson)의 『삶으로서의 은유(Metaphors we live by)』에서 시작된 '개념적 은유'의 관점이 제기되면서부터라고 할 수 있다. 종전의 은유가 수사법 차원에서 어휘 안에 한정된 비유의 하위 개념으로 인식되었다면, 레이코프와 존슨이 제기한 개념적 은유로 인해서 인간의 의식과 작용이 은유적 본성을 띠고 있다는 것을 파악하게 되었다(최성민, 2008). 여기에 리쾨르의 해석학이 더해지고, 은유와 이야기의 상관성에 대한 고찰이 일어나기 시작했다. 리쾨르는 미메시스를 행동 영역에서 갖는 친숙한 전-이해, 허구의 왕국으로 들어감, 전-이해된 행동 영역을 허구를 통해 새롭게 형상화함 등으로 설명하였는데, 마지막 세 번째 의미가 줄거리의 재현적 기능이며 은유적 대상 지시와 결합하는 것이다(Ricoeur, 1983). 이런 과정을 거쳐 은유는 인간의 사고 능력이자 원리이며, 인간의 소통은 은유 작용의 공유를 통해 이뤄진다는 결론에 이르렀다(최성민, 2008). '은유는 기본적으로 이해의 도구'라는 레이코프와 존슨의 말에서 은유는 자아 이해의 인지적·정서적 차원의 지침을 제공하는 힘이 있음을 알 수 있다(주성옥, 2012).

이전부터 은유가 인간의 과거의 경험이나 트라우마를 드러내는 수단이라는 통찰 아래 정신분석적 현장에서 유용하게 쓰이고 있었다. 에릭슨(M. Erickson)은 내담자가 지니고 있는 자신과 세계에 대한 믿음을 밝혀 내는 도구이면서 새롭고 창의적인 준거 틀을 만드는 수단이 곧 은유(이은주, 양정국, 2007)라는 정의 아래 심리치료에서 은유를 적극적으로 활용했다. 하지만 20세기 말이 될 때까지 은유는 과거의 경험이나 트라우마의 재현이라는 정신분석학적 개념에 치우쳐 있었다.

1990년대 이후 화이트와 엡스톤(M. White & D. Epston)이 이야기치료(narrative therapy)를 창시하면서 은유가 인간의 심리 구조 및 발달 과정 이해에 핵심 개념으로 대두되었다. 화이트와 엡스톤이 말한 이야기(narrative)가 내담자의 삶의 진술에 기반을 두고 이야기치료로 발전된 한편, 번스(G. Burns)나 가드너(R. A. Gardner)

는 내담자의 삶을 소재로 하는 '허구의 이야기(story)'를 치료 도구로 삼아 은유치료(metaphor therapy), 상호 이야기하기 기법(mutual storytelling technique) 등으로 발전시켰다.

또 하나의 방향으로 분석심리학에서는 민담이나 설화로 불리는 옛이야기의 상징성을 인간의 마음의 은유로 발전시키기도 했다. 옛이야기를 아동교육의 도구로 활용한 것은 루이 14세 당시 궁정 귀족 자제의 교육을 맡았던 샤를 페로(C. Perrault, 1628~1703)라는 인물이었다. 이후 독일의 그림형제(Brüder Grimm)가 농민들 사이에서 부서지고 조각난 채로 떠돌던 게르만 민족의 이야기를 모아 『Kinder-und Hausmärchen』(1812)이라는 채록집을 펴냈다(김혜연, 2016). 그 이야기들이 전 세계로 전파되면서 막스 뮐러(M. Muller, 1823~1900), 테오도어 벤페이(T. Benfey, 1808~1881) 등에 의해 연구되었다. 당시까지의 이야기에 대한 연구가 유럽 중심으로만 행해진 것에 대한 비판적 시각으로 앤드류 랭(A. Lan, 1844~1912)이 『The Fairy Tales Book Series』를 출간함으로써 유럽을 넘어 아시아, 아프리카, 아메리카 등 세계 모든 민족의 이야기에 대한 연구가 활발하게 일어났다. 이런 연구들을 기반으로 분석심리학은 옛이야기 속에 담긴 인간의 보편성을 탐색하였다. 베텔하임(B. Bettelheim)과 같은 분석심리학자는 옛이야기의 다층적인 특성을 인간의 마음속 심층에 잠든 무한한 보석으로 해석하면서 옛이야기에 담긴 그 민족의 정신에 대해서 설명했다. 그는 옛이야기의 잔혹성이나 선정성도 아이들의 내면에 담긴 인간의 본성이기 때문에 옛이야기를 통해 드러내고 표면화시켜서 극복할 수 있도록 도울 수 있다고 역설했다(히구치 아쓰시, 2013).

2. 이야기의 치료적 가치

모든 사람은 이야기가 뭔지 알고 있고, 이야기로부터 가치 있는 뭔가를 배운 경험이 있을 것이다(Combs & Freedman, 1990). 이때의 이야기는 그 이야기가 지니고 있는 문자 그대로의 의미보다는 그것으로 전달되는 그 이상의 의미가 담긴다. 그래서 어쩌면 모든 이야기는 치료적 가치를 갖고 있다고 말할 수 있다. 이선형과 배희숙(2014)은 이야기 자체가 기억을 잡아 두고, 사람의 마음을 변화시키고, 세상을 이해할 수 있게 하고, 삶에 의미를 부여하게 하는 힘을 갖고 있다고 말했다.

번스는 이야기가 갖고 있는 치료적 힘에 대해 6가지로 정리했다(Burns, 2001). 그 중에서 심신의 기적을 일으키는 이야기의 힘은 변화나 치유의 힘에 속할 수 있으므로 제외하고 5가지로 정리하면 다음과 같다.

1) 훈육

아동에게 어떤 것을 가르치고 잘못된 행동에 대해서 지적을 하고 고쳐 주고자 할 때, 직접적인 언어는 감정의 상처를 일으키는 경우가 많다. 지적을 당하는 아이뿐만 아니라, 아이를 혼내는 양육자도 자신의 행동에 부정적인 감정을 느끼기도 한다. 잘못된 부분 혹은 훈육을 하고자 하는 내용에 어떤 인격을 부여하고, 그것에 대해서 이야기를 풀어 나가는 식의 대화를 하게 되면 아이는 자신의 잘못이나 배워야 할 내용에 대해 거리를 갖고 객관적인 시각으로 볼 수 있는 여유가 생기게 된다. 번스는 네팔의 엄마들이 이야기로 아이들을 훈육하는 예를 들면서, 이야기로 아이들을 간접적이면서도 다층적인 입장으로 규제하고 가르치는 방법을 보여 주었다(Burns, 2001).

2) 감정 유발

쾨벡세스(Z. Kövecses)는 비유 언어가 감정을 개념화하는 데 특정 역할을 한다고 했다(Kövecses, 2000). 감정을 나타내는 낱말을 사용하면 자신의 감정을 인지하고 표현할 수 있게 된다. 특히 이런 감정 언어가 은유를 만나게 되면 미처 표현되지 못했던 감정이 구속된 환경에서 풀려나오면서 자유롭게 표현되는 경우가 종종 있다. 다른 사람의 이야기를 듣거나 드라마나 영화 속의 이야기를 들을 때, 그 인물이 겪는 감정은 듣는 이의 감정을 자극하여 겉으로 드러낼 수 있도록 이끈다. 슈웨더(R. A. Shweder)는 감정은 의미를 가지고, 그런 의미는 인간이 느끼는 방식에 특정 역할을 한다(Shweder, 1991)고 말했다. 감정의 의미는 개인이 속한 공동체마다 고유한 색채가 있고, 그 색채는 감정을 표현하고, 서로 나눌 수 있는 환경 속에서 공유하는 범위를 만들어 내기도 한다. 한마디의 우스갯소리가 같이 자리한 모든 사람에게 비슷한 감정을 불러일으키면서 함께 웃음을 터뜨리게 하는 것처럼 말이다. 무심코 듣게 되는 다른 사람의 이야기가 듣는 이의 내면에 숨은 감정과 만나게 되면 그 감정은 듣는 이의 다른 이야기와 이어져 겉으로 표현될 수 있는 기회를 얻는다.

3) 감동 유발

"고통을 견뎌라!"라는 직설적인 말은 사람의 마음을 크게 움직이지 못하지만, 극한의 고통을 견뎌 내고 영웅적인 삶을 산 인물의 이야기는 듣는 이로 하여금 심금을 울리는 감동을 느끼도록 만든다. 특히 자신과 비슷한 곤경에 처했던 인물이 어떻게 그것을 견디고, 어떻게 극복했는지에 대한 이야기는 위로와 자기극복의 의지를 강화하여 실제 생활에서 실천이 가능하도록 돕기도 한다. 번스가 자신의 저서에서 예로 들고 있는 스콧 선장의 사례는 이야기가 감동과 동기를 부여하는 방법을 잘 보여 준다(Burns, 2001). 스콧 선장은 최초의 남극 탐험대 지휘관으로 일차 탐사를 성공하였지만, 최초의 지구 최남단 정복자의 명예는 로알 아문젠(R. Amundsen)에게 넘어가고, 이차 탐사에서는 동료를 잃고 급기야 자신도 죽음에 이르게 되는 인물이다. 하지만 사후에 공개된 모든 여정과 당시의 상황이 기록된 스콧의 일기장은 제1차 세계 대전 중 참호 속에서 고통을 견뎌 내야 했던 수많은 군인에게 감동을 선사하였다. 이 군인들은 미망인이 된 스콧의 아내에게 감사의 편지를 전했고, 그녀는 남은 생을 남편에 대한 자랑스러움을 간직한 채 살아가게 되었다. 이야기에서 비롯된 감동이 살아갈 힘을 부여한 것이다. 아동이 옛이야기의 주인공이 경험하는 고난과 극복의 과정에 자신을 동일시하고, 고난에 처할 때에는 함께 슬퍼하고, 행복한 결말을 얻게 되었을 때 큰 감동을 느끼면서 자신도 그렇게 좋은 결말에 이를 것이라는 위안을 얻게 되는 것도 마찬가지 과정이다.

4) 변화

이야기의 치료적 가치 중 가장 중요한 것은 변화다. 이야기는 하나로 고정된 의미를 지니는 것이 아니라, 언어가 지니고 있는 복합적이고 다층적인 은유적 특성 때문에 그 해석이 다양한 의미를 가질 수 있다. 구센스(L. Goosens)는 '병렬 연쇄(parallel chaining)'를 통해 의미를 확장하여 주체화 및 양식 변화를 꾀할 수 있다고 말했다(Barcelona, 2000). 특히 은유와 환유가 지니고 있는 해석적 다양성은 표현된 언어가 지닌 범위와 요소가 이야기를 하는 사람과 듣는 사람에 따라 달라지기 때문에 인지적 시각 변화를 일으켜서 여러 관점을 만들어 낸다.

번스는 선택적 함묵증으로 내원한 아동을 대상으로 한 치료에서 아이에게 직접 말을 걸지도 않고, 아이의 엄마와 나눈 대화를 듣게 하는 것만으로 아이의 변화를 이끌어 낸 사례를 소개하면서 이야기가 지니고 있는, 변화를 일으키는 힘에 대해서 강조하였다. 클랜디닌과 코넬리(J. Clandinin & M. Connelly)는 이야기는 삶이요, 학습인 동시에 꾸민 이야기(허구)라고 말했다. 서로의 이야기를 듣고 나누는 것만으로도 배움이 일어나고, 그 배움은 곧 변화로 이어진다. 그들은 또 교사나 정신과 의사와 같은 전문가들이 전주곡처럼 내미는 허구의 이야기는 그 이야기를 듣거나 읽는 이들의 이야기에 변화를 야기하는 시작점이 된다고 시사하기도 하였다(Clandinin & Connelly, 2000). 처음 내담자가 제시한 이야기를 다시 꾸미고 고치는 과정은 이야기 치료의 핵심이다.

5) 치유

상담이나 심리치료 현장에서 아무것도 하지 않고 말 한마디 없이 앉아 있는 내담자만큼 상담자를 곤란하게 만드는 경우도 드물 것이다. 이럴 때 이야기는 자연스럽게 하는 사람과 듣는 사람 사이에 관계를 형성한다. 자신의 문제를 드러낼 힘도 없고, 누군가(설사 상담자라고 하더라도) 자신의 문제를 파헤치는 것도 두려울 때, 이야기는 가장 효과적인 수단이 될 수 있다. 번스는 낯선 사람과 환경에 대한 심각한 공포증을 지닌 내담자의 사례를 통해 이야기가 지닌 치유의 힘을 확인하였다. 상담자의 입장에서 느낀 것을 은유적 이야기로 만들고, 그 이야기를 들려주면서 내담자가 느낀 것을 자유롭게 표현할 수 있도록 하는 것만으로도, 직접 대면을 피할 정도로 심각했던 내담자가 자신의 예술적 재능을 발견하는 데에까지 이르게 되는 놀라운 경험을 보여 주었다. 이야기를 탐구한다는 것은 다른 사람이나 사회적 환경과의 관계 속에서 자기 자신의 경험을 재구성하는 것을 수반한다(Clandinin & Connelly, 2000). 상담자와 상호작용을 하면서 개인의 경험의 위치가 바뀔 수 있다.

3. 이야기치료의 정의

영어 narrative와 story가 우리말로는 둘 다 '이야기'로 번역이 되어 '이야기치료'라고 했을 때, 이 둘의 개념 정의에 혼돈이 오기도 한다. 상담학 사전에서는 narrative를 '서사'로, story를 '이야기'로 정의하는데, 이 장에 실린 이야기는 내담자가 창작하는 사건 중심의 '은유적 이야기(metaphoric story)'의 범위에 속한다. 상담에서 주로 '이야기치료'라고 하는 narrative와 관련된 내용은 『아동상담의 이해』에서 다루었다. 이 장에서 말하는 이야기는 은유를 기반으로 하는 스토리텔링이다.

은유를 심리학적 관점에서 보면 "유사성을 근거로 하나의 사물을 다른 사물에 비교하여 의미를 더하는 수사학적 기능"(두산백과)이다. 번스는 치료의 관점에서 은유를 "하나의 경험의 장에서 표현을 취해 그걸로 다른 경험의 장에서 어떤 것을 말할 때 사용"하는 것이라고 정의하였다. 그에 따르면, 은유는 간접적이고 상상적인 형태로 만들어져 내담자의 문제를 해결할 수 있게 하는 경험이나 과정, 결말 등에 관한 의사소통이다(Burns, 2001).

정기철은 이야기가 가리키는 바는 "결코 자연 그대로인 또는 직접적인 현실이 아니라 항상 이야기 속에서 상징화되며, 재상징화된 인간의 행위와 관계한다."고 말했다. 그는 리쾨르의 '이야기체 모방'의 개념으로 이야기와 해석학의 관점에서 이야기를 "시적 언어를 통한 시간 경험의 새로운 형태"이며, "역사적인 삶이 시적 재구성 모델을 통해 강조된다."라고 말했다(정기철, 2002).

이와 같은 이론들을 종합해서 주성옥은 "한 개인의 개인적 은유를 이해하는 것은 그 개인의 심리 문제 해결에 필수불가결"하다는 결론을 내렸다. 은유, 곧 이야기는 특정 영역이나 층위에서 발견되는 것이 아니라 주성옥의 말대로 일상적인 의미 형성에서 보편적으로 드러나는 기본적인 기제이자 인간이 세계를 구획하고 이해하는 핵심적인 방식이다(주성옥, 2012). 따라서 이야기치료는 내담자의 사실적인 경험 및 현실과 은유적 이야기의 상호 영향을 다루면서 상담자가 내담자의 이야기에 동참하여 그의 의사소통 형태에 맞춰 비유적이고 실용적인 변화를 일으키게 하는 것으로 정의할 수 있겠다. 은유적 이야기는 하나의 독자적인 문학 세계가 되어 현실과 은유로 내담자의 심리와 정서를 드러내어 준다. 상담자가 이런 내담자의 문학 세계와 만나 내담자의 새로운 세계 구현에 동참하게 되는 것이 이야기치료이다.

은유는 현실을 새롭게 기술하고, 의미의 잉여를 낳는다(정기철, 2002). 서로 다른 사물이나 사건이 은유로 이어지면 인간의 상상력에 의해 제3의 새로운 의미를 창출하고, 그 새로운 의미는 치료적으로 재구성될 수 있다. 바르셀로나(A. Barcelona)는 은유는 인지적 기제로서 하나의 경험적 영역을 투사를 통해 병렬적으로 다른 경험적 영역으로 이행시킨다(Barcelona, 2000)고 말했다. 리쾨르는 의미는 절대적 명증성을 가지는 자기의식의 산물이 아니라 상징, 신화, 은유, 이야기 등과 같은 텍스트를 통해 산출되는 것이라고 말하기도 했다(정기철, 2002). 은유와 해석이라는 두 맥락으로 이야기치료는 내담자의 문제를 외재화시키고, 새로운 해석으로 나아갈 수 있도록 만든다. 상담자나 심리치료사를 찾는 사람들은 자신이 지금까지 경험해 온 일이 새로운 시각으로 해석되기를 원한다. 즉, 자신의 삶에 대한 새로운 이야기를 원한다는 말이다(양유성, 2008).

이렇게 은유적 이야기를 활용하는 이야기치료의 목적을 번스의 견해에 따라 정리하면 다음과 같다.

- 내담자가 '이야기 꾸미기'를 함으로써 자신의 경험을 삶으로 이해할 수 있게 한다.
- 은유적 이야기를 재진술하고 연출함으로써 자신의 삶과 그 이야기들이 지속적으로 능동적 관계를 형성해 나가도록 돕는다.
- 내담자의 문제에 관련된 은유적 이야기는 내담자의 문제를 외현화 혹은 의인화함으로써 부정적인 정서와 거리를 갖게 만든다.
- 은유적 이야기를 만드는 과정에서 내담자의 정체성 및 삶에 제약을 가하는 사회 및 문화의 규범적 담론에서 벗어날 수 있다.
- 내담자는 은유적 이야기를 통해 자신의 문제가 변화가 가능하고 고착적이거나 영속적이지 않음을 인식할 수 있다.
- 은유적 이야기에 관련된 상담자의 질문에 답하는 과정에서 내담자는 자신의 문제와 관련하여 새로운 의미를 발견 혹은 생성하여 개선할 수 있다.

4. 이야기치료의 구성요소

1) 대상

양유성은 3세가 넘으면 동화 속의 주인공과 그에 관련된 상상적 이미지가 아이의 삶을 지배한다고 말했다(양유성, 2008). 3~6세 사이의 아동들은 현실과 환상을 완전히 구분하지 못하는 단계에 있기 때문에 자신의 환상을 놀이로 실행하고, 자신의 환상을 언어화한다. 상담자는 아동의 이런 이야기와 놀이의 주제를 아동의 입장에서 이해할 수 있어야 한다.

이때의 아동은 아직 글을 쓰는 활동이 익숙하지 않기 때문에 이야기가 아주 효과적인 라포 형성 수단이 된다. 풍부한 상상력을 기반으로 한 아동의 환상이야기는 아동의 자아 상태 진단을 가능하게 하기도 한다.

7세가 넘으면 아동은 학령기에 접어들게 되고, 학교에서 또래 문화를 접하고, 다양한 인간관계 및 생활 경험을 하게 된다. 성인과 같이 분명한 삶의 길이 확립되는 것은 아닐지라도 이 시기의 아동은 자신의 삶의 방향을 설정할 수 있고, 사회적 경험 속에서 공동체의 가치관을 인식할 수도 있다. 맥아담스(Dan P. McAdams)는 이야기에서 성취지향적 주인공, 관계지향적 주인공, 관계와 성취의 조화를 이룬 주인공, 관계와 성취 두 가지 모두를 제대로 갖추지 못한 주인공 등의 네 가지의 주제 관련 주인공을 구분하였다. 7세 이상의 아이들은 주제 및 주인공과 연관된 이야기 속에서 자신의 내면적 욕구, 삶의 지향성 등을 탐색할 수 있다(McAdams, 1993).

2) 이야기

보이드(B. Boyd)는 인간은 '지금 여기'를 넘어 지속적으로 사고하는 능력을 지닌 지구상의 유일한 존재이며, 허구의 이야기를 만들어 내는 욕망을 가지고 있다고 말했다. 그에 따르면 이야기에 대한 인간의 욕망은 진화와도 관련이 있으며, 인간에게 주어진 사고 능력을 발전시켜서 환경의 제약에 더 유연하게 대처할 수 있도록 한다(Boyd, 2009).

모든 사람이 알고 있는 이야기이든, 나만 알고 있는 이야기이든 이야기를 전개해 나가는 방식은 무궁무진하고, 이야기의 종류도 무수히 많다. 그렇다고 해서 모든 이야기가 치료 효과를 낼 수 있는 것은 아니다. 이야기가 치료적이기 위해서는 은유라는 기제를 충분히 활용해야 하는데, 랭톤과 랭톤(S. R. Lankton & C. H. Lankton)은 대상이 되는 아동의 발달 상황을 이해하고, 아동의 연령 및 집중력 등과 같은 요소를 검토한 후에 치료적 은유를 고안하는 것이 바람직하다고 말했다(Lankton & Lankton, 1986). 특히 치료의 목적이 정서 표현에 초점을 두는지, 행동변화에 두는지를 고려하여 이야기를 만드는 단계를 설정해야 한다고도 말했다. 이야기를 만들 때 이야기의 주인공을 선택 및 기술하고, 주인공 이외의 등장인물, 배경을 설정한다. 정서 표현이 중심이 되면 주인공이 그 외의 요소와 맺는 관계와 그에 관련된 감정에 집중하는 데 반해, 행동변화가 목적이면 주인공이 갈등을 겪는 상황에서 어떻게 행동변화를 일으키는가에 집중한다. 정서 표현에서는 주인공의 감정과 자아상의 변화가 내담자인 아동과 어떻게 연결이 되는지로 연결시켜 가지만, 행동변화에서는 문제 해결 과정과 그 과정에서 나타나는 주인공의 변화를 내담아동에게 연결시킬 수 있도록 이끈다.

치료에 활용할 수 있는 또 하나의 이야기 형태는 상호 이야기하기(mutual stroytelling)다. 이는 가드너(Gardner, 1986)가 개발한 것으로, 아동이 만든 이야기를 상담자가 다시 만들고, 그 이야기를 다시 아동이 만드는, 서로 번갈아 가면서 만드는 이야기다. 아동이 자기표현을 많이 힘들어하거나 이야기를 만드는 것에 어려움을 심하게 느낄 경우에는 상담자가 먼저 이야기를 만들어 유도하는 방식으로 이끌 수도 있다. 상호 이야기하기는 아동의 문제와 좌절, 방어, 갈등, 가족역동 등에 관한 통찰로 나아가는 방법이 된다. 상호 이야기하기의 경우에는 이야기를 만들 때 이야기하기의 규칙을 세워 도입, 전개, 종결이 모두 드러날 수 있도록 한다.

맥아담스는 분명한 언어로 설명은 힘들지 몰라도 여섯 살짜리 아이도 이야기가 무엇인지 알고 있다고 말하면서 우리가 이야기라고 할 때 대개 떠올리는 특징 두 가지를 지적하였다. 첫째, 모든 이야기가 그런 것은 아니지만 대부분의 이야기는 시작할 때 어떤 종류의 장치를 갖고 있다. "크리스마스 전날 밤, 어느 골목에서" "옛날 옛적, 어느 마을에" 등과 같이 시간과 장소의 위치를 잡아 주고, 평범한 데에서 나오는 장치 속에서 가장 중요한 것을 드러낸다. 둘째, 이야기에는 인간 혹은 인간같은 등장인물이 나온다. 일종의 균형 잡힌 상태로 존재하면서 그 인물이 목표를 향해 가는 과정에서 구조적 연속체인 에피소드가 만들어지게 되면 이야기가 형태를 취하게 된다(MacAdams, 1993).

이야기를 치료에 활용할 때, 소재에 따라 실생활 이야기, 가상적 이야기로 나눌 수 있다. 매일 반복되는 일상이나 일어났던 사건을 그대로 치료적 은유로 활용하여 이야기를 만들 수도 있고, 실제 생활이나 사건에서 이야기를 만들지 못할 때에는 가상의 이야기를 만들 수도 있다.

3) 상담자

우리의 삶은 이야기로 시작해서 이야기로 끝난다. 친구들끼리 일상을 나누기도 하고, 이야기로 서로의 감정을 나누기도 한다. 이야기가 곧 소통이라는 것은 치료에서도 다르지 않다. 상담자도 내담자도 이야기꾼이고, 이야기 속의 은유로 의사소통을 하게 된다.

번스는 효과적인 이야기치료를 위해 상담자가 취해야 하는 몇 가지 입장을 다음과 같이 정리하였다(Burns, 2001).

- 이야기는 하는 사람이나 듣는 사람이나 그 과정이 즐겁도록 한다. 치료라는 용어에 대한 고정관념에 사로잡혀 치료기법에 치우치기보다는 상담자의 열정이 더 중요하다.
- 상담자는 자신의 지성, 성실함, 윤리를 사용한다. 여타의 상담 및 심리치료와 마찬가지로 이야기치료에서도 상담자는 합당한 윤리 지침 속에서 이야기에 대한 책임감을 지니고 있어야 한다. 책임감을 갖추고 나면 변화라는 최종 목표를 향한 상담자 역량이 감당할 수 있는 위험을 감수하면서 이야기를 대담하게 사용할 줄도 알아야 한다.
- 치료 중에 활용되는 이야기는 내담자에게 맞춤식이어야 한다. 아무리 좋은 이야기라도 내담자의 목표와 그 주제가 맞지 않으면 치료에 도움이 되기 어렵다.
- 이야기는 실감나게 만든다. 다시 말해서 구체적인 장면이 눈에 그려지고, 오감을 통해 실제로 느껴지는 것처럼 이야기를 만들어야 한다. 추상적이거나 관념

적인 표현은 공감을 얻기 힘들다.

- 이야기를 대본처럼 쓰지 말고 개요를 잡아 둔다. 개요 속에 상담자가 전달할 메시지나 목표를 구체적으로 잡아 두었다면 세부적인 이야기의 내용은 바꿔가면서 진행한다.
- 이야기에 대한 개요를 잡았다면 상담자 스스로 마음속으로 이야기를 하면서 개작의 과정을 거친다. 이 과정을 반복하면서 현장에서의 변화에 적응할 수 있게 된다.
- 타인에게 이야기를 해 본다. 상담자 마음속에서 이야기를 하면서 느꼈던 것이 다른 사람에게도 감동을 줄 수 있는지 미리 연습한다.
- 이야기를 듣는 내담자를 잘 관찰해야 한다. 진행 중에 이야기가 내담자의 경험 및 문제에 잘 맞지 않으면 언제든지 방향을 바꿀 수 있도록 유연성 있게 대처한다.
- 이야기하기에는 정해진 규칙이나 규범이 없다. 몇 가지 지침을 두기는 하지만, 내담자와 상담자의 관계에 따라서, 또 내담자의 고유성에 따라서 언제든지 그 양식을 변화시킬 수 있도록 융통성을 가져야 한다.

이야기치료에서 상담자의 이 모든 행위는 늘 치료의 전문가가 아니라 한 단계 낮은 자세에서 이뤄진다. 그래야 내담자의 말 속에서 내담자를 만나고, 내담자와 협력관계를 형성하여 함께 문제 해결의 길로 나아갈 수 있다.

5. 이야기치료의 과정

에릭슨은 "내담자는 현실을 따라가는 것이 아니라 현실에 대한 자기인식에 의해 움직인다."(고기홍 외, 2010)고 말했다. 그는 심리치료 현장에서 내담자의 은유 체계를 이해하고 적절하게 변화시키는 과정을 거쳐서 내담자의 감정 및 사고를 개선할 뿐만 아니라 내담자의 정체성까지 확장이 가능하다고 보았다(이은주, 양정국, 2007). 은유적 이야기를 치료에 활용할 때 가장 큰 이점은 은유가 지니고 있는 간접성이다. 내담자가 자신의 문제를 직접 대면하지 않고 이야기라는 매체를 통해 우회적으로 표현함으로써 내담자는 심리적 안정과 거리를 얻을 수 있게 되어 스스로 문제 해결을 위한 길을 찾을 수 있는 여유가 생긴다. 특히 대상이 아동인 경우에는 아동의 이야기는 자기경험의 투사가 되어 자신의 감정이나 문제에 대해서 구체적인 진술을 하지 않고도 상담자와 이야기를 나누는 과정을 거치면서 자연스럽게 문제를 해결하는 과정으로 들어갈 수 있다. 번스와 가드너의 은유적 이야기 활용 치료를 종합해서 이야기치료의 과정을 살펴보면 다음과 같다.

1단계: 문제 평가 및 자원 탐색

은유적 이야기를 만들어서 치료에 적용하기 위해서는 내담자의 문제와 자원에 대한 탐색이 우선적으로 이뤄져야 한다. 이야기치료는 내담자가 지니고 있는 문제와 그 문제 해결에 대한 자원을 글감으로 해서 만드는 은유적 이야기가 핵심 도구가 된다. 따라서 내담자에 대한 면밀한 평가는 매우 중요하다. 번스와 가드너 두 학자 모두 이 단계에서 가장 중요한 것은 내담자의 진술이라는 점을 분명히 하였다. 치료에 도움이 되는 내담자의 진술을 얻어 내기 위해 번스는 문제와 관련된 질문보다는 목표와 관련된 질문으로 시작하라고 조언하였다. "우리가 같이 시간을 보내는 동안에 무엇을 이루고 싶은가요?"와 같은 목표지향적 질문은 상담자가 내담자를 신뢰하고 있다는 표현인 동시에 내담자 스스로 목표를 선택할 수 있다는 힘을 부여한다.

상담자가 목표지향적 질문을 던진다고 해도 내담자, 특히 아동은 추상적이면서 부정적인 답을 하는 경우가 많다. 치료실을 찾는 내담자는 원하는 것보다는 원하지 않는 것을 말하는 경향이 있다. '행복해지고 싶다'는 말보다는 '우울해지고 싶지 않다'는 식으로 말한다. 이럴 때 상담자는 부정적인 정서로 일반화되어 있는 내담자의 진술 속에서 예외를 찾아낼 수 있도록 질문을 이어 간다. 예를 들어, "우울해지고 싶지 않으면 어떤 기분이고 싶은가요?"라는 식으로 희망에 대한 가능성을 열어 둔다. 이렇게 이어지는 질문으로 상담자는 내담자가 현재 초점을 두고 있는 문제를 파악하고, 현재 내담자의 삶 속에서 변화에 대한 가능성을 탐색한다. 상담자의 질문에 대한 내담자의 반응 속에서 상담자는 은유적 이야기에 쓸 자원을 찾아낸다. 번스는 16세 여아 레이나의 사례를 들면서 문제 평가와 자원 탐색에서 상담자의 질문에 대한 중요성을 보여 주었다. 문제에만 집중되어 있는 내담자의 진술이 달라질 수 있는 가능성을 상담자가 발견하고 나면 치료 목표 획득을 위한 방향을 설정할 수 있다.

2단계: 목표 설정

내담자의 문제와 자원에 대한 탐색이 이뤄지고 나면, 상담자는 내담자의 구체적인 치료 목표를 설정한다. 이때 상담자는 1단계에서 내담자와 나눈 대화 내용을 기반으로 해서 내담자의 구체적인 핵심 목표를 찾아낸다. 그리고 목표를 이루기 위한 내담자의 자원도 찾아낸다. 번스의 레이나 사례에서는 기분이 좋아지고 싶다는 내담자의 목표와 인지 양식 변화로 내담자의 행복 수준을 높이고자 하는 상담자의 목표, 이 두 가지가 치료목표로 설정이 되었다. 이런 목표는 1단계에서 상담자의 질문에 대한 레이나의 반응에서 찾아낸 것이다.

목표가 설정이 되고 나면 목표를 이루는 데 필요한 자원을 선택한다. 1단계에서 상담자의 질문으로 내담자의 예외적 상황이나 변화의 가능성을 면밀히 탐색한 뒤, 치료 목표에 맞는 자원을 찾아낸다. 내담자의 이야기에서 찾아낸 자원으로 은유적 이야기의 소재를 삼으면 내담자가 자신의 강점을 쉽게 발견할 수 있도록 만든다. 레이나는 엄마의 재혼으로 아버지와 형제까지 상실하게 된 우울한 일상을 보내면서도 음악을 들으면서 '요정'이 된다는 이야기를 들려주었는데, 이 지점에서 상담자는 내담자 스스로 발견한 우울 극복의 요소를 찾아냈다. 이 단계에서 찾아낸 요소들이 다음 단계에서 은유적 이야기를 만드는 소재가 된다. 문제와 자원, 그리고 결말 혹은 성과 이 세 가지가 은유적 이야기의 핵심 요소다.

3단계: 은유적 이야기 만들기

가드너는 이 단계에서 내담자가 하는 이야기를 상담자가 먼저 듣게 하였다. 내담자의 이야기를 모두 듣고, 그에 대한 반응으로 상담자가 이야기를 제시하는 방향으로 나아간다.

그에 비해 번스는 치유적인 은유적 이야기 창안을 위한 PRO 접근법을 제안하였다(Burns, 2001). PRO접근법은 내담자의 문제(Problems), 등장인물이 문제를 해결하기 위한 적절한 자원(Resource), 이야기의 성공적인 결말 혹은 성과(Outcomes)의 머리글자를 딴 이름으로, 일반적으로 내담자에게 이야기가 제시되는 순서를 말한다. 그 단계를 정리하면 〈표 11-1〉과 같다. 이 모든 과정은 내담자와 협력하여 진행한다.

가드너는 내담자의 이야기에 나오는 동일한 등장인물과 배경으로 상담자가 이야

〈표 11-1〉 은유적 이야기 만들기 단계

1. 1단계: 결말 지향 평가에 초점을 맞춘다.
개연성 있는 은유적 개입을 구조화하고 내담자가 목표 획득에 대한 확신을 더 쉽게 가질 수 있도록 구체적인 결말 목표를 정하는 목표지향적 평가를 선택한다.

2. 2단계: PRO 접근법을 공식화한다.
바람직한 결말로 시작해서 적절한 자원을 개발하고, 관련 문제를 밝히는 PRO 접근법에 따라 은유의 형식을 만든다.

3. 3단계: 은유를 구축해서 제시한다.
등장인물을 만들고, 위기나 도전을 묘사하고, 필요 자원을 개발하고, 학습과 발견을 획득하도록 은유를 만든다.

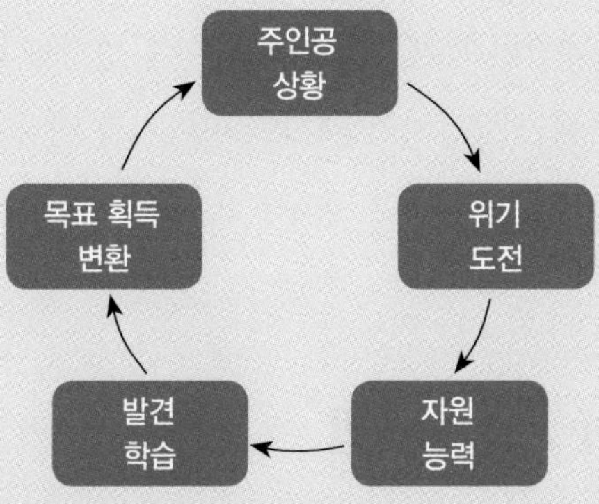

4. 4단계: 탐색 과정을 관찰하고 활용한다.
상담자의 의도와 내담자의 기대는 다를 수 있다. 내담자가 이야기에 대해 어떤 해석을 하더라도 부정해서는 안 된다.

5. 5단계: 은유를 입증한다.
확인과 승인의 과정으로 은유적 이야기가 내담자의 현실 문제를 해결했음을 확인한다.

기의 과정 및 결말을 다시 만들어서 문제 해결에 더욱 적합한 이야기를 제시하도록 한다.

선더랜드와 암스트롱(M. Sunderland & N. Armstrong)은 아동을 대상으로 치유적 이야기를 활용한 『이야기치료 사례집(Using storytelling as a therapeutic toll with children)』(2000)에서 아동을 대상으로 한 은유적 이야기를 활용할 때에는 다음과 같은 점에 유의하라고 말했다.

- 개별 이미지의 세부사항보다는 중심 주제에 집중한다.
- 은유 안에 머무르면서 아동의 이야기에 공감한다.
- 상담자가 원하는 방향이 아니라 아동의 이야기와 놀이를 따라간다.
- 성급한 해석보다는 개방형 질문으로 아동의 이야기를 끌어낸다.
- 이야기에 상담자의 존재가 등장하는 것에 주목한다.
- 관련 없는 내용으로 이야기가 전하는 메시지를 흐리지 않는다.

4단계: 마무리하기

몇 회기 동안에 내담자와 은유적 이야기를 만들고 나면 내담자는 등장인물의 동선을 따라가면서 스스로 바라는 결말을 만든다. 상담자는 등장인물이 만든 이야기의 결말과 연관시켜서 내담자의 생각과 행동의 향후 방향에 대한 질문과 기대를 제시한다. 가드너의 경우에는 상담자가 제시한 이야기를 내담자가 더 나은 방향으로 다시 만드는 시간을 가진다.

6. 이야기치료의 기술과 기법

이야기치료에서 상담자는 내담자가 창조적인 상상력으로 만들어 낸 이야기를 계속 개발시켜 나가도록 돕고, 내담자 스스로 그 이야기의 해결책을 만들 수 있도록 이끌고, 이야기의 은유와 내담자 현재의 문제를 연결시킬 수 있도록 만들어야 한다.

이를 위한 기술 및 기법을 정리해 보면 다음과 같다.

1) 목적지향적 질문

번스는 내담자에게 문제와 관련된 것이 아니라 목표지향적 질문을 던지라고 말했다(Burns, 2001). 목표지향적 질문은 상담자가 내담자를 신뢰하고 있음을 보여 주고, 내담자가 선택이 가능하다는 암시를 주어 내담자에게 힘을 부여한다. 내담자가 부정적인 대답이나 추상적인 대답을 할 때에도 그에 대한 반응으로 상담자가 범위를 좁혀 가며 목표지향적 질문을 이어 간다. 그 과정에서 일반적인 것에서 내담자 개인의 영역으로 화제를 옮길 수 있고, 추상적이고 포괄적인 목표를 구체적이고 실현가능한 목표로 바꿀 수 있다.

2) 스토리텔링 카드 게임

가드너의 기법(Gardner, 1986)으로, 아동이 이야기를 하는 것에 주저하거나 상담자가 아동으로부터 정보를 제대로 얻을 수 없을 때 주로 사용한다. 20개의 배경 그

그림 11-1 스토리텔링 카드 게임 예시

출처: Gardner (1986).

림카드와 4개의 빈 배경카드까지 총 24개의 장면카드로 이루어져 있다. 행동치료의 토큰경제처럼 보상으로 칩과 상을 부여하기 때문에 다소 경쟁적인 면이 있지만, 가드너는 아동이 스스로 이야기를 이끌어 내도록 하는 데에는 가장 효과적인 방법이 스토리텔링 카드 게임이라고 말했다. 이 카드들은 상담자의 안내에 따라 설명서에 주어진 표준방법 이외의 방법으로도 쓸 수 있다.

[그림 11-1]은 아동을 대상으로 하는 스토리텔링에 사용되는 카드 게임의 그림과 종이인형들이다. 가드너가 만든 것을 유미숙과 박진희가 한국판으로 재구성하였고, 사용 대상은 4~11세, 게임 인원은 2명이다. 전체 세트 안에는 그림판이 28매, 회전판, 지침서, 칩, 주사위, 보관 박스 등이 들어 있다.

3) 상호 이야기하기

가드너의 대표적인 이야기치료 기법으로, 내담자가 지은 이야기를 듣고 상담자가 동일한 등장인물 및 배경을 이용하여 더 나은 결말의 이야기로 바꾸어 들려주는 방식이다. 이는 아들러(A. Adler)의 아동치료 원칙을 기반으로 한다. 우선 장면 설정에서 인형이나 동물 피규어 세트로 이야기를 만든다. 그다음 이야기하기의 규칙을 설정한다. 아동이 규칙에 따라 사건의 도입부터 결말까지 이어지는 하나의 이야기를 만들고 나면, 상담자는 그 이야기와 아동의 연관성을 탐색한다. 이후 아동의 이야기에 기반을 두고 문제 및 갈등 해결의 전략과 더 나은 방법 등을 고려하여 상담자가 이야기를 다시 쓴다. 이때 결말은 아동에게 필요하거나 이야기 상황에서 유추 가능한 짧은 격언으로 마무리한다.

코트먼과 스타일스(T. Kottman & K. Stiles)는 가족 인형을 사용해서 아동 심리치료에 상호 이야기하기 기법을 활용하였다(Kottman & Stiles, 1990). 한 아동이 샐리(인형의 이름)의 생일 파티에 관한 이야기를 만들었는데, 샐리의 동생인 테드가 혼자 화장실을 가지 않으려고 하는 주제였다. 여러 핑곗거리를 만들면서 화장실을 가지 않고 버티던 테드가 결국에는 울음을 터뜨린다. 테드가 화장실을 혼자 가지 않겠다고 버틴 진짜 이유는 자기도 선물을 받고 싶었기 때문이고, 테드의 생일이 되면 테드가 원하는 선물을 해 줄 것이라는 약속을 받는 결말로 마무리된다. 이 이야기에 사용된 인형들을 똑같이 활용하고 플롯 구성도 동일하게 하면서 아동 내담자의 이야기를 좀 더 다듬어 대사까지 잘 삽입하여 상담자가 이야기를 다시 만든다. 상담자는 테드가 혼자 화장실을 가지 않겠다고 버티는 장면에서 "테드, 오늘 샐리가 주인공이다 보니 아무도 널 봐 주지 않는 느낌이 드는 것 같니? 샐리 생일이라서 다들 샐리를 보고 있지만 그게 널 잊었다는 뜻은 아니야. 넌 이 파티에서도, 우리 가족 중에서도 아주 중요한 존재란다."라는 대사를 넣어 주제가 명료하게 드러나게 만들고, 결론도 온 가족이 서로의 역할을 다하도록 깔끔하게 다듬어 내담자에게 제시한다. 아동은 상담자가 수정하여 제시한 이야기를 읽으면서 자신의 문제와 해결 방안에 대해서 더 명확하게 인식할 수 있다.

4) 내담자가 만드는 은유

이야기치료에서 사용되는 이야기는 기본적으로 은유적이다. 이 은유를 누가 제시하느냐에 따라 세 가지로 나눌 수 있는데, 그 첫 번째가 내담자가 만드는 은유다. 상담자는 내담자가 의식적, 무의식적으로 드러내는 내담자의 심정과 문제 상황에 대한 은유를 잘 포착하고 이를 치유에 활용한다(임춘택, 2020). 내담자는 자신의 상황을 말할 때 "이건 완전히 앞뒤가 꽉 막힌 하수구 같아요."라든가 "작은 날갯짓 한 번도 어려워요."라는 등의 은유적 표현을 할 수 있다. 이런 은유는 내담자의 현재 상황과 정서를 드러내고 있기 때문에 이를 활용하여 상담자가 치료 상황에 맞춰 은유적 이야기로 발전시킨다.

내담자가 만든 은유를 탐색하고 변형하기 위해서 번스는 4단계를 거치라고 말했다(Burns, 2007). 첫 번째는 일반적인 것에서 개인적인 것으로 옮겨 가기, 두 번째는 사실에서 감정으로 옮겨 가 사실 뒤에 숨은 감정 찾기, 세 번째는 내담자의 은유를 탐색하여 변형하기, 네 번째는 치유적 은유와 바뀐 심상을 현재에 적용하기 등이 그것이다.

5) 상담자가 만드는 은유

내담자가 제시하는 은유가 없거나 있다고 해도 치료에 적절히 활용할 방법이 없으면 상담자가 내담자의 특성, 당면 문제, 치료 목표 등에 맞춰서 은유를 개발할 수도 있다. 특히 아동의 경우에는 은유적 이야기를 만드는 데 어려움을 겪을 때가 많기 때문에 상담자가 직접 은유를 제시하는 때가 많아진다. 선더랜드(Sunderland, 2000)는 상담자가 아동에게 제시하는 은유가 효과적이기 위해서는 다음과 같은 점을 고려해야 한다고 말했다.

- 아동이 씨름하고 있는 정서적인 문제를 확인한다.
- 그 문제에 은유적 맥락을 제공할 수 있는 인물과 배경 및 상황을 고려한다.
- 아동과 동일한 문제로 씨름하고 있는 주인공을 제시한다.

은유적 이야기가 치료적인 효과를 내기 위해서는 듣는 이의 감동을 이끌어 낼만큼 인상적이어야 하기 때문에 아동의 문제, 문제 처리 방식, 해결 방향 등을 충분히 고민하여야 한다.

6) 내담자와 상담자의 공동 은유

내담자와 상담자가 힘을 합해 치료에 활용할 은유적 이야기를 만들어 협력적인 치유 과정을 만들어 갈 수도 있다. 가드너의 상호 이야기하기 기법도 넓은 범주에서 보면 공동 은유에 속한다. 공동 은유의 가장 큰 이점은 어린 내담자가 혼자서 자신의 문제와 관련된 은유적 이야기를 만들고, 그 과정을 이끌어 가야 한다는 부담을 줄여 줄 수 있다는 것이다. 상담자 입장에서는 내담자가 치료에 임하는 자세와 태도를 이야기 창조 과정에서 확인할 수 있기 때문에 내담자 관찰이 용이하다는 이점도 있다.

7) 그 외

아동이 치료 대상이 될 때, 은유적 이야기를 만들기 위한 수단으로 모래놀이나 인형, 난화 등의 여러 가지 부수적인 기법을 함께 사용하는 것이 도움이 될 때가 있다. 상담자는 통섭적 시야를 갖고 아동의 상황이나 발달 상태, 관심 분야 등을 고려해서 적절한 여러 기법을 유연하게 사용할 수 있어야 한다. [그림 11-2]는 은유적 이야기

그림 11-2 손가락 인형

를 만들 때 아동의 관심을 끌기 위해 사용하는 손가락 인형이다. 어린 아동의 경우 이런 도구가 은유적 이야기를 만들어내는 매개체가 되기도 한다.

7. 이야기치료의 사례

본 사례는 2007년 번스가 호주에서 출간했고, 2011년 우리나라에서 번역 출간된 『이야기로 치유하기(Healing with stories: Your casebook collection for using therapeutic metaphors)』에 실린 사례 중 하나를 요약 정리한 것으로, 2006년부터 2007년까지 미국임상최면협회(American Society of Clinical Hypnosis: ASCH) 회장을 역임했던 린덴(J. H. Linden)이 실시한 사례다.

- 인적사항: 에밀리(가명, 만 8세, 여아)
- 의뢰사유: 에밀리의 부모가 자신의 딸이 지나친 불안을 드러낸다고 치료를 의뢰함.
- 호소문제: 에밀리는 손가락을 빠는 버릇도 있었는데, 스스로 수치심을 느끼면서도 부모가 손가락을 빨지 못하게 하면 소위 major meltdowns(어린 아동이 부정적인 감정을 이기지 못하고 녹초가 될 때까지 격하게 감정을 분출하는 증상. 우리나라에서는 병명이 없는 소아신경증적 증상)라는 증상을 보임. 에밀리의 부모는 이 증상을 해소하고 가족 휴가를 함께 떠날 수 있기를 바람.

• 치료내용: 에밀리의 부모 면접과 에밀리 초기 면담으로 정보를 모음. 부모에 대한 에밀리의 의존성과 분리불안 증상에 초점을 두고, 에밀리 스스로 불안을 떨쳐 버리려는 행동을 자원으로 삼아 은유적 이야기를 만들기로 함.

1단계: 문제 평가 및 자원 탐색

에밀리가 지나친 불안과 낯선 사람에 대한 두려움을 가지고 있어서 첫 회기에는 부모만 와서 상담을 요청했다. 부모와의 면담으로 상담자는 에밀리의 가족력과 형제관계를 파악했고, 에밀리가 아주 어릴 때 매우 가까운 보호자를 상실한 사실을 알게 되었다. 종합적으로 볼 때, 에밀리는 엄마와 떨어지려고 하지 않는 분리불안과 혼자 무엇을 해 보는 것에 대한 두려움을 가진 아이였다.

두 번째 회기가 되어 에밀리를 처음 만나게 되었는데, 에밀리는 상담실 문이 열리자마자 팔을 뻗어 엄마를 안고는 엄마에게 매달렸다. 상담자가 먼저 본인의 소개를 하고, 에밀리를 향해 엄마가 자신에게서 떨어지지 않도록 하라고 말해 줌으로써 에밀리가 스스로 자신의 행동을 제어하고 있다는 암시를 주었다. 이로써 상담자는 아이가 잡는 것을 자기 힘으로 할 수 있다면 놓는 것도 자기 힘으로 할 수 있다는 메시지를 전달했다.

에밀리의 아버지와 어머니는 딸과 관계가 좋다고 여기고 있었는데, 에밀리와의 첫 만남에서 에밀리는 아버지를 '사납다'고 표현했다. 상담자는 이 지점에서 이 가족의 관계를 '호저'라는 고슴도치와 같이 가시털로 덮인 동물처럼 이해했다. 어머니와의 밀착과 아버지의 사나움이라는 두 가지 요소는 너무 가까워 상처를 입히는 호저의 은유를 닮아 있었다.

상담자가 억지로 자신을 엄마에게서 떼어 놓지 않을 뿐만 아니라 자신에게 힘을 부여하고 있다는 것을 감지한 에밀리가 상담자에게 안전감을 느낀 뒤, 상담자는 아버지와의 관계 탐색을 위해 에밀리에게 다음에 아버지를 데리고 와 달라고 말했다.

다음 회기에서 아버지와 에밀리가 치료실에 같이 들어왔지만, 아버지에게는 달라붙지 않았다. 회기 중에 아버지가 전화를 받기 위해 치료실 밖으로 나갔는데, 에밀리는 불안해하지 않고 혼자 있을 수 있었고, 이 점을 상담자가 확인시켜 주었다. 이 확인을 통해서 에밀리는 분리 행동을 스스로 제어할 수 있다는 메시지를 전달받았다.

1단계에서의 이와 같은 탐색을 거치면서 상담자가 제시한 에밀리의 문제는 다음과 같다.

[제시된 문제]

- 불안
- 분리불안
- 부모–자녀 관계
- 제한된 또래관계
- 엄지손가락 빨기

에밀리와 세 번째 만났을 때 에밀리가 M이라고 부르는 인형을 가지고 왔는데, 이는 상담자를 만나러 오는 데 대한 부모의 선물이었다. 상담자는 협력치료사로서 인형의 역할을 만든다. 상담자는 에밀리가 인형을 대하는 모습을 보면서 인형과 이야기를 했다. 에밀리는 인형이 되어 이야기를 받아 주었고, 이 과정에서 에밀리가 지니고 있는 불안 제어 능력이 드러나기 시작했다.

에밀리의 불안이 줄어들면서 회기 시간의 반이 지나면 엄마를 나가 있게 하자는 것에 협의를 하였고, 그 시간을 에밀리가 엄마에게 알려 달라고 했다. 에밀리가 시간을 알려 주자 엄마가 나갔다. 이때 상담자가 "어때?"라고 물었는데, 에밀리는 "몰라요."라고 답을 했다. 비판단적이고 목적지향적인 질문을 이어 가면서 포옹이나 입맞춤이 엄마가 나간 뒤의 마음을 달래는 데 도움이 된다는 것을 에밀리가 수용했다.

네 번째 만남에서 에밀리는 엄마와 포옹하고 입맞춤을 여러 번 한 뒤, 혼자 치료실에 들어오게 되었다. 이런 과정을 거치면서 상담자가 에밀리에게서 찾아낸 자원은 다음과 같다.

[개발된 자원]

- 사건의 발생 이해하기
- 선택하는 법 배우기
- 다스리기
- 이완법 학습
- 즐거운 학습 개발

- 긍정적 관계 강화
- 즐거운 경험 강화

2단계: 목표 설정

내담자의 문제와 자원에 대한 탐색이 이뤄지고 나면 상담자는 내담자에게 맞는 목표를 설정해야 한다. 에밀리의 사례에서 상담자는 탐색을 통해 이미 목표를 설정하고 있었다. 사건의 발생을 이해하면서 에밀리가 스스로 제어권을 가지고 있으면 현재 에밀리가 지니고 있는 모든 문제가 해결된다는 사실을 파악하고, 첫 만남에서부터 자신의 행동에 대한 결정권을 에밀리에게 부여했다.

이외에 상담자는 에밀리가 자신의 문제와 자신을 분리하기 위한 정상적인 해리를 치료 자원으로 쓸 수 있다는 점을 감안하여 M이라는 인형을 매개체로 썼다. 상담자가 인형에게 이야기를 하고, 에밀리가 인형에게 자신을 투사하여 대답을 하면서 스키 휴가를 가족이 함께 떠날 수 있다는 목표를 설정했다.

상담자가 M에게 이완 기술을 제안하고, 에밀리도 함께하기를 권고하여 실행한 뒤, 에밀리가 좋아하는 스키와 승마 같은 운동을 끝내고 나면 어떤 심상이 그려지는지를 그려 보게 하였다. 이 활동을 통해 에밀리가 긍정적인 결말 쪽으로 가는 선택에 첫발을 들이도록 하고자 하였으나, "아무것도 나아지지 않았어요." "아직 준비가 안 되었어요."라는 대답이 돌아왔다.

아동이 치료에서 소극적인 모습을 보이거나 치료의 진전이 나타나다가 멈추면 이야기치료에서는 여러 가지 놀이로 아동의 이야기를 다시 끌어낼 수 있다. 에밀리의 경우에 상담자는 여러 가지 놀이 도구 중에 에밀리에게 직접 놀이를 고르도록 하여 에밀리가 여전히 자신의 행동 제어권을 가지고 있다는 메시지를 전달하고, 에밀리가 고른 트러블이라는 보드게임을 진행했다. 이 게임으로 상담자는 에밀리가 이기는 것을 즐거워하고 경쟁적인 성격이 있다는 것을 발견했다.

이 단계에서 상담자는 에밀리의 치료 성공을 위해 두 가지 은유적 이야기 구성을 계획했다. 하나는 건강하면서도 서로가 너무 밀착되어 있거나 표현 방식의 차이로 인해 상처를 입힐 수 있는 에밀리 가족의 특성에 맞춘 '호저 가족 이야기'이고, 또 하나는 M이라는 인형을 협력치료사로 설정하여 에밀리와 함께 공동으로 만들어 가는 은유적 이야기였다. 이 두 이야기의 목표는 에밀리가 가족과의 적절한 거리 두기에 성공하여 혼자서 뭔가를 하겠다는 의지를 갖도록 하는 데에서 출발하여 가족과의 스키 여행에서 마음껏 스키를 즐길 수 있도록 하는 것이었다.

3단계: 은유적 이야기 만들기

2단계에서 설정한 목표에 도움이 될 만한 이야기를 만들기 위해 상담자는 우선 부모와 에밀리의 관계를 드러낼 수 있는 '호저 가족 이야기'를 만든다. 이 은유적 이야기는 상담자가 만든 은유로, 상담자가 에밀리의 부모 면담과 어머니와 아버지에 대한 에밀리의 태도나 진술의 차이를 고려하여 만들었다.

에밀리의 가족은 건강하고 좋은 관계를 유지하고 있으나, 에밀리와 너무 밀착된 어머니, 에밀리에게는 '사납게' 여겨지는 아버지라는 이면을 갖고 있어서 서로에게 의도하지 않은 상처를 주고 있었다. 상담자는 여기서 착안하여 고슴도치와 비슷한 온몸이 가시털로 뒤덮인 호저라는 동물을 등장인물로 하는 한 가족의 이야기를 만든다. 이 호저 가족은 너무 가까이 가면 서로가 지니고 있는 가시털 때문에 상대방과 자신에게 원치 않는 상처를 낸다. 또 두려움이 닥쳐오면 온몸을 웅크려 동그랗게 만들기도 한다. 이 이야기 속에서 에밀리뿐만 아니라 에밀리의 어머니와 아버지도 서로 건강한 관계를 위한 거리 유지를 인식하게 된다.

두 번째 은유적 이야기는 에밀리와 상담자가 함께 만드는 공동 은유로, 협력치료사인 인형 M과 함께 매 회기마다 상황극처럼 만들어 가는 이야기였다. 하나의 완성된 이야기를 제시하는 것이 아니라, M을 협력치료사로 두고 에밀리와 상담자가 치료실 안에서 만들어 가는 이야기였다. 상담자는 에밀리가 지니고 있는 문제에 대해서 M에게 질문을 하고, 에밀리는 그 질문에 대해서 M이 되어 답을 한다. M을 통해 에밀리는 자신의 문제와 자신을 분리하는 정상적인 해리를 자원으로 사용할 수 있었다.

M이 만들어 가는 은유적 이야기는 에밀리가 처하게 될 다음 상황에 대한 예행 연습이 되고, 그다음 회기에서 그 상황을 자신이 직접 경험하면서 서서히 분리불안을 극복하는 모습을 보였다. M은 에밀리의 거울이 되어 에밀리의 건강한 행위를 강화시켜 주었고, 새로운 상황에 대한 에밀리의 대처 능력을 향상시켰다.

4단계: 마무리하기

열 번째 회기에서 에밀리의 부모는 에밀리의 불안 감소를 확실히 느꼈다고 보고했고, 이후 에밀리는 엄지손가락을 더 이상 입에 넣지 않게 되었으며, 스키 여행도 성공적으로 다녀오게 되었다. 추후 과정에서 에밀리가 혼자 친구 집에서 자고 올 수도 있고, 엄마가 동행하지 않아도 친구들과 함께 파티에도 참석할 수 있게 되었다는 보고를 들었다.

상담자는 에밀리의 치료를 마무리하면서 협력치료사였던 M이 더 이상 치료실에 함께 오지 않아도 에밀리가 자신의 행동에 대한 제어를 할 수 있음을 확인했다. 에밀리는 M 대신 외양간을 짓고 그 안에 말과 마구들을 채웠다. 그 인형들을 대상으로 가상의 수업을 하면서 자신이 M과 함께 경험했던 부모와 떨어지는 법, 새로운 관계 형성 기술 등을 가르쳤다. 이 과정에서 에밀리는 치료를 통해서 자신이 얻게 된 것들을 확인하고 있었다.

에밀리의 사례에서 PRO 접근법에 따라 나타난 결말을 제시하면 다음과 같다.

[나타난 결말]

- 불안 감소
- 독립성 증대
- 새 친구들
- 엄지손가락 안 빨기

활동

1. 본인에게 영향을 미친 이야기를 잘 이해하면 치료 중에 일어나는 이야기의 영향력을 이해하는 데 도움이 된다. 가만히 눈을 감고 자신의 삶에 영향을 미친 이야기가 있는지 떠올려 봅시다.
   1) 어떤 이야기가 떠오르는가?
   2) 그 이야기가 자신의 어떤 행동에 영향을 미쳤다고 생각하는가?
   3) 그 이야기가 자신의 어떤 정서에 영향을 미쳤다고 생각하는가?
   4) 그 이야기로 인해서 지금 어떤 삶의 변화가 있었는가?
   5) 그 이야기가 현재 자신에게 치유적인 영향력을 미친 부분이 있는가?

2. 앞의 단계를 친구나 동료에게도 적용해 봅시다.
   1) 친구나 동료에게 눈을 감고 삶에 영향을 미친 이야기가 있는지 떠올려 보도록 합시다.
   2) 그 이야기가 행동, 정서, 생활에 어떤 변화를 주었는지 물어봅시다.
   3) 그 이야기가 그 사람에게 미친 치유적인 부분이 있었는지 물어봅시다.

3. 번스가 제시한 PRO 접근법에 따라 자신의 현재 문제와 그것을 해결하기 위한 자신의 자원을 탐색해 봅시다.

제시된 문제	개발된 자원	나타난 결말

4. 앞서 제시된 PRO 요소로 자신에게 맞는 은유적 이야기를 만들어 봅시다. 은유적 이야기를 만들 때에는 다음과 같은 요소를 유의하도록 합니다.

   ① 바람직한 목표를 설정한다.
   ② 삶의 경험 중에 설정한 목표를 이루었던 비슷한 사건이 있었는지 탐색한다.
   ③ 목표 획득에 필요한 자원을 꼼꼼히 탐색한다.

④ 자신이 제시한 문제를 은유적으로 정의해 본다.

⑤ 자신의 경험을 기반으로 하는 자신의 이야기이므로 자신만의 언어를 사용해서 이야기를 만들되, 앞뒤 맥락이 맞는 타당성을 확인하면서 진행한다.

⑥ 이야기를 만드는 순서는 다음의 과정을 따라해 본다.

- 이야기의 결말을 먼저 정하고 개요를 잡는다.
- 주제는 일반적인 것에서 개인적인 것으로 옮겨 간다.
- 사실이나 사건 뒤에 숨은 감정을 찾는다.
- 떠오르는 은유적 심상에 집중한다.
- 오감을 활용하여 감각적 심상으로 은유를 탐색한다.
- 그 심상과 관련된 감정을 탐색한다.
- 은유적 심상과 자신의 문제 및 자원에 대한 연관성을 만든다.
- 가능한 한 실감나게 감각적인 묘사를 써서 은유적 이야기를 만든다.
- 자신이 만든 이야기를 타인에게 들려 준다.

추천도서

Burns, G. W.(2001). *101 Healing Stories: Using Metaphors in Therapy*. 김춘경, 배선윤 역(2010). 마음에게 들려주는 101가지 이야기. 서울: 학지사.

Burns, G. W.(2007). *101 Healing Stories for Kids and Teens*. 김춘경 역(2009). 어린이와 청소년을 위한 마음을 치유하는 101가지 이야기: 은유를 사용한 심리치료. 서울: 학지사.

Burns, G. W.(2007). *Healing with Stories: Using Metaphors in Therapy*. 김춘경, 배선윤 역(2011). 이야기로 치유하기: 치료적 은유 활용 사례집. 서울: 학지사.

Gardner, R. A.(2004). *Psychotherapeutic use of the talking, feeling & doing game and other projective technique*. 유미숙, 박진희 역(2013). 게임을 활용한 심리치료: 말하고, 느끼고, 행동하기 게임과 투사기법들. 서울: 마인드프레스.

제12장 무용 · 동작치료

우리는 일생 동안 끊임없이 몸으로 마음을 표현한다. 불편한 사람과 있을 때에는 일정한 거리를 두고 앉고, 많은 사람 앞에서 발표를 할 때에는 몸이 경직되고, 좋아하는 이성 앞에서는 손이 떨리기도 하고, 정신없이 바쁜 하루를 보내고 집에 왔을 때에는 소파에 축 늘어져 누운 듯 앉아 있기도 한다. 우리의 몸은 언어보다 정직하여 말로는 괜찮은 척할 수 있지만 몸은 괜찮지 않음이 여과 없이 표현된다. 무용 · 동작치료는 '동작'을 매체로 하는 심리상담으로, 무용 · 동작치료에서 의사소통은 '동작'이다. 따라서 언어 표현이 미숙한 아이들에게도 적합한 상담이 될 수 있고, 마음을 들키고 싶지 않아 입을 꾹 다문 아이들에게도 유용한 상담이 된다. 이 장에서는 무용 · 동작치료의 발달배경, 동작의 치료적 가치, 기본개념, 무용 · 동작치료의 실제와 사례, 활동을 통해 무용 · 동작치료에 대해 알아보고자 한다.

1. 발달배경

무용 · 동작치료는 1940년대부터 차츰 이론과 실제가 체계화되면서 발전하기 시작했다. 무용 · 동작치료의 선구자인 메리언 체이스(Marian Chace)는 해리 스택 설리번(Harry Stack Sullivan)의 이론에 많은 영향을 받았다. 설리번은 초기 인간관계의 기능적 장애에 집중하였으며, 그 원초적 관계(primary relationship)를 동작 및 무용으로 재생할 수 있다고 보았다(김춘경 외, 2018). 설리번은 인격이 개인 간 상호작용, 즉 대인관계 속에서 계속적으로 펼쳐지고 형성된다고 설명하였다. 체이스는 '동작'을 의사소통이라고 여기고, 집단 안에서 리드미컬한 동작 체험이 한 개인의 대인관계와 신체 의식에 영향을 미치고 더 나아가 정신적인 면에서도 치료 효과가 있다고 보았다. 체이스는 정신치료시설에서 '동작'을 통해 환자들이 분명하게 의사소통을 하고, 감정을 드러낼 수 있게 하여 인간 간 상호 관계를 재생시켜 주었다. 체이스는 동작이라는 매체를 통해서 의사소통에 어려움이 있던 사람들, 감정 표현을 잘하지 못하는 사람들이 자신의 의사와 감정을 표현할 수 있다고 보고하였다.

1950년대에 메리 화이트하우스(Mary Whitehouse)는 융 학파의 분석심리학 이론에 많은 영향을 받았다. 화이트하우스는 동작 경험이 인간의 무의식에 접근하는 데 이용될 수 있고, 동작이 심리의 변화가 가능한 요소인 원형을 포함하고 있다고 보았다.

융 학파의 또 다른 무용동작 치료사인 초도로(Chodorow)는 동작을 통해 무의식에서 나오는 주제를 발견하고 전개시킬 수 있다고 보고는 신체를 통한 일련의 대화가 활동적인 상상력을 형성하고, 그 안에서 의식과 무의식의 요소들이 창의적인 과정으로 결합된다고 보았다(Chodorow, 1984). 융 동작 치료사들은 꿈, 환상, 초기 기억, 만다라와 같은 예술작품에서 받게 되는 이미지, 인간관계, 그리고 치료사에게 전이되는 감정을 탐구하기 위해 즉흥적인 동작을 사용한다(류분순, 2000).

화이트하우스와 함께 무용 · 동작치료를 발전시킨 알마 호킨스(Alma Hawkins)는 동작 과정을 통해 개인은 자신의 고유 감정과 접촉할 수 있고, 그로 인해 환경과 보다 의미 있는 상호작용을 할 수 있다고 하였다(김인숙, 2012). 동작을 통한 창조적이고 심미적인 경험이 인간을 풍요롭게 하고, 인간이 완전한 개체가 될 수 있도록 도와주며, 세상과 화합하고 있다고 느끼도록 해 준다고 보았다(Hawkins, 1987).

1966년 체이스를 초대 회장으로 미국무용치료협회(American Dance Therapy Association: ADTA)가 설립되었고, 2000년에 공인으로 등록되어 활동하는 무용치료전문가(ADTR)와 무용치료사(DTR)가 1,000여 명이 넘었고, 이들은 미국 전역 46개 주와 29개국에서 활동하고 있다(ADTA, 2003).

국내에서 임상 무용 · 동작치료는 1982년 대한정신의학회 산하 한국임상예술학회에서 시작되었고, 본격적인 임상 적용은 1992년 국립서울정신병원 정신재활과의 만성 정신분열증 환자를 대상으로 시작되었다(신금옥, 2012). 1992년 독일에서 무용 · 동작치료를 공부하고 국내에 가져온 류분순이 신경정신과 전문의들의 세미나에서 논문을 발표하며 모의치료과정을 소개하면서부터다(이지희, 2010). 국내 무용 · 동작치료는 정신병원, 노인병원, 아동병원, 자폐 센터, 복지관, 특수학교, 암 센터 등에서 약물치료와 함께 활발히 사용되고 있다.

2. 무용 · 동작의 치료적 가치

'발을 동동 구르다' '방방 뛰다' '어깨가 축 처져 있다' '어깨를 들썩인다' '몸이 경직되어 있다' 이 문장들은 모두 우리 신체 동작을 표현한 문장으로, 신체는 나의 감정에 따라 다양한 동작을 보임을 알 수 있다. 아주 슬플 때 우리는 고개를 파묻고 엉엉 울기도 하고, 기쁠 때 우리는 어깨를 들썩거리며 춤을 추기도 하고, 도전에 실패했을 때 우리는 어깨가 축 처져 있기도 한다.

신체 동작은 우리로 하여금 감정을 느끼고, 표현하고, 해소하게 한다. 나도 모르게 다리를 떨고 있는 모습을 보며 내가 긴장했음을 느끼기도 하고, 중요한 자리를 마친 후 뻐근한 어깨에 내가 경직되어 있었음을 느끼기도 한다. 기분이 좋을 때 춤을 추며 감정을 표현하기도 하고, 기분이 좋지 않을 때 춤을 추며 감정을 해소하기도 한다. 아동은 말로 표현하기 어려웠던 자신의 감정이나 문제, 원하는 것 등을 동작을 통해서 느끼고, 표현하고, 해소할 수 있다.

1) 이완

틀에 박히지 않은 자신만의 창조적인 동작을 통해 아동은 내면의 긴장을 풀고, 근육을 이완시키며, 온전한 자기와 마주할 수 있게 된다. 리듬과 인간 사이의 관계는 자궁 내 태아의 최초 소리(심장, 맥박)에서부터 시작되고, 초기의 성장 과정을 연상시키는 리듬은 유아적인 욕구를 상징적으로 충족시키기 위한 기초를 만든다. 내면의 상태를 창조적 동작을 통해 외적으로 표현할 때 경직되고 불편한 자신을 내려놓고, 정신과 육체를 통합하여 완전한 이완을 경험할 수 있다. 부조화된 언어, 호흡, 신체 활동, 자아상과 자아표현 등이 통합되는 경험이 아동을 이완시킨다.

2) 정화

창조적 동작 표현을 통하여 억압된 감정과 문제들을 표현하고, 해소할 수 있다. 동작, 리듬, 반복을 통해 심신의 상호작용을 증진하고, 긴장이나 정서적 장애, 스트레스 등을 창조적인 방향으로 표현하여 해소할 수 있다. 동작을 통한 근육의 움직임과 정서 사이의 상호반응은 매우 밀접하기 때문에 창조적인 동작은 아동에게 즉각적인 카타르시스를 제공한다(김인숙, 2012). 내적인 상태를 외적으로 표현할 때 생리적 변화를 촉진하는 움직임이 증대된다. 창조적 동작 활동을 통해 개인 내면 세계의 갈등이 표현되고 승화되며 새로운 모습으로 변화된다. 따라서 창조적인 동작 과정을 통해 전이적 단계와 감정의 억제를 경험하면서 상징적 움직임을 형성할 수 있고, 이는 감정의 정화로 이어진다. 즉, 말로 설명할 수 없는 복잡하고 주관적인 내면 세계의 욕구와 감정을 동작으로 표현해내는 상징적 행위를 통해 내적 감정에 대한 외적 표현이 이루어지면서 정화를 경험하게 된다.

3) 의사소통

동작은 효과적인 의사소통 도구이다. 우울할 때 표현되는 창조적 동작이 다르고, 화가 날 때 표현되는 창조적 동작이 다르며, 기쁠 때 표현되는 창조적 동작이 다르다. 따라서 아동이 나타내는 모든 동작은 아동 내면의 감정 표현이자 의사 표현이 된다. 또한 상담자와 내담 아동, 또는 상담 집단 안에서 행해지는 무용과 동작은 서로 자연스러운 접촉을 할 수 있게 도와주고, 그러한 접촉은 사회적 소속감과 심리적 충족감을 준다. 타인과 같은 리듬(rhythm)으로 같은 공간(space)에서 같은 힘의 양(effort)으로 움직일 때 개인은 집단 속에서 일치된 감정을 획득하게 된다(김인숙, 2006). 함께 소리를 내고, 원형을 만들고, 신체접촉을 하면서 고립된 인간에서 사회 속 인간으로 나아가는 단결력을 가지게 된다.

3. 무용 · 동작치료의 정의

무용 · 동작치료(Dance Movement Therapy: DMT)는 1986년 미국무용치료협회(American Dance Therapy Association: ADTA)에서 춤 치료와 동작 치료를 통합하여 만든 용어로, 개인의 감정적 · 인지적 · 사회적 · 신체적 통합을 증진하는 과정으로서 움직임(동작)을 심리치료적으로 사용하는 것으로 정의된다.

이러한 정의를 지닌 무용 · 동작치료의 장점은 다음과 같다. 언어를 주요 수단으로 사용하지 않기 때문에 언어장애 자폐아, 발달지체 아동, 선택적 함묵증 아동 등 언어를 표현하는 것이 미숙한 아동들에게 최적의 치료이며, 그 효과가 입증되었다(Sandel & Johnson, 1983; 김나영, 2000). 또한 개인이 갖는 무의식적인 심리적 경험을 현재의 의식 수준으로 끌어내어 움직임을 통해 경험하고 표현하게 하여 개인이 가지는 감정을 스스로 관찰하고 이해하도록 함으로써 감정의 변화를 가져오도록 한다(정선아, 2004). 무용 · 동작치료는 직접 참여하고 관찰하는 경험을 통해 주의 집중이 짧은 아동들, 산만한 아동들에게 지속적인 흥미를 유발시켜 건강한 심리발달을 꾀한다(Levy, 1988).

무용 · 동작치료는 미술치료, 음악치료, 영화치료와 같은 예술치료의 한 분야로서 인간의 신체를 수단으로 하여 감정과 정서를 자유롭고 즉흥적인 동작, 또는 움직임으로 표현함으로써 개인의 정신, 신체를 통합시키는 것을 목적으로 한다(류분순, 2000).

무용 · 동작치료의 기본 원리는 다음과 같다. 몸과 마음이 분리될 수 없고 지속적인 상태에 있다는 심신일원론과 신체와 정신(영혼)이 끊임없이 복합적으로 상호작용한다는 심리학적 및 생리적 개념에 바탕을 두고 있다(Chodorow, 1999). 기분이 우울할 때 가벼운 스트레칭이나 산책 등으로 기분이 나아지기도 하고, 화가 날 때 오락실에 있는 펀치기를 치거나 야구연습장에서 배트로 공을 빵빵 치며 마음을 달래기도 한다. 우리가 생활 속에서 자연스럽게 하고 있는 이런 행동들이 무용 · 동작치료의 기본 원리에 해당된다.

여러 학자가 무용 · 동작치료의 원리를 제시한 것을 토대로 김용량(2012)은 다음의 5가지로 무용 · 동작치료의 원리를 정리하였다.

- 신체와 정신은 끊임없이 복합적으로 상호작용을 한다(Schoop, 1974). 상담자는 내담자의 움직임에 대한 해석을 함으로써 내담자가 자신의 움직임 경험과 언어적 통찰을 연관시킬 수 있도록 돕는다.
- 동작은 성격과 감정을 반영한다(Reich, 1949). 신체는 우리가 의식하지 못하는 아동기의 외상을 보여 주고, 억압된 정서는 만성적 근육 긴장으로 신체 속에 축적된다.
- 내담자의 움직임을 상담자가 미러링하고, 동조하고, 과장하고, 상호작용함으로써 행동 변화를 가능하게 하며, 치료 작업의 효과를 높인다(Schmais, 1974).
- 동작은 무의식적인 과정을 명백히 나타낸다(Davis, 1991).
- 즉흥을 통한 창조적인 움직임은 본질적으로 치료에 도움이 된다(Meekums, 2002).

4. 무용 · 동작치료의 구성요소

류분순(1998)은 무용 · 동작치료의 요소로 신체상, 근육의 긴장과 이완, 근육 운동 지각, 표현 운동의 4가지를 제시하였다.

신체상 신체상(body image)이란 자신의 신체에 대한 이미지로, 자신의 신체와 외부 세계와의 관계에서 오는 감각의 조합이다. 신체의 지각 및 조절, 신체 부위와 몸 전체를 움직이면서 느껴지는 내적 감각은 자신의 신체 부위를 인식하고 다른 신체 부위와 그 움직임을 구분하게 만든다(김옥희, 2006). 신체상을 형성하는 요소로 특히 호흡이 밀접한데, 스쿱(Schoop, 1974)은 이상적인 신체상은 긴장과 이완의 조화로운 관계 속에서 적절하고 리듬감 있게 호흡이 이뤄지고, 신체적 상태는 균형이 잡혀 있을 때라고 보았다.

근육의 긴장과 이완 긴장과 이완은 양립할 수 없기 때문에 근육이 긴장되어 있을 때를 빠르게 찾는다면 이완시키는 것이 쉬울 수 있다. 신체의 긴장과 이완 훈련을 반복하면 긴장 부위를 인식하게 되므로 신체 자각을 위한 중요한 연결고리가 된다. 신체의 움직임이 구분되어 자유롭게 움직일 때 근육의 긴장(muscular tension)과 이완(relaxation)의 조절이 가능하므로 긴장과 이완의 교육은 신체의 움직임을 조절하는 중요한 교육 방법이다.

근육 운동 지각 근육 운동 지각(kinesthesis)은 인간의 움직임과 정신 활동과의 연관성을 생리학적으로 설명할 수 있는 요소다. 근육 운동 지각은 또 다른 말로 신체 감각기관에 의한 움직임의 인식으로, 이는 개인의 신체인식력을 높이고 신체인식력이 높아지면 자신감과 표현력이 향상된다.

표현 운동 표현은 인간의 내면을 외부로 표출하는 모든 행위이자 움직임이고, 성격의 외부적 표시이며, 몸의 외형과 활동, 즉 얼굴 표정, 손짓, 근육의 움직임, 몸짓 등에서 관찰된다. 표현 행위는 심리 상태를 직접적으로 드러내는 수단이며, 표현 운동(expressive movement)은 언어로 표현할 수 없는 억압된 감정이 신체 움직임을 통해 의식적, 무의식적으로 드러나면서 인식할 수 있게 돕는다.

5. 무용 · 동작치료의 과정

이 장에서 소개할 무용 · 동작치료 과정은 융(Carl Gustav Jung)의 심리학에 기반하여 화이트하우스가 개발한 '진정한 움직임(authentic movement)'을 위한 치료 단계를 한지영(2016)이 재구성한 것이다.

진정한 움직임이란 진실된 감정이 충분히 실려 있는 움직임을 뜻하며, 진정한 움직임의 반대는 '보이지 않는 움직임(invisible movement)'으로 근육의 활동이 보이지 않는 것이 아니라 기저의 감정이나 생각이 보이지 않는 움직임을 말한다(Levy, 1988).

치료 과정은 매번 똑같은 순서로 진행되어야 하는 것은 아니며, 내담자의 요구에 맞춰 상담자가 선택적으로 활용할 수 있다. 예를 들어, 초기 회기에서는 신체적 자각과 치료적 관계 형성을 위해 신체적 엄웜 단계에 더 많은 시간을 할애할 수 있고, 치료 중반에는 내담자의 요구에 따라서 내담자가 제시하는 주제를 가지고 바로 진정한 움직임의 단계로 이동할 수도 있다. 또한 양극성 경험은 신체적 웜업단계에서 소화될 수도 있고, 상담자가 필요에 따라서 한 단계를 더 두어서 진행할 수도 있다. 언어적 쉐어링, 그림이나 시 등을 활용한 비언어적 의식화 단계, 그리고 진정한 움직임의 단계 역시 선택적으로 반복되거나 생략하여 진행할 수 있다(한지영, 2016).

1단계: 신체적 웜업

신체의 자각 수준을 높여서 자신의 신체적 · 심리적 상태를 스스로 인식하는 것을 목표로 한다. 자신이 움직일 공간과의 친밀감을 높이고, 오감을 활용해서 지금 여기에 초점을 맞추며, 자신의 상태와 그것을 기반으로 한 가능성에 대해서 인식할 수 있도록 돕는다.

상담자가 제시하는 구조화된 웜업(warm-up) 방식으로 연속적인 일련의 동작을 함께할 수도 있고, 내담자가 자신의 몸에 대한 인식을 바탕으로 필요하다고 느끼는 활동, 예를 들어 걷기, 털어 내기, 호흡, 기지개 등의 동작을 할 수도 있다. 이 단계에서는 대부분 눈을 뜨고 작업하는 경우가 많다.

상담자는 내담자의 신체 움직임 표현을 통해서 진단하고 평가하는 진행적 과정(on-going process)을 진행해야 하며, 언어적 표현뿐 아니라 비언어적 수단을 통해서도 비평가적 · 비판단적 태도와 수용적인 자세를 보여 줄 수 있어야 한다. 상담자의 판단에 따라서 음악이나 리듬을 사용할 수도 있고, 제거할 수도 있다.

2단계: 양극성의 경험

양극성에 대한 경험은 신체적 웜업단계에 포함되어 진행될 수도 있고, 상담자의 제안에 따라 독립적으로 진행될 수도 있다. 신체를 활용한 높고/낮음, 넓고/좁음, 크고/작음, 슬픔/기쁨, 빠름/느림 등의 양극적인 주제를 통해 신체적 표현의 스펙트럼을 확장시키고, 동작 어휘를 더욱 풍부하게 하며, 신체의 표현과 맞물리는 내담자의 정서 표현의 폭도 넓힐 수 있다. 이를 통해 내담자는 자신에게 어떤 신체 상태가 편안함을 주는지, 자신의 정서와 에너지가 어느 정도의 수준인지 스스로 감지할 수 있고, 표현되지 못했던 새로운 감정들을 발견할 수 있다. 근육의 양극적 움직임을 통해서 신체적으로 더욱 활성화되며, 이 단계에서 움직임의 소재가 될 수 있는 주제를 떠올리거나 자신이 원하는 움직임의 성향을 명료화할 수 있다.

3단계: 진정한 움직임

내담자가 신체적, 심리적으로 준비가 되었다면 상담자는 적절한 시간을 제시한 후, 내담자에게 눈을 감고 내면의 충동이나 상징이 떠오르기를 기다렸다가 그것에 대해 허용적인 태도를 가지고 움직일 것을 제안한다. 대부분의 경우에 내담자가 자기 안의 고유한 리듬과 정서에 집중하는 데 방해가 되지 않도록 음악을 사용하지 않는 것이 일반적이지만 때에 따라 움직임에 활력을 더해야 할 필요성이 있는 경우에는 중립적인 자극인 북소리 등을 활용해서 리듬을 제공하기도 한다.

상담자는 관찰자가 되어 내담자의 움직임에 방해가 되지 않는 곳으로 이동해서 지켜보는 것이 일반적이다. 움직임을 통한 치료적 관계가 충분히 확보되지 않았거나 신체적 자각단계에서 내담자가 심리/신체적으로 활성화되지 않았다면 이 단계는 발생하지 않을 수도 있다. 움직임 전체가 온전히 무의식적인 표현은 아니며, 내담자는 무의식화되어 있었던 자신의 충동과 이미지가 의식화되도록 허용하면서 그것을 움직임으로 표현하게 된다.

상담자는 종소리나 목소리를 내어 내담자에게 종결에 대해 예고한다. 절대로 갑작스럽게 눈을 뜨거나 현실로 돌아오는 일이 없도록 조심스럽게 접근하며, 충분한 시간을 주고 내담자가 스스로 현실의 시공간으로 돌아올 수 있도록 배려한다.

4단계: 비언어적 의식화

움직임 이후에는 내담자의 선택에 따라 휴식을 취할 수 있도록 해야 한다.

상담자가 언어를 사용해서 내담자의 움직임에 대해 해석하거나 공유하기 이전에 비언어적 의식화라는 한 단계를 더 둘 수 있다. 이 단계에서는 그림이나 자유연상에 의한 시적 표현 등으로 자신의 움직임에서 발생되었던 상징, 무의식 차원에 존재하던 소재 등에 대해 언어적으로 정교화하기 전에 그 느낌과 정서가 휘발되어 버리지 않도록 돕고, 표현된 내용을 풍부하게 할 수 있도록 돕는다.

5단계: 공유 및 분석

상담자는 내담자의 움직임과 표현의 내용을 바탕으로 내담자와 변증법적 대화를 나누면서 해석을 시도한다. 이 단계는 치료의 성과가 치료실 바깥의 일상에서도 이어질 수 있도록 내담자의 움직임을 해석하고 의미화하는 단계다. 그러나 상담자의 단정적이거나 평가적인 해석은 주의해야 하며, 내담자가 표현해 낸 상징이나 이미지에 다양한 상징적 이미지를 제공하여 내담자가 스스로의 움직임 경험을 더 넓은 지평 안에서 스스로 해석해 나갈 수 있도록 도와야 한다.

이때 상담자는 관찰자 역할을 하면서 느꼈던 자기 내부의 무의식적 과정에 대해서도 함께 이야기할 수 있다. 내담자가 원하는 한도 내에서만 자기노출을 할 수 있도록 해야 한다.

6단계: 종결

내담자가 1단계부터 5단계까지 표출하고 다루었던 정서 및 표현은 상담자의 안내에 따라 내담자가 감당할 수 있는 종류의 것으로 정리되어야 한다. 격앙되거나 혼돈된 상태로 일상 공간으로 복귀하여 어려움을 겪지 않도록 일종의 종결과 정리를 암시하는 신체적 의례나 언어적 표현의 시간을 가진다. 심리적, 신체적으로 다시 현실의 시공간으로 돌아갈 수 있도록 돕는다.

7단계: 현실로의 복귀

내담자는 회기가 끝난 후 다음 회기 전까지 일상으로 돌아가 생활을 하면서 필연적으로 진정한 움직임 때 발견했던 스스로에 대한 새로운 자각이나 정서적인 변화, 상징의 출현에 영향을 받게 된다. 이 과정에서의 변화나 성장은 다음 회기 초반의 초기 면접을 통해 상담자에게 보고되며, 치료 목표를 설정하고 움직임의 주제를 정하는 데 큰 역할을 하게 된다.

6. 무용 · 동작치료의 기술과 기법

무용 · 동작치료는 크게 동작 분석과 치료 활동으로 분류할 수 있다.

1) 동작 분석

동작 분석은 동작을 관찰하고, 기록하고, 분석하는 체계다. 정신분석학자가 내담자의 자유연상을 분석하여 욕구, 무의식을 탐색하듯, 무용 · 동작 치료사들은 내담자의 동작을 분석하여 내담자의 욕구, 무의식을 탐색하는 것이다. 동작 분석의 선구자인 루돌프 폰 라반(Rudolf von Laban)은 먼저 동작의 4가지 구성 요소를 다음과 같이 제시했다.

- **시간**(time): 신체 각 부분의 움직임 속도를 의미하는 것으로, 지속적인 동작과 갑작스러운 동작으로 구분 짓는 요소가 된다. 갑작스러운 또는 빠른 동작은 뜨거운 냄비를 만졌을 때 재빠르게 손을 떼서 차가운 물로 씻거나 귓불을 만지는 동작이 될 수 있고, 느린 동작은 하기 싫은 일을 해야 할 때처럼 미적거리는 동작이 될 수 있다.
- **무게**(force): 신체 움직임의 변화나 평형 상태를 유지할 때 필요한 근육의 수축 정도와 관련된다. 강한, 단단한 동작은 주먹으로 때리는 동작, 무거운 물건을 들어올리는 동작 등에서 볼 수 있고, 가벼운 동작은 신생아를 어루만지는 동작, 친구의 어깨를 가볍게 두드리는 동작 등에서 볼 수 있다.
- **공간**(space): 신체 움직임이 이루어지도록 시각적으로 마련된 장소인 공간을 신체가 어떻게 사용하는가를 말한다. 직접적인 공간은 직선의 경로를 보이고, 유연한 공간은 빙빙 돌거나, 구불구불하는 등의 경로를 보인다.
- **흐름**(flow): 움직임의 연속성 정도를 나타내는 요소다. 움직임의 상태를 즉각적으로 변화할 수 있는 통제되는 흐름(bound flow)과 움직임의 상태를 즉각적으로 변화하기 어려운 자유로운 흐름(free flow)으로 구분될 수 있다. 통제되는 흐름의 동작은 높은 힐을 신고 내리막길을 내려갈 때 조심스럽게 걸어가거나 면접관 앞에서 긴장한 사람의 동작이 되고, 자유로운 흐름 동작은 잔디밭에서 아이가 뛰어노는 모습, 친한 친구를 예상치 못하게 만났을 때 열광적으로 반가움을 쏟아 내는 동작이 된다(Chaiklin & Wengrower, 2009).

라반은 4가지 동작의 구성 요소를 만들어 내고 작용하도록 하는 것, 다시 말해 움직임의 동기나 마음가짐을 '에포트(effort)'라는 개념으로 설명하였다. 에포트는 움직임에 관련된 질적인 면으로서 시간, 무게, 공간과 흐름을 어떻게 조합하여 사용하는가와 관련된다. 라반은 4가지 동작 요소는 의식적이든 무의식적이든 간에 내면의 충동과 에너지가 움직임을 통해 드러나는 것이라고 보았으며, 이러한 움직임을 개인의 능동적인 동작으로 보았다(Laban, 1950). 각 요소의 결합과 강도에 따라 동작은 달라지기 때문에 상담자는 내담자의 동작을 보면서 동작의 요소를 발견하고 분석할 수 있다.

2) 치료 활동

현장에서 활용되는 다양한 무용 · 동작치료 활동을 소개하고자 한다. 무용 · 동작치료는 개인상담에서도 많이 활용되나 집단상담에서 더욱 활발히 활용되고 있어 집단상담에서 활용할 수 있는 활동을 중심으로 살펴보고자 한다(김인숙, 2012; 이예승, 2009; 이지혜, 2019).

(1) 긴장 이완 활동

긴장 이완 활동은 자신의 몸을 구석구석 마사지하면서 자신의 신체에 집중함으로써 지금-여기에 신경을 집중하게 만든다. 경직되어 있던 몸을 이완시킬 수 있다. 구체적인 활동 방법은 다음과 같다.

① 집단 구성원이 각자 자신이 원하는 장소에 서서 주먹을 가볍게 쥐도록 한다. 그런 다음 주먹으로 자신의 몸을 마사지하듯 가볍게 두드린다.
② 몸을 마사지하면서 부드럽고 리드미컬한 동작으로 머리도 마사지한다.
③ 머리를 뒤로 젖히고, 목을 숙이도록 지시한다. 한 손으로 자신의 반대편 어깨를 두드리고, 손을 바꾸어서 실시한다. 주먹 쥔 손으로 등을 위에서 아래로 두드린다. 등허리 부분에서 좀 더 긴 시간 동안 부드럽게 두드린다.
④ 손을 편 상태로 자신의 엉덩이를 가볍게 쳐 준다.
⑤ 상담자는 집단 구성원을 모두 앉도록 하고 발 한쪽을 다른 발 위에 올려놓도록 지시한다. 올려놓은 발끝을 잡고 돌려 준다. 발을 바꾸어 실시한다.
⑥ 발을 앞으로 쭉 펴고 바닥을 한 발로 툭툭 친다. 발을 바꾸어 실시한다.
⑦ 모두 일어서도록 하고 이번에는 자신의 배를 가볍게 두드리도록 한다.
⑧ 마지막으로 가볍게 깡충깡충 뛰면서 두 팔을 부드럽게 흔들며 온몸이 가볍게

움직이도록 한다. 이때 발이 서로 엉키지 않도록 주의한다.

(2) 거울 기법

거울 기법은 타인을 유심히 보고 행동을 따라 하는 활동으로서 주의집중력, 시지각 협응 능력 등을 향상시키는 데 도움을 준다. 또한 타인이 따라 하는 자신의 행동을 보며 자신의 행동을 되돌아볼 수 있는 기회를 제공한다. 구체적인 활동 방법은 다음과 같다.

① 2명씩 짝을 지은 다음, 리더 한 사람을 정하도록 지시한다.
② 리더인 사람이 음악에 맞추어 편안하고 자유롭게 몸을 움직이면 파트너는 마치 거울처럼 동시에 똑같이 움직인다. 얼굴(눈, 코, 입), 머리, 어깨, 손, 몸통, 다리, 발 등으로 세분화해서 진행할 수도 있다.
③ 상담자는 리더에게 이왕이면 쉽고, 느린 동작을 취해 달라고 부탁한다. 파트너가 따라서 움직이기 어렵기 때문이다.
④ 잠시 후 역할을 바꾸어 실시한다.
⑤ 이번에는 상담자가 '일상생활에서의 특정한 동작'을 해 보도록 지시한다. 예를 들어, 세수하기, 식사하기 등을 해 볼 수 있다. 상담자는 "아침에 일어났을 때 제일 먼저 하는 동작 5가지를 표현해 볼까요?" "학교에서 쉬는 시간에 일어나는 동작을 표현해 볼까요?" 등으로 지시할 수 있다.

(3) 감정 동작 꾸미기 활동

감정 동작 꾸미기 활동은 '감정'을 신체 움직임으로만 표현해 보는 활동으로서 집단 구성원으로 하여금 내면의 미해결된 감정을 자유롭게 표현할 수 있는 환경을 만들어 주고, 감정을 동작으로 표현하면서 무의식 속의 내용을 외현화하여 의식화하는 데 도움을 준다. 구체적인 활동 방법은 다음과 같다.

① 2~3명이 한 팀이 되도록 나눈다.
② 각 팀마다 슬픔, 기쁨, 괴로움 등의 '감정'을 하나씩 정하도록 지시한다.
③ 팀마다 감정을 하나씩 정한 다음, 그 감정을 팀원이 어떻게 표현할지 다 함께

토의한다. 감정 표현을 연습할 시간을 충분히 준다.

④ 준비가 끝났으면 한 팀이 나와서 자신의 팀이 정한 '감정'을 정지 동작으로 표현하고, 다른 팀이 그 감정을 맞추도록 한다.

⑤ 이번엔 하나의 감정이 아닌 5개의 연결된 감정을 생각해 보도록 지시한다. 말없이 처음 정지 동작을 해 보인 다음, 두 번째 동작을 만든다. 세 번째, 네 번째, 마지막 다섯 번째 동작까지 만들고 다른 팀이 맞추도록 한다.

그림 12-1 무용 동작 활동

(4) 장난감 왕국 활동

장난감 왕국 활동은 상담자가 단순히 "기쁜 감정을 몸으로 표현해 보세요!"라고 말을 한다면 많은 집단 구성원이 쭈뼛쭈뼛 부끄러워하고, 소극적이었을 동작 표현에 '스토리'를 넣어 차츰차츰 감정을 표현하는 동작이 자연스럽게 진행되도록 하는 활동이다. 이야기의 내용에 따라 즉흥적으로 동작을 취하는 활동을 통해 상상의 세계를 자유롭게 탐색할 수 있도록 돕고, 창의적으로 내면의 감정과 생각 등을 자신의 방식대로 표현할 수 있도록 돕는다. 구체적인 활동 방법은 다음과 같다.

① 상담자가 이야기를 들려주면 집단 구성원은 이야기 내용을 동작으로 표현하도록 한다.

② "옛날 옛날, 장난감 왕국에 거대한 장난감 로봇 속에 사는 한 남자가 있었습니다. 그 남자는 매일 아침 로봇 문을 열고 천천히 기어 나왔습니다."

③ 집단 구성원은 손을 앞으로 쭉 뻗어 몸집을 크게 부풀린 다음 '거대한 장난감 로봇'을 표현하는 동작을 할 수도 있고, 로봇 문을 열고 기어 나가는 동작을 통해 남자를 표현할 수도 있다.

④ "그 남자는 마치 자신이 벌레가 된 것처럼 몸을 움츠렸다 쭉 폈다를 여러 번 반복했습니다."

⑤ 상담자는 집단 구성원에게 자신의 몸을 벌레처럼 오므렸다 폈다를 반복할 수

있도록 지시한다.

⑥ "장난감 왕국에는 거대한 장난감 쓰레기 더미가 있었어요."

⑦ 집단 구성원은 마치 근처에 쓰레기 더미가 있는 것처럼 각자 표현한다.

⑧ "그 남자는 그 거대한 장난감 쓰레기 더미를 없애 버리고 싶었습니다."

⑨ 상담자는 집단 구성원이 쓰레기 더미를 치우는 일을 돕는 동작을 하게 한다.

⑩ "장난감 왕국이 깨끗해지자 그 남자는 너무 행복해서 큰 파티를 열기로 하고는 깃발을 들고 춤을 추었습니다."

⑪ 상담자는 집단 구성원에게 종이로 만든 깃발을 나누어 준 다음, 쓰레기 왕국의 남자처럼 신나게 깃발을 흔들면서 춤을 추도록 지시한다. 음악을 틀면 가지고 있던 종이 깃발을 높이 던졌다가 잡아서 바닥에 놓기도 하고, 집단 구성원끼리 깃발을 던져서 주고받는 등 다양한 형태를 만들어 보게 한다.

이야기는 집단 주제에 맞게 다양하게 만들 수 있다. 장난감 왕국의 남자 주인공에게 사랑하는 여자가 생기는 이야기도 만들 수 있고, 무서운 대마왕이 나타날 수도 있고, 갑자기 태풍이 불어 마을을 휩쓸고 간 내용 등 창의적으로 진행할 수 있다.

(5) 에포트-공간 요소 경험 활동

에포트 요소 중 공간 요소에 대한 경험을 해 보는 활동으로, 동작에 있어서 공간 요소의 차이를 실제 느낄 수 있고, 동작을 함에 있어 개인만의 편안한 공간 정도를 찾을 수 있다.

① 직접적인 공간(direct space) 경험하기

–타악기 리듬에 맞춰 한 곳을 지정하여 가 보기

–타악기 리듬에 맞춰 한 명을 지정하여 그 집단 구성원을 따라다니기

② 간접적인 공간(indirect space) 경험하기

–공간을 둘러보며 공간 안에 있는 색깔 혹은 물건 찾기

–서로 부딪히지 않으면서 리듬에 맞추어 다양한 공간으로 자유롭게 돌아다니기

③ 나의 균형 찾기

–내가 편안한 정도의 공간의 정도를 시선으로 표현하기

④ 벽에 등을 기대고 호흡하면서 나의 신체 감각을 인식하고 이완하기
⑤ 공간 움직임 경험의 느낌을 동작으로 표현하기

그림 12-2 에그 셰이커

(6) 에포트-무게 요소 경험 활동

에포트 요소 중 무게(Weight) 요소에 대한 경험을 해 보는 활동으로, 동작에 있어서 무게 요소의 차이를 실제 느낄 수 있고, 동작을 함에 있어 개인만의 편안한 무게 정도를 찾을 수 있다.

① 가벼운 무게(light weight) 경험하기
  -에그 셰이커를 움직이면서 도구의 특성 이해하기
  -에그 셰이커를 소리 나지 않게 옆 사람에게 전달하기
  -눈을 가린 상태에서 친구가 있는 공간의 에그 셰이커 가져와 옮기기
② 강한 무게(strong weight) 경험하기
  -원대형으로 서서 옆 사람보다 크게 자신의 이름 말하기
  -손뼉치기, 발 구르기 등 소리를 낼 수 있는 신체 동작들을 구상하고, 옆 사람보다 더 강하게 동작과 목소리로 표현하기
③ 나의 균형 찾기
  -내가 편안한 정도의 힘으로 손바닥 밀기 표현하기
④ 등을 벽에 기대고 호흡하면서 나의 신체 감각을 인식하고 이완하기
⑤ 무게 움직임 경험의 느낌을 동작으로 표현하기

(7) 에포트-시간 요소 경험 활동

에포트 요소 중 시간 요소에 대한 경험을 해 보는 활동으로, 동작에 있어서 시간 요소의 차이를 실제 느낄 수 있고, 동작을 함에 있어 개인만의 편안한 시간 정도를 찾을 수 있다.

① 즉각적인 시간(quick time) 경험하기

–음악의 속도에 맞추어 점점 더 빠르게 움직이기

–공간을 이동하는 다양한 움직임을 제안하고, 음악의 속도에 맞추어 움직임 해 보기

② 지속적인 시간(sustained time) 경험하기

–음악의 속도에 맞추어 점점 더 느리게 움직이기

–공간을 이동하는 다양한 움직임을 표현하고, 음악의 속도에 맞추어 움직임 해 보기

③ 나의 균형 찾기

–내가 편안한 정도의 속도로 공간 다니기

④ 등을 벽에 기대고 호흡하면서 나의 신체 감각을 인식하고 이완하기

⑤ 시간 움직임 경험의 느낌을 동작으로 표현하기

(8) 에포트–흐름 요소 경험 활동

에포트 요소 중 흐름(Flow) 요소에 대한 경험을 해 보는 활동으로, 동작에 있어서 흐름 요소의 차이를 실제 느낄 수 있고, 동작을 함에 있어 개인만의 편안한 흐름 정도를 찾을 수 있다.

① 통제되는 흐름(bound flow) 경험하기

–마스킹 테이프 또는 끈으로 공간의 위아래, 양옆을 3차원적으로 연결하여 붙이기(영화 〈미션 임파서블〉에서 레이저를 피하는 장면처럼)

–테이프가 몸에 닿지 않게 움직이면서 공간 통과하기(테이프 장애물 피해 움직이기)

② 자유로운 흐름(free flow) 경험하기

–빠르고 신나는 음악을 들으면서 공간 안에 있는 테이프들을 신체 전체를 이용하여 자유롭게 움직이면서 몸에 붙이기(몸으로 테이프 장애물 없애기)

③ 나의 균형 찾기

–내가 편안한 정도의 흐름으로 공간 다니기

④ 등을 벽에 기대고 호흡하면서 나의 신체 감각을 인식하고 이완하기

⑤ 흐름 움직임 경험의 느낌을 동작으로 표현하기

그림 12-3 슈퍼맨

(9) 만화 주인공 놀이

만화 주인공의 특징을 동작으로 표현하는 활동인 만화 주인공 놀이는 평소에 잘 쓰지 않는 신체를 활용하기도 하고, 동작으로 타인과 의사소통하는 경험을 할 수 있다. 이를 통해 동작이 주는 느낌을 배울 수 있는데, 예를 들면 야수를 표현하기 위해 몸집을 크게 나타내고 목소리를 크게 내는 등의 동작 표현은 몸집이 크고, 목소리를 크게 내는 것이 무서움을 줄 수 있음을 배우게 된다. 구체적인 활동 방법은 다음과 같다.

① 상담자는 두 사람씩 짝을 만들도록 한 다음, 만화 주인공 사진이나 그림을 몇 장 보여 준다.
② 잠시 동안 만화 주인공에 대해 이야기를 나눈 후 만화 주인공 한 쌍을 정하도록 한다.
  - 예를 들어, 〈미녀와 야수〉 〈콩쥐와 팥쥐〉 〈알라딘과 지니〉 〈엘사와 안나〉 등
③ 상담자는 각 조에 약 10분 정도의 시간을 주고, 자신들이 정한 만화 주인공을 동작이나 춤으로 어떻게 표현할지 생각해 보도록 한다.
  - 예를 들어, 〈미녀와 야수〉에서 미녀 역할을 맡을 사람을 아름다운 발레 동작으로 표현할 수 있고, 야수 역할을 맡은 사람은 괴물처럼 폭력적이고 큰 동작을 취해 보일 수 있다.
④ 한 팀씩 앞으로 나와서 자신들이 정한 만화 주인공의 이름을 소개한다.
  - 이때 만화 주인공의 이름은 실제 이름이 아닌 팀에서 정한 별명으로 소개한다.
⑤ 이름을 소개한 후, 만화 주인공 한 쌍을 몸동작으로 표현해 보인다.
⑥ 앞에서 만화 주인공을 소개할 때, 지켜보는 팀들은 앞에 나온 팀이 표현하는 동작을 따라 하면서 만화 주인공을 맞혀 본다.

(10) 감정 마을 활동

감정 마을 활동은 여러 가지 감정을 동작으로 표현하는 활동을 통해 내면의 정서

를 외부로 표출할 수 있는 기회를 제공하고, 감정의 특성에 맞게 동작을 꾸미는 활동을 통해 집단 구성원의 창의력과 자기표현력 향상에 도움을 준다. 부정적인 감정을 놀이 안에서 표현할 수 있는 기회를 줌으로써 부정적인 감정을 억제하거나 숨기지 않고 안전한 환경에서 마음껏 표출할 수 있도록 돕는다. 구체적인 활동 방법은 다음과 같다.

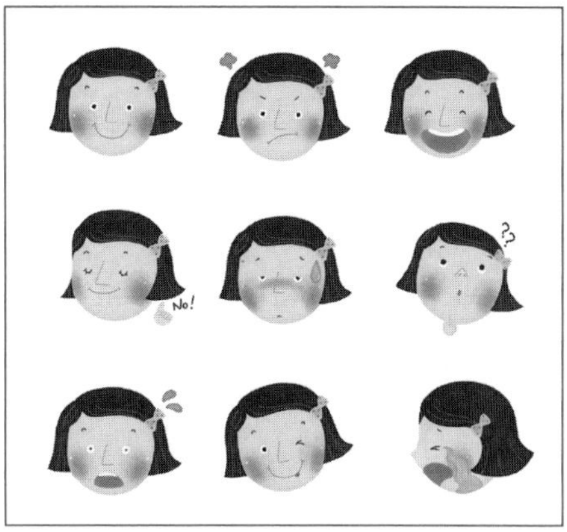

그림 12-4 다양한 감정

① 상담자는 상담실을 4부분으로 나눈 다음, 각 지역의 특징을 설명한다.
 -1구역: 행복 마을, 2구역: 우울한 마을, 3구역: 고통스러운 마을, 4구역: 화가 난 마을
 -1구역: 쑥스러운 마을, 2구역: 부정적인 마을, 3구역: 말을 하지 않는 마을, 4구역: 무기력한 마을
② 집단 구성원에게 원하는 악기를 하나씩 고르도록 한다.
 -캐스터네츠, 트라이앵글, 양동이, 빨래판, 막대기 2개 등 다양한 도구를 활용할 수 있다.
③ 한 사람씩 자신이 고른 악기를 연주하면서 4구역 모두를 거치며 탐색한 후 자신이 살고 싶은 구역으로 가게 한다.
④ 모든 집단 구성원이 자신이 살 곳으로 갔다면, 자신의 마을에 어울리는 춤을 만들게 지시한다. 상담자는 각 마을별 특징을 살려서 춤을 만들도록 격려한다(예: 행복 마을은 밝게 웃으며 깡충깡충 뛰는 춤).
⑤ 상담자는 각 마을별로 춤을 만들 시간을 충분히 준 다음, 다른 마을 사람들 앞에서 자신들이 만든 독특한 춤을 공연하도록 기회를 준다.
⑥ 공연을 본 소감을 나눈다.

(11) 색깔 호흡 활동(심상치료)

이 활동은 호흡을 통해 몸과 마음을 연결하고, 호흡에 주의를 기울여 지금-여기

의 나를 알아차리도록 한다. 이 활동을 통해 나의 신체에 집중하면서 지금 이 순간 일어나는 일을 비판단적으로 있는 그대로 보게 한다. 구체적인 활동 방법은 다음과 같다.

① 눈을 감고 자신이 가장 좋아하는 색깔과 싫어하는 색깔을 마음으로 상상한다.
② 숨을 들이마실 때 자신이 가장 좋아하는 색깔을 마음으로 상상한다.
③ 숨을 내쉴 때에는 스트레스와 같은 불편한 색깔, 싫어하는 색깔을 마음으로 상상한다.
④ 숨을 들이마실 때와 내쉴 때의 색깔이 좋아하는 색깔로 일치할 때까지 호흡을 반복한다.

"지금부터 색깔 호흡 활동을 해 볼게요. 여러분이 언제라도 마음 보기를 할 수 있는 방법입니다. 호흡은 우리의 몸과 마음을 연결하도록 도와줍니다.
내가 좋아하는 색깔이 있는 공간을 생각하며 눈을 감습니다.
내가 좋아하는 색깔의 공간에서 숨을 들이쉽니다.
이번에는 스트레스 받을 때 느껴지는 색깔, 싫어하는 색깔의 공간에서 숨을 내쉽니다.
그럼 자세를 잡아 보겠습니다. 앉은 자세에서 허리를 세우고, 가슴을 펴고, 어깨와 목의 긴장을 풀고 지금-여기 마음 보는 곳으로 돌아옵니다. 그리고 숨을 크게 들이마시고 천천히 내쉽니다. 다시 한번 숨을 크게 들이마시고 내쉽니다. 지금-여기에 내가 앉아 있구나 하는 것을 온 몸으로 느껴 봅니다. 여기 앉아서 숨을 쉬고 있다는 것을 천천히 느껴 봅니다. 주변에서 들려오는 소리, 내 몸에서 느껴지는 감각, 이 모든 것이 어떤 것이든 있는 그대로 느껴 봅니다. 귀에 거슬리는 소리가 들려오더라도 '소리가 나는구나.' 하고 느끼며 다시 나의 호흡으로 돌아옵니다.
다시 여러분이 떠올렸던 좋아하는 색깔의 공간에서 숨을 들이쉽니다.
내가 싫어하는 색깔의 공간에서 숨을 쉬고 있는 자신이 어떤 느낌인지를 알아차려 봅니다. 내 호흡이 얕은지, 깊은지 그저 있는 그대로 느껴 봅니다.
좋아하는 색깔이 있는 공간에서 5초 동안 숨을 마시고, 하나, 둘, 셋, 넷, 다섯!
싫어하는 색깔이 있는 공간에서 5초 동안 숨을 내쉬고, 하나, 둘, 셋, 넷, 다섯!
다시 5초 동안 숨을 마시고, 하나, 둘, 셋, 넷, 다섯!
다시 5초 동안 숨을 내쉬고, 하나, 둘, 셋, 넷, 다섯!

이제 차츰 숨을 들이마실 때의 공간과 숨을 내쉴 때의 공간의 색이 비슷해집니다.
다시 한번 5초 동안 숨을 마시고, 하나, 둘, 셋, 넷, 다섯!
5초 동안 숨을 내쉽니다. 하나, 둘, 셋, 넷 다섯!
아주 천천히 눈을 뜨세요."

(12) 안전지대 만들기 활동(심상치료)

이 활동은 내담자가 자신이 바라는 편안하고 안전한 장소를 떠올린 후 안전한 장소에 머무르는 활동이다. 상담에서 심상을 다룰 때 안전지대 만들기 활동은 내담자에게 안전 기지를 만들어 주는 주요 활동이다. 구체적인 활동 방법은 다음과 같다.

① 눈을 감고 안전한 장소를 떠올려 본다. 안전한 장소에 머물면서 호흡 명상을 한다.
② 8절지에 나의 안전한 공간을 그림으로 그려 표현하거나 잡지 속에서 이미지를 찾아 붙인다.
③ 나의 시각화된 안전한 장소를 집단 구성원에게 소개하고, 안전한 공간을 마음에 그려 보았을 때 어떤 느낌 혹은 어떤 생각이 떠오르는지 말해 본다.

"눈을 감고 마음의 그림을 그리며 마음속에서 어떤 공간을 만들어 냅니다.
이 공간은 여러분에게 안전함과 고요함을 줍니다.
이 공간은 마음이 혼란스러울 때, 부정적인 느낌에 불편할 때 안전한 느낌을 줍니다.
여러분의 안전한 장소를 떠올려 보겠습니다.
이 공간에 머물면 여러분은 편안하고 즐거운 마음이 듭니다.
안전한 공간을 마음으로 그리면서 그 공간에서 몸의 변화를 느껴 보세요.
안전한 공간에 있을 때 즐거움과 행복감이 느껴진다면 있는 그대로 느껴 봅시다.
실제의 장소인 것처럼 여기저기 주위를 둘러보고, 어떤 색채나 풍경이 펼쳐져 있는지 살펴봅시다. 그곳에서 들려오는 소리도 들어 봅시다.
이제 안전한 공간에서 5초 동안 숨을 들이마시고, 5초 동안 숨을 내쉬겠습니다.
5초 동안 숨을 마시고, 하나, 둘, 셋, 넷, 다섯!
5초 동안 숨을 내쉬고, 하나, 둘, 셋, 넷, 다섯!

다시 5초 동안 숨을 마시고, 하나, 둘, 셋, 넷, 다섯!
다시 5초 동안 숨을 내쉬고, 하나, 둘, 셋, 넷, 다섯!
이제 서서히 눈을 뜹니다.
마음속에서 상상했던 나의 안전한 공간을 그려 볼까요? 잡지에서 안전한 공간을 표현하는 이미지를 찾아 오려 붙여도 되고, 직접 그림을 그려도 됩니다."

(13) 호흡 명상 활동

명상은 현재 경험하는 순간과 곳곳에 존재하는 자기 자신에 대한 자각을 높임으로써 보다 통합적인 자기인식을 일으킨다.

"가장 편안한 자세로 앉아 숨을 코로 자연스럽고 부드럽게 여러 번 쉬어 보세요.
호흡에 대해 깨어 있는 마음이 어느 정도 모아지면 집중하는 부위를 배꼽 주위 아랫배에서 몸 전체에 대한 감각으로 확장시켜 나갑니다.
몸 전체를 하나로 묶어 숨을 들이쉬고 내쉬면서 마치 몸 전체에서 느껴지는 호흡에 대한 감각을 알아차리고, 보다 부분적으로 엉덩이, 다리, 발이 바닥에 닿아 있는 감각, 허리와 배의 감각, 등과 가슴, 어깨, 팔, 손, 얼굴, 머리 등의 감각을 있는 그대로 알아차리면서 그 감각과 함께 숨을 쉽니다.
마음이 호흡과 몸에 대한 감각에서 벗어난 것을 알아차리면, 이것은 전혀 비정상이나 실패가 아니라 도리어 그것을 알아차린 여러분을 격려해 주고, 다시 주의를 돌려 부드럽고 친절하게 내가 호흡하고 있는 몸 전체의 감각을 느껴 보세요.
어느 정도 집중이 되면서 마음이 고요해지고 몸이 이완되는 단계가 되면, 생각, 감정, 감각이 일어났다가 지나가는 과정을 그저 지켜보세요. 생각, 감정, 감각에 끌려가는 상태가 되면 다시 호흡과 몸에 대한 집중으로 되돌아오면 됩니다. (10분 경과)
자, 이제 손끝과 발끝을 꼼지락 꼼지락 움직이면서 서서히 몸을 깨웁니다. 그다음 눈을 천천히 뜹니다. 지금 느낀 편안함과 너그러운 마음을 가지고 다시 본인의 일상으로 돌아갑니다."

(14) 자비 명상 활동

자비 명상 활동은 '모든 존재가 안락하고 행복하고 평화롭기를' 바라는 마음으로 그와 같은 문구를 대상을 달리하여 반복하는 활동이다. 자기 자신부터 점차 주변 사람, 자신이 싫어하는 사람 등으로 대상을 확대해 나간다. 자비 명상은 개인의 내적인 정서 건강뿐만 아니라 자기-타인과의 관계에서도 긍정적인 정서를 경험하게 하고, 궁극적으로는 삶의 만족에까지 영향을 미치게 된다.

"편안한 자세로 앉은 다음 양손은 자연스럽게 무릎 위나 배꼽 위에 올립니다. 자, 이제 천천히 숨을 들이쉬고 내쉽니다. 몇 번 호흡을 한 뒤 호흡 속에서 고요한 곳을 찾은 다음 누군가에게 배려받거나 사랑받는다고 느꼈던 순간을 떠올려 봅니다. 부모님, 선생님, 그리고 친구들, 형제자매도 좋습니다. 그 순간이 친절한 말 한마디나 등을 토닥거리는 것처럼 아주 단순한 것일 수도 있습니다. 그 순간을 생각하면서 나에게 '내가 평안하기를'이라고 속삭여 보겠습니다. 마음속으로 깊은 호흡과 함께 들숨에 '내가', 날숨에 '평안하기를'이라고 3번 반복합니다.

여러분이 그들에게서 받은 배려와 사랑에 대한 감사함을 마음속으로 표현해 봅니다. 이제는 그 사랑을 그들에게 되돌려 줄 차례입니다. 그 사람에게 '당신이 행복하기를'이라고 속삭이며 친절한 소망을 보냅니다. 자, 여러분, 마음속으로 저의 이 말을 따라 해 보세요. 깊은 호흡과 함께 들숨에 '당신이' 날숨에 '행복하기를'이라고 3번 반복합니다.

마지막으로 전 세계를 향한 나의 작은 소망을 담아 들숨에 '세상이', 날숨에 '평화롭기를'이라고 3번 반복합니다."

(15) 점진적 근육 이완 훈련

근육 이완 훈련은 근육을 긴장시키고 이완시킴으로써 점차 내 몸의 근육을 이완시키는 법을 배우는 것이다. 상담자는 인간의 근육이 긴장과 이완의 두 가지 방법으로 존재하기 때문에 점진적 근육 이완 훈련이 개발되었다는 것을 알려 준다. 이 훈련은 매 회기당 20~30분을 초과하지 않는 것이 좋고, 상담 상황에 따라 신체의 한 부위 또는 몇 개의 부위만을 한 회기에 훈련하는 것도 괜찮다.

지시문: “이 훈련은 10분 정도 소요됩니다. 편안한 장소에 앉아서 또는 누워서 진행합니다. 운전 중과 같이 무언가를 하면서 병행해서는 안 됩니다. 또한 근육 부상이 있는 경우에도 하시면 안 됩니다. 개인의 건강 상태에 따라 적절히 조절하여 진행하시면 됩니다. 원리는 몸의 근육을 일부러 긴장시키면서 긴장의 느낌을 기억하고, 이때 잠시 숨을 멈춘 후 힘을 빼고 천천히 숨을 내쉬면서 ‘편안하다’라고 마음속으로 생각합니다. 이때의 느낌을 긴장했을 때의 느낌과 비교해 가면서 음미합니다. 다시 깊이 숨을 들이쉰 후 천천히 숨을 내쉬면서 ‘편안하다’라고 생각합니다. 지금부터 시작해 보겠습니다.
눈을 감고 숨을 깊이 들이마셔서 배를 부풀어 오르도록 하고, 그다음 숨을 깊이 내쉬세요. 다시 숨을 깊이 들이마시고 깨끗한 공기가 당신의 폐로 들어오는 것을 상상하세요. 그러고는 다시 숨을 깊이 내쉬세요. 다시 숨을 깊이 들이마시고 내쉬면서 ‘편안하다’라고 생각하세요. 호흡을 부드럽게 하되, 당신이 편안하다고 느끼는 속도로 들이쉬고 내쉬세요. 숨을 천천히 내쉬면서 속으로 ‘편안하다’라고 생각하세요. 이와 같이 호흡을 할 때 근육의 긴장이 사라지는 상상을 하십시오.”

팔	“먼저 팔 근육부터 해 봅시다. 주먹을 꽉 쥐고, 팔꿈치를 구부리고, 손목을 구부려서 알통을 만드는 식으로 팔 근육을 긴장시켜 봅니다. 손과 팔의 근육에 긴장을 유지하고, 긴장으로 인해 당기고 불편한 느낌을 느껴 보세요. 배를 부풀리면서 숨을 깊이 들이쉬는 동안에 근육의 긴장을 계속 유지하세요. 천천히 숨을 내쉬면서 손과 팔의 근육의 긴장을 풉니다. 손과 손가락의 근육이 충분히 이완되도록 하세요. 팔이 축 늘어지도록 해 보세요. 팔과 손의 긴장이 빠져나가면서 천천히 근육의 힘이 풀리면서 긴장이 풀리는 느낌을 느껴 보세요. 팔이 점차 가벼워지고 따뜻해지는 것을 느낄 것입니다. 숨을 천천히 들이쉬고 내쉬세요. 숨을 천천히 내쉴 때 ‘편안하다’라고 생각하세요.”
얼굴	“이제 얼굴을 해 봅시다. 이마를 긴장시키고, 눈과 코 주위의 근육을 긴장시키기 위해 얼굴에 주름을 잡아 보세요. 눈은 세게 감고 턱 근육을 긴장시키세요. 이마와 얼굴이 주름지고 긴장되는 것을 느껴 보십시오. 눈과 뺨 주변, 그리고 턱에 근육이 긴장되었음을 느껴 보세요. 이마와 얼굴에 긴장을 유지한 채로 배가 올라오도록 숨을 깊이 들이마시고 천천히 내쉬면서 얼굴 근육의 긴장을 풀어 보세요. 이마의 근육이 힘이 빠지면서 부드럽고 처지는 것을 느껴 보세요. 뺨, 눈의 근육이 부드럽게 이완되는 것을 느껴 보세요. 턱에 힘이 빠져 이완되는 것을 느껴 보세요. 입술이 살짝 벌어지고 턱이 서서히 내려가는 것을 느껴 보세요. 근육의 긴장이 풀리는 동안에 긴장이 서서히 빠져나가는 것을 느껴 보세요. 근육이 서서히 이완되고 힘이 풀리는 동안에 얼굴과 이마에 가벼운 느낌과 따뜻해지는 느낌을 알아차려 보세요. 천천히 그리고 부드럽게 숨을 들이마시고 내쉬면서 ‘편안하다’라고 생각하세요.”

어깨	"다음에는 어깨를 긴장시켜 봅니다. 어깨를 위로 올려 귀까지 닿도록 해 봅니다. 그러면서 어깨의 근육을 긴장시킵니다. 어깨의 근육을 긴장시키면서 긴장이 등과 목까지 퍼져 나가는 것을 느껴 보세요. 근육을 긴장한 상태로 멈추세요. 그리고 숨을 깊이 마셨다가 천천히 내쉬면서 어깨 근육의 긴장을 풀어 보세요. 어깨를 축 떨어뜨리는 느낌으로 근육의 긴장을 풀고, 목의 긴장을 풀고 매우 편안한 이완된 느낌을 알아차려 봅니다. 근육이 긴장된 상태와 이완된 상태의 차이를 느껴 보세요."
머리	"마치 머리를 받치는 것이 아무것도 없는 느낌으로 머리의 긴장을 풉니다. 목과 어깨에 있는 긴장이 풀리면서 근육이 이완되는 느낌을 알아차려 보세요. 숨을 깊이 그리고 서서히 쉽니다."
배	"다음은 배의 근육을 긴장시킵니다. 뱃가죽을 등쪽으로 당긴다는 느낌으로 힘을 주어 긴장시켜 봅니다. 배를 긴장시킨 상태로 멈추세요. 긴장의 느낌을 알아차려 보세요. 숨을 깊이 들이쉬는 동안에 근육의 긴장을 유지하고, 근육의 긴장을 풀면서 숨을 천천히 내쉬세요. 배의 긴장이 서서히 이완되는 것을 상상해 보세요. 배와 위의 근육이 서서히 이완되고, 부드럽게 된다고 상상해 보세요. 배를 긴장시킬 때의 느낌과 배에서 긴장이 풀리면서 근육이 이완되는 느낌의 차이를 알아차립니다. 남아 있는 긴장도 모두 사라지도록 숨을 부드럽게 들이쉬고 내쉬면서 배의 근육을 이완시킵니다. 점차로 더 조용하고, 근육이 더 이완되는 것을 느낍니다."
허벅지	"이제는 허벅지의 근육을 긴장시켜 봅니다. 허벅지 근육에 힘을 주어 근육을 최대한 긴장시킵니다. 다리 근육을 긴장시키기 위해서 발목을 다리 쪽으로 굽힙니다. 근육이 긴장되면서 당기고 불편한 느낌을 알아차려 보세요. 근육이 긴장되는 자세를 유지하면서 느낌에 집중합니다. 그러고는 숨을 깊이 쉽니다. 허벅지와 엉덩이 근육의 긴장을 서서히 풀면서 숨을 천천히 내쉽니다. 근육이 완전히 이완되어 근육의 긴장이 완전히 빠져나가 없어지도록 합니다. 엉덩이와 다리 근육을 긴장시켰을 때와 이완시킬 때의 느낌이 어떻게 다른지 알아차려 보세요. 그 차이를 느끼면서 점점 더 근육의 긴장을 풀어 갑니다. 숨을 부드럽게 천천히 들이쉬고 내쉬면서 근육의 긴장을 최대한 풉니다."
종아리	"이제 종아리와 발의 근육을 긴장시킵니다. 발가락을 몸쪽으로 구부립니다. 쥐가 나지 않도록 주의하면서 근육을 긴장시킵니다. 종아리, 발, 발가락에 근육을 긴장시키기를 계속하십시오. 근육의 긴장을 지속하면서 수 초간 숨을 깊이 들이쉬세요. 그리고 숨을 천천히 내쉬면서 근육의 긴장을 푸세요. 근육의 긴장을 풀면서 종아리와 발의 감각이 어떻게 변화하는지 느껴 보세요. 더 부드럽고, 따뜻하고, 가벼워지는 것을 느낄 수 있을 것입니다. 긴장했을 때와 이완했을 때의 감각이 어떻게 다른지 알아차려 보세요. 숨을 쉴 때마다 종아리에서 긴장이 빠져나가도록 하세요. 근육을 충분히 이완시키세요. 계속 숨을 천천히 쉬세요. 그러면서 숨을 내쉴 때마다 '편안하다'라고 생각하세요. 남아 있는 긴장이 사라지도록 숨을 천천히 내쉬고 들이쉬기를 반복하세요. 다리 근육의 긴장을 풀어 이완시키세요."

마무리	"이제 온몸의 긴장이 이완되고 편안할 것입니다. 따뜻하고 안정된 느낌이 몸 전체에 퍼질 것입니다. 숨을 부드럽고 천천히 규칙적으로 자연스럽게 쉬기를 계속하세요. 그러면서 숨을 내쉴 때마다 '편안하다'라고 생각하세요. 숨을 쉴 때마다 근육의 긴장이 풀어지는 이완의 물결이 온몸의 근육으로 천천히 퍼져 나가는 것을 상상해 보세요. 머리에서 시작해서 발끝까지 온몸의 세포와 근육의 긴장이 풀리고 편안해지도록 합니다. 완전히 긴장을 풀 수 있도록 하고, 숨을 천천히 부드럽게 쉬기를 계속합니다. 그리고 이 느낌을 잘 기억해서 나중에 긴장 이완 상태를 다시 만들 수 있도록 합니다. 이제 다섯부터 거꾸로 수를 세겠습니다. 수를 세는 동안에 당신은 점점 더 정신이 맑고 또렷해질 것입니다. 3을 세면 눈을 뜨고, 1을 세면 정신이 맑아지면서 상쾌한 느낌이 들 것입니다. 오늘 하루를 편안하고 활력 있게 지낼 준비가 됩니다. 다섯, 넷, 더 정신이 또렷해집니다. 셋, 눈을 뜨세요. 둘, 정신이 더 맑아집니다. 하나, 이제 상쾌하고 정신이 맑아졌음을 느낍니다. 긴장이 이완되어 하루를 편안하고 활기 있게 지낼 준비가 됩니다."

7. 무용 · 동작치료의 사례

본 사례는 레비, 프라이드, 레벤탈의 사례 중 일부 내용인 양부모와의 관계 형성을 힘들어하는 입양 아동의 사례(Levy, Fried, & Leventhal, 1995)와 차이클린과 웬그로웨의 사례연구 중 일부 내용인 병원에서 받는 극심한 고통의 치료로 몸과 마음이 힘든 아동의 사례(Chaiklin & Wengrower, 2015)이다. 각 사례는 여러 회기를 합쳐서 새롭게 구성한 내용이다.

1) 민정이의 사례(Levy, Fried, & Leventhal, 1995)

- 인적사항: 민정(만 3세, 여)
- 의뢰사유: 민정이는 친부모의 학대와 유기로 입양 기관에 들어갔다가 만 3세 6개월 경 새로운 가정으로 입양됨. 민정이의 양부모는 양육에 어려움을 호소하며 상담을 의뢰함.
- 호소문제: 민정이 양부모는 민정이가 쉬지 않고 말을 하고 움직이며 양부모의 언어적 지시에 전혀 따르지 않는다고 함. 민정이가 밤에 두세 번 정도 깨어나

몇 시간 동안 잠을 다시 자지 않는 일도 많다고 함. 또한 민정이가 양부모나 다른 아이들 앞에서 자위행위를 하였고, 양부모가 민정이를 잡아서 안을 때까지 멈추지 않는다고 함. 민정이는 종종 어떤 이름 모를 어른이 자신의 성기를 만졌다는 이야기를 한다고 함. 민정이는 현실에서의 친구가 아닌 상상 속의 몇몇 친구들 이야기를 자주 하였고, 양부모와 원활한 관계 형성이 이루어지지 않아 양부모는 민정이와 놀이를 하려고 시도하나 민정이는 늘 양부모를 외면하고 혼자서 노는 모습을 보임. 상담실에서도 민정이는 양부모와 눈 마주침이 적고, 양부모와 가까이 있지 않았음.

• 치료내용: 상담자는 치료 초기에 양부모와 민정이의 관계 형성을 위한 '민정이 나라와 엄마 나라'라는 무용 · 동작 활동을 준비하였다. 민정이와 어머니가 앉거나 서고 또는 움직이며 서로의 나라를 만드는 것으로 시작된다. 각 나라들은 가로 5인치와 세로 2인치의 베개 두 개로 만들어졌고 서로 3미터 정도 떨어져 있었다. 이러한 분리는 민정이가 어머니로부터 반응하는 것을 가능하게 해주는 거리였다. 민정이와 어머니는 서로의 나라를 존중하였고, 서로 간의 움직임, 몸짓 그리고 신체 자세를 따라 하였다. 그들의 미러링(mirroring) 활동은 점차 확장되어 갔다. 민정이와 어머니는 얼굴 표정과 신체 자세를 이용하여 슬픔, 행복, 두려움 등의 감정을 즐겁게 표현하였다. 몇 분 동안 어떠한 지시나 제한 없이 서로 자유로운 동작을 선보였다. 민정이가 어머니와의 사이에 어느 정도의 공간을 확보하고 있을 때 더욱 다양하고 활발한 움직임을 보였다. 어머니의 움직임에 대한 반응도 점차 커졌다. 민정이의 양어머니는 첫 회기 후 서로 이렇게 즐겁게 놀이를 한 것은 처음이라고 이야기하였다.

몇 주 동안 '민정이 나라와 엄마 나라'는 반복하여 진행되었고, 민정이와 어머니는 놀이적인 방법으로 서로의 진실한 감정을 공유하기 시작했다. 때때로 민정이는 엄마 나라로 가서 엄마를 안으며 인사하고 서서히 엄마와 깊은 상호작용을 시작했다. 이 활동을 통해 민정이는 성인과 처음으로 긍정적인 관계를 경험한 시작점이 되었다. 민정이는 이제 더는 자신의 감정을 통제하기 위해 도망치지 않았다.

민정이는 자신의 긍정적인 감정을 계속해서 공유하면서 엄마의 나라로 갔다가 다시 자신의 나라로 돌아가는 것을 스스로 선택하였고 소도구를 스스로 선택하여 다양한 감정을 표현하기 시작했다. 민정이의 왔다 갔다 하는 움직임은 좀 더 발전되어 점프하거나 뛰거나 기어가기 등 다양한 움직임으로 나타났다. 몇 주 후 민정이는 잠깐이지만 양어머니의 무릎에 앉았다. 이때 민정이의 양어머니는 긍정적인 안아 주기 행동으로 자연스럽게 동작을 전환하였고, 민정이는 순간 즐거움을 느끼는 듯 보였고 다시 자신의 나라로 돌아갔다.

치료 시작 두 달 후 민정이의 양아버지를 상담에 포함시켰고, '민정이 나라와 아빠 나라'를 반복하였다. 민정이는 처음 '민정이 나라와 엄마 나라' 활동을 할 때보다 훨씬 쉽게 두 나라를 왔다 갔다 하며 춤을 추었고, 긍정적인 감정을 동작으로 많이 표현하였다. 민정이는 초기에 확연하게 보였던 두려움으로 가득 찬 방어로부터 더욱 자유롭고 안전해 보이는 변화를 보였다.

2) 상진이의 사례(Chaiklin & Wengrower, 2015)

- 인적사항: 상진(만 24개월, 남)
- 의뢰사유: 상진이는 병원에서 아주 고통스러운 치료를 주기적으로 받아야 했는데, 치료의 시간은 무려 50분 정도이며, 고통스러운 정도는 출산의 고통에 견줄 정도였음. 상진이는 통증 완화를 위해 여러 가지 진통제를 맞았지만 고통이 완전히 사라지지는 않음. 치료를 받을 때마다 상진이는 울고 비명을 지르며 팔다리를 공처럼 구르기도 하고 숨을 참는 방법을 취하기도 했음. 상진이의 이 모든 행동이 치료에 좋지 않았지만 숨을 참는 것은 산소량을 떨어뜨려서 추가적인 치료를 진행하게 만들기 때문에 특히 문제였음. 태어나면서부터 지속적으로 힘든 치료를 받고 있는 상진이를 위해 모는 병원 내 동작치료 센터에 상담을 의뢰함.
- 호소문제: 태어나면서부터 지속적으로 매우 고통스러운 치료를 받아 심리적으로 몹시 우울함.
- 치료내용: 상담자는 상진이와 색색의 얇은 스카프를 가지고 무용 · 동작치료를 시작했다. 팔로 물결치듯 스카프를 위아래로 흔들기도 하고, 발로 차며 자유롭게 스카프를 활용했다. 상담자는 상진이에게 숨을 깊게 들이마시고 스카프를 흔들며 바람의 이미지를 상상하게 했고, 팔을 양옆으로 활짝 펴서 새처럼 파닥거리게 했다. 다음으로는 진한 파란색의 스카프를 활용하여 파도를 연상시켰

다. 상담자는 상진이에게 파란 스카프를 발로 차면서 파도를 차는 것으로 상상하게 했고, 때때로 상진이의 발을 손으로 눌러서 상진이가 더 세게 차도록 자극했다. 어떤 때에는 행동을 좀 더 느리게 하고 부드럽게 호흡하면서 바다의 파도 위에 둥둥 떠 있는 것처럼 하도록 하기도 하고, 새처럼 하늘을 자유롭게 날도록 하기도 했다. 이런 활동들이 상진이의 상상력과 정신을 자극했고, 상진이는 치료를 받을 때 떠올릴 수 있는 긍정적인 심리적 · 감각적 이미지를 만들어 가고 있었다.

상담자는 배경 음악으로 오케스트라의 연주가 깔린 파도 음악을 틀었고, 이번에는 상진이의 엄마도 동참했다. 어느 순간 상진이의 동작에 활기가 덜해지더니 갑자기 모든 움직임을 멈추고 무릎을 팔로 안아 공처럼 몸을 동그랗게 만들었다. 상진이는 엄마에게 무릎에 자신을 올리고 안아 달라는 동작을 취했다. 상담자는 엄마에게 상진이를 안아 짧고 단조로우며 규칙적인 박자로 흔들어 주라고 안내했다. 상진이는 끙끙 앓는 소리를 내기 시작했다. 상담자는 상진이의 소리를 미러링하면서 목소리 톤의 길이를 조금 늘리거나 깊은 호흡을 추가하는 등 상진이의 고통스러운 소리에 조금씩 변화를 주었다. 상진이는 어느새 상담자의 톤에 맞추어 울음소리를 내었으며, 엄마도 함께 따라 했다. 상담자와 상진이, 엄마는 음악에 맞추어 함께 몸을 흔들며 청각적 · 신경적 · 촉각적인 자극을 느끼고 일깨웠다. 상진이는 리듬에 맞추어 잠시 진정되다가 다음 순간 더욱 격렬한 고통을 표현했다. 격렬하게 다리를 버둥거리면서 다리 쪽에 통증을 표현할 때, 상담자는 손을 뻗어 상진이의 발을 밀어 주었고 상진이는 금방 반응했다. 상담자와 상진이는 강렬한 밀기 리듬을 만들었고, 상진이는 곧 다시 긴장을 풀고는 엄마가 자신을 안고 흔들기 시작하자 곡조를 띤 신음 소리를 내는 것으로 돌아갔다. 상진이는 눈을 감고는 좀 더 깊이 자리를 잡은 것처럼 보였다. 이것은 상진이의 동작 전체에서 관찰할 수 있었는데, 엄마의 몸에 그대로 달라붙어서 엄마를 꼭 끌어안았다. 모든 감각적인 자극을 흡수하고 엄마의 품에 집중하면서 상진이는 마치 명상 상태인 것처럼 보였다. 거의 잠든 것처럼 보였지만 잠들지 않았다.

그때 간호사가 두 번째 진통제 주사를 놓을 시간이 되어 치료실에 찾아왔다. 엄마는 진통제 주사를 거절하며 상진이가 '고통을 통과하고' 있음을 느낀다고 하였다. 이 순간적인 대화 때문에 엄마가 몸을 흔드는 것을 잠깐 멈추자 상진이는 눈을 뜨고는 동요하며 칭얼거리기 시작했다. 감각적인 자극 중 하나가 멈추자 즉각적인 반응을 보였다는 것은 아이가 각각의 요소에 깊이 몰입해 있다는 것을 말해 준다. 각각의 감각 요소는 아이로 하여금 총체적으로 편안함을 느끼게 해 주었고, 고통에서 벗어난 상태로 있을 수 있게 해 주었으며, 고통을 차단하고 아이의 관심을 돌릴 수 있는 완벽한 감각적 환경을 만들어 준 것이다.
상진이와 엄마는 남은 치료 시간에 다시 앞서와 같은 상호작용을 지속했고, 상담자는 뒤에서 엄마와 상진이를 안아 흔들며 속삭였다. "숨을 깊이 들이마시고 내쉬고 잠이 들어요… 들이마시고 내쉬고… 쉬어요… 너는 엄마 품에서 안전하고 편안하단다……." 모자는 차분하고 편안한 상태로 서서히 잠이 들었다. 상진이의 이번 병원 치료는 이렇게 평화로운 상태로 끝이 났다. 상진이와 엄마는 평화롭고 서로가 결속되어 있음을 느꼈다. 그날 저녁 상진이의 엄마는 상진이가 이전 치료에서보다 병원 치료 후에 훨씬 쉽게 활동적인 모습을 되찾았다고 보고했다. 이 회기를 통해 상진이와 엄마는 고통과의 싸움에서 승리했고, 그 승리를 통해 힘을 얻었고, 성취 경험을 통해 다음번 치료를 이겨 낼 수 있음을 느꼈다. 이번 회기에 활용한 다감각적 활동을 매 상담 회기마다 적용하고 매일 밤 연습하였다.

3) 정표의 사례(Chaiklin & Wengrower, 2015)

- 인적사항: 정표(만 5세, 남)
- 의뢰사유: 정표는 상진이가 받았던 것과 동일한 병원 치료를 받으며 매번 고통스러워 함. 평소에는 아주 사교적이고 남자다운 성격으로, 자신이 이런 고통을 감내하지 못한다는 사실이 정표 스스로에게 상처였고, 자신의 무능력함에 매번 실망함. 이런 괴로운 생각이 절정일 때 정표는 모에 의해 병원 내 동작치료 센터에서 상담을 진행하게 됨.
- 호소문제: 태어나면서부터 지속적으로 매우 고통스러운 치료를 받고 있고, 치료를 받을 때마다 고통 앞에 무능력한 자기모습을 혐오함.
- 치료내용: 상담실에서 정표는 매우 조용했다. 상담자는 작은 금속 구슬이 많이

들어 있는 북인 오션 드럼을 꺼냈다. 드럼을 이리저리 흔들 때마다 구슬이 한 쪽에서 다른 쪽으로 빠르게, 느리게, 중간 속도로 구르며 파도 소리를 만들어 냈다. 어떻게 연주하느냐에 따라 잔잔하게 파도가 흔들리기도 하고, 세차게 몰아치기도 했다. 정표는 드럼을 두드리고 구슬도 흔들었다. 이 부서지는 소리에 정표는 점차 힘을 얻는 것처럼 보였고, 매우 활기차게 놀이를 하기 시작했다. 상담자와 정표는 오션 드럼의 표면을 입으로 불기도 하고, 구슬을 손으로 톡톡 치기도 했다. 마치 최면에 걸린 것처럼 정표는 힘차게, 멈추지 않고, 오래 입으로 바람을 불었다.

그러다 고통이 찾아왔을 때 정표가 엄마의 무릎을 베고 눕자, 엄마는 정표의 등을 문질러 주고, 머리도 쓰다듬어 주면서 튜브에서 나오는 차가운 산소를 머리 위로 빙글빙글 뿌려 주었다. 이러한 다감각적인 동작은 엄마와 청각적 · 신경적 · 촉감적인 자극을 주면서 더 발전하기 시작했다. 상담자는 방 안에 좀 더 많은 소리 층을 더하기 위해 오션 드럼을 정표의 머리 위에서, 얼굴 앞에서 부드럽게 흔들기도 하고, 녹음된 자장가를 들려주기도 했다. 정표의 신음 소리에 맞추어 소리의 템포를 맞추었고, 상담자는 정표의 발을 주무르고 정표가 발을 움직이고 찰 때마다 정표의 발을 밀어 저항력을 더해 주고 적극적인 신체 활동이 이루어지게 자극을 주었다. 몸을 주무르면서 상담자와 정표의 엄마는 함께 호흡하며 정표와 상호작용하였다. 상담자는 진정으로 완전한 감각적 환경을 만들어 주고 있었고, 이와 같은 다감각적 자극은 정표가 고통스러운 통증 감각에 맞서고 주의를 다른 곳으로 돌릴 수 있도록 도왔다.

활동

1. 2명씩 짝을 지어 마주 보고 앉습니다. 먼저 한 사람이 마음속으로 감정 단어 하나를 떠올린 다음 상대방이 보지 못하게 종이에 적습니다. 말은 하지 않고 손가락만 사용하여 감정을 표현하면 상대방이 맞추도록 하고 서로 역할을 바꿔 활동해 봅시다. 2명이 각각의 역할을 다 해 보았다면 소감을 나누어 봅시다.

2. 잔잔한 선율의 노래를 들으며 느껴지는 것들을 그림으로 표현해 봅시다. 다음으로 빠른 템포의 박진감 넘치는 노래를 들으며 느껴지는 것들을 그림으로 표현해 봅시다.

(잔잔한 선율의 노래) 작품명:

(빠른 템포의 노래) 작품명:

3. 앞서 들은 잔잔한 선율의 노래를 배경 음악으로 틀어 놓고 자유롭게 춤을 춰 봅시다. 다음으로 빠른 템포의 박진감 넘치는 노래를 배경 음악으로 틀어 놓고 자유롭게 춤을 춰 봅시다. 각각의 노래를 듣고 그림으로 표현할 때와 무용 · 동작으로 표현할 때의 차이점과 나에게 더 편안했던 템포의 노래는 어떤 것인지 이야기 나누어 봅시다.

추천도서

1. 고경순, 이상명 역(2017). 무용동작 치료 임상노트. 서울: 시그마프레스.
2. 김인숙(2012). 무용 · 동작 심리치료의 이론과 실제. 서울: 이담북스.
3. 류분순, 신금옥, 깅향숙, 박혜주, 이예승 역(2014). 무용동작치료의 예술과 과학. 서울: 시그마프레스.
4. 명지병원 예술치유센터(2019). 그 마음, 예술로 위로할게요. 서울: 힐링앤북.

제3부

문제 유형에 따른 아동상담

제13장 내재화 문제 아동상담의 실제

문제행동의 수준을 나누는 보편적 관점 중 하나는 내재화(internalizing) 문제행동과 외현화(externalizing) 문제행동으로 나누는 것이다(Weitz, Suwanlet, Chaiyasit, Weiss, Walter, & Anderson, 1988). 아켄바흐(Achenbach, 1991)는 아동행동평가척도(Child Behavior Checklist: CBCL)를 통해 아동의 문제행동이 표출되는 방향에 따라 내재화 문제행동(internalizing problem behavior)과 외현화 문제행동(externalizing problem behavior)으로 구분하였다. 그중 내재화 문제는 문제행동의 방향이 자신의 내부로 향하는 것을 의미하며, 감정과 행동을 지나치게 억제하거나 자신을 적절히 표현하지 못하는 정서적인 문제로 나타나며, 불안, 우울, 위축 등이 여기에 해당된다(Achenbach & Edelbrock, 1983).

이 장에서는 이러한 내재화 문제를 가진 아동이 보이는 문제의 종류와 특성, 원인, 치료를『정신질환의 진단 및 통계 편람(Diagnostic and Statistical Manual of Mental Disorders: DSM-5)』위주로 살펴보고, 내재화 문제인 분리불안장애, 우울장애, 선택적 함묵증, 외상 후 스트레스 장애, 반응성 애착장애를 가진 아동의 특징, 원인, 치료를 실제 사례를 중심으로 알아보고자 한다.

1. 분리불안장애를 가진 아동

1) 분리불안장애의 특징

현이(만 5세, 여)는 우유병과 손가락을 계속 빨고 모에게서 잠시도 떨어지지 않으려고 한다. 현이는 유치원에도 가지 않으려고 하고 놀이터에서도 또래와 어울리지 못하는 등 연령에 적합한 행동 발달을 보이지 않고 있다. 집에서는 가구 뒤나 구석진 곳에 들어가 숨어 있는 시간이 많고, 장난감이나 공부에 별 관심을 보이지 않는다.

출처: 신현균(2014)에서 인용.

아동이 애착 대상으로부터 분리되는 것을 두려워하는 것은 정상적인 발달상의 과정이다. 생의 첫해부터 취학 전까지 아동은 부모나 다른 애착 대상으로부터 분리될 때 고통을 느끼거나 걱정을 한다. 오히려 분리에 대해 아무런 심리적 불편을 느끼지 않는 것이 불안정한 애착의 표현일 수도 있다. 그러나 분리 상황에 대해서 과도하게 걱정하고 불안을 느끼고 고통스러워한다면 그것은 문제가 될 수 있다. 앞의 사례의 현이처럼 분리되는 것에 대한 두려움으로 일상적인 생활이 어려울 정도라면 장애로 보고 적절한 도움을 받아야 한다. 분리불안장애(Separation Anxiety Disorder: SAD)는 중요한 애착 대상과의 분리에 대해 과도하게 불안과 공포를 나타내는 정서적 장애를 말한다. 분리불안장애가 있는 아동은 혼자 남는 것에 대해 불안과 공포를 느끼고, 분리 대상과 떨어뜨려 두면 분통을 터트린다. 아동은 유치원이나 학교에서 집으로 돌아온 직후 내일 유치원 또는 학교에 가지 않으려고 떼를 쓰거나 운다. 아동은 부모에게 매달리고, 복통, 설사, 두통 등을 호소하며 결석을 하게 해달라고 조른다. 잠잘 시간이 다가오면 자신이 잠이 들 때까지 부모가 떠나게 두지를 않고 옆에서 지키도록 끊임없이 요구한다.

■ 문제행동 척도 프로파일

▷문제행동증후군 척도

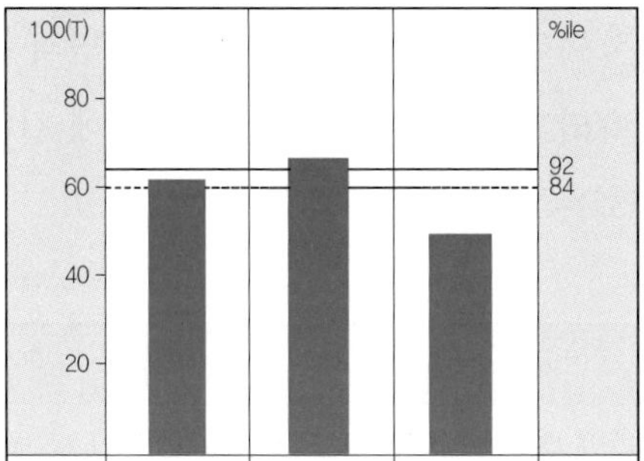

T점수	61	65	48	
백분위	86	94	42	
원점수	32	13	2	
척도명	문제행동 총점	내재화	외현화	

* 임상 범위 기준: T점수 64(백분위 92) 이상, 준임상 범위 기준: T점수 60(백분위 84) 이상, T점수 64 미만

결과 해석

문제행동 총점은 T점수 = 61로 준임상 범위이고, 내재화 척도는 T점수 = 66으로 임상 범위이며, 외현화 척도는 T점수 = 48로 정상범위입니다.
현재 임상 범위에 해당하는 것으로 보이는 문제행동증후군은 (없음)이고, 준임상 범위에 해당하는 문제행동증후군은 (불안/우울, 위축/우울, 사고 문제)로 나타나고 있습니다.

* 무응답 문항 수: 0개(8개 이상이면 재검사 권고)

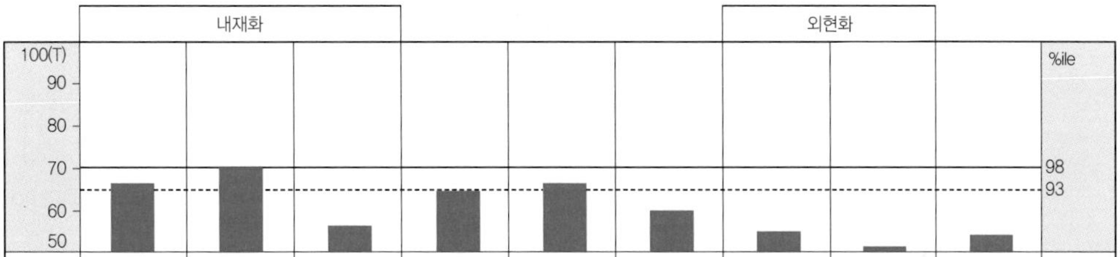

T점수	65	69	55	64	66	59	54	50	53	
백분위	93	97	69	91	94	82	64	33	63	
원점수	6	6	1	5	4	6	1	1	2	
척도명	불안/우울	위축/우울	신체 증상	사회적 미성숙	사고 문제	주의 집중 문제	규칙 위반	공격 행동	기타 문제	

* 증후군 소척도 임상 범위 기준: T점수 70(백분위 98) 이상, 준임상 범위 기준: T점수 65(백분위 93) 이상, T점수 70 미만

▷DSM 진단 척도

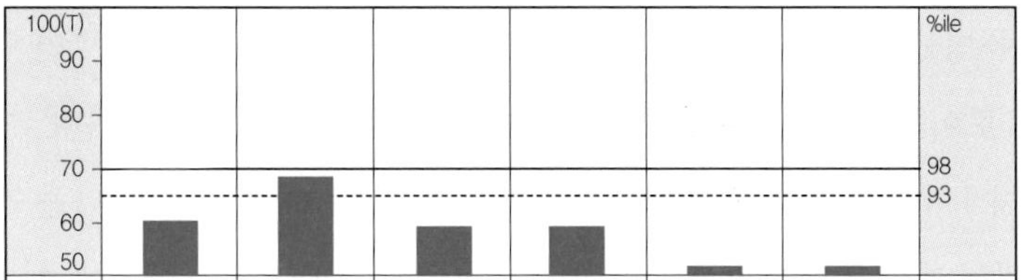

T점수	59	67	58	57	50	50	
백분위	82	95	80	74	50	30	
원점수	3	4	1	4	1	0	
척도명	정서 문제	불안 문제	신체화 문제	ADHD	반항 행동 문제	품행 문제	

결과 해석

현재 임상 범위에 해당하는 것으로 보이는 DSM 진단 기준 문제행동은 (없음)이고, 준임상 범위에 해당하는 DSM 진단 기준 문제행동은 (불안 문제)로 나타나고 있습니다.

* 임상 범위 기준: T점수 70(백분위 98) 이상, 준임상 범위 기준: T점수 65(백분위 93) 이상, T점수 70 미만

그림 13-1 분리불안장애를 가진 아동의 아동 · 청소년 행동평가 척도 부모용 (Korea Child Behavior Check List: K-CBCL) 결과지

분리불안장애는 ① 발달단계를 고려해 보았을 때 아동이 어머니를 위시한 애착 대상과 떨어지는 것에 대해 극심하게 불안과 공포를 나타내고, ② 진단 기준 1의 8가지 중에서 3개 이상의 증상이 나타나며, ③ 이러한 증상이 아동이나 청소년의 경우에는 4주, 성인의 경우에는 6개월 이상 지속되고, ④ 이로 인해 생활 전반에 걸쳐 심각한 고통을 겪거나 부적응적 증상이 초래되는 경우 진단된다.

분리불안장애의 진단 기준(DSM-5)

1. 발달단계에 맞지 않게 아동이 애착 대상과의 분리에 대해서 부적절하고 과도하게 불안 및 공포를 나타내고, 다음의 8가지 중 3개 이상의 증상이 나타난다.
   - 주요 애착 대상이나 집을 떠나야 할 때마다 또는 그러한 상황이 예상될 때마다 심한 불안과 고통을 느낀다.
   - 주요 애착 대상을 잃을까 봐, 또는 애착 대상이 질병, 부상, 재난, 죽음과 같은 해로운 일을 당하지 않을까 지속적이고 과도하게 걱정한다.
   - 애착 대상과 분리될 수 있는 사건(예를 들어, 길을 잃음, 납치를 당함, 사고를 당함, 병에 걸림)에 대해 지속적이고 과도하게 걱정한다.
   - 분리에 대한 두려움 때문에 밖을 나가거나, 집을 떠나거나, 학교를 가거나, 직장에 가거나, 또는 그 외의 장소에 가는 것을 지속적으로 꺼리거나 거부한다.
   - 혼자 있게 될까 봐, 또는 주요 애착 대상 없이 집이나 다른 장소에 있는 것에 대해 지속적으로 과도하게 공포를 느끼거나 꺼린다.
   - 집을 떠나 잠을 자거나 주요 애착 대상이 근처에 없이 잠을 자는 것을 지속적으로 꺼리거나 거부한다.
   - 분리의 주제를 포함하는 악몽을 반복적으로 꾼다.
   - 주된 애착 대상으로부터 분리되거나, 분리가 예상될 때 반복적인 신체 증상(예를 들어, 두통, 복통, 메스꺼움, 구토)을 호소한다.

분리불안장애의 유병률은 아동의 경우에는 1년 유병률이 4% 정도다. 즉, 1년 안에 분리불안장애를 보이는 아동이 전체 아동 수의 4%에 해당한다는 이야기다. 청소년은 1년 유병률이 1.6% 정도로, 청소년보다는 아동에게 좀 더 많이 나타나는 장애이다. 임상 장면에서 남아와 여아의 유병률이 비슷하지만, 역학 조사에서는 여자아이가 남자아이보다 더 많고, 장애의 영향도 크게 받는 것으로 나타났다(송영혜 외, 2017).

2) 분리불안장애의 원인

분리불안장애를 유발하는 원인은 내담자 아동의 상황에 따라 다양하다. 분리불안장애가 유발될 수 있는 다양한 원인을 정리하면 다음과 같이 설명할 수 있다.

아동의 기질이 분리불안장애를 유발할 수 있다. 아동의 기질은 순한 기질, 까다로운 기질, 더딘 기질로 나뉘는데, 보통 까다로운 기질이나 더딘 기질을 가진 아동이 순한 기질을 가진 아동보다 분리 상황에 대해서 더 큰 불안을 느껴 분리불안장애를 가질 수 있다. 또한 아동의 기질이 행동 억제 기질일 때, 의존적인 성향일 때, 어렸을 때 심하게 낯을 가렸을 때, 부모와의 불안정한 애착관계가 분리불안장애를 유발할 수 있다(김청송, 2015).

부모의 성격이나 양육 태도 또한 아동의 분리불안장애를 유발할 수 있다. 부모가 우울하고 불안을 심하게 느끼는 성격일 경우에는 아동에게도 그러한 부모의 불안과 우울한 감정이 전이되어 아동이 부모와 떨어지지 않으려고 하는 분리불안이 나타날 수 있다. 또한 부모가 아동의 불안을 충분히 공감 및 지지해 주지 못한다면 아동의 불안이 가중되어 분리불안으로 나타날 수 있다. 부모가 아동을 과잉보호했을 경우에도 분리불안장애가 나타날 수 있다. 과잉보호는 아동의 독립성을 약화시키고 의존성을 키워 분리불안장애를 발전시키기 쉽다(Ehrenreich, Santucci, & Weiner, 2008).

아동의 분리불안장애는 아동이 애착 대상에 대해서 잘못된 사고를 가질 경우에 발생할 수 있다. 한 연구(Bell-Dolan, Reaven, & Peterson, 1993)에 따르면, 분리불안장애를 지닌 아동들은 주요한 애착 대상을 갑자기 상실하게 될지 모른다거나 애착 대상과 떨어져 헤어지게 될지 모른다는 비현실적인 왜곡된 생각을 지니고 있었으며, 이러한 인지적 왜곡이 강한 불안을 유발한다고 보았다. 즉, 분리불안장애를 가진 아동들은 애착 대상에 대해서 왜곡된 인지적 사고를 가지고 있다.

한쪽 부모가 갑작스럽게 사망하거나 갑작스러운 사고를 당했을 경우에도 아동의 분리불안장애가 나타날 수 있다. 예를 들어, 초등학교 2학년인 은정(가명)이는 학교 운동회에서 어머니가 달리기를 하다가 넘어져 다리를 다쳐 구급차를 타고 병원으로 가는 것을 목격했다. 그 후 은정이는 아침에 학교를 가야 할 때 학교를 가지 않으려고 떼를 쓰면서 심하게 울고, 학교에 가서도 수업에 집중하지 못하고 수시로 교실을 나와 모에게 전화를 거는 등의 행동을 보였다. 결국 은정이의 모는 목발을 짚고 은정이와 같이 등교해서 하교할 때까지 기다렸다가 같이 집에 와야만 했다. 은정이의 분리불안장애는 모의 갑작스러운 사고를 경험한 후에 나타난 것인데, 은정이가 보지 못한 동안에 모에게 또 다시 위험한 사건이 발생할까 봐 두려워서 분리불안장애가 나타난 것이다.

아동의 가정 상황이 아동에게 충분히 안정감을 주지 않고 불안감을 줄 경우에도 분리불안장애가 나타날 수 있다. 부모가 맞벌이로 아동을 충분히 돌보지 못할 경우, 동생이 태어나서 아동이 모의 관심에서 멀어진 경우, 부모가 부부싸움을 자주해서 아동에게 불안감을 심어 줄 경우, 갑작스러운 이사나 전학 등의 상황이 아동의 불안감을 가중시켜서 분리불안장애를 유발할 수 있다.

3) 분리불안장애의 치료

분리불안장애의 치료에는 다양한 치료적 접근을 통해 도움을 줄 수 있다. 분리불안장애 아동을 돕기 위한 다양한 치료적 전략을 정리하면 다음과 같다.

분리불안장애를 가진 아동의 불안을 충분히 공감 및 지지해 주는 상담적 접근이 필요하다. 상담에서 아동의 불안한 감정을 충분히 표현하도록 유도하고 수용 및 공감해 주어야 한다. 아동의 분리 상황에 대한 불안을 충분히 표현하고 해소하도록 돕는 것은 다양한 매체를 활용한 치료가 특히 도움이 된다. 아동은 언어적으로 자신을 표현하는 것이 아직은 어렵고, 자신의 감정이나 욕구를 분명하게 인식하는 능력이 부족하기 때문에 놀이, 미술, 음악, 모래놀이, 문학 등의 다양한 매체를 활용하여 아동의 불안한 감정을 충분히 투사하여 표현하도록 하는 상담적 접근이 도움이 된다.

분리불안장애를 가진 아동에게 분리 상황에 대한 행동주의적 접근을 함으로써 증상을 호전시킬 수도 있다. 즉, 아동을 부모와 떨어지는 상황에 점진적으로 노출시키며 불안이 감소되도록 유도한다(권석만, 2014). 아동이 느끼는 불안 정도를 매 회기마다 확인하여 불안 정도가 감소할 경우에는 심부름 보내기, 잠자리 분리 등의 목표를 세운 후 목표를 달성할 경우에 긍정적 강화를 하는 방법도 도움이 된다. 아동이 부모와 떨어지는 상황에서는 불안 정도가 심해지므로 그러한 불안을 감소시키는 긴장 이완 방법을 가르치는 것도 효과적이다.

애착 대상에 대한 인지적 왜곡이 있을 경우에는 이를 바로잡아 주는 인지치료가 시행되어야 한다. 애착 대상에 대해서 가지는 아동의 생각이 잘못된 것이라는 것을 인식시키는 다양한 인지 기법을 사용한다.

분리불안장애를 가진 아동들의 부모는 대체로 아동의 불안을 이해하지 못하고 지적하는 잘못된 훈육을 사용했기 때문에 아동의 분리불안이 더욱 심해진 것이다. 아동상담과 더불어서 부모교육을 통해 부모에게 아동의 분리불안을 충분히 이해시키고, 올바르게 대하는 바람직한 훈육 방법을 알려 주어야 한다. 또한 아동과 부모의 애착이 불안정하여 분리불안이 발생할 경우에는 부모가 아동에게 어떻게 해야 안정 애착을 맺을 수 있는지도 알려 주어야 한다. 부모교육도 단발성이 아니라 지속적으로 이루어져야 아동의 분리불안장애가 더욱 효과적으로 치료될 수 있다.

분리불안장애는 불안장애의 하위 유형에 속하므로 과도한 불안으로 인해 가정과 학교에서 제 기능을 수행하지 못한다면 약물치료를 하는 것도 도움이 된다. 약물 치료를 통해 불안 수준을 낮춘 후, 놀이치료, 인지행동치료, 행동치료 등으로 근본적인 원인을 제고하는 방법이 효과적이다.

4) 분리불안장애를 가진 아동의 상담 사례

본 사례는 등교를 거부하는 분리불안장애를 가진 지수(가명)가 상담을 통해 분리불안이 감소되는 과정을 간단하게 정리한 내용이다.

엄마가 걱정이 돼서 학교에 있기 힘든 지수

① 내담아동의 인적사항 및 의뢰 동기

지수(만 8세, 여)는 아침에 학교에 가는 것을 싫어한다. 학교에 가지 않으려고 엄마에게 울거나 떼를 쓰기도 하고, 배가 아프거나 머리가 아프다고도 한다. 그래서 엄마와 병원에 가서 진찰을 받기도 하였지만, 특별히 이상이 있는 곳이 없다. 지수가 학교에 가서도 수업 시간에 나와서 엄마에게 콜렉트 콜로 전화를 10통 이상씩 하여 지수의 모는 일을 하는 데 방해를 받고 있고, 지수도 학업에 집중하지 못하여 학업 성적에도 영향을 받고 있다. 지수의 전화 내용은 특별한 용건은 없고, 그냥 엄마에게 수업 시간이 힘들다고 징징거리는 것이 대부분이다. 지수의 이러한 행동으로 인해 학교 적응에 방해를 받고 있어서 상담에 의뢰되었다.

② 주 호소문제

지수의 주 호소문제는 학교를 가지 않으려고 떼를 쓰는 행동과 신체화 증상, 학교에서 빈번히 전화를 하는 행동으로 수업에 집중하지 못한다.

③ 문제의 원인

지수의 심리검사 결과와 부모의 면담을 통해 지수의 분리불안은 모와의 애착 불안정이 원인인 것으로 나타났다. 지수의 부모는 지수가 어렸을 때부터 사이가 좋지 않아서 자주 다투었고, 지수는 부모의 다툼을 수시로 목격하였다. 지수의 모는 남편과 싸운 후 화가 나면 첫째인 지수에게 '너의 아빠와 못살겠다.' '너의 아빠와 헤어지겠다.' '너는 아빠하고 살아라.'라는 말을 지수에게 했다고 한다. 이러한 부모 갈등을 목격하고 모의 화풀이 대상이 된 지수는 학교에 입학한 후에 모가 눈에 보이지 않으면 모가 자신을 버리고 떠날지도 모른다는 생각에 분리불안장애를 가지게 되었다.

④ 치료

지수의 분리불안장애를 치료하기 위해서 일단 지수가 느끼는 불안감을 충분히 표현하고 해소하는 다양한 기법을 적용하였다.

- 초기: 지수와의 상담 초기에는 다양한 놀이 활동을 통해 지수의 불안감과 긴장 등의 부정적인 감정을 해소하고 상담자와 친밀한 관계를 형성하였다.
- 중기: 상담 중기에서는 지수가 자신의 불안 감정을 인식하고, 자신의 불안 감정을 통제하도록 하기 위해서 '감정온도계' 기법을 적용하였다. '감정온도계'로 지수의 불안감의 정도를 매 회기 확인한 후, 그러한 불안감이 어떤 상황에서 발생하고, 지수가 가지는 생각이 무엇인지를 탐색하고 수정하였다. 또한 부모님의 불화가 지수 때문이 아니라는 인식을 가지도록 돕고 부모님의 문제

와 지수의 문제를 분리하도록 하였다. 이와 더불어 모의 부모교육을 통해 부부 갈등의 분노를 지수에게 풀지 않고 다른 방법으로 분노를 해소하도록 하였고, 아동에게 일관성 있는 훈육과 안정 애착을 형성할 수 있는 다양한 방법을 교육하였다.

- 후기: 상담 후기에는 지수의 분리불안장애가 많이 호전되어서 더 이상 학교에서 모에게 전화하지 않게 되었고, 모가 외출을 해도 잘 다녀오라는 인사를 하고, 모가 없는 상황을 견딜 수 있게 되어서 상담을 종결하였다.

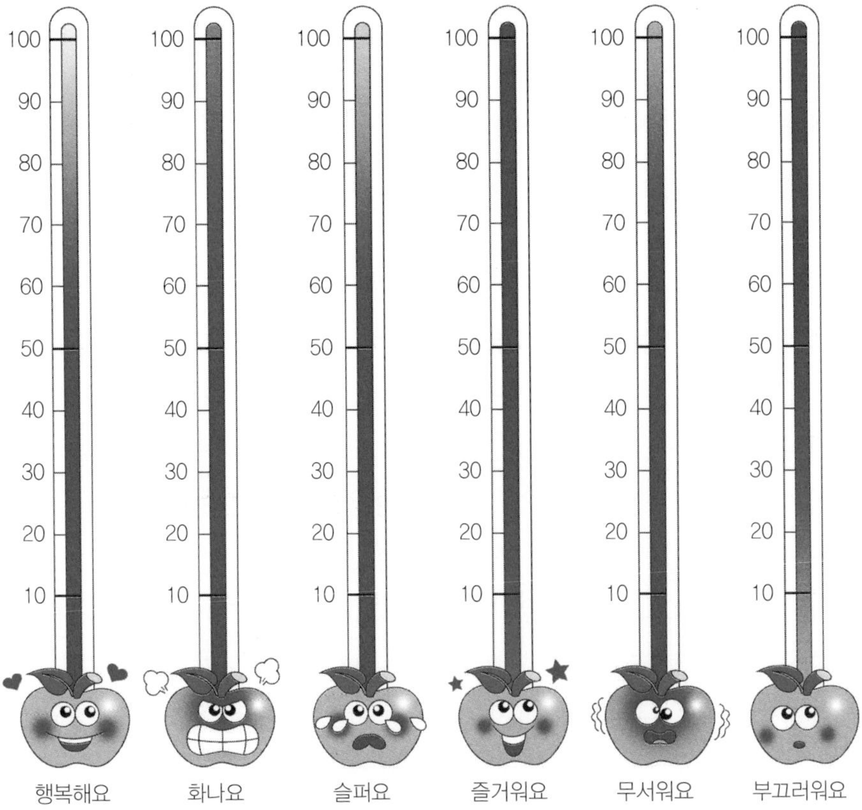

그림 13-2 감정온도계

2. 우울장애를 가진 아동

1) 우울장애의 특징

도나(Donna, 만 12세, 여)는 때때로 "나는 지붕 위에서 뛰어내리거나 나를 해칠 방법을 찾고 싶다."라고 말한다. 지난 3개월 동안 도나는 점점 더 고립되어 갔고, 슬픔과 무가치감, 자기증오로 괴로워했다. 도나의 선생님은 도나를 '매우 힘들어하고 불행한 외톨이'라고 묘사했다. 도나는 좋은 학생이었지만 지금은 집중하지 못하고, 시험에 떨어지고, 완전히 동기를 상실한 상태라고 했다. 집에서 도나는 잠을 자는 데 어려움이 있고, 식욕이 없고, 자주 두통을 호소한다. 또한 대부분의 시간을 방에만 있으면서 아무것도 하지 않는다. 어머니가 뭔가를 하라고 요구하면 도나는 극도로 화를 낸다. 어머니는 도나가 "대부분의 시간 동안 침울하고 성마른 기분인 것 같아요."라고 말했다.

출처: Eric & David (2013)에서 인용.

사람은 항상 즐겁고 행복하지만은 않다. 누구나 때때로 슬프고 우울한 기분을 느낄 때가 있다. 이러한 기분은 정상적인 것이다. 그러나 슬프고 우울한 기분이 항상 지속되거나 너무 자주 나타난다면 그것은 개인뿐만 아니라 다른 사람에게도 영향을 미치는 우울장애로 볼 수 있다. 우울장애(depressive disorder)는 심리적 독감이라고 알려져 있으며, 슬픔, 공허함, 무기력, 걱정, 짜증스러움이 주 증상으로 나타난다. 우울장애를 가진 사람들은 초조하며, 과민하게 반응하며, 집중하는 것이 어렵고, 안절부절못하고, 절망감, 무가치감을 과도하게 느끼고, 끊임없이 자책을 한다. 우울한 기분이 지속되면 모든 일에 의욕과 흥미를 잃고 무기력해져서 인지적 손상도 초래한다. 즉, 우울장애를 가진 사람들은 사고가 느려지고, 본인이 무언가를 통제할 수 없다고 느끼며, 미래에 대해서도 예측하지 못하고 비관적으로 생각하게 되는 인지적 왜곡이 나타날 수 있다. 우울장애는 현대인들이 가장 많이 경험하는 정신장애 중 하나로, 모든 연령에서 공통적으로 나타난다(송영혜 외, 2017). 특히 아동에게 우울장애가 있는 경우에는 찡그린 표정, 잦은 울음, 파괴적 행동, 분노발작, 싸움, 짜증, 신체 증상의 호소 등이 나타날 수 있다. 취학 전 아동의 우울 증상을 인식하는 것이 중요한데, 이들의 증상이 지속적이거나 재발할 수 있고, 후기 아동기 또는 초기 청소년기에 우울장애로 발전할 수 있기 때문이다(Luby, Si, & Belden, 2009).

그림 13-3 우울장애 아동의 핑거페인팅 작품

우울장애는 ① 진단 기준 1의 9가지 중에서 5개 이상의 증상이 거의 매일 연속적으로 2주 이상 나타나고, 이러한 5개의 증상 중 적어도 하나는 1)항의 '지속되는 우울한 기분' 또는 2)항의 '흥미나 즐거움의 상실'이 반드시 포함되며, ② 이러한 우울 증상으로 인해 사회적, 직업적, 또는 다른 중요한 기능 영역에서 심각한 고통이나 손상이 초래되는 경우에 진단된다.

우울장애의 진단 기준(DSM-5)

1. 다음의 9가지 중 5개 이상의 증상이 연속적으로 2주 이상 나타나고, 이런 기능으로부터 변화가 있다. 5개의 증상 중 적어도 하나는 1) 또는 2)가 포함되어야 한다. 1)은 지속적인 우울한 기분이고, 2)는 흥미나 즐거움의 현저한 저하다.
   1) 하루의 대부분, 거의 매일 지속되는 우울한 기분이 본인의 주관적 보고(예: 슬프고, 공허하고, 절망적이라고 느낀다)나 다른 사람들의 관찰(예: 눈물이 있는 것)로도 나타난다(아동이나 청소년의 경우에는 과민한 기분으로 나타날 수 있다).
   2) 거의 모든 일상 활동에 흥미나 즐거움이 하루의 대부분, 또는 거의 매일 뚜렷하게 저하되어 있다(주관적인 설명이나 다른 사람의 관찰로도 나타난다).
   3) 체중 조절을 하고 있지 않은 상태에서 현저한 체중 감소 또는 체중 증가가 나타나거나(예: 1개월에 체중의 5% 이상 변화) 현저한 식욕 감소 또는 식욕 증가가 거의 매일 나타난다(아동의 경우에는 기대되는 체중 증가에 미치지 못한다).
   4) 거의 매일 불면이나 과다수면이 나타난다.
   5) 거의 매일 정신운동성 초조나 지체가 나타난다(단순히 안절부절못함 또는 처진다는 주관적인 느낌뿐만 아니라 다른 사람에 의해서도 관찰이 가능).

6) 거의 매일 피로감이나 활력 상실이 나타난다.
7) 거의 매일 사고력이나 집중력의 감소, 우유부단함이 나타난다(주관적인 설명이나 다른 사람의 관찰로도 나타난다).
8) 거의 매일 무가치감이나 과도하고 부적절한 죄책감을 느낀다(단순히 아픈 것에 대한 자책이나 죄책감).
9) 죽음에 대한 반복적인 생각(단지 죽음에 대한 두려움이 아님), 특정한 계획 없이 반복되는 자살 생각, 또는 자살 기도나 자살 수행에 대한 구체적인 계획을 세운다.

아동의 우울장애는 흔한 것은 아니지만, 청소년기에 접어들면서 크게 증가한다(권석만, 2014). 취학 전 아동의 우울장애 유병률은 1% 미만이고, 취학 연령 아동은 2% 내외, 청소년은 성인과 유사한 4.5%로 추정된다(권석만, 2014). 우울장애는 남성보다는 여성에게서 2배 정도 더 많이 나타난다(Bland, 1997).

2) 우울장애의 원인

다른 장애들처럼 우울장애의 원인도 한 가지로 정의되지 않는다. 우울장애도 다양한 원인으로 인해 유발될 수 있는데, 우울장애의 원인을 정리하면 다음과 같이 설명할 수 있다.

생물학적 관점에서는 우울장애가 유전적 요인, 신경전달물질과 관련이 있다고 본다. 다양한 가계 연구결과를 보면, 우울장애가 직계 가족에게서 유전되고 있음을 알 수 있다(Allen, 1976; Mendlewicz & Rainer, 1977).

정신분석적 관점에서 우울장애는 분노가 무의식적으로 자기에게 향한 현상으로 보고 있다. 프로이트는 우울장애를 기본적으로 사랑하던 대상이 상실될 경우에 분노가 발생하고, 그러한 분노가 외부로 표현되지 않고 내부로 향해서 우울장애를 유발한다고 하였다(Abraham, 1949).

우울장애를 가장 잘 설명하고 있는 관점은 인지적 관점이다. 벡(Beck, 1963, 1976)은 우울장애를 가진 사람들이 부정적이고 비관적인 사고를 더 많이 한다는 사실을 발견하였다. 우울한 사람들이 부정적 사고의 결과로 우울한 기분을 느끼게 되는데, 그들이 하는 부정적 사고는 반복적이고 습관적으로 자각 없이 진행되는 자동적 사고라고 하였다. 우울장애를 가진 사람들이 지니는 부정적인 자동적 사고는 자신("나는 무가치하다." "나는 무능하다." 등), 미래("나의 미래는 비관적이다." "내가 어떤 노력을 하더라도 상황이 변하지 않을 것이다." 등), 환경("나를 이해하는 사람은 아무도 없다." "다른 나를 좋아하지 않을 것이다." 등)에 대해서 주로 부정적으로 평가한다.

우울장애를 가진 아동들은 주로 자존감이 낮고 자신을 부정적으로 인식하는 경향이 강하다. 그들은 자신이 무언가를 잘하지 못한다는 생각이 강하고, 남들로부터 버림받을까 두려워서 자신의 생각이나 감정을 분명하게 표현하지 못한다. 또한 우울장애를 가진 아동들은 그렇지 않은 아동보다 부모, 형제와의 관계에서 지지를 덜 받고, 갈등을 더 많이 경험한다(송영혜 외, 2018).

3) 우울장애의 치료

우울장애의 치료에는 다양한 치료적 접근을 통해 도움을 줄 수 있다. 우울장애 아동을 돕기 위한 다양한 치료적 전략을 정리하면 다음과 같다.

우울장애에는 약물치료가 가장 빠른 효과를 보일 수 있다. 우울장애를 치료하는 대표적인 약물은 삼환계 항우울제, 세로토닌 흡수 억제제 등이 있다(권석만, 2014). 우울장애를 치료하는 데 약물치료가 효과적이라고 하더라도 약물만으로는 우울장애를 완전히 극복하는 데 한계가 있다. 우울장애를 유발하는 근본적인 원인에 대한 개입이 이루어지지 않는다면, 약물을 중단할 경우에 우울장애가 재발될 가능성이 높기 때문에 반드시 약물 복용과 함께 심리치료도 병행되어야 한다.

인지치료는 우울장애가 왜곡되고 잘못된 인지적 사고의 결과이기 때문에 우울장애를 유발하는 근본적인 사고를 변화시켜서 증상을 감소시키는 치료 방법이다. 자신을 우울하게 만드는 왜곡되고 부정적인 사고를 긍정적이고 합리적인 사고로 대체함으로써 그러한 우울한 감정에서 벗어날 수 있게 된다. 예컨대, '친구에게 싫다고 말하면 친구가 다시는 나랑 놀지 않을 거야.'라는 생각 때문에 친구의 부탁을 거절하지 못해 우울장애를 경험하는 아동에게 '내가 할 수 없는 일이면 친구에게 싫다고 해도 괜찮아. 그래서 나를 싫어한다면 그것은 그 친구가 잘못된 것이기 때문에 내가 놀지 않으면 돼.'라는 생각을 가지도록 도움으로써 우울한 감정에서 벗어나도록 도울 수 있다.

우울장애를 가진 아동들의 내면에 있는 무의식적 분노를 찾아서 그것을 충분히 표출하고 해소하게 하여 우울장애를 극복하도록 도울 수 있다.

우울장애를 가진 아동들은 부모와 불안정한 애착을 형성하는 경우가 많다. 또한 부모가 우울 등으로 인해 아동에게 충분히 긍정적 자극을 주지 못하면 아동이 부정적 자아 개념과 낮은 자존감을 형성하여 그것이 우울장애의 원인이 될 수 있다. 그러므로 지속적인 부모교육을 통해 부모와 아동의 애착을 안정화시키고, 아동에게 긍정적 자극을 주는 다양한 방법을 알려 주어야 한다.

4) 우울장애를 가진 아동의 상담 사례

본 사례는 완벽해야 한다는 생각으로 인해 우울장애를 가진 도현이(가명)가 상담을 통해 우울감이 감소되는 과정을 간단하게 정리한 내용이다.

완벽하지 못해 슬픈 도현이

① 내담아동의 인적사항 및 의뢰 동기

도현(만 12세, 남)이는 평소에 학교에 가는 것을 싫어하고, 학교에 가서도 수업에 집중하지 못하고 멍하게 있는 경우가 많으며, 때때로 모둠 활동에도 참여하지 않는다. 전반적으로 모든 활동에 관심이 없고 흥미를 느끼지 못하며, 선생님이 지시한 것은 어쩔 수 없이 한다. 또한 집에서도 학원 등을 자주 빠지고, 숙제도 하지 않아서 지적받는 경우가 빈번하며, 짜증을 많이 낸다. 자신이 해야 할 일이 있다는 것을 알지만 하고 싶지 않아서 내버려 두고 컴퓨터 게임만 하려고 해서 항상 모와 싸움을 하여 상담에 의뢰되었다.

② 주 호소문제

도현이의 주 호소문제는 전반적인 생활에서 무기력한 모습을 보이는 것으로, 학교에서도 집중하지 못하고, 집에서도 한 가지 활동에 집중하지 못하고, 해야 하는 일도 잘 하지 않으려고 하면서 짜증과 화를 잘 낸다.

③ 문제의 원인

도현이는 초기 청소년이 겪고 있는 우울장애로 보인다. 도현이의 어머니는 평소에 모든 일에 부정적이며 도현이가 하는 일에도 핀잔과 잔소리를 많이 하는 편이다. 도현이는 항상 뭐든지 잘해야 한다는 생각이 강한데, 어릴 때부터 모는 도현이가 잘해야만 칭찬 및 격려를 했기 때문이다. 도현이의 어머니도 자신에게 우울증이 있는 것 같다고 할 정도로 부정적인 감정을 더 많이 경험하고 있는 것으로 보인다. 도현이의 우울증은 '항상 완벽해야 한다.'는 왜곡된 사고와 도현이와 비슷하게 우울한 감정을 가지고 있는 어머니로부터 긍정적 자극을 충분히 받지 못해 낮은 자존감과 부정적 자아상을 형성해서 발생한 것으로 보인다.

④ 치료

- 초기: 상담 초기에는 상담자와의 관계를 형성하고, 도현이의 짜증, 분노, 우울 등의 감정을 편안하고 안전한 장소에서 표현하도록 유도하기 위해 다양한 놀이, 미술 기법을 적용하였다.
- 중기: 상담 중기에는 도현이의 우울증을 유발하는 핵심적인 왜곡된 사고를 수정하는 인지적 기법을 적용하였다. 도현이의 핵심적인 왜곡된 사고인 '항상 완벽해야 한다.'는 것을 합리적인 사고로 바꾸어 주기 위해서 반 친구 10명에게 "너는 엄마가 10개를 하라고 하면 10개를 다할 수 있어?"라는 질문을 한 후 그에 대한 대답을 듣고 오는 숙제를 냈다. 상담자가 도현이에게 숙제를 한 결과를 질문하자, 친구들에게서 "그걸 어떻게 다해. 할 수 있는 만큼만 해야지." "나는 10개 중에서 2 ~3만 하는데……" "5개 정도만 할 걸!" 등의 대답을 들었다고 보고하였다. 이러한 인지 수정 작업을 통해 도현이의 사고가 '완벽하게 하는 것은 힘든 일이고, 그렇게 하지 않아도 큰 일이 나지 않아.'라고 바뀌어서 그 다음부터는 숙제를 조금씩 시도하고, 학교에서도 모둠 활동 등에 참여하는 빈도가 증가하게 되었다. 이와 더불어 모에게 아동의 행동에 대해 긍정적으로 강화해 주는 방법들을 지속적으로 교육하였다.
- 후기: 가정에서 도현이의 짜증스러운 감정이 많이 줄었고, 숙제 등 해야 할 일에 대해서도 모와 합의한 부분은 지키려는 모습이 많이 나타났다. 또한 학교에서도 이전보다 모둠 수업 등에 참여 비율이 증가하여 도현이의 우울 증상이 많

이 사라진 것으로 보고 종결하였다.

3. 선택적 함묵증을 가진 아동

1) 선택적 함묵증의 특징

케이샤(Keisha, 만 7세, 여)는 유치원에서 선생님 또는 또래에게 말을 하지 않은 지 2년이 되었다. 2년 전, 케이샤는 유치원에 있는 것을 힘들어했고, 유치원에서 울지 않게 된 것은 2개월 전부터다. 친구들에게 말을 하지 않지만, 상호작용을 하고, 학업 활동에도 참여한다. 케이샤는 집에서는 가족에게 공개적으로 말을 하지만, 밖에서 다른 사람이 들을 수 있는 경우에는 가족에게도 말을 하지 않는다. 케이샤는 자신이 말을 하지 않는 이유를 모르겠지만, 무섭다고 어머니에게 말했다. 케이샤의 어머니는 케이샤가 수줍음과 걱정이 많다고 하였다.

출처: Leonard & Dow (1995)에서 인용.

선택적 함묵증(selective mutism)은 말을 할 수 있음에도 불구하고 특정한 상황에서 지속적으로 말을 하지 않는 장애로서 주로 아동에게서 나타난다(권석만, 2014). 선택적 함묵증은 특히 학교나 학원 등에서 빈번하게 나타난다. 즉, 이러한 장애를 지닌 아동은 다른 상황에서는 말을 잘하면서도 말하는 것이 기대되는 사회적 상황에서 지속적으로 말을 하지 않는다. 선택적 함묵증을 가진 아동들은 말을 하더라도 아주 가까운 직계 가족이나 한두 명의 친구와만 말을 한다. 또한 선택적 함묵증을 가진 아동들은 다른 사람이 말을 해도 반응하지 않는다. 선택적 함묵증을 가진 아동 중 일부는 또래에게는 말을 하지만 어른들에게 말을 하지 않기도 하고, 가족을 제외한 모든 사람에게 말을 하지 않기도 하고, 아예 가족에게도 말을 하지 않기도 한다(김청송, 2015).

선택적 함묵증을 지닌 아동들은 어릴 때부터 수줍음이 많거나 소심한 성격이었을 것이다. 또한 낯선 사람을 과도하게 두려워하고 말을 하는 것을 어려워했을 수도 있다. 이러한 특성들 때문에 또래와 적절하게 상호작용을 하지 못해 원만한 또래관계를 맺기 어렵고, 심지어 또래의 놀림을 받기도 한다. 또한 학교에서 말을 하지 않기 때문에 교사가 읽기 능력을 평가할 수 없고, 아동이 학업 내용을 이해하는지를 충분히 확인하지 못하기 때문에 학업 성적이 나쁘게 나타나기도 하는 등의 학업적 곤란을 경험한다. 선택적 함묵증을 가진 아동들은 때로는 가정에서 분노발작과 같은 공격적 성향을 보이기도 한다.

선택적 함묵증은 (1) 다른 상황에서는 말을 할 수 있음에도 불구하고 말하기가 기대되는 특정한 사회적 상황(예: 학교)에서는 지속적으로 말을 하지 못하고, (2) 말을 못하는 것이 구체어에 대한 지식이 부족하거나 구체어가 불편해서 그런 것이 아니며, (3) 이러한 증상이 최소한 1개월 동안 지속되고(입학 후 처음 1개월은 제외), (4) 이로 인해 학업적 · 직업적 성취나 사회적 의사소통이 심하게 방해받는 경우에 진단된다.

선택적 함묵증의 진단 기준(DSM-5)
1. 다른 상황에서는 말을 할 수 있음에도 불구하고, 말하기가 기대되는 특정한 사회적 상황(예: 학교)에서는 지속적으로 말을 하지 않는다.
2. 이러한 장애가 학업적 · 직업적 성취나 사회적 의사소통을 방해한다.
3. 장해의 기간은 최소 1개월이 지속되어야 한다(입학 후 처음 1개월은 해당되지 않는다).
4. 말을 못하는 것이 사회적 상황에서 요구되는 구체어에 대한 지식이 부족하거나 또는 구체어가 불편해서 그런 것이 아니어야 한다.

선택적 함묵증의 유병률은 아동의 경우에는 0.03~1%인 것으로 보고되고 있고, 학교 장면에서의 발병률은 0.71%인 것으로 추측된다(Bergman, Piacentini, & McCrackenm, 2002). 보통 5세 이전에 발병하며, 여아에게서 더 흔하게 나타난다(권석만, 2014). 선택적 함묵증은 몇 달 정도 지속되는 경우가 많지만 때로는 더 오래 지속되기도 하며, 심지어 몇 년 동안 계속되기도 한다.

2) 선택적 함묵증의 원인

선택적 함묵증의 원인은 내담아동의 상황에 따라 다양하다. 선택적 함묵증이 유발될 수 있는 다양한 원인을 정리하면 다음과 같이 설명할 수 있다.

선택적 함묵증을 지닌 아동은 선천적으로 불안에 민감한 기질을 가지고 있으며, 어릴 때부터 심하게 부끄러움을 타는 것으로 나타났다. 특히 부모가 수줍음과 사회 불안에 대한 병력이 있었을 경우에 자녀의 발병 가능성이 높게 나타났다(김청송, 2015). 선택적 함묵증을 지닌 아동 중 20~30%는 말더듬을 비롯한 언어적 장애를 지닌 것으로 나타났다(Cohan & Chavira, 2008). 선천적으로 말이 늦을 경우에는 다른 사람과의 의사소통이 원활하지 못해서 유치원이나 학교 등에 입학한 후에 아예 말을 하는 것을 포기하기도 한다.

부모와 애착이 불안정할 경우에도 선택적 함묵증이 나타날 수 있다. 아동이 태어나 처음 맺는 관계가 부모이고, 부모와 안정 애착을 통해 사회관계를 긍정적이고 안정적으로 형성해 나간다. 그러나 부모와 처음 맺는 관계가 불안정하다면 자신이 수용되지 못한다는 무의식적 불안으로 인해 선택적 함묵증이 나타나기도 한다. 또한 부모가 아동을 과잉보호해서 아동이 원하는 것을 말하지 않아도 알아서 다 충족시켜 줄 경우에도 선택적 함묵증이 나타날 수 있다. 아동의 욕구를 부모가 알아서 채워 주어서 말을 할 필요가 없기 때문이다.

3) 선택적 함묵증의 치료

선택적 함묵증의 치료에는 다양한 치료적 접근을 통해 도움을 줄 수 있다. 선택적 함묵증 아동을 돕기 위한 다양한 치료적 전략을 정리하면 다음과 같다.

선택적 함묵증은 DSM-5의 불안장애의 하위 유형에 포함된다. 즉, 선택적 함묵증의 주된 원인이 아동이 가진 불안에 기인한다는 것이다. 그렇기 때문에 먼저 아동이 가진 불안감을 충분히 표현하고 해소하는 치료적 개입이 필요하다. 특히 선택적 함묵증 아동들은 말을 하지 않는 것이 주요 증상이기 때문에 대화상담은 제대로 진행될 수 없다. 그래서 언어적 의사소통 없이도 충분히 자신의 불안감을 표현하고 해소할 수 있는 놀이치료, 미술치료, 음악치료, 모래놀이치료, 이야기치료 등이 효과적이다. 아동들은 다양한 매체를 활용해서 놀이를 함으로써 자신의 불안한 감정을 해소할 수 있다.

선택적 함묵증 아동이 말을 하도록 돕기 위해서 행동주의 치료의 체계적 둔감화, 강화 등의 다양한 기법이 도움이 된다. 상담자는 처음에는 아동에게 말하기를 강요하면 안 되고, 행동적으로 자신의 의사를 전달하는 것을 허용하며, 아동이 스스로 말할 때까지 기다려 주거나 한 단어라도 말을 했을 경우에 충분히 강화해 주어야 한다. 특히 아동이 좋아하는 장난감이나 놀잇감을 가지고 놀 때에는 불안감이 낮아져서 자신도 모르게 말을 할 수 있기 때문에 행동주의 치료를 놀이 등의 매체를 활용한 치료와 병행하는 것이 도움이 된다. 이런 행동에 대해서 긍정적인 강화를 하여 아동이 더 많은 말을 할 수 있도록 유도해야 한다. 또한 특정 환경에서 말을 하지 않는다면 그러한 환경에 덜 노출이 되도록 환경을 구성하는 것도 도움이 된다.

선택적 함묵증을 가진 아동의 부모는 아동에게 말을 하라고 강요하거나 지적하는 경우가 많다. 이러한 부모의 반응은 선택적 함묵증을 지닌 아동의 불안감을 더욱 강화시켜서 증상을 악화시킬 수 있다. 선택적 함묵증을 가진 아동에게는 말을 하라고 강요하지 말고, 어떤 방식으로든 자신의 의사를 표현했다면 충분히 격려 및 지지해 주어야 한다. 부모에게도 아동의 문제의 특성을 충분히 이해시키고 올바르게 대처하는 방법을 교육해야 한다. 또한 부모가 과잉보호해서 아동이 선택적 함묵증이 된 경우에는 아동이 충분히 자신의 의사를 표현할 때까지 기다려 주고, 아동이 어떤 방식으로든 자신의 의사를 표현했다면 그것에 대해서 충분히 격려, 지지, 강화해 주어야 하는 것을 알려 주어야 한다. 선택적 함묵증의 원인이 부모와의 불안정 애착에 있다면 부모와 아동이 안정 애착을 맺을 수 있도록 도움을 주어야 한다.

선택적 함묵증의 치료에 약물치료도 효과적일 수 있다. 선택적 세로토닌 재흡수 억제제를 비롯한 항우울제가 선택적 함묵증의 치료에 도움이 되며, 이러한 약물이 선택적 함묵증을 가진 아동의 불안을 완화시키는 효과를 가지고 있는 것으로 나타났다. 그러나 약물치료만으로는 선택적 함묵증의 근본적인 원인을 제거할 수 없기 때문에 다양한 심리치료가 같이 병행되어야 한다. 선택적 함묵증의 원인이 선천적인 말더듬 등의 언어발달상의 문제라면 언어치료도 같이 병행되어야 한다.

4) 선택적 함묵증을 가진 아동의 상담 사례

본 사례는 학교에서 말을 하지 않는 선택적 함묵증을 가진 정수(가명)가 상담을 통해 말을 할 수 있게 되는 과정을 간단하게 정리한 내용이다.

말하기를 거부하는 정수

① 내담아동의 인적사항 및 의뢰 동기

정수(만 7세, 남)는 초등학교에 입학한 후부터 선생님과 친구들의 물음에 대답하지 않는 모습을 보였다. 유치원에 다닐 때에도 말이 많은 편이 아니었고, 말을 해도 목소리가 작아서 잘 들리지 않는 경우가 많았다. 이러한 선택적 함묵증의 증상이 초등학교 입학 후부터 심해져서 발표 수업과 모둠 수업에 전혀 참여하지 못했고, 방과 후 수업, 학원도 다니지 못하게 되었다. 집에서도 말을 하기는 하지만 주로 단답형으로 대답을 하거나 다른 사람의 말을 잘 듣지 않고 자신의 의견만 짜증스럽게 반복하는 편이고, 때로는 분노가 폭발하기도 한다.

② 주 호소문제

정수의 주 호소문제는 학교에서 수업 시간에 선생님의 질문에 전혀 대답을 하지 않는 것과 친구들과 이야기를 하지 않는 것이다.

③ 문제의 원인

정수의 심리검사와 부모의 면담을 통해 알게 된 정수의 선택적 함묵증의 원인은 다음과 같다. 첫째, 정수는 어릴 때부터 언어발달이 또래보다 늦었다고 한다. 또한 말을 하기 시작해서도 발음이 분명하지 않아 정수의 말을 모가 제대로 알아들을 수가 없어서 다시 말하도록 다그치거나 아동이 분명히 말을 하지 않아도 모가 알 수 있는 부분을 다해 주었다고 한다. 이에 정수는 자신이 하는 말을 타인이 잘 알아듣지 못하고 다시 묻거나 정수가 원하는 것을 주지 않았기 때문에 관계에서 좌절감을 경험하고 말하는 것을 포기한 것으로 보인다. 둘째, 모가 불안하고 우울한 성격으로, 감정 변화가 심하고 모가 화가 나거나 감정이 폭발할 경우에는 정수에게 많이 푸는 편이었다고 한다. 즉, 모와 정수 간에 불안정 애착이 형성되어 정수는 말을 하지 않음으로써 모에게 분노 감정을 표현하고, 모를 조정하는 것으로 나타났다.

④ 치료

• 초기: 상담 초기에 정수는 상담자에게도 말을 하지 않았기 때문에 말하기를 억

지로 강요하지 않고, 정수가 하고 싶을 때 말을 해도 된다는 편안하고 안전한 상담 환경을 마련해 주었다. 그러나 정수가 원하는 것을 알아야 하기 때문에 고개를 끄덕인다거나 손짓으로 표현해 달라고 하자 그것에는 잘 반응하였다. 초기단계에서 정수는 전혀 말을 하지 않고 행동으로 자신의 의사를 표현했다.

- 중기: 상담 중기에는 정수가 좋아하는 팽이 놀이를 할 때 자신이 가진 팽이에 대해서 자랑하기 시작하면서 조금씩 상담 중에 말을 하기 시작했다. 상담자가 정수의 팽이 자랑을 충분히 격려 및 지지해 주고, 팽이에 대해서 궁금한 것을 질문하자 정수는 더욱더 많은 말을 하게 되었고, 나중에는 말하는 것이 자연스러워졌다. 이와 더불어 모와의 불안정 애착을 안정 애착으로 변화시키기 위해서 지속적인 부모교육을 실시하였고, 아동에게 올바른 훈육 방법을 교육하였다.
- 후기: 정수가 2학년이 되어서는 학교에서 선생님의 질문에 조금씩 대답하기 시작했고, 모르는 사람의 질문에도 간단하게 대답하는 것이 가능해졌다. 또한 친구들과 축구를 하면서 자연스럽게 대화하는 것이 가능해져서 상담을 종결하게 되었다.

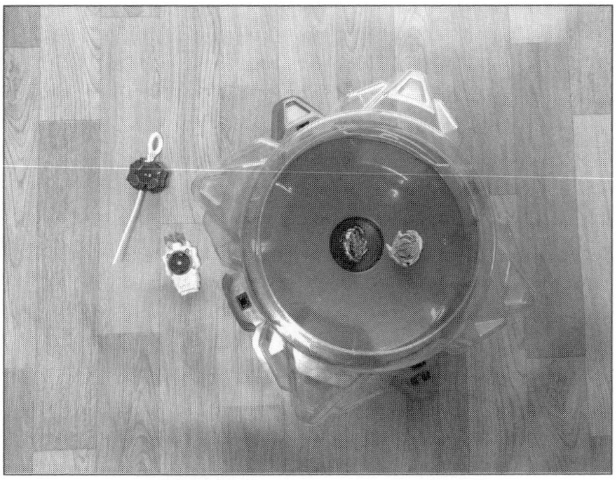

그림 13-4 정수가 한 팽이 놀이

4. 외상 후 스트레스 장애를 가진 아동

1) 외상 후 스트레스 장애의 특징

민우(만 4세, 남)는 최근 모의 병세가 악화되면서부터 밤에 악몽을 꾸고, 소변을 가리지 못하며, 형과 또래를 때리고 욕하는 등의 공격적인 행동을 보여 심리치료에 의뢰되었다. 부모에게도 갑자기 화를 내면서 욕을 하고, 뜻대로 되지 않으면 큰 소리로 우는 경우가 많다. 집에서나 유치원에서 과잉행동을 보이고, 주의가 산만하여 차분히 무엇을 하지 못한다. 민우는 모의 죽음이 임박한 상황과 관련된 외상 후 스트레스 장애로 진단되었다.

출처: 신현균(2014)에서 인용.

외상 후 스트레스 장애(Post Traumatic Stress Disorder: PTSD)는 어떤 충격적인 외상 사건을 경험한 후에 겪게 되는 다양한 부적응적 증상을 의미한다. 인간이 경험할 수 있는 충격적인 사건은 지진, 해일, 전쟁, 교통사고 등 다양하다. 외상은 개인에게 발생한 횟수에 따라 일회적 외상과 반복적 외상으로 구분된다(Allen, 2005).

일회적 외상은 단 한 번의 충격적 사건으로 인해 입게 되는 커다란 심리적 상처를 의미한다. 일회적 외상에는 지진, 홍수와 같은 자연재해, 건물 붕괴, 비행기 추락 등과 같은 기술적 재해, 강도, 유괴 등과 같은 폭력적 범죄, 사랑하는 사람을 잃는 관계 상실이 있다(김청송, 2015). 반복적 외상은 부모나 친인척으로부터 주기적으로 당한 학대, 전쟁터, 강제 수용 같은 것들이 있다.

외상 후 스트레스 장애는 외상 사건을 경험한 후에 다음과 같은 유형의 심리적 증상이 나타난다.

첫째, 침투 증상(intrusion symptom)이다. 침투 증상은 외상 사건과 관련된 기억이나 감정이 자꾸 의식에 침투해서 외상 사건을 재경험하는 것이다.

둘째, 회피 증상이다. 외상 사건을 재경험하는 것은 아주 고통스러운 일이기 때문에 외상 사건이 떠오르지 않도록 기억, 감정, 생각 등을 억압한다.

셋째, 외상 사건과 관련된 인지와 감정의 부정적 변화다. 외상 사건을 경험한 후 자신과 타인, 세상에 대해서 부정적인 사고를 가지게 된다.

넷째, 각성과 반응성의 현저한 변화다. 외상 사건 후에 예민하고 각성된 상태가 지속되는 것이다.

아동은 외상 사건을 경험한 후에 외상 후 스트레스 장애를 가질 가능성이 성인보다 더 높다. 아동은 성인과 달리 외상을 회피하거나 부인하지 못하는 경향이 있으며, 심리적인 충격을 분리불안, 신체화 증상, 비행 행동 등으로 나타낼 수도 있다(김청송, 2015).

외상 후 스트레스 장애는 ① 실제적인 것이든 위협을 당한 것이든 죽음, 심각한 손상, 또는 성적인 폭력 등의 외상 사건을 경험하고, ② 외상 사건과 관련된 침투 증상이 나타나고, ③ 외상 사건과 관련된 자극을 회피하며, ④ 외상 사건에 대한 인지 및 감정의 부정적 변화가 초래되며, ⑤ 외상 사건과 관련하여 각성과 반응성의 변화가 나타나고, ⑥ 이러한 장애가 1개월 이상 지속되고, ⑦ 이로 인해 생활 전반에 걸쳐 심각한 고통을 겪거나 부적응적 증상들이 초래되는 경우에 진단된다.

외상 후 스트레스 장애의 진단 기준(DSM-5)

1. 실제적인 것이든 위협을 당한 것이든 죽음, 심각한 손상, 또는 성적인 폭력을 다음의 1가지 이상의 방식으로 경험한다.
   1) 외상 사건을 직접 경험하는 것
   2) 외상 사건이 다른 사람에게 일어나는 것을 직접 목격하는 것
   3) 외상 사건이 가까운 가족이나 친구에게 일어났음을 알게 되는 것
   4) 외상 사건의 혐오스러운 세부 내용에 반복적으로 또는 극단적으로 노출되는 것(전자매체, TV, 영화, 사진을 통한 것은 아님)

외상 후 스트레스 장애의 평생 유병률은 미국인의 경우에는 8.7%이며, 1년 유병률은 약 3.5%로 알려져 있다(American Psychiatric Association, 2013). 한국인의 경우에는 평생 유병률이 1.6%(남성 1.0%, 여성 2.1%)이며, 1년 유병률은 0.6%(남성 0.3%, 여성 0.9%)로 나타났다(조맹제, 2011).

외상 후 스트레스 장애는 아동기를 포함한 어느 연령대에서도 발생이 가능한 장애로서 증상은 대부분 사건 발생 후 3개월 이내에 일어나며, 증상이 지속되는 기간은 몇 개월에서 몇 년까지도 지속될 수 있다(권석만, 2014).

2) 외상 후 스트레스 장애의 원인

외상 후 스트레스 장애는 심리적 상처를 유발하는 외상 사건이 그 원인이 된다. 그러나 같은 외상 사건을 경험한다고 해서 모든 사람이 외상 후 스트레스 장애가 되는 것은 아니다. 동일한 외상 사건을 경험했다고 하더라도 외상 후 스트레스 장애에 걸릴 위험요인을 정리하면 다음과 같다.

외상을 경험했을 때 외상 후 스트레스 장애를 유발하는 외상과 관련된 요인은 3가지로 나뉜다.

첫째, 외상 전 요인(pretraumatic factor)으로, 아동의 기질적 요인, 정신장애에 대한 가족력, 아동기의 다른 외상 경험, 의존성이나 정서 불안 등이 있다. 즉, 아동이 가진 개인적인 특성과 환경적 배경이 외상 사건을 경험했을 때 그것을 극복하지 못하고 외상 후 스트레스 장애를 유발하게 된다는 것이다.

둘째, 외상 중 요인(peritraumatic factor)은 외상 경험 자체의 특성을 말한다. 외상 사건의 강도가 심하고, 외상 사건에 자주 노출되었을수록 외상 후 스트레스 장애를 나타낼 가능성이 높다.

셋째, 외상 후 요인(posttraumatic factor)으로는 사회적 지지 체계나 친밀한 관계의 부족, 추가적인 생활 스트레스 등이 있다. 외상 사건 경험 이후에 어떤 경험을 하는가에 따라서 외상을 경험한 내담자가 외상 사건을 어떻게 극복할 것인지에 영향을 미칠 수 있다. 즉, 외상 사건 이후의 경험이 부정적일수록 외상 경험자가 심리적으로 안정을 찾는 데 방해가 될 것이다.

생물학적 입장에서는 외상 후 스트레스 장애를 가진 사람들은 유전적으로 스트레스에 취약하다고 주장하고, 인지적 입장에서는 외상 후 스트레스 장애를 경험하는 사람들이 외상 후 스트레스 장애를 유발하는 외상을 처리하는 과정에서 기억 과정과 관련하여 적절한 인지 기능을 사용하지 못하거나 왜곡한다고 하고, 정신분석학적 입장에서는 외상 사건이 억압된 무의식적 갈등을 다시 불러일으켜서 외상 후 스트레스 장애가 유발된다고 보고, 행동주의적 입장에서는 회피하는 행동이나 감정 반응을 둔감화시켜서 외상 사건으로 인해 느끼는 심리적 불안을 감소시키는 부적 강화의 원리로 외상 후 스트레스 장애를 설명하고 있다.

3) 외상 후 스트레스 장애의 치료

외상 후 스트레스 장애의 효과적인 치료는 다음과 같다.

외상 후 스트레스 장애를 치료하는 방법 중에서 가장 효과적이라고 보고되는 것은 지속적 노출치료다(Foa, Keane, & Friedman, 2009). 지속적 노출치료(prolonged exposure)는 외상 사건을 단계적으로 떠올리게 하여 불안 기억에 반복적으로 노출시킴으로써 외상 사건에 큰 불안 없이 직면할 수 있도록 유도하는 것이다. 외상 경험에 반복적으로 노출되면 외상과 관련된 공포가 둔감화되고, 그에 따라 외상 기억을 회피하려는 시도가 줄어든다. 뿐만 아니라 안전한 이완 상태에서 외상 자극에 반복적으로 노출하는 것은 공포기억구조를 재활성화시키게 되어 그와 불일치하는 정보가 제공됨으로써 공포기억구조가 수정되고, 기존의 인지 체계와 통합되는 것을 촉진하게 된다(권석만, 2014).

인지처리치료(cognitive processing therapy)는 외상 사건의 원인과 결과에 대한 잘못된 생각이 강한 부정적인 정서를 유발하고, 외상 기억에 대해 부정으로 인지적 처리를 하는 것을 말한다. 즉, 외상 사건에 대해서 원인과 결과를 잘못 생각하게 되면 외상 후 스트레스 장애를 가지게 된다. 예를 들어, 아버지가 자살한 아동이 아버지의 자살 원인으로, 자신이 아버지의 말을 잘 듣지 않아서라고 믿는 것이다. 이렇게 잘못 인식하고 있는 외상 사건의 원인을 수정해 줌으로써 외상 후 스트레스 장애의 증상을 약화시킬 수 있다.

안구 운동 둔감화 및 재처리(eye movement desensitization and reprocessing) 치료는 내담자로 하여금 외상 기억의 괴로운 내용을 떠올리게 하는 동시에 치료자의 손가락 움직임을 눈으로 따라가게 하는 방법이다.

4) 외상 후 스트레스 장애를 가진 아동의 상담 사례

본 사례는 자동차 사고로 인해 외상 후 스트레스 장애를 가지게 된 현준이(가명)가 상담을 통해 자동차에 대한 외상을 치유해 가는 과정을 간단하게 정리한 내용이다.

자동차가 무서운 현준이

① 내담아동의 인적사항 및 의뢰 동기

현준이(만 6세, 남)는 아침에 유치원을 가던 중에 건널목의 불이 초록불로 바뀌자마자 뛰어가다가 멈추려는 차에 부딪히는 사고를 겪었다. 병원에서 정밀 검사를 했는데, 다행히 크게 다친 곳은 없고 약간의 타박상 정도의 상처를 입었다. 그 사건 이후, 현준이는 차만 보면 흥분하고 두려워서 주변 상황을 살피지 않고 여기저기로 도망을 가려는 행동을 반복하여 오히려 더 크게 사고가 날 뻔한 경우가 발생했고, 그러한 증상이 몇 달 동안 지속되고 있었다.

② 주 호소문제

현준이의 주 호소문제는 경미한 교통사고 이후에 자동차에 극심한 공포와 불안을 보여서 일상생활에서 곤란함을 경험하고 있다.

③ 문제의 원인

현준이는 건널목을 건너다가 자동차에 치이는 명백한 외상 사건으로 인해 외상 후 스트레스 장애를 보이고 있다. 이와 더불어 현준이는 어릴 때부터 약간 충동적이고 산만했으며 부주의한 모습이 있었다. 현준이의 이러한 개인적 특성이 외상 사건을 경험한 후에 정서적으로 안정되지 못하고 외상 후 스트레스 장애를 유발한 것으로 보인다.

④ 치료

- **초기**: 현준이가 처음 치료실에 왔을 때 현준이는 많이 부주의한 모습을 보였고, 한 가지 놀이에 집중하지 못하고 이것저것을 탐색하기만 하는 모습을 보였다. 또한 안절부절못하는 불안한 모습도 보였다.
- **중기**: 상담 중기부터 현준이는 모래놀이를 거의 10주간 지속했는데, 모래상자에 자동차를 두고 경주를 하다가 오토바이와 사람과 충돌해서 상자 밖으로 추락하는 놀이를 반복했다. 이는 현준이가 경험한 교통사고를 재연하는 것으로, 교통사고 상황을 놀이를 통해 재노출하고, 재경험하는 것이다. 또한 현준이는

자동차를 모래상자 밖으로 던지는 행동을 통해 교통사고를 일으킨 자동차에 대한 분노를 표현하고, 자동차에 대한 통제력을 경험했다.

- **후기**: 자동차 사고를 재연하는 모래놀이가 지속되는 동안에 현준이의 자동차에 대한 불안이 많이 감소했고, 건널목에서도 자동차가 와도 이전처럼 돌발적으로 다른 곳으로 피하는 행동이 많이 줄었고, 모의 손을 잡고 기다리는 것이 가능해졌다. 또한 상담에서도 모래놀이 이외의 다른 놀이에 관심을 가지게 되었고, 상담자와 놀이를 지속하는 것이 가능해져서 종결하였다.

5. 반응성 애착장애를 가진 아동

1) 반응성 애착장애의 특징

태현(26개월, 남)이는 이란성 쌍둥이로 태어났다. 태현이의 어머니가 두 아이를 양육하는 것을 힘들어하여 태현이는 24개월까지 할머니 집에서 할머니에 의해 양육되었고, 동생은 어머니가 외할머니와 함께 양육을 했다. 태현이는 할머니 집에서 자라면서 일주일에 한 번 친모와 동생을 만났다. 태현이가 24개월이 지난 후에 어머니는 태현이를 데려와 직접 양육하기 시작했는데, 태현이는 고집이 세서 어머니의 지시나 통제에 전혀 응하지 않았다. 또한 자신이 원하는 것을 못하게 할 경우에는 소리를 지르고 물건을 던지는 등의 난폭한 행동이 자주 나타났고, 정도가 심할 경우에는 벽에 자신의 머리를 박는 자해 행동도 나타났다.

출처: 저자의 상담 사례.

아동발달에서 정서발달의 기저가 되는 것 중의 하나가 애착(attachment)이다. 애착은 주 양육자와 아동이 맺는 강한 정서적 유대관계를 의미하는데, 어린 시절 무엇보다 안정 애착을 형성하는 것이 성장 이후의 정서적 안정에 중요한 영향을 미친다고 할 수 있다. 안정 애착을 형성하기 위해서는 주 양육자가 아동에게 충분한 애정과 관심을 기울이는 동시에 아동이 고통을 느낄 때 이를 적절하게 위로하고 해소해 주는 역할을 해 주어야 한다(권석만, 2014). 그러나 모든 아동이 주 양육자와 안정적인 애착을 형성하는 것은 아니다. 주 양육자의 이혼이나 가정불화 등의 환경적 문제와 우울, 불안 등의 성격적 특성에 의해 아동과 안정 애착을 형성하지 못한다면 아동의 정서발달뿐만 아니라 신체, 인지, 사회성 등 다양한 발달 측면에 부정적인 영향을 미칠 수 있다. 이러한 애착이 안정적으로 형성되지 못해서 나타나게 되는 장애가 반응성 애착장애(reactive attachment disorder)다.

반응성 애착장애는 아동이 어린 시절에 주 양육자로부터 제대로 된 돌봄을 받지 못한 경험의 애착 외상으로 인해 심리적으로 위축되어 있고, 부적절하고 위축된 대인관계를 맺는 것을 말한다. 애착 외상(attachment trauma)은 주 양육자와의 관계에서 아동이 입은 심리적 상처를 말하는데, 이러한 애착 외상의 결과 아동은 정서적으로 위축되고, 타인과의 접촉을 두려워하여 회피 반응을 보이게 된다(김청송, 2015). 이러한 아동들은 성장 이후에 적절하게 대인관계를 하는 것에 실패하고, 위축되며, 사회성 발달도 제대로 이루어지지 않는 경우가 많다.

반응성 애착장애를 지닌 아동의 행동은 자폐 스펙트럼 장애를 가진 아동과 유사한 면이 있다. 즉, 자폐 스펙트럼 장애를 가진 아동처럼 반응성 애착장애를 가진 아동도 옆에 누군가 있어도 관심을 보이지 않고, 다른 사람의 눈을 쳐다보며 이야기하지 못하고, 지시에 아무런 반응을 하지 않는다. 이로 인해 어린이집, 유치원, 학교 등에서 아동을 돌보는 선생님이 때로는 아동을 자폐라고 의심하는 경우도 종종 있다. 그러나 반응성 애착장애를 지닌 아동은 후천적인 양육 환경의 결핍에 의해서 발생하는 것이며, 타인에게 관심은 많지만 버림받을까 두려워서 회피하는 것이지 타인에 대한 관심이 없는 것은 아니다. 또한 이들은 가끔씩 타인과 눈맞춤을 하거나 안는 등의 애착 행동을 보이기도 한다. 그러나 자폐 스펙트럼 장애를 지닌 아동은 선천적인 뇌 이상으로 인해 발생하는 것이며, 타인에게 관심 자체가 없다.

반응성 애착장애의 진단 기준은 ① 생후 9개월 이상된 아동이 양육자로부터 제대로 양육을 받지 못한 애착 외상 때문에 사회적, 정서적으로 억제되고 위축되어 있으며, ② 진단 기준 2의 3가지 중에서 2개 이상의 행동을 보이고, ③ 증상의 시작이 5세 이전일 경우에는 반응성 애착장애로 진단된다. 증상이 12개월 이상 지속되는 경우에는 '지속성'으로 구분한다.

반응성 애착장애의 진단 기준(DSM-5)
1. 성인 양육자에 대해서 정서적으로 억제되고 위축되어 있는 지속적인 양상, 이는 다음의 2가지로 나타난다. 1) 아동이 괴로움을 느낄 때에도 양육자에게 거의 또는 최소한으로만 안락함을 구한다. 2) 아동이 괴로움을 느낄 때에도 양육자가 주는 안락함에 거의 또는 최소한으로만 응한다. 2. 다음의 3가지 중 최소한 2개로 특징되는 지속적인 사회적 · 정서적 장해 1) 다른 사람들에게 최소한의 사회적 · 정서적 반응만을 보인다. 2) 긍정적인 정서가 제한되어 있다. 3) 성인 양육자의 위협적이지 않은 상호작용 중에도 설명할 수 없는 짜증(과민성), 슬픔, 두려움을 나타낸다.

반응성 애착장애의 유병률은 잘 알려져 있지 않다. 반응성 애착장애는 신생아 시기부터 시작될 수 있는데, 이 시기에 적절하게 양육을 받지 못한 아동이 이후에도 지속적으로 적절한 양육적 환경이 제공되지 않는다면 반응성 애착장애를 가질 가능성이 높다. 생후 22개월에 측정한 반응성 애착장애 증상이 30개월, 42개월, 54개월에 다시 측정했을 때 중간 정도의 안정성을 보였고, 고아원과 같은 시설에 남아 있는 아동의 경우에는 증상이 더 오래 지속되는 경향이 있었다(Zeanah & Gleason, 2010).

2) 반응성 애착장애의 원인

반응성 애착장애의 원인은 명백하게 안정 애착을 형성하지 못한 애착 외상으로 인해 발생한다. 애착 외상을 발생시키는 원인은 주 양육자가 처한 환경적 요인과 아동이 지닌 기질 원인으로 나누어서 살펴볼 수 있다.

아동에게 반응성 애착장애를 유발하는 주 양육자의 환경적 요인으로는 이혼, 가정불화, 학대, 방임, 주 양육자의 장기간의 입원, 잦은 양육자 교체, 빈곤 등 다양하다. 특히 주 양육자가 우울하거나, 정신 질병이 있거나, 정서적으로 불안정한 상태이거나, 어린 연령일 경우에는 아동의 요구에 비일관적으로 반응함으로써 애착 외상을 유발할 수 있다.

반응성 애착장애의 증상을 가진 아동은 기질적으로 과민성과 관련이 있다(Lemelin, Tarabulsy, & Provost, 2002). 기질적으로 과민성을 지닌 아동은 양육자의 학대나 방임을 유발할 수 있고, 애착 결핍에 대해서도 과도한 좌절을 겪으며, 위축된 회피적 행동을 나타낼 수 있다(권석만, 2014).

3) 반응성 애착장애의 치료

반응성 애착장애는 주 양육자와 안정적인 애착관계를 형성하는 것으로 치료할 수 있다. 즉, 주 양육자가 아동의 욕구에 민감하고 일관성 있게 반응하면 안정된 애착관계가 형성되어 반응성 애착장애에서 벗어날 수 있다. 주 양육자뿐만 아니라 아동과 깊은 관계를 맺는 누구라도 그 아동과 안정적인 관계를 형성한다면 반응성 애착장애를 치료할 수 있다. 이를 위해서 주 양육자와 아동과 함께할 수 있는 놀이치료, 미술치료, 음악치료 등의 다양한 치료적 개입이 효과적이다.

4) 반응성 애착장애를 가진 아동의 상담 사례

본 사례는 어린이집 적응에 어려움이 있는 반응성 애착장애를 가진 강우(가명)가 상담을 통해 안정적인 애착을 재형성해 가는 과정을 간단하게 정리한 내용이다.

마음대로 해야만 하는 강우

① 내담아동의 인적사항 및 의뢰 동기

강우(만 3세, 남)는 어린이집에서 말을 잘 하지 않고, 선생님의 지시에 잘 따르지 못하고, 항상 혼자 멋대로 하고 싶은 것만 하려고 하여 또래와도 다툼이 잦아 상담에 의뢰되었다. 강우는 집에서도 모의 질문에 잘 대답하지 않고, 모가 지시하는 것에 잘 응하지 않아서 항상 혼이 난다. 또한 강우는 자신이 하고 싶은 것이 있으면 참지 못하고 즉시 하기를 원하고, 그것이 충족되지 않으면 짜증을 내며 울기 일쑤이고, 한 번 울기 시작하면 어떤 말로도 달래지지 않아서 항상 모를 곤란하게 한다.

② 주 호소문제

강우의 주 호소문제는 어린이집에서 전혀 지시나 통제에 따르지 않고 반응이 없어서 수업 자체에 참여를 하지 못하는 것이다.

③ 문제의 원인

강우가 2세 때 태어난 지 6개월 된 동생이 돌연사하는 사건이 있었다. 그 일이 있은 후부터 강우의 모는 아이를 잃은 상실감에 모의 돌봄이 필요한 나이인 강우를 제대로 양육하고 돌보지 못했다. 거의 1년 가까이 강우의 모는 소파에 누워서 울기만 했고, 강우는 아침에 부가 먹다 남은 밥을 혼자 손으로 먹거나 모 옆에 앉아 놀거나 TV를 보거나 했다. 1년 정도가 지나자 모가 어느 정도 충격에서 벗어났지만 감정 조절이 이전처럼 잘 되지 않아서 강우가 배변 훈련을 잘 따라 하지 못하거나 잘못을 하면 옷을 벗겨서 베란다에 내보내는 등 강압적이고 심한 체벌을 했다. 강우는 애착이 안정적으로 형성되는 중요한 시기에 모로부터 방임과 학대에 가까운 양육을 받아 불안정 애착을 형성했고, 이로 인해 반응성 애착장애를 가지게 된 것으로 보인다.

④ 치료

- **초기**: 강우가 치료실에 왔을 때 상담자와 눈맞춤이 되지 않았고, 상담자의 어떤 말에도 반응을 보이지 않았다. 그냥 놀잇감을 마음대로 만지더니 가지고 놀았다. 상담자는 이러한 강우 옆에서 강우의 놀이를 반영해 주면서 강우가 편안함과 신뢰감을 느낄 수 있도록 해 주었다.
- **중기**: 강우는 주로 자동차를 나열해 놓고 한 대씩 움직이는 놀이를 하는 것을 좋아했는데, 놀이를 할 때 상담자가 옆에서 등을 쓰다듬어 주거나 놀이의 내용을 반영해 주자 조금씩 놀이를 할 때 상담자를 쳐다보기 시작했다. 또한 자동차를 가지고 오기 전에 상담자가 강우의 놀이를 언어로 표현해 줄 때까지 상담자를 바라보다가 상담자가 "오늘은 빨간색 자동차를 가지고 놀고 싶었구나."라고 이야기하면 자동차를 가지고 오기도 했다. 상담자와 애착이 어느 정도 형성된 이후에 강우는 상담사의 질문에 "어!" "아니!" 등의 단답형으로 대답하는 것이 가능해졌고, 한 번씩 재미있는 상황에서 웃기도 했다. 강우 모에게는 강우의 현재 상태와 원인을 구체적으로 설명해 주고 집에서 강우와 안정 애착을 형성할 수 있는 다양한 활동을 숙제로 주고, 실시한 것에 피드백 주기를 꾸준히 실시하였다. 또한 아이를 잃은 강우 모의 트라우마에 대한 개인상담도 같이 실

시하여 강우 모가 감정적으로 안정을 찾도록 도움을 주었다.

- 후기: 강우가 7세가 되었을 때 강우는 상담자와 같이 인형 놀이 등 다양한 놀이를 적절하게 할 수 있게 되었고, 유치원에서도 어느 정도 선생님의 지시에 응하는 것이 가능해졌고, 1~2명의 친구들과도 적절하게 상호작용하는 것이 가능해져서 종결하였다.

활동

1. 반응성 애착장애는 DSM-5의 진단 기준에서 외상 후 스트레스 장애의 한 유형에 포함된다. 그 이유는 무엇이라고 생각하는지 각자의 의견을 이야기해 봅시다.

2. 불안장애와 선택적 함묵증을 가진 아동들이 때때로 자신의 감정을 통제하지 못하고 폭발시키는 경우가 있는데, 그 이유는 무엇인지 각자의 의견을 이야기해 봅시다.

3. 내재화 문제를 가진 아동들에게 특별히 더 효과적인 치료 방법은 무엇인지 각자의 의견을 이야기해 봅시다.

추천도서

1. 김수정(2010). 애착장애와 치료놀이. 경기: 공동체.
2. 김유숙(2015). 아동과 청소년 문제해결 시리즈 4-불안장애 아동. 서울: 이너북스.
3. 전경원 외(2014). 영화를 통해 엿보는 특수아동의 이해. 서울: 정민사.
4. 최외선 외(2016). 미술치료 열두 달 프로그램 V. 서울: 학지사.

제14장 외현화 문제 아동상담의 실제

외현화 문제는 아동의 심리적 · 정서적 문제가 명확하게 외부로 표출되는 행동상의 문제다. 외현화 문제는 통제 부족, 혹은 파괴적 행동, 과잉 행동, 공격적 행동 등으로 나타난다(Achenbach, McConoughy, & Howell, 1987). 외현화 문제는 특히 주위 사람과 사물에 대한 공격성과 파괴성이 빈번하고, 소란스럽고, 과장된 행동, 학교와 교사에 대한 부정적인 태도, 자극을 추구하고, 위험에 도전하는 경향이 있다.

이 장에서는 외현화 문제인 주의력 결핍 과잉행동장애, 간헐적 폭발성장애, 적대적 반항장애, 틱장애, 배설장애의 특징, 원인, 치료를 『정신질환의 진단 및 통계 편람(Diagnostic and Statistical Manual of Mental Disorders : DSM-5)』 위주로 살펴보고, 외현화 문제를 가진 아동의 실제 사례를 중심으로 알아보고자 한다.

1. 주의력 결핍 과잉행동장애를 가진 아동

1) 주의력 결핍 과잉행동장애의 특징

재훈(만 8세, 남)이의 어머니는 요즘 아들에 대해서 몹시 화가 나 있다. 재훈이는 몹시 부산하고, 산만하며, 부모의 말을 귀담아 듣지 않는다. 재훈이는 학교에서 돌아오면 가방을 던져 놓고 집안을 이리저리 오가며 뛰고 사용한 물건을 정리할 줄 모른다. 어머니가 집안을 잘 정돈해 놓아도 재훈이가 집에 오면 몇 분이 지나지 않아 아수라장이 되어 버린다. 또한 담임 선생님의 말에 따르면, 재훈이의 부산한 행동으로 인해 학교에서도 지적을 많이 받고 있다. 재훈이는 수업 시간에 주의를 집중하지 못할 뿐만 아니라 자리에 가만히 앉아 있지 못하고 떠들며 옆에 앉은 아이를 건드리고 때리는 행동을 하여 수업을 진행할 수 없다고 한다. 담임 선생님은 재훈이가 정상적인 수업이 불가능하기 때문에 특수 학교로 전학시키라고 말하고 있다. 이러한 재훈이를 야단을 치고 매질을 해 보아도 산만하고 부산한 행동은 전혀 줄어들지 않고 있다.

출처: 권석만(2014)에서 인용.

앞의 사례의 재훈이처럼 부주의하고 충동적인 특성으로 인해 수업 시간에 지적을 많이 받거나 심지어 학교에 적응하지 못하는 학생들이 최근 들어서 많이 늘고 있다. Wee센터나 Wee클래스, 심리상담센터, 소아청소년 정신과 등의 기관에 이러한 특성을 가진 아동들이 많이 의뢰되고 있고, 그 수가 점점 더 많아지고 있는 것으로 보인다. 이러한 특성을 가진 아동들을 주의력 결핍 과잉행동장애라고 부른다.

주의력 결핍 과잉행동장애(Attention Deficit Hyperactivity Disorder, 이하 ADHD)는 학령기 아동에게서 흔히 나타나는 질병으로, 주의력 결핍(inattention), 충동성(impulsivity) 및 과잉 행동(hyperactivity)을 증상으로 가진다(American Psychiatry Association, 1994). ADHD 증상을 가진 아동들은 학령 전기에는 크게 눈에 띄지 않지만 구조화된 생활과 규칙을 지켜야 하고, 조직화된 과업을 수행해야 하는 학령기 때부터 그 증상이 두드러지게 된다(한은선, 1999).

ADHD의 주된 증상은 크게 부주의, 충동성, 과잉 행동으로 나뉜다.

첫째, 부주의는 주의를 지속하지 못하는 것, 과제나 놀이 활동을 지속하지 못하는 것, 지시 또는 규칙을 기억하고 따르지 못하는 것, 시작한 일을 끝마치지 못하는 것,

주의 주는 것을 멈춰야 할 때 그만두지 못하는 것 등이다.

둘째, 충동성은 순서를 기다리지 못하는 것, 자신의 즉각적인 반응을 멈추지 못하는 것, 생각하기 전에 행동하는 것, 대화가 끝나기 전에 끼어드는 것, 결과를 생각하지 않고 무모한 행동을 하는 것 등이다.

셋째, 과잉 행동은 잠시도 가만히 있지 못하는 것, 끊임없이 움직이는 것, 가만히 앉아 있지 못하고 몸을 들썩이거나 안절부절못하는 것 등이다.

ADHD를 가진 아동들은 그들이 가진 주요 증상으로 인해 끊임없이 지적을 받고, 혼이 나고, 제지를 당한다. 이러한 부정적 자극이 지속되거나 강도가 심하면 ADHD 아동들의 심리적 · 정서적 · 사회적 발달에 부정적인 영향을 미칠 수 있다. 이러한 것을 ADHD 아동의 이차적 증상이라고 한다. ADHD 아동의 주 증상으로 인해 발생하는 이차적 증상들은 다음과 같다.

첫째, 학업적 곤란을 초래한다. 부주의로 인해 수업 내용을 잘 듣지 못하고 기억하지 못한다.

둘째, 자존감이 낮아져 있다. 지속적인 부정적 자극으로 인해 부정적 자아 개념을 형성하여 자신감 결여와 낮은 자존감을 보인다.

셋째, 사회적 기술이 결여되어 있다. 부주의, 충동성 등의 특성으로 인해 건강한 대인관계 경험의 부족이 사회적 기술 연습을 방해한다.

넷째, 분노 감정이 내재화되어 있다. 지속적인 부정적 자극은 분노 감정을 내재화하여 공격성을 심화시킨다.

ADHD 아동의 이차적 증상이 심해질 경우에는 청소년기에 적대적 반항장애 및 품행장애를 가지게 될 가능성이 높다.

ADHD는 ① 적절한 행동 조절의 실패, 부주의(예: 주의 산만), 충동적인 과잉 행동이 12세 이전에 시작되어 최소한 6개월 이상 지속되고, ② 2가지 이상의 상황(예: 학교, 가정, 작업장)에서 나타나며, ③ 이로 인해 사회적 · 학업적 · 직업적 기능에 심각한 지장이 초래되거나 그 질이 크게 저하될 때 진단된다.

주의력 결핍 과잉행동장애의 진단 기준(DSM-5)
1. 부주의 및 과잉 행동–충동성의 지속적인 패턴이 나타난다. 이러한 패턴은 개인의 기능과 발달을 저해하며, 다음 1)항과 2)항 중 1가지 이상에 해당되어야 한다. 1) 부주의: 다음 중 6개 이상의 증상이 6개월 이상 지속적으로 나타나고, 이러한 증상이 발달 수준에 맞지 않으며, 사회적·학업적/직업적 활동에 직접적으로 부정적인 영향을 미친다. 2) 과잉 행동–충동성: 다음 중 6개 이상의 증상이 6개월 이상 지속적으로 나타나고, 이러한 증상이 발달 수준에 맞지 않으며, 사회적·학업적/직업적 활동에 직접적으로 부정적인 영향을 미친다.

ADHD는 높은 비율의 출현율을 보이고 있고, 최근에 급격한 증가 추세에 있기 때문에 더욱 관심의 대상이 되고 있다. 미국의 경우 4~17세 아동 및 청소년의 5~9%가 ADHD로 진단되고, 세계적으로 아동의 5% 이상이 ADHD를 가지고 있는 것으로 추정된다(American Psychiatric Association, 2013). 우리나라의 경우에는 정동선 등(2006)이 서울시에 거주하는 초·중·고등학교 19개교 2,622명을 대상으로 소아청소년 정신건강 역학 조사를 한 연구에서 4.58%의 ADHD 출현율을 보고하였다. ADHD의 발병 시기는 보통 3세경이고, 남자가 여자보다 3~6배 더 많다(김청송, 2015).

2) 주의력 결핍 과잉행동장애의 원인

ADHD는 유전적 요인과 신경생물학적 요인, 심리사회적 요인에 의해서 유발된다. ADHD는 유전에 의해서 발생한다. ADHD가 있는 아동의 부모 중 한 명이 ADHD가 있을 경우에 자녀가 ADHD가 될 위험이 거의 60%에 이른다(Biederman et al., 1995). 또한 일란성 쌍둥이의 경우에 ADHD의 일치율이 평균 65%이며, 이란성 쌍둥이의 ADHD 일치율은 대략 두 배다(Levy, Mcstephen, & Hay, 2001). 입양 연구에서도 ADHD가 있는 아동의 입양 부모에 비해 ADHD가 있는 아동의 친부모에게서 ADHD 비율이 세 배 정도 더 높게 나타났다(Sprich et al., 2000).

ADHD가 유발될 수 있는 다양한 원인을 정리하면 다음과 같이 설명할 수 있다.

첫째, ADHD는 뇌손상에 의해서 발생할 수 있다. 출생 시 발생한 미세한 뇌손상, 성장 과정에서의 고열, 감염, 외상 등으로 인한 뇌손상으로 인해 ADHD가 발생할 수 있다.

둘째, ADHD는 전두엽의 이상에 의해서 발생할 수 있다. 전두엽은 억제, 사고, 추론, 집중, 주의력, 표현언어, 운동 통제와 관련이 있는데, 이 영역의 이상으로 인해 ADHD가 유발된다고 한다(Hendren, De Backer, & Pandina, 2000).

셋째, ADHD는 신경계의 손상에 의해서도 유발될 수 있다. 모가 아동을 임신했을 때 흡연, 음주, 기타 약물을 복용할 경우에 아동이 ADHD가 될 가능성이 높다(송영혜 외, 2017). 또한 임신과 출산 합병증, 환경 독소에 모체 노출, 임신 중 심각한 스트레스, 출산 시 저체중, 영양 결핍, 발달 초기 신경학적 충격 또는 외상 등이 아동의 신경발달에 문제를 일으켜 ADHD가 될 가능성이 높다(Lindstrom, & Hjern, 2011; Linnet et al., 2003).

ADHD가 역기능적 가족 환경이나 부모의 잘못된 양육에 의해서 유발된다는 심리사회적 요인은 사실 거의 지지받지 못하고 있다(Barkley & Murphy, 2006). ADHD는 뇌의 기능상의 문제로 인해 발생하는 것이 명백하기 때문에 심리사회적 요인의 영향은 미비하다. 그러나 ADHD 증상이 심각해지거나 반항장애나 품행장애로 진행되는 것은 심리사회적 요인의 영향일 수 있다. 즉, ADHD 아동의 특성을 제대로 이해하지 못하고 잘못된 훈육과 부정적 자극만 주는 가족 환경이나 부모의 양육에 의해서 그 증상이 제대로 수정되거나 조절되지 못하고 더욱 악화되거나 분노의 내재화로 인해 더욱 공격적이 될 수 있다.

3) 주의력 결핍 과잉행동장애의 치료

ADHD의 치료는 다음과 같다.

첫째, ADHD는 주로 뇌손상이나 신경계의 문제로 발생하기 때문에 약물치료가 가장 빠르고 효과적이다.

둘째, ADHD를 치료하기 위해서 약물치료가 가장 일반적이기는 하나 약물로 주의력을 집중시키고 충동성과 과잉 행동을 통제할 수는 있지만 올바른 행동을 가르칠 수는 없다. 그렇기 때문에 ADHD 아동의 학교 적응과 원만한 대인관계를 위해서는 올바른 행동을 학습시키는 행동 수정이 적용되어야 한다. 보상과 처벌을 적절하게 사용하여 바람직한 행동을 지속적으로 강화하고, 문제가 되는 행동을 감소시켜야 한다. 또한 행동하기 전에 생각하는 것을 연습하는 Think Aloud와 같은 훈련도 도움이 된다.

셋째, ADHD 아동의 증상이 더욱 악화되는 것은 아동을 양육하는 부모의 잘못된 훈육 방법이 원인이 될 수 있다. 그렇기 때문에 ADHD 아동을 양육 및 훈육하는 부모에게 자녀의 증상의 특성을 이해시키고, 올바른 훈육과 행동에 대한 지도 방법을 교육할 필요가 있다. 또한 ADHD 아동을 키우는 데에서 오는 스트레스와 자책감도 함께 다루어 줄 필요가 있다.

4) 주의력 결핍 과잉행동장애를 가진 아동의 상담 사례

본 사례는 주의력 결핍 과잉행동장애를 가진 준서(가명)가 상담을 통해 증상을 완화시켜 가는 과정을 간단하게 정리한 내용이다.

가만히 있는 것이 어려운 준서

① 내담아동의 인적사항 및 의뢰 동기

준서(만 14세, 남)는 어린이집을 다니던 5세 때부터 수업 시간에 선생님의 말에 집중하지 못하고 혼자 돌아다니거나 다른 친구들을 방해하는 행동을 지속적으로 보여 왔다. 초등학교에 들어가서도 수업 시간에 학업을 따라가지 못하고 돌발 행동을 많이 보여서 지적을 많이 받았다. 또한 끼어들기, 공격적으로 행동하기 등의 충동적인 행동으로 인해 또래와도 항상 갈등을 유발했고, 그로 인해 친구들과도 원만한 관계를 형성하지 못했다. 중학교에 입학해서 태권도 팀에 들어갔으나 거기서도 선배나 동료들과의 관계에서 어려움이 있었고, 시합 때 지켜야 할 규칙을 잘 준수하지 못해서 그만두게 되었다. 준서는 초등학교 때부터 ADHD로 진단받아 약을 복용해 왔으나 충동성, 부주의 등의 문제는 여전히 나타났고, 초등학교 고학년부터는 지속적인 부정적 피드백으로 인해 적대적 반항장애의 양상도 보인다.

② 주 호소문제

준서는 수업 시간에 집중하지 못하고, 지겨우면 갑자기 말을 꺼내서 다른 아이들의 수업을 방해하는 행동 때문에 학교에서 지속적으로 문제를 일으키고 있었고, 또한 또래와의 빈번한 다툼으로 학교폭력위원회에 회부되는 등 공격적인 행동을 보이고 있다.

③ 문제의 원인

준서는 어릴 때부터 충동적이고 부주의한 ADHD 성향이 강해서 학습이 늦고, 사회 기술도 잘 발달하지 않았다. 결혼이민자인 준서의 어머니는 준서를 출산하고 돌 무렵에 집을 나가 버렸고, 인지 능력이 낮은 아버지가 준서를 제대로 돌보지 못해서 나이가 많으신 친척 아주머니께서 준서를 데려다 키우셨는데, 준서의 행동적인 특성을 잘 수용하지 못해 주로 지적하고 통제하는 훈육을 하였다. 준서는 ADHD 특성으로 인해 지속적으로 타인에게 부정적인 피드백을 받게 되어 불안, 분노 등의 부정적 감정도 내재화되었다. 또한 이러한 부정적 감정들을 가정이나 다른 환경에서 충분히 격려, 지지받지 못해 올바르게 해소하지 못하고 내면에 억압함으로써 현재 학교 부적응과 또래 갈등을 경험하고 있는 것으로 보인다.

④ 치료

- 초기: 상담을 시작한 초기에 준서는 상담자의 말을 끝까지 듣지 않고 자신의 말만 하거나 상담자의 말에 주로 "왜요?" "안 해요." "싫어요."라고 대답하는 등 상당히 반항적인 모습을 보였다. 특히 다른 사람의 말을 듣는 것을 견디지 못해서 대화상담보다는 놀이를 활용한 상담을 진행하였다. 다양한 보드게임을 실시하였는데, 게임을 할 때에도 순서를 못 기다리거나 자신이 하고 싶은 대로 하려는 충동적인 경향이 강했다.
- 중기: 준서의 충동적이고 부주의한 성향으로 인해 타인의 말을 오래 경청하는 것이 힘들어서 주로 게임 놀이치료를 적용하였다. 상담 중기에는 보드게임을 지속적으로 실시한 결과, 자신이 성급하게 했을 때 게임에서 지는 경험을 하자 스스로 신중하게 하려고 노력하는 모습이 나타나기 시작했다. 이와 더불어 준서의 충동적이고 부주의한 특성 때문에 대인관계에서 문제가 발생하는 부분을

■ 문제행동 척도 프로파일

▷ 문제행동증후군 척도

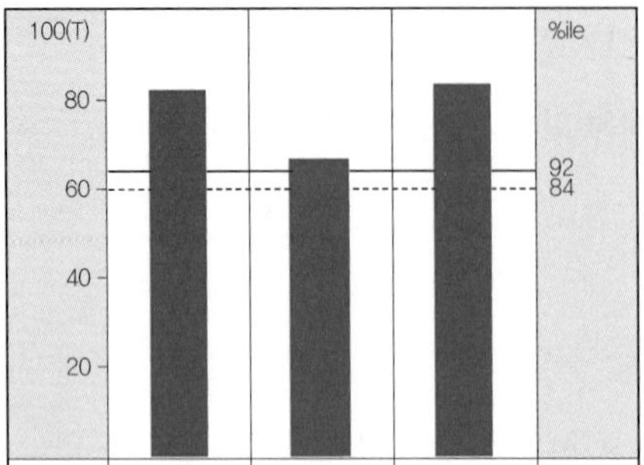

T점수	82	66	84	
백분위	99	95	99	
원점수	94	17	30	
척도명	문제행동 총점	내재화	외현화	

* 임상 범위 기준: T점수 64(백분위 92) 이상, 준임상 범위 기준: T점수 60(백분위 84) 이상, T점수 64 미만

결과 해석

문제행동 총점은 T점수 = 82로 임상 범위이고, 내재화 척도는 T점수 = 66으로 임상 범위이며, 외현화 척도는 T점수 = 84로 임상 범위입니다.
현재 임상 범위에 해당하는 것으로 보이는 문제행동증후군은 (사회적 미성숙, 사고 문제, 주의 집중 문제, 규칙 위반, 공격 행동, 기타 문제)이고, 준임상 범위에 해당하는 문제행동증후군은 (불안/우울, 위축/우울)로 나타나고 있습니다.

* 무응답 문항 수: 2개(8개 이상이면 재검사 권고)

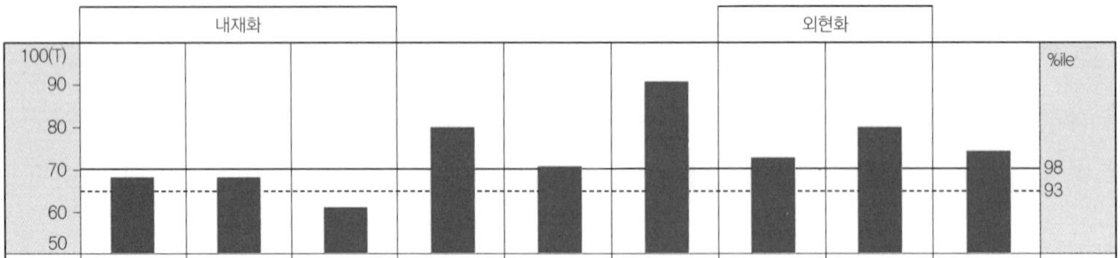

T점수	67	67	61	80	71	89	72	81	74	
백분위	96	95	86	100	99	100	99	100	99	
원점수	8	6	3	12	7	17	9	21	11	
척도명	불안/우울	위축/우울	신체 증상	사회적 미성숙	사고 문제	주의 집중 문제	규칙 위반	공격 행동	기타 문제	

* 증후군 소척도 임상 범위 기준: T점수 70(백분위 98) 이상, 준임상 범위 기준: T점수 65(백분위 93) 이상, T점수 70 미만

▷ DSM 진단 척도

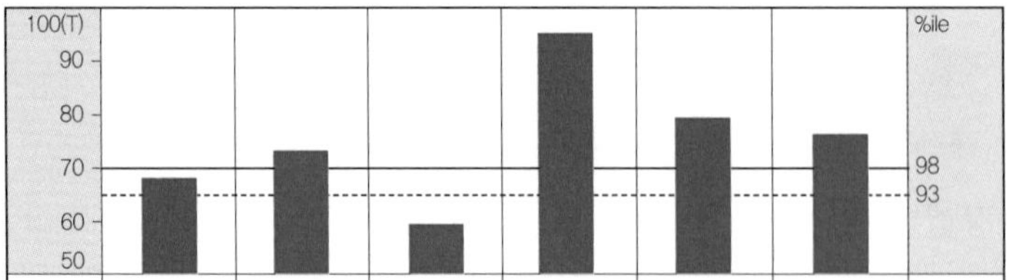

T점수	67	73	57	95	81	76	
백분위	96	99	76	100	99	99	
원점수	7	6	1	13	7	13	
척도명	정서 문제	불안 문제	신체화 문제	ADHD	반항 행동 문제	품행 문제	

결과 해석

현재 임상 범위에 해당하는 것으로 보이는 DSM 진단 기준 문제행동은 (불안 문제, ADHD, 반항 행동 문제, 품행 문제)이고, 준임상 범위에 해당하는 DSM 진단 기준 문제행동은 (정서 문제)로 나타나고 있습니다.

* 임상 범위 기준: T점수 70(백분위 98) 이상, 준임상 범위 기준: T점수 65(백분위 93) 이상, T점수 70 미만

그림 14-1 준서의 아동 · 청소년 행동평가 척도 부모용 (Korea Child Behavior Check List: K-CBCL) 결과지

도와주기 위해서 타인의 감정 인식하기, 타인의 말에 제대로 반응하기, 자신의 생각과 감정을 언어로 표현하기 등의 다양한 사회기술훈련을 통해 대인관계에서의 적응력을 높였다. 준서의 양육을 맡고 있는 친척 아주머니도 준서의 문제행동 때문에 심한 스트레스를 받고 있었는데, 친척 아주머니의 스트레스가 준서의 양육에 악영향을 미치기 때문에 가정위탁기관의 지원을 받아 준서의 친척 아주머니도 양육 스트레스를 해소하고, 올바른 양육과 훈육 방법을 코칭받는 개인상담을 실시하였다.

- **후기** : 준서가 중3이 되었을 때 친구들과도 어느 정도 관계 맺는 것이 가능해졌다. 또한 태권도 대회에서 여러 번 상을 타는 등 긍정적인 결과들이 지속적으로 나타났고 기숙사제 특성화고등학교에 진학하게 되어서 상담을 종결하게 되었다.

그림 14-2 준서의 동적 가족화

2. 간헐적 폭발성장애를 가진 아동

1) 간헐적 폭발성장애의 특징

경훈(만 9세, 남)이는 평소에 수업 시간이나 집에서 크게 문제를 일으키는 편이 아니다. 학업 성적도 꽤 좋은 편이다. 그러나 경훈이는 모둠 활동을 할 때 친구들이 자신의 말대로 따라 주지 않거나 선생님이 자신의 말을 들어주지 않는다고 생각될 때, 집에서 모가 자신에게 부당하게 한다고 생각될 때 자신의 분노 감정을 주체하지 못해 과도한 공격성으로 표현하고는 한다. 수업 시간에 친구에게 소리를 지른다든지, 갑작스럽게 교실 문을 세게 열고 나가기도 한다. 집에서도 화가 나면 오랜 시간 소리를 지르고, 물건을 던지고, 온몸을 버둥거리는 행동을 나타내어서 모도 힘들어하지만 학교에서도 경훈이에 대한 평가가 좋지 않다.

출처: 저자의 상담 사례.

간헐적 폭발성장애(intermittent explosive disorder)는 공격적 충동이 조절되지 않아 폭발적으로 파괴적 행동이 반복해서 나타나는 것이다. 이 장애를 지닌 아동은 언어적 공격 행동과 함께 재산 파괴와 신체적 공격을 포함하는 파괴적 행동을 보인다. 즉, 다른 사람들이 보기에 별것 아닌 일로 공격적 발작을 일으켜서 다른 사람을 다치게 하거나 기물이 파괴되는 결과를 초래한다. 이들의 분노는 사소한 자극에 터지기 때문에 아무도 예상치 못하게 갑작스럽게 터지지만, 그 정도는 주변 사람들에게 심각한 고통을 줄 만큼 강하다. 이들의 분노는 다른 사람들이 보기에 정당한 근거가 없어 보인다. 앞서 제시된 사례인 경훈이는 모둠 수업 중에 친구가 "너는 어떤 걸 할래?"라고 묻자 질문에 갑자기 화를 내며 책을 던져서 담임 선생님에게 혼이 났다. 경훈이에게 화가 난 이유를 물었지만 경훈이는 합당한 이유를 설명하지 못했다. 이러한 간헐적 폭발성장애를 지닌 아동들은 분노 폭발을 보이기 전에 심한 긴장 상태를 경험하고, 공격적 행동을 한 후에는 긴장감이 풀리면서 안도감을 느끼지만, 분노가 폭발된 후 일정 시간이 지나 진정이 되고 나면 자신의 행동을 후회하거나 당황스러워한다. 이러한 행동이 반복되다 보니 간헐적 폭발성장애를 지닌 아동들은 또래와 관계가 원만하지 못하고, 학교 적응이 어려우며, 가정에서조차 부모에게 자주 혼이 나서 외톨이가 되거나 고립감을 느끼는 경우가 많다.

간헐적 폭발성장애는 (1) 언어적 공격 행위와 더불어 재산 파괴 및 신체적 공격을 나타내고, (2) 이러한 폭발적 행동이 자극 사건이나 심리사회적 촉발 요인에 비해 현저하게 지나치며, (3) 연령이 6세 이상이고, (4) 이로 인해 당사자는 물론이고 주변 사람들(예: 가족, 또래 집단, 직장 동료)이 심각한 고통을 겪거나 부적응적 증상들(예: 대인관계의 손상, 경제적 · 법적 문제의 발생)이 초래되는 경우에 진단된다.

간헐적 폭발성장애의 진단 기준(DSM-5)
1. 공격적 충동을 통제하지 못해 다음의 2가지 중 1개로 드러나는 반복적인 행동 폭발 1) 3개월 동안 매주 평균 2번 재산, 동물 및 다른 사람을 향한 언어적 공격(욱하는 짜증, 장황한 비난, 언어적 논쟁이나 다툼)이나 신체적 공격을 나타냄(신체적 공격은 재산 피해나 파괴를 초래하지 않으며, 동물이나 다른 사람의 신체적 손상을 초래하지는 않음). 2) 3가지의 재산 피해나 파괴를 초래하는 행동적 폭발, 그리고(또는) 동물이나 다른 사람을 대상으로 신체적 손상을 입히는 신체적 공격이 지난 12개월 이내에 발생함.

간헐적 폭발성장애의 유병률은 미국의 경우에는 2.7% 정도로 나타난다(권석만, 2014). 발병되는 시기는 아동기 후기나 청소년기에 가장 흔하게 나타나고, 성인기에 나타나기도 한다. 이 장애는 갑작스럽게 나타나고, 오랜 기간 지속되면 만성적이 되기도 한다.

2) 간헐적 폭발성장애의 원인

간헐적 폭발성장애의 원인은 분명하게 밝혀진 것이 별로 없다(권석만, 2014). 그러나 이 장애에 영향을 미칠 수 있는 요인을 살펴보면 다음과 같다.

첫째, 간헐적 폭발성장애를 지닌 아동들은 어렸을 때 부모와 다른 사람들에게서 신체적 · 정서적 학대를 당했거나 무시를 당한 경험이 있다. 어렸을 때의 학대 경험으로 인해 정서적으로 안정되지 못하고 긴장과 불안한 상태에서 오랜 시간 지내다 보면 어느 순간에 가서는 그러한 불안이 분노로 바뀌어서 조그만 자극에도 폭발을 하게 된다. 또한 아동이 자신의 욕구나 감정이 수용되지 못하고 지속적으로 무시되면 화가 나고, 그러한 분노 감정이 해소되지 못하고 억압되다 보면 사소한 자극에 폭발을 하게 된다. 즉, 바람이 가득 찬 풍선에 바늘로 살짝 건드리면 터지는 것과 같다고 할 수 있다.

둘째, 어린 시절의 가정 환경이 폭력적일 경우에도 아동이 간헐적 폭발성장애를 가질 수 있다.

셋째, 간헐적 폭발성장애를 지닌 아동들은 충동적인 공격적 행동과 관련된 유전적 취약성을 타고난다고 한다. 즉, 유전적으로 충동적이고 공격적인 행동을 하는 기질을 타고난다는 것이다. 이러한 기질을 가진 아동들은 스트레스 역치 수준이 낮고, 통제력이 약하기 때문에 사소한 자극에도 충동적으로 폭력적인 공격 행동을 할 가능성이 높다(김청송, 2015).

넷째, 간헐적 폭발성장애를 지닌 아동들은 신경전달물질인 세로토닌이 과도하게 높게 분비된다고 한다(권석만, 2014). 세로토닌이 과도하게 높게 분비되면 공격적 행동을 더 많이 한다고 한다.

3) 간헐적 폭발성장애의 치료

간헐적 폭발성장애 아동을 돕기 위한 다양한 치료적 전략을 정리하면 다음과 같다.

첫째, 간헐적 폭발성장애가 심각해서 아동 자신뿐만 아니라 타인에게도 심한 손상을 입힐 경우에 약물치료가 우선적으로 도움이 될 수 있다. 약물치료는 선택적 세로토닌 재흡수 억제제 계열의 항우울제, 베타차단제, 항경련제 또는 기분 안정제 등이 효과적이라고 알려져 있다(김청송, 2015). 즉, 아동 스스로 분노 감정을 통제하지 못하기 때문에 약의 도움으로 통제 능력을 향상시켜 주는 것이다. 이는 아동의 문제를 해결하는 방법이라기보다는 아동의 문제행동이 과도할 경우에 받게 되는 부정적 피드백을 줄이기 위한 노력의 일환으로 볼 수 있다. 약을 통해 크게 눈에 띄는 행동문제를 해결한 후에 근본적으로 억압된 분노 감정을 다루는 개입이 필요하다.

둘째, 간헐적 폭발성장애는 아동이 자신의 분노 감정을 적절하게 통제하지 못해서 발생하게 된다. 그렇기 때문에 아동의 억압된 분노 감정을 충분히 견디고 다루는 것을 돕는 개입이 필요하다. 아동의 분노 감정을 충분히 표현하도록 돕는 것과 더불어 적절하게 자신의 분노 감정을 다루는 감정 조절 연습을 위해 놀이치료, 미술치료, 음악치료, 이야기치료, 모래놀이치료 등 다양한 심리치료가 필요하다.

셋째, 간헐적 폭발성장애의 원인 중 환경적 요인은 대부분 부정적인 가정 환경에 기인한다. 그렇기 때문에 가정 환경을 건강하게 바꾸는 것이 이 장애를 가진 아동의 치료 방법이 될 수 있다. 부모가 가진 문제를 해소하도록 돕는 상담적 개입과 아동을 올바르게 양육할 수 있도록 돕는 양육 코칭도 지속적으로 이루어져야 할 것이다.

4) 간헐적 폭발성장애를 가진 아동의 상담 사례

본 사례는 간헐적 폭발성장애를 가진 형식이(가명)가 상담을 통해 분노를 해소해 가는 과정을 간단하게 정리한 것이다.

마음속에 화산이 있는 형식이

① 내담아동의 인적사항 및 의뢰 동기

형식(만 10세, 남)이는 평소 소심하고 조용한 성격으로, 또래와도 잘 어울리지 못하는 편이다. 집에서도 평소에는 말을 잘 듣는 편이라고 부모님이 보고했다. 그러나 형식이는 한번 화가 나면 분노를 주체하지 못해 심각한 문제를 일으키는데, 교실 문을 발로 차거나, 의자를 던지거나, 교실 벽을 주먹으로 치는 등의 행동이 반복해서 나타난다. 심하게 분노가 폭발된 경우에는 창틀로 올라가서 뛰어내리겠다는 말을 해서 담임 선생님이 상당히 곤란해하고, 형식이를 어떻게 다루어야 할지 몰라 난감해한다. 형식이의 분노가 언제 터질지 몰라서 담임선생님이 항상 형식이의 눈치를 보는 상황이 되었고, 형식이가 화를 내면 잘 진정되지 않아 분노를 폭발시켜서 공격적인 행동을 하게 되면 부모님이 학교로 불려 와서 형식이를 진정시켜야 했다. 이러한 문제행동은 3학년 초부터 지속적으로 나타났고, 점점 심각해지는 것 같아서 상담에 의뢰되었다.

② 주 호소문제

형식이의 주 호소문제는 화가 나면 자신도 통제하지 못할 정도이고, 파괴적인 행동을 하는 것이다.

■ 문제행동 척도 프로파일

▷문제행동증후군 척도

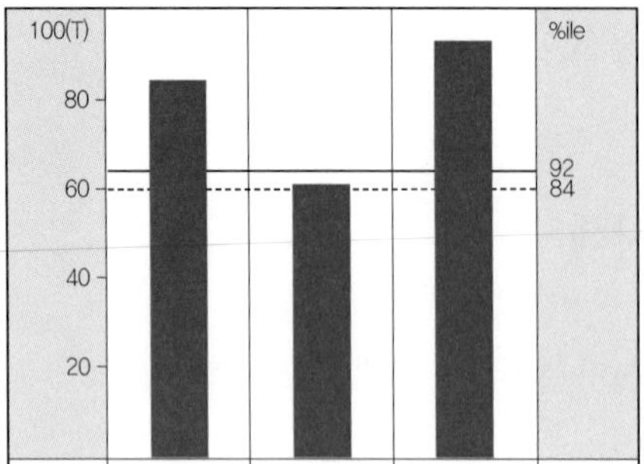

T점수	83	61	91
백분위	99	86	100
원점수	79	8	39
척도명	문제행동 총점	내재화	외현화

* 임상 범위 기준: T점수 64(백분위 92) 이상, 준임상 범위 기준: T점수 60(백분위 84) 이상, T점수 64 미만

결과 해석

문제행동 총점은 T점수 = 83으로 임상 범위이고, 내재화 척도는 T점수 = 61로 준임상 범위이며, 외현화 척도는 T점수 = 91로 임상 범위입니다.
현재 임상 범위에 해당하는 것으로 보이는 문제행동증후군은 (주의집중 문제, 규칙 위반, 공격 행동, 기타 문제)이고, 준임상 범위에 해당하는 문제행동증후군은 (사회적 미성숙)으로 나타나고 있습니다.

* 무응답 문항 수: 7개(8개 이상이면 재검사 권고)

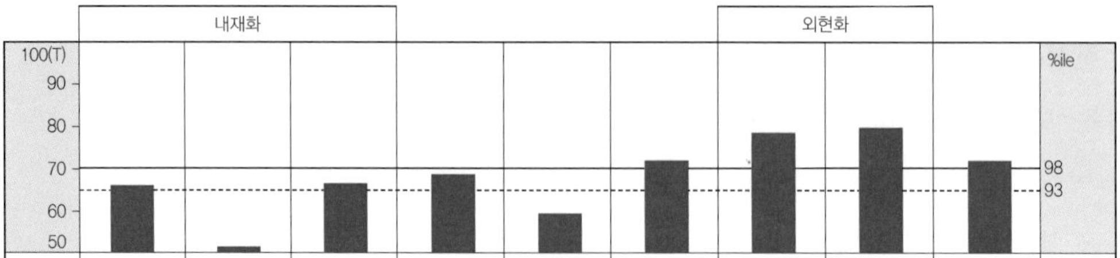

T점수	62	50	63	68	59	72	79	83	72
백분위	89	27	90	97	80	98	100	100	99
원점수	5	0	3	8	2	12	15	24	10
척도명	불안/우울	위축/우울	신체 증상	사회적 미성숙	사고 문제	주의 집중 문제	규칙 위반	공격 행동	기타 문제

* 증후군 소척도 임상 범위기준: T점수 70(백분위 98) 이상, 준임상 범위기준: T점수 65(백분위 93) 이상, T점수 70 미만

▷DSM 진단 척도

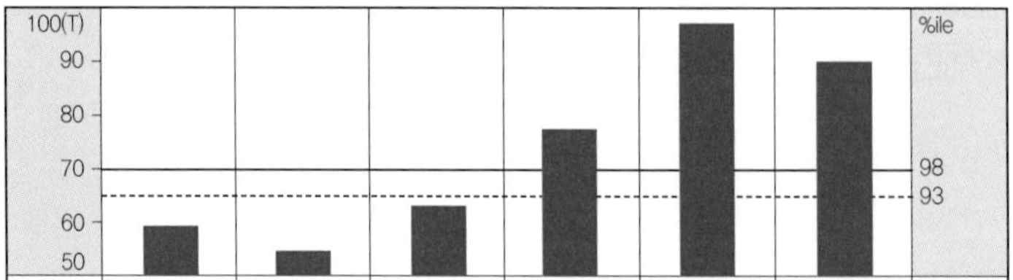

T점수	59	53	63	76	98	88
백분위	82	62	91	98	100	100
원점수	3	1	2	10	9	23
척도명	정서 문제	불안 문제	신체화 문제	ADHD	반항 행동 문제	품행 문제

결과 해석

현재 임상 범위에 해당하는 것으로 보이는 DSM 진단 기준 문제행동은 (ADHD, 반항 행동 문제, 품행 문제)이고, 준임상 범위에 해당하는 DSM 진단 기준 문제행동은 (없음)으로 나타나고 있습니다.

* 임상 범위 기준: T점수 70(백분위 98) 이상, 준임상 범위 기준: T점수 65(백분위 93) 이상, T점수 70 미만

그림 14-3 형식이의 아동 · 청소년 행동평가 척도 부모용 (Korea Child Behavior Check List: K-CBCL) 결과지

③ 문제의 원인

형식이는 유치원 때부터 충동적이고 공격적인 행동이 보여 소아정신과에서 ADHD 진단을 받고 약물을 복용 중이다. 형식이의 이런 문제행동은 어린 시절부터 조금씩 있어 왔다고 한다. 형식이의 부모님은 형식이가 이런 행동을 보이면 무섭게 혼을 내며, 때로는 심하게 체벌도 한다고 했다. 혼을 내고 나면 형식이가 사과를 하는 것으로 상황이 마무리되었는데, 나이가 들면서 그 정도가 심해져서 이제는 심하게 혼을 내는 것이 크게 효과가 없다고 하였다. 이러한 형식이의 상황을 살펴보면, 형식이는 통제력이 약하고 충동적인 기질을 타고난 것으로 보인다. 이러한 기질 때문에 어린 시절부터 많이 혼이 나고, 부정적인 피드백을 받아 온 것으로 보인다. 이런 성장 과정 중에 형식이는 충분히 감정적으로 공감 및 지지 받는 경험이 부족해서 더욱 분노 감정이 억압되어 온 것으로 보인다.

④ 치료

- 초기: 형식이는 초기 상담의 놀이치료에서 자신의 분노 감정을 충분히 표현하는 경험을 했다. 형식이는 상담을 온 첫 회기부터 공기가 들어간 오뚜기 인형을 주먹과 발로 차는 놀이를 했는데, 그 놀이가 10주간 지속되었다. 특히 한 주는 화가 아주 많이 난 상태로 상담실에 들어와서 오뚝이 인형을 장난감 야구방망이로 10분간 때리기를 지속했다.
- 중기: 형식이의 오뚜기 인형을 때리는 놀이는 10주 후에 멈췄고, 그때부터는 보드게임을 시작했다. 형식이는 오뚜기 인형을 때리는 행동을 통해 자신의 분노 감정을 충분히 표출하고 해소한 것으로 보인다. 또한 화가 많이 나서 상담실을 온 회기에서는 들어오기 전에 모에게 "빨리 상담실 가자. 나 지금 화난다."고 말했다고 하고, 상담실에 들어와서 오뚜기 인형을 때린 후 "시원하다."는 말을 했다. 이는 형식이가 학교에서 화가 났는데, 이전처럼 분노를 폭발시키지 않고 참았다가 상담실에 와서 해소한 것으로 추측된다. 10회기 이후부터 다양한 게임 놀이치료를 통해 형식이가 규칙을 지키고 게임의 패배 시 감정을 조절하는 연습을 하도록 도왔다. 이와 동시에 부모교육을 통해 평소 형식이의 감정을 공감 및 지지해 준 후 행동에 대한 제한을 두는 양육 방법을 코칭했으며, 담임 선생님에게도 형식이의 분노 감정이 나타날 때 감정을 해소할 시간과 공간을 정

해 주고 감정이 가라앉으면 형식이의 이야기를 충분히 들어주는 방법을 조언드렸다.

- 후기: 형식이의 분노 폭발적인 행동은 점점 줄어들었고, 3학년 말쯤에는 학교에서도 이전처럼 심각한 문제를 일으키는 행동이 나타나지 않아서 종결을 하였다.

3. 적대적 반항장애를 가진 아동

1) 적대적 반항장애의 특징

태진(만 12세, 남)이는 하루가 멀다 하고 모와 다투었다. 태진이의 모는 태진이가 말을 잘 듣지 않는다며 항상 불평을 하였다. 태진이는 모가 무언가를 부탁하거나 지시하면 "싫은데요." "내가 왜 해야 하는데요."라는 말로 지시를 거부했고, 모는 그런 태진이를 설득하려고 하였지만 항상 실패를 하고 결국에는 태진이을 체벌하거나 폭언을 하게 된다고 하였다. 또한 모의 이러한 행동에 태진이도 참지 않고 끝까지 말꼬리를 잡고 늘어지거나(예를 들어, '몇 시 몇 분에 하라고 했는데요?') 분노를 참지 못하고 문을 부수는 등의 행동을 보인다고 했다. 특히 태진이는 자신의 문제를 모두 모의 탓을 하며 모를 비난하고 있다.

출처: 저자의 상담 사례.

적대적 반항장애(oppositional defiant disorder)는 어른의 말을 잘 따르지 않고, 적대적이고, 거부적이며, 반항적인 행동이 주 특성으로 나타나는 장애다. DSM-5에서는 이 장애가 분노하며 짜증 내는 기분, 논쟁적이고 반항적인 행동, 복수심의 3가지 핵심 증상을 가지고 있다고 한다.

적대적 반항장애를 가진 아동들은 어른들의 지시에 불응하는 경우가 많고, 왜 그래야 하는지 따지는 경우가 많아서 버릇없는 아이 또는 인성이 나쁜 아이로 치부되기도 한다. 또한 항상 화가 나 있고, 언어적으로 논쟁하기를 좋아하며, 규칙을 지키거나 지시에 응하지 않고, 자신이 부당한 대우를 받았다고 생각되면 반드시 같은 방법으로 타인을 괴롭히는 경우가 많다. 적대적 반항장애 아동들은 이러한 행동 특성 때문에 항상 주변 사람들과 갈등을 유발하고, 또래관계가 원만하지 않으며, 부모님

그림 14-4 적대적 반항장애를 가진 아동의 동물 가족화

과도 항상 갈등을 경험한다.

적대적 반항장애는 ① 분노하며 짜증 내는 기분, 논쟁적이고 반항적인 행동, 악의적인 복수심의 3가지 범주의 8가지 중에서 4개 이상의 증상이 6개월 이상 나타나고, ② 이로 인해 부적응적 증상들이 초래되거나 주변 사람들(예: 가족, 또래 집단, 직장 동료)이 고통을 받을 경우에 진단된다.

적대적 반항장애의 진단 기준(DSM-5)
1. 분노/짜증 내는 기분, 논쟁적/반항적 행동, 악의적인 복수심의 3가지 범주의 8가지 중에서 4개 이상의 증상이 최소한 6개월 이상 지속되는 행동 양상. 이러한 행동이 형제자매가 아닌 최소한 한 사람 이상의 상호작용에서 나타난다. 2. 이러한 행동 장해가 가까운 사회적 환경(예: 가족, 또래집단, 직장 동료)에 있는 개인이나 다른 사람들에게 고통을 주거나 사회적, 교육적, 직업적 또는 다른 중요한 기능 영역에 부정적인 영향을 미친다. 3. 이러한 행동이 정신증, 물질 사용, 우울 또는 양극성 장애의 경과 중에만 나타나는 것은 아니어야 한다. 또한 파괴적 기분조절곤란 장애의 기준에 부합되지 않아야 한다.

적대적 반항장애의 유병률은 2~13% 사이에서 발생하는 것으로 나타나고 있다(Bufferd et al., 2011; Egger et al., 2006; Lavigne et al., 2009). 이 장애는 여아보다 남아에게서 더 일반적인 것으로 보고되고 있다(American Psychiatric Association, 2013). 보통 증상이 발병하는 시기는 3세부터 시작이 되기도 하지만, 평균 발병 시기는 8세 무렵이다(김청송, 2015).

2) 적대적 반항장애의 원인

적대적 반항장애의 원인은 간헐적 폭발성장애의 원인과 비슷하다. 그 원인을 살펴보면 다음과 같다.

첫째, 적대적 반항장애를 가진 아동들은 유전적으로 좌절에 참는 인내력이 부족하고, 충동적이며, 통제력이 약하게 태어났다. 이러한 기질적 요인은 부모로부터 물려받았을 가능성이 높은데, 적대적 반항장애를 가진 아동의 부모가 ADHD, 반사회성 인격장애, 기분장애, 물질 관련 및 중독 장애의 병력이 있는 경우가 많다.

둘째, 적대적 반항장애를 가진 아동들은 부모에게 충분히 공감 및 지지를 받지 못하는 경우가 많다. 어린 시절부터 모에게 적절한 양육을 받지 못해 모와 불안정 애착을 형성하게 되면 세상에 대한 불신감을 가지고, 이러한 기본적 불신감이 다른 성인들에게도 나타난다고 할 수 있다.

셋째, 적대적 반항장애를 가진 아동의 문제는 그들의 가정 환경이 원인으로 작용하기도 한다. 부모가 아동에게 일방적인 지시, 통제, 심한 체벌을 하는 잘못된 훈육 방법을 사용하거나 가정불화, 이혼, 학대 등의 가정 환경이 아동의 반항심을 키워서 적대적 반항장애를 유발하기도 한다.

3) 적대적 반항장애의 치료

적대적 반항장애를 가진 아동들은 기본적으로 사람에 대한 불신감이 깊기 때문에 심리치료에서 상담자와 안정적인 신뢰관계를 형성하는 것이 매우 중요하다. 안정애착을 재형성함으로써 자신이 있는 그대로 수용되고 존중되는 경험을 통해 타인에 대한 분노나 반항심을 줄일 수 있다. 이와 더불어 자신의 감정이나 욕구를 분명한 언어로 전달하도록 돕는 의사소통 훈련과 적절한 대인관계 경험을 위해 규칙을 지키고, 타인의 욕구과 감정을 인식하도록 돕는 사회기술훈련이 병행되어야 한다. 이를 위해 다양한 매체를 활용한 치료가 도움이 될 것이다. 특히 사회적 상황을 따르고 규칙을 지키도록 돕기 위해서는 게임 놀이치료가 효과적이라고 할 수 있다.

적대적 반항장애를 가진 아동은 특히 부모와 갈등을 경험하는 경우가 많은데, 이런 경우에 부모는 아동에게 일방적인 권위를 보임으로써 양육을 하거나 심한 체벌과 같은 적절하지 못한 훈육 방법을 사용했을 것이다. 그렇기 때문에 적대적 반항장애를 가진 아동을 치료하기 위해서는 부모교육이 필수적이라고 할 수 있다. 부모교육을 통해 올바른 부모 역할, 양육 방법, 훈육 방법, 의사소통 기술을 교육해서 부모가 제대로 된 역할을 하도록 도와야 한다.

4) 적대적 반항장애를 가진 아동의 상담 사례

본 사례는 담임 선생님의 지시에 불응하는 적대적 반항장애를 가진 재성(가명)이가 상담을 통해 변화해 가는 과정을 간단하게 정리한 내용이다.

어른들이 다 미운 재성이

① 내담아동의 인적사항 및 의뢰 동기

재성이(만 9세, 남)는 유치원 때까지는 크게 문제를 일으키지 않고 잘 적응했으나, 초등학교에 입학한 이후부터 문제행동이 나타나기 시작했다. 특히 초등학교 1학년 급식 시간에 재섭이가 실수로 친구를 밀어서 넘어뜨렸는데, 그 일로 인해 피해 아동의 어머니가 재성이를 학교폭력으로 신고해서 곤란한 상황을 경험하게 되었다. 그 이후, 재성이는 학교에서 오히려 더 돌발 행동이나 공격적인 행동을 자주 보이게 되었고, 이를 지적하거나 말리는 담임 선생님에게 반항하는 행동이 나타났다. 재성이가 초등학교 2학년 때 상담을 시작했는데, 2학년 때는 담임 선생님이 재성이의 이야기를 충분히 잘 들어주고 격려하는 등 긍정적인 피드백을 많이 해 주어서 문제행동이 많이 줄어 잘 적응하는 것으로 보였다. 그러나 3학년이 된 재성이는 학기 초에는 담임 선생님의 말에 잘 따르는 모습을 보였으나 곧 선생님의 지시에 응하지 않고 마음대로 교실을 이탈하는 등의 문제행동을 다시 보이기 시작했다. 재성이의 행동은 특히 담임 선생님과의 관계에서 심하게 나타났는데, 담임 선생님이 재성이의 잘못을 지적하면 "그래서 어쩌라고요."라는 말로 대들거나, 모둠 활동 규칙을 지키지 않고 마음대로 하거나, 때로는 친구와 약간 부딪힌 일로 때린 것이라며 폭력을 행사하는 행동이 수시로 나타났다. 이러한 재성이의 행동 때문에 담임 선생님과의 갈등으로 상담에 의뢰되었다.

② 주 호소문제

재성이의 주 호소문제는 담임 선생님에 대한 반항적인 태도와 친구들과의 잦은 다툼이다.

③ 문제의 원인

재성이의 모는 재성이를 어린 시절부터 엄격하게 양육했다고 한다. 모가 불안이 높고 타인에게 피해를 주는 것을 싫어해서 항상 재성이를 지적하고 나무라고 "하지 마!"라는 말을 많이 했다고 한다. 이러한 모의 양육 방법으로 볼 때, 재성이는 모와 안정적인 애착을 형성하지 못하고 타인에 대해 불신을 가졌을 것으로 생각된다. 또한 재성이는 어린 시절부터 약간 산만하고 충동적인 행동을 보였는데, 이러한 행동 특성으로 인해 부정적인 피드백을 부모뿐만 아니라 유치원 선생님에게도 자주 들어와서 더욱 타인에 대한 불신과 반항심이 깊어진 것으로 보인다. 2학년 때는 담임 선생님과 안정적인 애착을 형성해서 문제행동이 나타나지 않았지만, 3학년 때는 담임 선생님이 학기 초에 재성이를 심하게 나무라고 다른 아이와의 다툼에서 재성이의 말을 들어주지 않아서 담임 선생님에 대한 반항심을 가지게 되어 문제행동이 다시 나타나게 된 것으로 보인다.

④ 치료

- 초기: 재성이는 상담자를 처음 만났을 때에도 상담자에 대해서 불신하고 반항하는 눈빛이었다. 상담자가 재성이에게 놀이치료실에 들어가서 하고 싶은 놀이가 있는지 물었지만, 대답하지 않고 딴짓을 했으며, 눈을 쳐다보지도 않고 마음대로 놀잇감을 꺼내 오는 행동을 보였다.
- 중기: 이러한 재성이의 행동은 상담장면에서 다양한 놀이를 통해 충분히 분노감정을 표현하고, 공감, 수용 받는 경험을 하자 점차 개선되었다. 또한 부루마불, 도둑잡기 등의 다양한 보드게임을 통해 규칙을 지키고 자신의 실수나 패배를 인정하고 수용하는 연습을 하였고, 그로 인해 학교에서 모둠 활동을 할 때 다른 아이들과의 갈등이 줄었고, 돌발 행동 없이 수업에 참여하는 것이 가능해졌다. 담임 선생님의 지시나 지적에도 이전보다는 공격적이고 반항적인 행동이 많이 줄었고, 어느 정도 담임 선생님의 말을 수용하고 따르는 모습을 보였

다. 이와 더불어 부모교육을 통해 재성이에게 모의 감정을 솔직하게 전달하는 의사소통 훈련과 올바른 훈육 방법을 교육하였고, 무엇보다도 재성이에 대한 모의 불안을 줄이는 데 시간을 할애하여 모가 재성이의 행동에 스트레스를 덜 받고 적절하게 대처할 수 있도록 도왔다.

• 후기: 4학년에 올라가서도 재성이의 개선된 행동이 잘 유지가 되어서 종결을 하였다.

4. 틱장애를 가진 아동

1) 틱장애의 특징

범준(만 9세, 남)이는 갑자기 숨을 죽이며 중얼거렸고, 어머니는 이것이 정신병이 될지도 모른다는 걱정 때문에 병원을 찾았다. 유치원 선생님의 보고에 의하면, 범준이는 다른 아이들보다 더 주의를 주어야만 하는 힘든 아이였다고 한다. 범준이의 이러한 주의력 문제는 초등학교에 들어가서도 계속되었다. 범준이는 초등학교 입학 후부터 눈을 깜박이고, 머리와 목을 빠르게 움직이고, 어깨를 들썩거리기 시작했다. 이러한 동작은 시도 때도 없이 나타났다. 1년 전부터는 이러한 동작을 보이면서 '중얼거리는 소리'를 내기 시작했고, 부모가 그만두라고 야단을 치면 잠시만 조용할 뿐 다시 시작되었다. 마침내 중얼거리는 소리는 점점 커졌고, 여러 가지 욕도 들어 있었다. 범준이는 이러한 문제로 인해 학교에서 친구들로부터 놀림을 받고 있었다.

출처: 김청송(2015)에서 인용.

틱장애(tic disorder)는 자신이 원하지도 않고 의도하지도 않았는데 자신도 모르게 눈, 얼굴, 목, 입, 어깨, 팔, 다리 등을 빠르게 반복적으로 움직이거나 갑자기 이상한 소리를 내는 행동을 반복하는 것이다. 틱장애에는 두 가지 증상이 있다. 주로 행동으로 나타나는 운동틱(motor tic)과 소리로 나타나는 음성틱(vocal tic)이다. 운동틱은 눈 깜빡이기, 얼굴 찡그리기와 같이 하나의 근육 집단이 수축되어 나타나는 단순 운동틱(simple motor tic)과 고개 끄덕이며 코 찡그리기 등과 같이 여러 근육 집단의 수축과 관련지어서 나타나는 복합 운동틱(complex motor tic)으로 구분된다. 음성틱 또한 헛기침하기 등과 같은 한 가지 소리만 내는 단순 음성틱(simple vocal tic)과 특정 문장을 반복해서 말하거나 욕하기 등과 같은 복합 음성틱(complex vocal tic)으로 나뉜다.

일반적으로 틱장애를 가진 아동들은 불안, 긴장, 스트레스, 흥분 상황에서 증상이 더욱 심해지고 마음 편한 활동을 할 때에는 증상이 감소한다. 이러한 틱 증상은 일시적으로 생겼다가 사라지기도 하고, 사라졌다가 다시 나타나기도 하지만, 오랫동안 지속될 경우에는 우울증이나 불안, 학습장애, 또래관계 곤란 등 다양한 문제를 가질 수 있다.

이러한 틱장애는 증상의 특성에 따라 투렛장애과 지속성 운동 또는 음성 틱장애, 일시성 틱장애로 구분된다.

(1) 투렛장애

투렛장애(Tourett's disorder)는 여러 가지 운동틱과 한 가지 이상의 음성틱이 1년 이상 지속적으로 나타나는 것이다. 투렛장애는 운동틱과 음성틱이 동시에 나타나기도 하고, 운동틱이 나왔다가 다시 음성틱이 나타나기도 한다. 투렛장애는 틱장애의 종류 중에서 가장 심각한 유형에 속하기 때문에 치료가 쉽지 않고 예후가 좋지 않은 특성이 있다.

(2) 지속성 운동 또는 음성 틱장애

지속성 운동 또는 음성 틱장애(persistent motor or vocal tic disorder)는 운동틱 또는 음성틱 중에 한 가지의 틱 증상이 1년 이상의 기간 동안 거의 매일 또는 간헐적으로 하루에도 몇 차례씩 나타나는 것이다. 지속성 틱장애의 경우에는 투렛장애와 달리 운동틱과 음성틱이 함께 나타나지 않는다.

(3) 일시성 틱장애

일시성 틱장애(provisional tic disorder)는 운동틱이나 음성틱이 일시적으로 나타나는 것이다. 일시성 틱장애는 한 가지 또는 여러 가지의 운동틱이나 음성틱이 최소 4주 동안 거의 매일 하루에 수시로 나타나지만 이 기간이 1년을 넘지 않는 경우다.

틱장애의 진단 기준(DSM-5)
틱은 갑작스럽고, 빠르고, 반복적이고, 비율동적인 운동 움직임 또는 음성이다. * 투렛장애 1. 여러 가지 운동틱과 1가지 이상의 음성틱이 반드시 동시에 나타나지는 않더라도 장애의 경과 중 일부 기간 동안 나타난다. 2. 틱은 흔히 나빠지거나 좋아질 수 있지만, 처음 틱이 나타난 이후 1년 이상 지속되어야 한다. * 지속성(만성) 운동 또는 음성 틱장애 1. 1가지 또는 여러 가지의 운동 또는 음성틱이 장애의 경과 중에 존재하지만, 운동틱과 음성틱 둘 다 나타나는 것은 아니다. 2. 틱은 흔히 나빠지거나 좋아질 수 있지만, 처음 틱이 나타난 이후 1년 이상 지속되어야 한다. * 일시성 틱장애 1. 1가지 또는 여러 가지의 운동틱 또는 음성틱이 있다. 2. 틱이 처음 발병한 지 1년 미만이다.

틱장애는 아동들에게 흔하게 나타나고, 특히 일시적인 틱증상이 가장 흔하게 나타난다. 보통 7~11세에 가장 많이 나타나고, 전체 아동의 10~20%가 일시적인 틱증상을 경험하는 것으로 나타났다(김청송, 2015). 틱장애는 여아보다 남아에게서 더 흔하게 보고되는 장애다.

2) 틱장애의 원인

틱장애는 다양한 원인으로 발생할 수 있는데, 여기서는 틱장애의 유형에 따른 원인을 살펴보도록 하겠다.

(1) 투렛장애의 원인

투렛장애의 원인으로는 유전적 요인을 들 수 있다. 많은 연구의 결과를 보면, 투렛장애와 지속성 틱장애가 동일한 가족 내에서 흔히 발생한다는 점, 투렛장애를 가진 어머니의 자녀 중 아들에게서 투렛장애가 나타나는 비율이 높다는 점, 쌍둥이 연구에서 일란성 쌍둥이에서의 일치율이 이란성의 경우보다 현저하게 높다는 점 등으로 보아 투렛장애의 발생이 유전적인 영향을 받는다는 것을 보여 준다.

투렛장애의 또 다른 원인으로는 뇌의 구조적 또는 기능적 이상, 뇌의 생화학적 이상, 호르몬의 이상, 임신 및 출산 과정에서의 뇌손상 등이 있다(김청송, 2015).

(2) 지속성 운동 또는 음성 틱장애의 원인

지속성 운동 또는 음성 틱장애의 원인은 투렛장애와 유사하게 유전적 요인에 의해서 발생한다. 쌍둥이 연구에서 일란성 쌍둥이가 이란성 쌍둥이보다 더 높은 일치율을 보였다(권석만, 2014).

(3) 일시성 틱장애의 원인

일시성 틱장애의 원인은 신체적인 요인과 심리적인 요인, 또는 이 두 가지의 원인이 복합적으로 작용해서 발생한다.

신체적인 요인에 의해서 발생한 틱장애는 점점 증상이 심화되어서 투렛장애로 발전하는데, 대부분 유전적인 요인에 의한 것이기 때문에 가족력이 있다는 특징이 있다.

심리적인 요인에 의한 틱장애는 심리적으로 불안하거나 긴장될 때, 스트레스가 심할 때 나타났다가 자연스럽게 사라지기도 하지만, 틱장애를 유발하는 불안이나 긴장, 스트레스 환경이 변하지 않고 지속될 경우에는 증상이 더욱 악화된다.

3) 틱장애의 치료

틱장애의 효과적인 치료는 다음과 같다.

투렛장애와 심각한 수준의 지속성 운동 또는 음성 틱장애에는 약물치료가 가장 효과적이다. 도파민 억제제가 틱 증상을 감소시킨다는 연구결과들이 많이 있다.

행동을 수정하는 행동치료도 틱장애 치료에 유용하게 적용될 수 있다. 틱장애가 뚜렷하게 드러나는 행동상의 문제가 있기 때문에 그러한 틱 증상이 나타날 때 다른 긍정적인 행동으로 대체하는 훈련인 습관반전법과 같은 행동 훈련을 지속적으로 하는 것도 증상의 완화에 도움이 된다. 그 외에 틱 증상이 나타나기 전의 심리적 불안이나 긴장 상태를 완화하는 긴장이완훈련도 틱 증상의 감소에 도움이 된다.

일시적 틱장애의 경우에는 가벼운 틱 증상이 나타났다가 자연스럽게 사라질 수 있으므로 그냥 두면 된다. 그러나 증상이 심할 경우에는 심리적 불안이나 긴장을 감소시키는 심리치료가 도움이 된다. 또한 일시적 틱장애를 가진 아동들은 자신도 모르게 그러한 증상이 나타나는 것이기 때문에 아동의 증상에 대해서 지적하거나 혼을 내면 안 된다는 것을 부모교육을 통해 알려 주어야 한다.

지속성 운동 또는 음성 틱장애도 이러한 증상 때문에 불안이 심해지고 우울장애가 수반된다면 불안과 우울장애에 대한 심리치료가 진행되어야 한다.

4) 틱장애를 가진 아동의 상담 사례

본 사례는 틱장애를 가진 현우(가명)가 상담을 통해 틱 증상을 완화해 가는 과정을 간단하게 정리한 내용이다.

나도 모르게 몸이 움직여지는 현우

① 내담아동의 인적사항 및 의뢰 동기

현우(만 12세, 남)는 조용하고 소극적인 성격이다. 그래서 학교에서도 말이 별로 없고, 조용히 지내고, 선생님이 지시한 일은 한 번도 어기지 않고 다하는 편이다. 현우는 고개를 끄덕이거나 헛기침을 하는 틱 증상이 4학년 때부터 있어 왔는데, 평소에는 그 증상이 심하지 않다가 발표를 하거나 주목을 받는 상황이 되면 증상이 심해져서 오히려 더 큰 이목을 끌게 된다. 집에서도 숙제를 하거나 무언가에 몰두할 때 이러한 증상이 더욱 심하게 나타난다. 틱 증상 때문에 약물을 복용 중이며, 약물만으로는 증상이 호전되지 않아서 상담을 받게 되었다.

② 주 호소문제

현우의 주 호소문제는 주목을 받는 긴장된 상황에서 지속적으로 나타나는 틱 증상이다.

③ 문제의 원인

현우는 두 아들 중 둘째로, 형과 나이 차가 많이 난다. 현우의 부모님은 가게를 운영하시느라 평소에 현우에게 많은 신경을 쓰지 못하는 편이다. 이런 가정 환경에서 현우는 어릴 때부터 주로 혼자 지내는 경우가 많아 다른 사람들과 관계하는 경험을 충분히 하지 못했다. 또한 현우의 부모님도 소극적이고 타인에게 피해를 주는 것을 극도로 싫어하는 성향으로, 현우를 사랑하지만 충분한 관심을 표현해 주지 못했고, 현우가 무언가를 하려고 하면 금지하거나 제지하는 경우가 많았다. 이러한 훈육 때문에 현우는 자신이 하고 싶은 것을 마음 편하게 하지 못하고, 무언가를 하려고 할 때에는 항상 긴장하면서 부모님의 눈치를 보는 경우가 많았다. 이러한 심리적 긴장, 불안이 현우의 틱 증상을 유발한 것으로 보인다.

④ 치료

- **초기**: 상담 초기에 현우는 치료실에서 게임을 할 때 자신이 원하는 것을 선택하기보다는 상담자가 원하는지를 먼저 살피는 편이었고, 상담자의 눈치를 볼 때면 어김없이 심한 틱 증상이 나타났다. 상담 초기에 현우는 상담자와 상호작용하는 놀이보다는 주로 혼자놀이를 많이 선택하는 편이었는데, 모래놀이나 아이클레이로 무언가를 만드는 놀이를 주로 하였다.
- **중기**: 편안한 환경에서 자신이 하고 싶은 것을 방해받지 않고 집중할 때에는 틱 증상이 줄어드는 편이었다. 모래놀이나 아이클레이를 통해서 충분히 긴장과 불안을 해소하자 틱 증상의 빈도와 강도가 점차 줄어들었다. 다양한 놀이 경험을 통해 불안과 긴장이 어느 정도 해소되고 나자 현우는 상담자와 같이 상호작용할 수 있는 보드게임을 선택했다. 보드게임을 할 때 처음에는 실패하거나 졌을 때 틱 증상이 증가하는 모습을 보였으나 놀이의 반복을 통해 부정적인 감정을 수용하는 것이 가능해지자 틱 증상이 다시 줄어들었다. 이와 더불어 틱 증상이 나타나기 전의 현우의 긴장과 불안을 탐색하고, 그러한 감정이 나타날 때 심호흡이나 숫자 세기 등의 긴장을 이완하는 연습을 지속적으로 실시하였다. 부모상담에서는 현우의 억압된 자율성을 회복시키는 것이 중요한 이유를 설명하여 현우가 원하는 것을 스스로 선택해서 충분히 허용될 수 있도록 도움을 주었다.
- **후기**: 현우는 학교와 가정에서 틱 증상이 남아 있기는 하지만 정도와 빈도가 이전보다는 현저하게 줄어들었고, 현우도 이 정도면 견딜 수 있고 스스로 통제할 수 있을 것이라고 보고해서 상담을 종결하였다.

5. 배설장애를 가진 아동

1) 배설장애의 특징

엠버(Amber, 만 9세, 여)는 일주일에 2~3회 정도 밤에 오줌을 싸는 문제로 의뢰되었다. 게다가 그녀는 학교에서도 자주(하루에 3~4번 정도) 화장실을 가야 했다. 이러한 엠버의 행동은 담임 선생님을 수시로 성가시게 했다. 한번은 엠버가 화장실을 때맞춰 가지 못해 바지를 약간 적신 적도 있다. 다행히 이것이 눈에 띌 만한 것은 아니었으나 엠버는 이 사건에 대해 당혹해하면서 앞으로 있을 수 있는 곤란함을 줄이기 위해 화장지 뭉치를 그녀의 속옷에 넣어 두고 있었다. 엠버의 이러한 소변 문제는 작년부터 시작되었는데, 처음에는 '이따금' 오줌을 쌌으나 그 빈도가 점점 증가하게 되면서 부모님이 걱정을 하고 있다. 엠버 또한 자신의 이러한 문제 때문에 학업에 집중하지 못해 성적이 갈수록 떨어지고 있다.

출처: Kearney (2003)에서 인용.

배변 훈련을 끝낸 유아는 대소변을 가리게 되었다고 하더라도 한 번씩 오줌을 싸거나 대변을 지릴 수 있다. 그러나 배변 훈련이 끝나고 충분히 자력으로 대소변을 가릴 수 있는 나이의 아동이 대소변을 가리지 못해 자주 실수를 하는 것은 이상행동이라고 볼 수 있다.

(1) 유뇨증

유뇨증(enuresis)은 배변 훈련이 끝나고 소변을 가려야 하는 연령인 5세 이상의 아동이 신체적인 이상이 없는 데도 불구하고 옷이나 침구에 소변을 보는 것이다. 유뇨증은 잠을 자는 밤에만 나타나는 야뇨증(nocturnal enuresis)과 낮에만 나타나는 주뇨증(diurnal enuresis), 밤과 낮의 구분 없이 나타나는 주야간형 유뇨증으로 나뉜다.

유뇨증은 소변 가리기를 한 번도 제대로 하지 못한 일차성 유뇨증(primary enuresis)과 일정 기간 동안 소변을 잘 가리다가 다시 가리지 못하게 되는 이차성 유뇨증(secondary enuresis)이 있다. 일차성 유뇨증은 5세가 될 때까지 한 번도 소변을 제대로 가리지 못한 것이고, 이차성 유뇨증은 5세 이후의 연령에서 언제든지 나타날 수 있다.

유뇨증은 그 자체로도 문제가 될 수 있지만, 유뇨증으로 인해 놀림을 받아 발생하는 낮은 자존감, 대인관계에서의 어려움, 다른 사회적 참여가 제한되어 사회 기술의 습득이 부족한 것과 같은 이차적 문제가 발생할 수 있다.

(2) 유분증

유분증(encopresis)은 배변 훈련이 끝나고 대변을 가려야 하는 연령인 4세 이상의 아동이 신체적인 이상이 없는 데도 불구하고 옷이나 침구, 바닥 등 적합하지 않은 장소에 대변을 보는 것이다.

유분증은 유뇨증과 마찬가지로 대변 가리기를 한 번도 제대로 하지 못한 일차성 유분증(primary encopresis)과 일정 기간 동안 대변을 잘 가리다가 다시 가리지 못하게 되는 이차성 유분증(secondary encopresis)이 있다.

유분증도 그 자체로도 문제가 될 수 있지만, 유뇨증과 동일하게 유분증으로 인해 놀림을 받아 발생하는 낮은 자존감, 대인관계에서의 어려움, 다른 사회적 참여가 제한되어 사회적 기술의 습득이 부족한 것과 같은 이차적 문제가 발생할 수 있다.

유뇨증은 ① 비의도적이든 의도적이든 침구나 옷에 소변을 보고, ② 이러한 행동이 연속적으로 3개월 이상 매주 2회 넘게 일어나며, ③ 연령이 5세 이상일 경우에 진단된다.

유분증은 ① 비의도적이든 의도적이든 적절치 않는 곳(예: 옷, 마루)에 대변을 보고, ② 이러한 행동이 최소한 3개월 이상 매달 1회 넘게 나타나며, ③ 4세 이상일 경우에 진단된다.

배설장애의 진단 기준(DSM-5)

유뇨증의 진단 기준

1. 불수의적이든(비의도적이든) 의도적이든, 침구나 옷에 반복적으로 소변을 본다.
2. 이러한 행동이 최소한 연속적으로 3개월 이상 매주 2회 넘게 일어나거나 또는 사회적, 학업적(직업적), 또는 다른 중요한 기능 영역에서 임상적으로 심각한 고통이나 손상을 초래한다.

유분증의 진단 기준

1. 불수의적이든(비의도적이든) 의도적이든, 적절치 못한 곳(예: 옷, 마루)에 반복적으로 대변을 본다.
2. 이러한 행동이 최소한 3개월 이상 매달 1회 넘게 나타난다.

유뇨증은 5세 아동에서 5~10%, 10세 아동에서 3~5%의 유병률을 보인다. 유뇨증은 여아보다 남아에게서 더 많이 나타나며, 유뇨증이 있는 아동 중에는 발달장애를 보이는 아동의 비율이 일반 아동보다 높게 나타났다.

유분증은 5세 아동에게서 1%의 유병률을 보인다. 유뇨증과 마찬가지로 여아보다 남아에게서 더 많이 보고되었다.

2) 배설장애의 원인

(1) 유뇨증의 원인

유뇨증은 배뇨기관이 나이에 비해 성숙하지 않을 경우에 나타날 수 있다. 또한 방광 기능의 약화로 통제가 잘 되지 않을 때도 발생한다.

유뇨증은 생물학적 요인보다 심리적 요인에 의해서 더 자주 발생한다. 유뇨증은 주로 극도로 심한 스트레스 상황에 놓여 있거나 심리적으로 불안하거나, 긴장의 수준이 높으면 나타날 수 있다. 아동에게 불안이나 긴장, 스트레스를 유발하는 환경 상황은 다양하다. 지시, 통제적인 훈육, 엄격한 대소변 훈련, 가족 간의 갈등, 부모의 이혼, 동생의 출생, 전학, 이사 등이 있다.

(2) 유분증의 원인

유분증은 주로 심리적인 요인에 의해서 발생한다. 아동에 대한 부모의 대소변 가리기 훈련 과정이 일관성이 없거나, 발달단계에 맞지 않게 시기가 부적절하거나, 지나친 강요가 있었을 경우에 일차성 유분증이 발생할 수 있다. 이차성 유분증은 유뇨증의 심리적인 요인과 유사하게 다양한 환경 변화나 문제에 의해서 발생할 수 있다.

3) 배설장애의 치료

(1) 유뇨증의 치료

유뇨증의 치료를 위해서는 우선 원인이 어디에 기인하는가를 정확하게 파악하는 것이 중요하다. 유뇨증이 생물학적인 요인에 의해서 발생하는지 알기 위해 먼저 비뇨기과의 검진이 선행되어야 한다. 검사 결과 생물학적인 요인에 의한 유뇨증이면 약물치료나 배뇨기관의 치료를 우선적으로 실시해야 한다.

유뇨증의 원인이 심리적인 요인에 의한 것이면 아동의 불안이나 긴장감을 해소해 주는 심리치료가 필요하다. 다양한 놀이치료, 미술치료, 음악치료, 이야기치료, 모래놀이치료 등을 활용하여 아동의 내적 긴장과 불안을 해소해 줌과 동시에 부모에게 아동의 문제행동을 적절하게 다룰 수 있는 다양한 기술을 가르쳐야 한다.

유뇨증도 분명히 드러나는 문제행동이 있기 때문에 행동적 치료가 도움이 된다. 방광 조절 훈련을 통해 낮 동안에는 가능한 한 오랫동안 소변을 참게 하고, 잠자리에 들기 전에는 되도록 수분 섭취를 제한하는 것이 좋다. 또한 잠자리 요에 전자식 경보 장치를 설치해서 소변이 한 방울이라도 떨어지면 즉시 경보가 울려 아동이 잠에서 깨도록 하는 방법도 효과적이다.

(2) 유분증의 치료

유분증은 주로 심리적인 요인에 의해서 발생하기 때문에 아동의 심리 상태를 정확하게 파악하는 것이 중요하다. 다양한 치료기법을 통해 유분증을 가진 아동의 내적 긴장과 불안, 분노 등의 감정 해소를 돕고, 부모교육을 통해 아동의 유분증 증상에 대해 엄하고 체벌적인 훈육보다는 격려, 지지하는 방법을 교육하고, 아동을 이해하도록 도와야 한다.

유분증도 명백히 보이는 행동상의 문제를 가지고 있기 때문에 행동수정기법이 증상의 감소에 도움이 된다. 하루에 일정한 시간을 정해서 변기에 앉는 연습을 시키고, 변을 봤을 때 적절하게 강화하는 토큰 경제 방법도 도움이 된다. 변비가 있는 아동이라면 변비 증상이 호전되면 유분증도 같이 감소할 수 있기 때문에 변비를 먼저 치료한 후 행동 수정으로 유분증 증상을 다루는 것도 도움이 된다.

4) 배설장애를 가진 아동의 상담 사례

본 사례는 학대로 인해 유뇨증을 가진 예빈(가명)이가 상담을 통해 증상을 완화해 가는 과정을 간단하게 정리한 내용이다.

항상 옷에 소변을 보는 예빈이

① 내담아동의 인적사항 및 의뢰 동기

예빈(만 8세, 여)이는 조현병이 있는 모가 예빈이를 심하게 구타하는 일로 인해 모와 분리되어서 단기 쉼터에서 지내고 있다. 예빈이는 쉼터에서 지내는 동안 지속적으로 낮 시간에 옷에 소변 실수를 하는 일이 발생했다. 하루에 3~4번을 옷에 소변 실수를 해서 사회복지사 선생님이 곤란해하였다. 또한 밤에도 1주에 1~2번 정도 소변 실수를 해서 같이 쉼터에서 지내는 다른 아동들에게도 피해를 주고 있어 상담에 의뢰되었다.

② 주 호소문제

예빈이의 주 호소문제는 보호시설에서 보이는 빈번한 유뇨 증상이다.

③ 문제의 원인

예빈이는 지체장애인 아버지와 조현병이 있는 어머니 사이에서 태어났다. 아버지는 예빈이를 적절하게 양육하지 못하는 상태이고, 주로 어머니가 예빈이를 양육했다. 예빈이의 어머니는 조현병이 있지만 평소에는 무난하게 지내나 증상이 발병하면 예빈이를 신체적으로 학대했다. 발로 밟거나 빗자루 등으로 사정없이 때리는 등 지속적으로 학대를 했다. 그러나 아무도 이러한 상황을 몰랐다가 예빈이가 심하게 맞은 것이 확인이 된 후 아동학대로 인해 모와 강제 분리가 되어서 쉼터에 들어오게 되었다. 어린 시절부터의 학대 경험으로 인해 예빈이는 심각한 불안과 긴장 상태였고, 이로 인해 자신의 신체 감각을 인식하지 못해 소변 실수를 지속적으로 하는 것으로 보인다.

④ 치료

- 초기: 예빈이가 처음 치료실에 왔을 때에는 심한 불안 상태였고, 온몸이 긴장하여 경직되어 있었다. 이러한 예빈이에게 불안과 긴장을 해소할 수 있도록 다양한 놀이치료를 제공하였다. 특히 예빈이는 핑거페인팅과 아이클레이를 만지는 것을 좋아했는데, 핑거페인팅과 아이클레이를 만지면서 충분히 긴장, 불안을

해소하였다.

- 중기: 상담 중기에는 예빈이가 자신의 신체 감각을 자각하도록 돕기 위해서 치료실에 들어오면 먼저 방광의 감각을 느껴 보고, 변의가 느껴지면 화장실을 다녀오고 그렇지 않으면 놀이를 하다가 중간중간에 다시 확인하는 것을 지속적으로 하였다. 보호시설에서 예빈이를 돌봐 주는 사회복지사 선생님에게도 이러한 예빈이의 상태를 설명 드린 후 주뇨증 증상이 나오면 어떻게 대처해야 하는지, 그리고 예빈이가 보호시설에서 불안을 덜 느끼도록 돕기 위한 방법들을 설명 드렸다. 예빈이의 불안과 긴장은 모와 함께 있는 것이 주 원인이었기 때문에 모와 분리된 상황이 오히려 예빈이에게는 불안과 긴장을 덜 느끼게 하여 치료의 효과가 비교적 빨리 나타났다.
- 후기: 상담을 받기 시작한 지 3개월 이후부터는 점차 주뇨증 증상이 1주일에 2~3번 정도로 감소했고, 야뇨증은 나타나지 않았다. 상담을 시작한 지 9개월 이후부터는 낮에도 소변 실수하는 일이 거의 사라졌고, 두 달에 한 번 정도로 나타났다. 또한 예빈이의 표정도 많이 밝아졌고, 보호시설에서도 잘 적응해서 상담을 종결하였다.

활동

1. ADHD를 가진 아동들이 시간이 경과함에 따라 반항장애나 품행장애로 발전하게 되는 이유는 무엇이라고 생각하는지 각자의 의견을 이야기해 봅시다.

2. 간헐적 폭발성장애를 가진 아동들은 자신의 분노 감정을 억제하지 못하고 폭발시키게 되는데, 분노 감정 이면에는 어떤 감정들이 있는지 각자의 의견을 이야기해 봅시다.

3. 외현화 문제에 속하는 ADHD, 적대적 반항장애, 간헐적 폭발성장애, 틱장애, 배설장애가 여아보다 남아에게서 더 빈번하게 발생하는 이유는 무엇이라고 생각하는지 각자의 의견을 이야기해 봅시다.

추천도서

1. 김광웅, 이영나 역(2009). 아이가 눈을 깜박거려요. 서울: 시그마북스.
2. 김유숙 외(2010). ADHD 아동 산만하고 충동적인 아이를 어떻게 도울 것인가?. 서울: 이너북스.
3. 윤나연 역(2012). ADHD는 병이 아니다. 서울: 전나무숲.
4. 전승로 역(2014). 욱하는 성질 죽이기. 서울: 다연.

참고문헌

〈제1장 아동상담의 이해〉

강문희(2014). 아동상담의 이론과 실제: 사례 중심. 경기: 공동체.
강문희, 손승아, 안경숙, 김승경(2007). 아동상담. 서울: 교문사.
고인숙, 이숙희(2013). 아동상담. 서울: 동문사.
김계현(1995). 카운슬링의 실제. 서울: 학지사.
김계현(1997). 상담심리학. 서울: 학지사.
김순혜(2003). 아동상담. 서울: 학지사.
김순혜(2004). 현대아동상담. 서울: 학지사.
김영숙(1993). 아동을 위한 상담이론과 방법. 서울: 교육과학사.
김영숙, 이재연(1993). 아동을 위한 상담이론과 방법. 서울: 교육과학사.
김춘경, 이수연, 이윤주, 정종진, 최웅용(2010). 상담의 이론과 실제. 서울: 학지사.
박성수(1986). 생활지도. 서울: 정민사.
이숙, 정미자, 최진아, 유우영, 김미란(2004). 아동상담. 서울: 양서원.
이순형, 민하영, 이소은, 이완정, 황혜신, 이강이, 이영미, 이혜승, 한유진, 권혜진, 성미영(2003). 아동복지 이론과 실천. 서울: 학지사.
이장호(1995). 상담심리학. 서울: 박영사.
이정림, 도남희, 오유정(2013). 영유아의 미디어 매체 노출실태 및 보호대책. 서울: 육아정책연구소.
이향숙, 박성옥, 정영선, 류진아, 황미영, 이기영, 서명원, 강은주(2011). 아동상담 이론과 기법. 경기: 양서원.

이형득(1984). 상담의 이론적 접근. 서울: 형설출판사.
최영희, 김영희, 심희옥, 심미경(2009). 아동상담. 서울: 창지사.
홍경자(2001). 상담의 과정. 서울: 학지사.

Bennett, W. (1993). *The index of leading cultural indicators.* Washington, D. C.: Empower America, Heritage Foundation, and Free Congress Foundation.
Brammer, L. (1988). *The helping relationship: Process and skills.* Englewood Cliffs, NJ: Prentice-Hall.
Brems, C. (1993). *A comprehensive guide to child psychotherapy.* Boston: Allyn & Bacon.
DeKraai, M. B., & Sales, B. (1991). Legal issues in the conduct of child therapy. In T. R. Kratochwill & R. J. Morris(Eds.), *Practice of Child Therapy* (pp. 441-458). New York: Pergamon Press.
Francke, L. B. (1983). *Growing up divorced: How to help your child cope with every stage-from infancy through the teens.* New York: Random House.
Gil, E. (1991). *The healing power of play*. New York: Guilford Press.
Gumaer, J. (1984). *Counseling and therapy for children.* 이재연, 서영숙, 이명조 공역(1997). 아동상담과 치료. 서울: 양서원.
Hilt, R. J. & Nussbaum, A. M. (2016). *DSM-5 pocket guide for child and adolescent mental health.* 강진령 역(2018). DSM-5 아동 · 청소년 정신건강 가이드북. 서울: 학지사.
Keat, D. B. (1990). Change in child multimodal counseling. *Elementary School Guidance and Counseling, 24*(4), 248-262.
Lampe, R., & Johnson, R. P. (1988). School counselors and ethical dilemmas. *TACD Journal, 16*, 121-124.
Lazarus, A. A. (1992). The multimodal approach to the treatment of minor depression. *American Journal of Psychotherapy, 86*(1), 50-56.
Martin, G. (1992). *Critical problems in children and youth*. 김혜숙 역(1997). 아동기와 청소년기 문제상담. 서울: 도서출판 두란노.
Pietrofesa, J. J., Pietrofesa, C. J., & Pietrofesa, J. D. (1990). The mental health counselor and duty to warn. *Journal of Mental Health Counseling, 12*(2), 129-137.
Thompson, C. T., & Rudolph, L. B. (1992). *Counseling children* (2nd ed). 김영숙, 이재연 역(1993). 아동을 위한 상담이론과 방법. 서울: 교육과학사.

〈제2장 아동상담의 이론적 모델〉

권석만(2017). 인간 이해를 위한 성격심리학. 서울: 학지사.

김춘경, 이수연, 이윤주, 정종진, 최웅용(2010). 상담의 이론과 실제. 서울: 학지사.

김춘경, 이수연, 이윤주, 정종진, 최웅용(2016). 상담학사전(1-5권). 서울: 학지사.

김춘경, 김숙희, 최은주, 류미향, 조민규, 장효은(2018). 성격심리학의 이해. 서울: 학지사.

노안영(2003). 성격심리학. 서울: 학지사.

박종수(2013). 분석심리학과 상담. 양명숙 외 공저, 상담이론과 실제. 서울: 학지사.

연문희, 이영희, 이장호(2007). 인간중심상담. 서울: 학지사.

이미리, 김춘경, 여종일(2019). 청소년 심리 및 상담. 서울: 학지사.

이부영(1999). 우리 마음 속의 어두운 반려자: 그림자. 서울: 한길사.

이부영(2006). 분석심리학. 서울: 일조각.

이죽내(1997). 분석심리치료. 윤순임 외 공저, 현대 상담심리치료의 이론과 실제. 서울: 중앙적성출판사.

이죽내(2005). 융 심리학과 동양사상. 서울: 하나의학사.

이형득(1987). 상담의 이론적 접근. 서울: 형설출판사.

정종진(2016). 분석심리학적 상담. 김춘경 외 공저, 상담의 이론과 실제. 서울: 학지사.

Adler, A. (1973a). *Der sinn des lebens.* Frankfurt/M: Vandenhoeck & Ruprecht.

Adler, A. (1973b). *Individualpsychologie in der schule. Vorlesungen fur Lehrer und Schuler.* Frankfurt/M: Vandenhoeck & Ruprecht.

Adler, A., Furtmueller, C., & Wexberg, E. (1973c). *Heilen und bilden*. Frankfurt/M: Springer Verlag.

Ansbacher, H. L., & Ansbacher, R. R. (Hg.). (1972). *Alfred adlers individualpsychologie*. Munchen/Basel: Reinhardt.

Arlow, J. A. (1989). Psychoanalysis. In R. J. Corsini (Ed.), *Current psychotherapies*. Itasca, IL: Peacock.

Bandura, A. (1977). *Social learning theory.* Englewood Cliffs, NJ: Prentice-Hall.

Casement, A. (2001). *Carl Gustav Jung*. 박현순, 이창인 역(2007). 칼 융. 서울: 학지사.

Corey, G. (2001). *The art of integrative counseling*. 현명호, 유제호 공역(2017). 상담 및 심리치료의 통합적 접근. 서울: 시그마프레스.

Ellis, A. (1991). The revised ABC's of rational-emotive therapy (RET). *Journal of Rational-Emotive and Cognitive-Behavior Therapy, 9*(3), 139-172.

Henggeler, S., & Borduin, C. (1990). *Family therapy and beyond: A multisystemic approach to treating the behavior problems of children and adolescents*. Pacific Grove, CA: Brooks/Cole.

Henggeler, S., Melton, G., & Smith, L. (1992). Family preservation using multisystemic therapy: An effective alternative to incarcerating serious juvenile offenders. *Journal of Consulting and Clinical Psychology, 60*, 953-961.

Henggeler, S., Schoenwald, S., & Pickrel, S. (1995). Multisystemic therapy: Bridging the gap between university-and community-based treatment. *Journal of Consulting and Clinical Psychology, 63*, 709-717.

Jacobi, J. (1971). *Complex, archetype, symbol in the psychology of C. G. Jung*. 유기룡, 양선규 공역(1986). **C. G. Jung 콤플렉스, 원형, 상징**. 대구: 경북대학교출판부.

Jaffe, A. (1962). *Erinnerungen traeume, gedanken von C. G. Jung*. 이부영 역(2012). **회상, 꿈 그리고 사상**. 서울: 집문당.

Jung, C. G. (1953). *Psychology and alchemy*, Volume 12. London: Routledge & Kegan Paul.

Jung, C. G.(1956). *Symbols of transformation*. Princeton, New Jersey: Princeton University Press.

Jung, C. G. (1958). *Answer to job*. Princeton, New Jersey: Princeton University Press.

Jung, C. G. (1960). *Psychology and religion*. 이은봉 역(2001). **심리학과 종교**. 서울: 창.

Jung, C. G. (1961). *Memories, dreams, reflections* (A. Jaffe, Ed., & R. G. Winston, Trans.). New York: Vintage Books.

Jung, C. G.(1968). *Man and his Symbols*. 정영옥 역(1995). **사람과 상징**. 서울: 도서출판 까치.

Landreth, G. L. (1991). *Play therapy: The art of the relationship*. Muncie, In: Accelerated Development Inc.

McClung, T. (2000). *Rational Emotive Therapy adapted for adolescent psychiatric inpatients*. Unpublished manual, West Virginia University School of Medicine.

Molnar, J. (2006). *Cognitive-behavior therapy for depressed girls: A qualitative analysis of the ACTION Program*. Unpublished dissertation.

Monnat, L. M. (2009). *Mechanisms of change in CBT for depressed early adolescent girls: Mediating effedcts of the congitive triad on cognitive interventions for depressie symptom*. Unpublished dissertation.

Pavlov, I. P. (1927). *Conditioned Reflexes*. London: Oxford University Press.

Rogers, C. R. (1951). *Client-centered therapy: Its current practice, implications and theory*.

Boston: Houghton Mifflin.

Rudd, M. D., Joiner, T. E., & Rajab, M. H. (2001). *Treating suicidal behavior: An effective, time-limited approach*. NY: Guilford Press.

Rychalk, J. F. (1981). Introduction to personality and psychotherapy (2nd ed.). Boston: Houghton Mifflin.

Scharf, R. (2013). *Theories of psychotherapy and counseling: Concepts and cases*. 천성문 외 역(2013). 심리치료와 상담이론: 개념 및 사례(5판). 서울: Cengage Learning.

Schultz, D. P., & Schultz, S. E. (2013). *Theories of personality* (10th ed.). Belmont, CA: Wadsworth.

Skinner, B. F. (1938). *The behavior of organisms: An experimental analysis*. New York: Appleton-Century-Company, Incorporated.

Skinner, B. F. (1976). *About behaviorism*. New York: Random House.

Stark, K. D., Simpson, J., Schnoebelen, S., Glenn, R., Hargrave, J., & Molnar, J. (2005). *ACTION workbook*. Ardmore, PA: Workbook Publishing.

Stark, K. D., Streusand, W., Arora, P., & Patel, P. (2012). Childhood depression: The ACTION treatment program. In P. C. Kendall (Ed.), *Child and adolescent therapy: Cognitive-behavioral procedures*. NY: Guilford Press.

Thibaudier, V. (2011). *100% Jung*. 김유빈 역(2018). 알기 쉬운 융 심리학 읽기. 서울: 학지사.

Watson, G. (1930). Happiness among adult students of education. *Journal of Educational Psychology, 21*(2), 79-109.

Wehr, G. (1969). *C. G. Jung*. 김현진 역(1999). 융. 서울: 한길사.

Wolpe, J. (1958). *Psychotherapy by reciprocal inhibition*. Stanford, CA: Stanford University Press.

〈제3장 아동상담 과정〉

김춘경(2004). 아동상담: 이론과 실제. 서울: 학지사.

정문자, 제경숙, 이혜란, 신숙재, 박진아(2016). 아동상담의 이해. 서울: 학지사.

Cohen, R. J., & Swerdlik, M. E. (2005). *Psychological testing and assessment: An introduction to tests and measurement* (6th ed.). New York: McGraw-Hill.

Dodds, J. B. (1985). *A child psychotherapy primer*. New York: Human Sciences Press.

McNeil, C. B., Eyberg, S., Hembree Eisenstadt, T., Newcomb, K., & Funderburk, B. (1991).

Parent-child interaction therapy with behavior problem children: Generalization of treatment effects to the school setting. *Journal of Clinical Child and Adolescent Psychology, 20*(2), 140-151.

Nugent, F. A. (1990). *An introduction to the profession of counseling*. Columbus, OH: Merrill.

O'Connor, K. J. (1991). *The play therapy primer: An integration of theories and techniques*. 송영혜, 윤지현 역(2001). 놀이치료 입문. 서울: 시그마프레스.

Talbott, J. A., Hales R. E., & Updofsky. S. C. (1988). *The American psychiatric press textbook of psychiatry*. Washington, D.C.: A Press, Inc.

〈제4장 아동상담의 주요 기법 및 유형〉

강소미(2010). 놀이치료의 모-치료자 관계가 놀이치료 만족도에 미치는 영향. 명지대학교 사회교육대학원 석사학위논문.

강정원, 홍기묵, 안지영(2014). **영유아 교사를 위한 아동상담**. 서울: 정민사.

강진령(2016). **상담기술**. 서울: 학지사.

김경원(2008). 놀이치료에 대한 어머니의 만족도 관계 변인. 대진대학교 대학원 석사학위논문.

김계현, 김창대, 권경인, 황매향, 이상민(2011). **상담학개론**. 서울: 학지사.

김광웅(2009). 놀이치료에서의 부모상담 실태 조사연구. **한국놀이치료학회지**, 12(1), 47-63.

김유숙(2006). **가족상담**. 서울: 학지사.

김춘경(2004). **아동상담**. 서울: 학지사.

남경화(1991). 유아교육기관의 놀이치료 사례. 교사를 위한 아동 놀이 치료 워크샵. **한국놀이치료학회 제1회 놀이치료 워크샵**.

도현심, 김민정, 신나나, 최미경, 박보경(2013). 아동문제행동 예방을 위한 부모교육 프로그램의 효과:부모존경-자녀존중 부모교육을 기초로. **아동학회지**, 34(3), 151-177.

박경애(2011). **상담심리학**. 경기: 공동체.

박경애, 양미진, 김혜영(1999). **학교상담실태 및 모형개발 연구**. 한국청소년상담복지개발원.

박랑규, 박응임, 안동현, 왕석순, 이숙, 이정숙, 장미경, 정승아, 정혜정, 조용범(2011). **아동심리치료학개론**. 서울: 학지사.

배경희, 한영란(2015). **가족상담의 기초**. 서울: 정민사.

손현동(2007). 학교상담 수퍼비전모형개발. 한국교원대학교 대학원 박사학위논문.

신숙재, 이영미, 한정원(2000). **아동 중심 놀이치료**. 서울: 동서문화원.

신현균(2014). **아동심리치료의 실제-심리장애별 치료**. 서울: 학지사.

위영희, 장현숙, 전숙영, 정윤주, 진미경, 한미현, 한유진(2016). 아동상담. 서울: 학지사.

유지영(2014). 초등학생의 학습된 무기력 감소를 위한 놀이중심 집단상담 프로그램의 개발 및 효과 검증. 경북대학교 대학원 박사학위논문.

이성한, 하연희, 이귀숙(2018). 아동상담. 서울: 지식공동체.

이장호, 금명자(2007). 상담연습교본. 서울: 법문사.

이장호, 김정희(1998). 집단상담의 원리와 실제. 서울: 박영사.

이형득 (1997). 상담의 이론적 접근. 서울: 형설출판사.

정문자(2007). 사티어 경험적 가족치료. 서울: 학지사.

정옥분, 정순화(2000). 부모교육: 부모역할의 이해. 서울: 양서원.

정지나, 한준아, 김지현, 김태은, 윤상인(2019). 부모교육. 서울: 양서원.

정혜정(2004). 가족치료의 태동과 발전과정에서 본 인식론의 변화에 관한 연구. 한국가족치료학회지, 12(1), 1-35.

조수철, 신민섭, 김붕년, 김재원(2014). 아동 · 청소년 임상면담. 서울: 학지사.

천성문, 이영순, 박명숙, 이동훈, 함경애(2017). 상담심리학의 이론과 실제. 서울: 학지사.

황성원, 김경희, 오승아, 조현주, 권정임(2010). 아동심리와 상담. 서울: 창지사.

Bandura, A. (1977). *Social learning theory*. Englewood Cliffs, NJ: Prentice-Hall.

Becvar, D. S., & Becvar, J. (2001). *Family therapy: A systemic integration*. 정혜정, 이형실 공역. 가족치료: 체계론적 통합. 서울: 하우출판사.

Belsky, J.(1984). The determination of parenting: A process model. *Child Development, 55*, 83-96.

Brammer, L. M., Shostrom, E. L., & Abrego, P. J. (1989). *Therapeutic psychology* (5th ed.). Englewood Cliffs, NJ: Prentice Hall.

Corey, M. S., & Corey, G. (1993). *Becoming a helper*. Pacific Grove: Brooks/Cole.

Cormier, S., & Hackney, H. L. (2016). *Counseling strategies and interventions for professinal helper, Global Edition* (9th ed.). Boston, MA: Pearson Education Limited.

Denham, S. A., & Burton, R. (1996). A social-emotional intervention for at risk 4 year olds. *Journal of School Psychology, 34*(3), 225-245.

Egan, G. (2013). *The skilled helper: A problem-management and opportunity-development approach to helping* (10th ed.). Pacific Grove, CA: Brooks/Cole.

Fenell, D., & Weinhold, B. (1989). *Counseling families*. Denver, CO: Love.

Gazda, G. M. (1989). *Group counseling: A developmental approach*. Boston: Allyn & Bacon.

Ginott, H. G. (1977). *Group Psychotherapy with Children*. CA: Jason Aronson.

Goldenberg, I., & Goldenberg, H. (1991). *Family therapy: An overwiew (3rd ed.)*. Monterey, CA: Brooks/Cole.

Gumaer, J. (1984). *Counseling and therapy for children*. 이재연, 서영숙, 이명조 공역 (1997). 아동상담과 치료. 서울: 양서원.

Howes, C. (1999). Attachment relationships in the context of multiple caregivers. In J. Cassidy & P. R. Shaver (Eds.), *Handbook of attachment: Theory, research, and clinical applications* (pp. 671-687). New York: Guilford.

Hutchins, D. E., & Cole, C. G. (1986). *Helping relations and stragegies*. Pacific Grove, CA: Brooks/Cole.

Jacobs, Ed E., Masson, R. L., & Harvill, R. L. (2002). *Group counseling: Strategis and skills*. 김춘경 역(2003). 집단상담: 기술과 전략. 서울: 시그마프레스.

Kathryn, G., David, G., & Rebecca Y. (2017). *Counselling children: A Practical Introduction*. Los Angeles: Sage.

Kim, M., Doh, H., Hong, J., & Choi, M. (2011). Social skills training and parent education programs for aggressive preschoolers and their parents in South Korea. *Children and Youth Services Review, 33*(6), 838-845.

Koffler, J. A. (1994). *Advanced group leadership*. Pacific Grove, CA: Brooks/Cole.

Landreth, G. (1982). *Play therapy*. Springfield: Charles C. Thomas Publisher.

Mahler, C. A. (1969). *Group counseling in school*. Boston: Houghton Mifflin.

MaLaughlin, C. (1999). Counselling in schools: Looking forward and looking back. *British Journal of Guidance and Counselling, 27*(1), 13-22.

McLaughlin, T. H. (1999). Beyond the Reflective Teacher. *Educational Philosophy and Theory, 31(1)*, 9-25.

Mearns, D., & Thorne. (1988). *Person-Centered Counseling in Action*. London: Sage Publications.

Mullis, F., & Berger, M. (1981). The utility of Bowen's theory of family therapy for school counselors. *The school counselor, 28*, 195-201.

Nivhold, M., & Schwartz, R. (1991). *Family therapy: Concepts and methods* (2nd ed). Boston: Allyn & Bacon.

O'Connor, K. J. (1991). *The play therapy primer: An integration of theories and techniques*. New York: Wiley.

Patterson, L. E., & Welfel, E. R. (2000). *The counseling process* (5th ed.). Pacific Grove,

CA: Books Cole.

Pianta, R. C., Steinberg, M. (1992). Teacher-child relationships and the process of adjusting to school. *In New directions for Child Development, 57,* 61-80.

Popkin, M. H.(1989). *Active Paretning: A video-based Program*. M. J. Fine (Ed.), The second handbook of parent education (pp. 77-98). San Diego, CA: Academic Press.

Posthuma, B. W. (1996). *Small groups in therapy settings: Process and leadership.* Boston: Allyn & Bacon.

Rogers, C. R. (1961). *On becoming a person.* Boston: Houghton Mifflin.

Rogers, C. R. (1961). *Therapeutic communication*. New York: Norton.

Thomas, G. (2000). *Parent effectiveness training*. 이훈구 역(2002). **부모역할훈련**. 서울: 양철북.

Walrond-skinner, S. (1978). Indications and contra-indications for the use of family therapy. *Journal of Child Psychology and Psychiatry, 19*, 57-62.

Yalom, I. D. (1996). **집단정신치료의 이론과 실제**. 서울: 하나의학사.

Young, M. E. (1992). *Counseling methdos and techniques.* New York: Merrill.

〈제5장 놀이치료〉

김춘경, 김숙희, 최은주, 류미경, 조민규, 장효은(2018). **활동을 통한 성격심리학의 이해**. 서울: 학지사.

홍은주, 한미현, 이향숙, 류진아, 이상희, 홍주란, 안순미(2010). **놀이치료: 기법과 실제**. 서울: 창지사.

Axline, V. M. (1947). Nondirective therapy for poor readers. *Journal of Consulting Psychology*, *11*(2), 61-69.

Axline, V. M. (1969). *Play therapy* (Vol. 125). New York: Ballantine Books.

Bixler, R. H. (1949). Limits are therapy. *Journal of Consulting Psychology*, *13*(1), 1.

Brems, C. (1993). *A comprehensive guide to child psychotherapy.* Boston: Allun & Bacon.

Caplan, F., & Caplan, T. (1973). *The power of play*. New York: Doubleday.

Dinkmeyer, D. C., & Muro, J. J. (1979). *Group counseling: Theory & practice*. Itasca: Ilinois.

Dodds, J. B. (1985). *A child psychotherapy primer.* New York: Human Sciences Press.

Elkind, D. (2007). *The power of play: Learning what comes naturally*. New York: Da Capo

Lifelong Books.

Else, P. (2009). *The value of play*. London: Bloomsbury Publishing.

Ginott, H. G. (1961). Play therapy: The initial session. *American journal of psychotherapy, 15*(1), 73-88.

Ginsburg, K. R. (2007). The importance of play in promoting healthy child development and maintaining strong parent-child bonds. *Pediatrics*, *119*(1), 182-191.

Giordano, M., Landreth, G. L., & Jones, L. (2005). *A practical handbook for building the play therapy relationship*. 이미경 역(2009). 놀이치료 관계 형성을 위한 핸드북. 서울: 학지사.

Grencavage, L. M., & Norcross, J. C. (1990). Where are the commonalities among the therapeutic common factors?. *Professional psychology: Research and practice*, *21*(5), 372-378.

Hambridge, G. (1955). Structured play therapy. *American Journal of Orthopsychiatry, 25*, 601-617.

Kaduson, H. G., & Schaffer, C. E. (2003). *101 favorite play therapy techniques, vol. III.* Northvale, NJ: Jason Aronson.

Kottman, T. E., & Schaefer, C. E. (1993). *Play therapy in action: A casebook for practitioners*. 김은정, 정연옥 역(2006). 놀이치료 사례집. 서울: 학지사.

Landreth, G. L. (1987). Play therapy: Facilitative use of child's play in elementary school counseling. *Elementary school guidance & Counseling*, *21*(4), 253-261.

Landreth, G. L. (1991). *Play therapy : The art of the relationship.* Muncie, IN: Accelerated Development.

Landreth, G. L. (2002). Therapeutic limit setting in the play therapy relationship. *Professional Psychology: Research and Practice*, *33*(6), 529-535.

Levy, D. M. (1938). "Release therapy" in young children. *Psychiatry, 1*(3), 387-390.

Moustakas, C. E. (1959). *Psychotherapy with children: The living relationship* (Vol. 23174). New York: Harper.

O'connor, K. (1991). *The play therapy primer: An integration of theories and techniques.* New York: John Wiley & Sons, Inc.

Schaefer, C. E. (1993). *Therapeutic powers of play.* Northvale: Jason Aronson Inc.

Sutton-Smith, B. (2008). Play theory: A personal journey and new thoughts. *American Journal of Play*, *1*(1), 80-123.

VanFleet, R., Sywulak, A. E., & Sniscak, C. C. (2011). *Child-centered play therapy*. 권윤정

역(2013). 아동중심 놀이치료. 서울: 학지사.

Winerman, L. (2009). Playtime in peril. *APA Monitor*, *40*(8), 50-56.

Woltmann, A. G. (1964). *Mud and clay, their functions as developmental aids and as media of projection, Child psychotherapy*. New York: Basic Books.

〈제6장 모래놀이치료〉

김보애(2003). 모래놀이치료의 이론과 실제. 서울: 학지사.

김보애(2004). 신비스러운 모래놀이치료. 서울: 학지사.

Boik, B. L., & Goodwin, E. A. (2000). *Sandplay therapy: A step-by-step manual for psychotherapists of diverse orientations*. WW Norton & Company.

Bradway, K. (1985). Sandplay bridges and transcendent function. CG Jung Institute of San Francisco.

Kalff, D. (1980). *Sandplay*. Boston, MA: Beacon.

Kalff, M. (1993). Twenty points to be considered in the interpretation of a sandplay. *Journal of Sandplay therapy, 2*(2), 17-35.

Shepherd, S. R. (2002). The sands of time and timeless. *Journal of sandplay therapy, 11*(2), 17-34.

Turner, B. A. (2009). *The handbook of sandiplay therapy*. 김태련 외 공역. 모래놀이치료 핸드북. 서울: 학지사.

Weinrib, E. L. (2004). Images of the self: The sandplay therapy process. Sandplay Classics.

〈제7장 미술치료〉

김동연, 최은영(2003). 아동임상미술치료. 서울: 학지사.

김선현(2006). 임상미술치료의 이해. 서울: 학지사.

김춘경(2004). 아동상담의 이론과 실제. 서울: 학지사.

류형택, 진미선, 이미선(2019). 미술치료의 이해와 실제. 한국임상심리치료협회.

유미, 정선화(2011). 가족미술치료와 물고기 가족화의 해석. 서울: 이담북스.

이정숙, 전수경, 심은지, 김현영(2018). 아동 · 청소년 상담을 위한 미술치료핸드북. 서울: 파워북.

임정기, 이성도, 김황기(2006). 미술교육의 이해와 방법. 서울: 예경.

정여주(2014). 미술치료의 이해: 이론과 실제. 서울: 학지사.

Canaday, D. C. (1984). *A self-concept improvement program for institutionalized, emotionally disturbed adolescents doctoral dissertation*. University of Northern Iowa.

Koppitz, E. M. (1972). *The bender gestalt test with the human figure drawing test for young school children*. A Manual for Use with the Koppitz Scoring System.

Landgarten, H. B. (2013). *Family art psychotherapy: A clinical guide and casebook*. Routledge.

Malchiodi, C. A. (2008). A group art and play therapy program for children from violent homes. *Creative interventions with traumatized children*, 247-263.

Rubin, J. A. (1984). *Child art therapy: Understanding and helping children grow through art*. Van Nostrand Reinhold Company.

Silverstone, C. (2012). *Shakespeare and trauma*. Routledge.

〈제8장 음악치료〉

김수지, 고일주, 권혜경 편역(2002). **음악 치료학 개론–이론과 실제**. 서울: 권혜경 음악치료센터.

김춘경(2004). **아동상담의 이론과 실제**. 서울: 학지사.

정영조(1990). 정신과적 음악요법의 이론과 실제. **임상예술**, 5, 7-15.

정은애(1999). 치료매체로서의 음악연구. 중앙대학교 교육대학원 석사학위논문.

정현주(2005). **음악치료학의 이해와 적용**. 서울: 이화여자대학교출판부.

정현주, 김동민(2005). **아동들을 위한 음악치료 놀이극**. 서울: 학지사.

최병철(2000). **음악치료학**. 서울: 학지사.

Aigen, K. (1998). *Paths of development in Nordoff-Robbins music therapy*. 김영신 역(2009). **노도프 로빈스 음악치료 초기사례 연구**. 서울: 학지사.

Boxill, E. H. (1985). *Music therapy for the developmentally disabled*. Aspen Publishers.

Bruscia, K.. E. (1998). *Defining music therapy*. Barcelona Publishers.

Bruscia, K.. E. (Ed.). (1996). *Case studies in music therapy*. Barcelona Publishers.

Carapetyan, A. (1948). Music and medicine in the renaissance and in the 17th and 18th centuries. Music and medicine, 117-157.

Carlsen, J. C. (1981). Some factors which influence melodic expectancy. *Psychomusicology: A Journal of Research in Music Cognition, 1*(1), 12.

Davis, W. B., Gfeller, K. E., & Thaut, M. H. (2000). *An introduction to music therapy: Theory and practice*. 김수지, 고일주, 권혜경, 편역(2002). **음악 치료학 개론–이론과 실제**.

서울: 권혜경 음악치료센터.

Diserens, C. M. (1948). The development of an experimental psychology of music. *Music and medicine*, 367-86.

Gaston, E. T. (1968). *Music in therapy*. Macmillan College.

Grout, D. J. (1980). A history of Western music (with Claude V. Palisca). Yale University New York: WW Norton.

Gumaer, J. (1984). *Counseling and therapy for children*. Free Press.

Jacox, A., Carr, D. B., & Payne, R. (1994). New clinical-practice guidelines for the management of pain in patients with cancer. *New England Journal of Medicine, 330*(9), 651-655.

Nordoff, P., & Robbins, C. (1977). *Creative music therapy: Individualized treatment for the handicapped child*. John Day Co.

Ostwald, P. F. (1968). The music lesson. *Music in therapy*, 317-325.

Sears, W. W. (1968). Processes in music therapy. *Music in therapy*, 30-44.

〈제9장 독서치료〉

공인숙 외(2013). **아동문학**. 경기: 양서원.

김동례 외(2018). **아동문학**. 경기: 공동체.

김숙이(2016). **아동문학교육**. 서울: 정민사.

김자연(2003). **아동문학 이해와 창작의 실제**. 서울: 청동거울.

김정근 외(2007). **정신건강과 자아발달을 돕는 체험적 독서치료**. 서울: 학지사.

김춘경(2004). **아동상담 이론과 실제**. 서울: 학지사.

김현애(2004). 자기 통제훈련을 병행한 독서치료의 효과: 주의력결핍 과잉행동장애 아동을 대상으로. **독서치료연구**, 1(1), 27-48.

김현희 외(2003). **독서치료의 실제**. 서울: 학지사.

김현희 외(2004). **독서치료**. 서울: 학지사.

김현희(2008). 비블리오드라마와 독서치료. **한국사이코드라마학회지**, 11(1), 11-42.

노제운(2015). **아동문학의 숨은 의미와 가치**. 서울: 고려대학교 민족문화연구원.

명창순(2015). 시설보호아동의 자아탄력성 향상을 돕는 집단독서치료 사례연구. **교육연구**, 13(1), 1-26.

변학수(2005). **문학치료**. 서울: 학지사.

(사)한국심성교육개발원 티스쿨 교원연수원(2004). **심성계발을 위한 독서치료의 이론과 실제**.

서울: (사) 한국심성교육개발원 교원연수부 학교상담연구회 연수부.
선애순, 이형선(2010). 아동 독서치료: 이론과 실제. 경기: 양서원.
선주원(2008). 청소년 문학교육론. 서울: 도서출판 역락.
선주원(2013). 교육과정 개정에 따른 아동문학교육론. 서울: 박이정.
성미영 외(2016). 아동문학교육. 서울: 학지사.
신주영(2004). 독서치료와 도서관의 역할. 서울: 한울아카데미.
신헌재(2014). 아동문학 교육이 나아갈 길. 서울: 박이정.
양유성 외(2008). 발달적 독서치료의 실제. 서울: 학지사.
양재한(2005). 독서치료와 어린이 글쓰기 지도. 대구: 태일사.
엄기원(2014). 아동문학 이론과 창작. 서울: 아동문학 세상.
우한용 외(2001). 서사교육론. 서울: 동아시아.
윤선희(2016). 꼭 알고 싶은 독서치료의 모든 것: 독서로 마음의 상처를 치유하다. 서울: 소울메이트.
이영식(2006). 독서치료 어떻게 할 것인가. 서울: 학지사.
이재철(2014). 아동문학의 이해. 서울: 국학자료원.
이주형 외(2009). 한국 아동청소년문학 연구. 서울: 한국문화사.
임성관(2019). 독서치료의 모든 것. 서울: 시간의 물레.
임성규(2008). 아동문학비평과 초등문학교육. 서울: 한국문화사.
장혜경(2009). 아동 청소년을 위한 독서치료의 실제. 대구: 중문출판사.
정진, 박신형(2005). 아동기를 위한 독서치료의 사례연구: ADHD 아동을 중심으로. 독서치료연구, 2(1), 63-82.
조수웅(2008). 조수웅의 이야기문학. 광주: 한림.
황선미(2002). 마당을 나온 암탉. 서울: 사계절.
황은순 외(2015). 유아문학교육. 경기: 공동체.

Bacon, F. (2014). *The Essays or Counsels Civil and Moral of Francis Bacon*. Miami: HardPress Pub.
Burns, G. W. (2001). *101 healing stories-using metaphors in therapy*. 김춘경, 배선윤 역(2010). 마음에게 들려주는 101가지 이야기. 서울: 학지사.
Gumaer, J. (1984). *Counseling and Therapy For Children*. New York: Free Press.
Hynes, A. Mc. & Hynes-Berry, M. (2011). *Biblio/Poetry Therapy: The Interactive Process: A Handbook*. St. Cloud: North Star Press of St.
Kraus, J. (2004). *Cory Stories: A Kid's Book About Living With ADHD*, 신민섭 역(2009). 코리 이야기: 읽으면 행복해지는 동화. 서울: 루크북스.

Leeds, D. (2000). *The 7 Power of questions: Secrets to successful communication in life and at work*. 노혜숙 역(2016). 질문의 7가지 힘: 원활한 대화와 창조적 사고로 이끄는. 서울: 더난출판사.

Mendel M. R. et al. (2016). Bringing Bibliotherapy for Children to Clinical Practice *Journal of the American Academy of Child & Adolescent Psychiatry 55*(7), 535-537.

Moody, M. & Limper, H. (1971). *Bibliotherapy: Methods and Materials, association of hospital and institution libraries*. Michigan: American Library Association.

Nikolajeva, M. (2005). *Aesthetic approaches to children's literature*. 조희숙 외 역(2009). 아동문학의 미학적 접근. 경기: 교문사.

Rudman, M. (1989). *Children's Literature: Resource for the Classroom*. MA: ChristopherGordon Pub.

Vernon, A. (2004). *Children and adolescents counseling*. Denver: Love Publishing Company.

〈제10장 글쓰기치료〉

고명수 외(2010). 창의력 향상과 자아성장을 위한 어린이 글쓰기치료. 서울: 학지사.

공인숙 외(2013). 아동문학. 경기: 양서원.

김동례 외(2018). 아동문학. 경기: 공동체.

김춘경(2004). 아동상담: 이론과 실제. 서울: 학지사.

선선미(2017). 문학, 치유로 살아나다. 경기: 푸른사상.

양재한 외(2005). 독서치료와 어린이 글쓰기 지도. 대구: 태일사.

이재철(2014). 아동문학의 이해. 서울: 국학자료원.

채연숙(2010). 글쓰기치료–이론과 실제. 대구: 경북대학교출판부.

하미숙(2013). 글쓰기치료 프로그램이 초등학생의 정서지능에 미치는 효과. 독서치료연구 5(1), 43-61.

Adams, K. (1990). *Journal to the self*. 강은주, 이봉희 역(2006). 저널치료: 자아를 찾아가는 나만의 저널쓰기. 서울: 학지사.

Adams, K. (1998). *The way of the journal: A journal therapy workbook for healing*. 강은주 외 역(2006). 저널치료의 실제. 서울: 학지사.

Bolton, G. (2004). *Writing cures: An introductory handbook of writing in counselling and psychotherapy*. New York: Brunner-Routledge.

Chavis, G. G. (2011). *Poetry and Story Therapy: The Healing Power of Creative*

Expresseion. London: Jessica Kinsgsley Publishers.
Goldberg, N. (2013). *The true Secret of writing*. 한진영 역(2016). **구원으로서의 글쓰기**. 서울: 민음사.
Hedges, D. (2013). *Poetry, therapy emotional life*. London: Radcliffe Publishing.
Hynes, A. M. & Hynes-Berry, M.(2012). *Biblio/poetry therapy: The interactive process: A handbook*. St. Cloud: NorthstarPress.
Jacols, B. (2004). *Writing for emotional balance*. 김현희, 이영식 역(2008). **감정 다스리기를 위한 글쓰기**. 서울: 학지사.
Mazza, N. (2003). *Poetry therapy: Theory and practice*. Oxon: Routledge.
Oord, S. Van, et al. (2010). Treatment of Post-Traumatic Stress Disorder in Children Using Cognitive Behavioural Writing Therapy, *Clinical Psychology and Psychotherapy Clin. Psychol. Psychother. 17*, 240-249.
Pennebaker, J. W. (2004). *Writing to heal: A guided joural for rcovering from trauma & emotional upheaval*. 이봉희 역(2007). **글쓰기치료**. 서울: 학지사.

〈제11장 이야기치료〉

고기홍 외(2010). **밀턴 에릭슨과 혁신적 상담**. 서울: 시그마프레스.
김의숙, 이창식(2008). **한국신화와 스토리텔링**. 서울: 북스힐.
김헌선(2013). **옛이야기의 발견**. 서울: 보고사.
박진(2018). 이야기치료와의 연계를 통한 문학치료의 발전 방향. **문학치료연구, 46**, 한국문학치료학회.
박혜숙(2011). 그림책의 은유와 환상성 연구. **한국문학이론과 비평, 50**, 한국문학이론과 비평학회.
신동흔(2014). **왜 주인공은 모두 길을 떠날까?: 옛이야기 속 집 떠난 소년들이 말하는 나 자신으로 살기**. 서울: 샘터.
신헌재(2014). **아동문학의 숲을 걷다**. 서울: 박이정.
양유성(2008). **이야기치료**. 서울: 학지사.
윤성우(2007). 리쾨르의 문학론: 언어와 실재에 대한 탐구. **현대유럽철학연구, 15**, 한국하이데거학회.
이선형, 배희숙(2014). 연극치료 이야기모델의 이론 연구. **연극예술치료연구, 4**, 한국연극예술학회.
이은주, 양정국(2007). **은유와 최면**. 서울: 학지사.

이인경(2019). 옛이야기, 가족의 삶을 말하다. 서울: 민속원.

임춘택(2015). 교육과 치료로서의 문학행위에 관한 질적 연구: 은유적 이야기 교육과 치료 모임 사례를 중심으로. 인문연구, 73, 영남대학교 인문과학연구소.

임춘택(2020). 스토리텔링으로 치유하기: 이론과 실제. 서울: 글모아출판.

정기철(2002). 상징, 은유, 그리고 이야기. 서울: 문예출판사.

정혜승(2007). 초등학생의 은유와 아이러니 이해 양상. 한국초등국어교육, 35, 한국초등국어교육학회.

주성옥(2012). 심리치료의 언어로서 은유와 그 불교적 의미. 동아시아 불교문화, 12, 동아시아 불교문화학회.

최성민(2008). 은유의 매개와 서사의 매체. 시학과 언어학, 15, 시학과 언어학회.

히구치 아쓰시(2013). 최인학 외 역, 민담의 숲을 거닐다–세계 전래동화 속의 숨은 상징세계 탐험. 용인: 단국대학교출판부.

Barcelona, A. (Ed).(2000). *Metaphor and metonomy at the crossroads: A cognitive perspective*. Berlin: Walter de Gruyter GmbH.

Bettelheim, B. (1975). *The uses of enchantment 1, 2*. 김옥순, 주옥 역(1996). 옛이야기의 매력, 1, 2. 서울: 시공주니어.

Boyd, B. (2009). *On the origin of stories*. 남경태 역(2013). 이야기의 기원: 인간은 왜 스토리텔링에 탐닉하는가. 서울: Humanist.

Burns, G. W. (2001). *101 healing stories: Using metaphors in therapy*. 김춘경, 배선윤 역(2010). 마음에게 들려주는 101가지 이야기. 서울: 학지사.

Burns, G. W. (2005). *101 healing stories for kids and tees: Using meraphors in therapy*. 김춘경 역(2009). 어린이와 청소년을 위한 마음을 치유하는 101가지 이야기: 은유를 사용한 심리치료. 서울: 학지사.

Burns, G. W. (2007). *Healing with stories: Your casebook collection for using therapeutic metaphors*. 김춘경, 배선윤 역(2011). 이야기로 치료하기: 치료적 은유 활용 사례집. 서울: 학지사.

Casement, A. (2001). *Carl Gustav Jung*. 박현순, 이창인 역(2007). 분석심리학의 창시자 칼 융. 서울: 학지사.

Chinen, A. B. (1989). *In the ever after*. 김승환 역(1998). 새로운 나를 찾아가는 자아여행: 인생의 참의미와 희망을 되찾는 이야기 심리학. 서울: 현실과 미래.

Clandinin, D., & Connelly, F. M. (2000). *Narrative inquiry: Experience and story in qualitative research*. 소경희 외 역(2007). 내러티브 탐구: 교육에서의 질적 연구의 경험과

사례. 경기: 교육과학사.

Combs, G., & Freedman, J. (1990). *Symbol story & ceremony: Using metaphor in individual and family therapy*. New York: W.W. Norton & Co Inc.

Gardner, R. A. (1986). *Therapeutic Communication With Children: The Mutual Storytelling Technique*. Northvale, NJ: Jason Aronson Inc.

Gardner, R. A. (1992). *The Psychotherapeutic Techniques of Richard A. Gardner*. NY: Creative Therapeutics.

Gardner, R. A. (2004). *Psychotherapeutic use of the talking, feeling, & doing game and other projective techniques*. 유미숙, 박진희 역(2013). **게임을 활용한 심리치료: 말하고, 느끼고, 행동하기 게임과 투사 기법들**. 서울: 마인드프레스.

Hazard, P. (1967). *Les livres les enfants et les hommes*. 햇살과 나무꾼 역(1999). **책, 어린이, 어른**. 서울: 시공주니어.

Kottman, T., & Stiles, K. (1990). *The mutual storytelling technique: An adlerian application in child therapy*. The Journal of Adlerian Theory, *Research & Practice*, 148-156. Texas University Press.

Kövecses, Z. (2000). *Metaphor and emotion*. 김동환, 최영호 역(2009). **은유와 감정**. 서울: 동문선.

Kövecses, Z. (2003). *Metaphor and emotion: Language, culture, and body in human feeling*. Cambridge: Cambridge Univ. Press.

Lakoff, G., & Johnson, M. (2003). *Metaphors We Live By*. 노양진, 나익주 역(2006). **삶으로서의 은유**. 서울: 박이정.

Lankton, S. (2002). *Using metaphor with clients*. In A. R. Roberts & G. J. Greene (Eds.), Social workers' desk reference, 385-391, New York: Oxford University Press.

Lankton, S. R., & Lankton, C. H. (1986). *Enchantment and intervetion in family therapy: Training in ericksonian approaches*. New York: Brunner/Mazel.

McAdams, D. P. (1993). *The stories we live by*. 양유성, 이우금 역(2015). **이야기 심리학: 개인적 신화의 탐색과 재구성**. 서울: 학지사.

Nodelman, P. (1996). *The pleasures of children's literature 1, 2*. 김서정 역(2001). **어린이 문학의 즐거움 1, 2**. 서울: 시공사.

Ricoeur, P. (1983). *Temps et récit 1*. 김한식 역(1999). **시간과 이야기 1**. 서울: 문학과 지성사.

Shweder, R. A. (1991). *Thinking through cultures: Expeditions in Cultural Psychology*. Massachusetts: Harvard University Press.

Sunderland, M., & Armstrong, N.(2000). *Using storytelling as a therapeutic tool with children*. 이재훈 외 역(2007). 스토리텔링을 통한 어린이 심리치료. 서울: 한국심리치료연구소.

Townsend, J. R. (1995). *Written for children 1, 2*. 강무홍 역(1996). 어린이책의 역사 1, 2. 서울: 시공주니어.

〈제12장 무용 · 동작치료〉

김나영(2000). 정신지체 아동의 표현력 향상을 위한 무용/운동 치료 프로그램과 검증에 관한 연구. 명지대학교 대학원 박사학위논문.

김옥희(2006). 무용/동작 치료프로그램이 신경증 환자의 신체화, 우울, 불안과 감정표현불능증에 미치는 효과. 경북대학교 대학원 박사학위논문.

김용량(2012). 통합 심리학 기반 무용/동작 심리치료 프로그램 개발: 성인 스트레스 감소 효과. 서울여자대학교 특수치료전문대학원 박사학위논문.

김인숙(2012). 무용 · 동작 심리치료의 이론과 실제. 서울: 이담북스.

김춘경, 김숙희, 최은주, 류미경, 조민규, 장효은(2018). 활동을 통한 성격심리학의 이해. 서울: 학지사.

류분순(1998). *Understanding of Dance/Movement Therapy*. 한국무용치료연구원.

류분순(2000). 무용, 동작치료학. 서울: 학지사.

신금옥(2012). 무용/동작치료사가 지각하는 치료적 요인에 관한 질적 연구. 순천향대학교 건강과학대학원 석사학위논문.

이예승(2009). 무용/동작치료 프로그램을 통한 후기고령노인의 자존감 및 사회성 연구. 고려대학교 대학원 박사학위논문.

이지혜(2019). 블렌디드 러닝을 활용한 대학의 무용 교수학습내용 구성에 관한 연구. 한국무용교육학회지, 30(1), 9-28.

이지희(2010). 국내 무용/동작치료 효과에 관한 메타분석. 순천향대학교 대학원 석사학위논문.

정선아(2004). 정신지체청소년을 위한 집단 무용치료 효과 연구. 원광대학교 대학원 석사학위논문.

한지영(2016). 신체화 증상이 있는 성인 여성의 무용동작치료 경험 연구. 연세대학교 대학원 박사학위논문.

American Dance Therapy Association(ADTA). (2003). Dance/movement therapy fact sheet. Retrieved August 25, 2004 from http://www.adta.org/about/factsheet.cfm

Chaiklin, C., & Wengrower, H. (2009). *The art and science of dance/movement therapy*.

류분순 외 역(2014). 무용동작치료의 예술과 과학. 서울: 시그마프레스.

Chodorow, J. (1984). To move and be moved. *Quadrant, 17*(2), 39-48.

Chodorow, J. (1999). Dance/movement and body experience in analysis. *Authentic Movement: A collection of essays by Mary Starks Whitehouse, Janet Adler and Joan Chodrow*, 253-266.

Davis, B. I. (1991). *Releasing into process: Joan skinner and the use of imagery in the teaching of dance.* (Doctoral dissertation, University of Illinois at Urbana-Champaign).

Hawkins, A. (1987). *Creating through dance.* East Windsor, NJ: Princeton Book Co.

Laban, R. (1950). *The mastery of movement on the stage*. London: Macdonald & Evans.

Levy, F. J. (1988). *Dance movement therapy. A healing art*. MD: AAHPERD Publications.

Levy, F. J., Fried, J. P., & Leventhal, F. (1995). *Dance and Other Expressive Art Therapies.* 최희아, 남희경, 고경순 역(2009). 무용 · 동작중심 표현예술치료 사례집. 서울: 학지사.

Meekums, B. (2002). *Dance movement therapy: A creative psychotherapeutic approach.* London: SagePublications.

Reich, W. (1949). *Character analysis.* New York: Orgone Institute press.

Sandel, S. L., & Johnson, D. R. (1983). Structure and process of the nascent group: Dance therapy with chronic patients. *The Arts in Psychotherapy, 10*(3), 131-140.

Schmais, C. (1974). Dance therapy in perspective. *Focus on dance*, 7, 7-12.

Schoop, T. (1974). *Won't you join the dance?* Palo Alto : National Press Book.

〈제13장 내재화 문제 아동상담의 실제〉

권석만(2014). 현대이상심리학. 서울: 학지사.

김청송(2015). 사례중심의 이상심리학. 서울: 싸이북스.

신현균(2014). 아동 심리치료의 실제: 심리장애별 치료. 서울: 학지사.

정성훈, 정운선(2011). 마음을 다친 아동 · 청소년을 위한 핸드북. 서울: 학지사.

조맹제(2011). 2011년도 정신질환실태 역학조사. 서울: 서울대학교의과대학.

Abraham, K. (1949). Notes on the psycho-analytical investigation and treatment of manic-depressive insanity and allied conditions. In K. Abraham (Ed.), *Selected papers of Karl Abraham* (pp. 137-156). London: Hogarth.

Achenbach, T. M. (1991). *Manual for the child behavior checklist/4-18 and 1991 profile.*

Burlington, VT: University of Vermont, Department of Psychiatry.

Achenbach, T. M., & Edelbrock, C. (1983). *Manula for the child behavior checklist and revised child behavior profile*. Burlington, VT: University of Vermont.

Allen, J. G. (2005). *Coping with trauma: Hope through understanding* (2nd ed.). Wsahington, DC: American Psychiatric Association.

Allen, M. G. (1976). Twin studies of affective illness. *Archives of general psychiatry, 33*, 1476-1478.

American Psychiatric Association. (1994). *Diagnostic and Statixtical Manual of Mental Disorders-4th edition(DSM-IV)*. Washington, DC: Atuhor.

American Psychiatric Association. (2013). *Diagnostic and statixtical manual of mental disorders-5th edition(DSM-5)*. Washington, DC: Atuhor.

Beck, A. T. (1963). Thinking and depression: 1. Idiosyncratic content and cognitive distortions. *Archives of General Psychiatry*, *9*, 324-333.

Beck, A. T. (1976). *Cognitive therapy and emotional disorders*. New York: International Universities Press.

Bell-Dolan, D., Reaven, N. M., & Peterson, I. (1993). Depression and social functioning: A multidimensional study of the linkages. *Journal of Clinicla Child Psychology, 22*, 306-351.

Bergman, R. L., Piacentini, J., & McCrackenm J. T. (2002). Prevalence and description of selective mutism in a school-based sample. *Journal of Amercan Academy of Child and Adolescent Psychiatry, 41*(8), 938-946.

Bland, R. C. (1997). Epistemology of affective disorders: A review. *Canadian Journal of Psychiatry, 42*, 367-377.

Cohan, S. L., & Chavira, D. A. (2008). Refining the classification of children with selective mutism: A latent profile analysis. *Journal of Clinical Child and Adolescent Psychology, 37*(4), 770-784.

Ehrenreich, J. T., Santucci, L. C., & Weiner, C. L. (2008). Separation anxiety disorder in youth: Phenomenology, assessment, and treatment. *Psicologia Conductual, 16*(3), 389-412.

Eric, J. M., & David, A. W. (2013). *Abnormal child psychology*. 송영혜, 김귀남, 한종수 역 (2017). **아동이상심리학**. 서울: 박학사.

Foa, E. B., Keane, T. M., & Friedman, M. J. (2009). *Effective treatments for PTSD: Practive guidelines of the international society for traumatic stress studies*. New York: Guilford.

Kearney, C. A. (2003). Casebook in Child Behavior Disorders(2nd). Belmont, CA: Wadsworth/Thompson.

Lemelin, J., Tarabulsy, G. M., & Provost, M. A. (2002). Relations between measures of irritability and contingency detection at 6 months. *Infancy*, *3*(4), 543-554.

Leonard, H. L., & Dow, S. (1995). *Selective mutism*. New York: Guilford Press.

Luby, J. L., Si, X., & Belden, A, C. (2009). Preschool depression homotypic continuity and course over 24 months. *Arch Gen Psychiatry, 66*(8), 897-905.

Mendlewicz, J., & Rainer, J. D. (1977). Adoption study supporting genetic transmission in manic-depressive illness. *Nature, 268*, 327-329.

Schildkraut, J. J. (1965). The catecholamine hypothesis of affective disorders: A review of supporting evidence. *Amercan Journal of Psychiatry, 112,* 509-522.

Weitz, J. R., Suwanlet, S., Chaiyasit, W., Weiss, B., Walter, B. R., & Anderson, W. W. (1988). Thai and American perspectives on over-and undercontroled child behavior problems: Exploring the threshold moder among parents, teachers, and psychologists. *Journel of Consulting and Clinical Psychology, 56*(1), 601.

Zeanah, C. H., & Gleason, M. M. (2010). *Reactive attachment disorder: A review for DSM-V*. Washington, DC: American Psychiatric Association.

〈제14장 외현화 문제 아동상담의 실제〉

권석만(2014). **현대이상심리학**. 서울: 학지사.

김청송(2015). **사례중심의 이상심리학**. 서울: 싸이북스.

정동선, 하규섭, 정희연, 구훈정, 황준원, 김붕년, 신민섭, 조수철, 홍강의(2006). 주의력 결핍/과잉행동장애와 양극성장애 공존 환아군과 주의력 결핍/과잉행동장애 환아군의 비교연구. **대한신경정신의학회**, 45(6), 558-597.

한은선(1999). 주의력 결핍/과다활동장애(ADHD) 아동의 사회기술훈련의 효과. 성균관대학교 대학원 석사학위논문.

Achenbach, T. M., McConoughy, S. H., & Howell, C. T. (1987). Child/adolescent begavioral and emotional problems: Implications of cross-informant correlations for situational specificity. *Psychological bulletin, 101*(2), 213.

American Psychiatric Association. (1994). Diagnostic and Statixtical Manual of Mental Disorders-4th edition(DSM-IV). Washington, DC: Atuhor.

American Psychiatric Association. (2013). *Diagnostic and statixtical manual of mental disorders-5th edition(DSM-5)*. Washington, DC: Atuhor.

Barkley, R. A., & Murphy, K. R. (2006). *Attention-deficit hyperactivity disorder: A clinical workbook* (3rd ed.). New York: Guilford Press.

Biederman, J., Sharon, M., & Stephen V. F. (1995). Family-environment risk factors for attention-deficit hyperactivity disorder: A test of rutter's indicators of adversity. *Arch Gen Psychiarty, 52*(6), 464-470.

Bufferd, S. J., Dougherty, L. R., Carlson, G. A., & Klein, D. N. (2011). Parent-reported mental health in preschoolers: Findings using a diagnostic interview. *Comprehensive Psychiatry, 52*, 359-369.

Christopher, A. K. (2003). *Casebook in child behavior disorders*. 이승희 역(2007). 정서, 행동장애의 이해: 사례중심적 접근. 서울: 박학사.

Egger, H. L., Erkanli, A., Keeler, G., Potts, E., Walter, B. K., & Angol, A. (2006). Test-retest reliability of the preschool age psychiatric assessment. *Journal of the American Academy of Child and Adolesent Psychiatry, 45*, 538-549.

Eric, J. M., David, A. W. (2013). *Abnormal child psychology*. 송영혜, 김귀남, 한종수 역(2017). 아동이상심리학. 서울: 박학사.

Hendren, R. L., De Backer, I., & Pandina, G. J. (2000). Review of neuroimaging studies of child and adolescent psychiatric disorders from the past 10 years. *American Academy of Child & Adolescent Psychiatry, 39*(7), 815-28.

Kearney, C. A. (2003). Caseook in Child Behavior Disorders(2nd). Belmont, CA: Wadsworth/Thompson.

Lavigne, J. V., Lebailly, S. A., Hopkins, J., Gouze, K. R., & Binns, H. J. (2009). The prevalence of ADHD, ODD, depressionm, and anxiety in a community sample of 4-year-olds. *Journal of Clinical Child and Adolescent Psychology, 38*, 315-328.

Levy, F., McStephen, M. & Hay, D. A. (2001). The diagnostic genetics of ADHD symptoms and subtypes. In Levy, F. & Hay, A. D. (Eds.), *Attinetion, genes, and ADHD*. Brunner-Routledge, East Sussex, pp. 35-57.

Lindstrom, K., F., & Hjern, A. (2011). Preterm birth and attention-deficit/hyperactivity disorder in schoolchildren. *Pediatrics, 127*(5), 858-865.

Linnet, K. M., Dalsgaard, S., & Obel, C. (2003). Maternal lifestyle factors in pregnancy risk of attention deficit hyperactivity disorder and associated behaviors: Review of the current evidence. *Am J Psychiatry, 160*(6), 1028-1040.

Sprich, S., Biederman, J., & Crawford, M. H. (2000). Adoptive and biological families of children and adolescents With ADHD. *Journal of the American Academy of Child & Adolescent Psychiatry, 39*(11), 1432-1437.

찾아보기

인명

내용

저자 소개

김춘경(Kim, Choon-Kyung)

독일 Aachen 대학교 교육학과 철학박사

현 경북대학교 아동학부 교수

〈저서〉

『아동상담: 이론과 실제』(학지사, 2004), 『청소년상담』(공저, 학지사, 2006), 『상담의 이론과 실제』(공저, 학지사, 2016), 『상담학 사전』(5권 세트, 공저, 학지사, 2016), 『활동을 통한 성격심리학의 이해』(공저, 학지사, 2018), 『아들러의 인간관계론』(학지사, 2018), 『청소년 심리 및 상담』(공저, 학지사, 2019), 『청소년 집단상담 프로그램』(2판, 공저, 학지사, 2021) 외 다수

배선윤(Bae, Seon-Yun)

경북대학교 문학치료학과 문학치료학박사

현 경북대학교 교육개발본부 교양교육센터 시간강사

도담문학치료연구소장

〈역서 및 논문〉

『마음에게 들려주는 101가지 이야기』(공역, 학지사, 2010), 『이야기로 치유하기』(공역, 학지사, 2011)

「라스콜리니코프의 죄의식에 대한 정신분석적 분석」(2019), 「철학적 사유와 주체화」(2019), 「라캉의 관점에서 다시 읽는 '지도의 암실'」(2020), 「'지도의 암실'에 나타난 여성」(2020) 외 다수

성다겸(Sung, Da-Gyeom)

경북대학교 아동가족학과 이학박사

현 대구교육대학교 대학원 외래교수

대구사이버대학교 외래교수

정성훈정신건강의학과 상담사

〈논문〉

「유아의 문제행동 예측요인과 내재화 및 외현화 문제행동간 상호인과관계」(2018) 외 다수

유지영(You, Jee-Young)
경북대학교 아동가족학과 이학박사
현 선재아동가족상담연구소 부소장
영진사이버대학교 외래교수
대구가정법원 전문상담위원

〈저서 및 논문〉

『청소년 집단상담 프로그램』(2판, 공저, 학지사, 2021)

「ADHD 아동을 위한 사회기술향상 프로그램 개발과 효과」(2010), 「초등학생의 학습된 무기력 감소를 위한 놀이중심 집단상담 프로그램의 개발 및 효과 검증」(2015) 외 다수

장효은(Jang, Hyo-Eun)
경북대학교 아동가족학과 이학박사
현 선재아동가족상담연구소 연구원

〈저서 및 논문〉

『활동을 통한 성격심리학의 이해』(공저, 학지사, 2018)

「영아기 기질이 아버지의 양육행동을 매개로 유아기 정서문제에 미치는 영향: 다변량 잠재성장모형과 자기회귀교차지연모형을 활용한 종단매개효과 검증」(공동, 2018), 「영아기 아버지 양육참여, 어머니 양육스트레스, 영아심리사회발달과 유아기 또래상호작용 간의 종단적 관계 분석」(공동, 2018) 외 다수

아동상담의 실제

The Practice of Child Counseling

2021년 6월 30일 1판 1쇄 발행
2022년 10월 25일 1판 2쇄 발행

지은이 • 김춘경 · 배선윤 · 성다겸 · 유지영 · 장효은
펴낸이 • 김 진 환
펴낸곳 • (주) 학지사
04031 서울특별시 마포구 양화로 15길 20 마인드월드빌딩 5층
대표전화 • 02) 330-5114 팩스 • 02) 324-2345
등록번호 • 제313-2006-000265호
홈페이지 • http://www.hakjisa.co.kr
페이스북 • https://www.facebook.com/hakjisabook

ISBN 978-89-997-2416-9 93180

정가 24,000원